«Este libro va a suponer un cambio trascendental para m[...] sufren innecesariamente problemas de salud mental. L[...] es el futuro.»

DOCTORA HYLA CASS, *profesora adjunta clínica de psiquiatría, UCLA School of Medicine*

«Este excelente libro nos da un arma poderosísima en nuestra lucha contra la enfermedad mental.»

DOCTOR ABRAM HOFFER, *psiquiatra*

«Este libro tiene una importancia fundamental. Tienen que leerlo.»

HAZEL COURTENEY, *Daily Mail*

«Si le interesa mantener despierta su mente y un buen estado de ánimo, el mensaje innegable de este libro es que puede cambiar el modo en que piensa y siente mediante lo que come.»

GLORIA HUNNIFORD, *presentadora de radio y televisión*

«Necesitamos psiquiatras que consideren la nutrición como parte de sus armas contra la enfermedad. Si siguen el consejo de este libro, habrán dado un buen paso en el camino para ayudar a que sus pacientes se encuentren mucho mejor que muchos de los que se tratan ahora únicamente con fármacos.»

GWYNNETH HEMMINGS, *Schizophrenia Association of Great Britain*

«Este libro deja claro que un psiquiatra que ignora la nutrición es casi tan útil como un fontanero claustrofóbico. Todo el mundo sabe que la comida le puede hacer a uno estar feliz o triste ¿por qué los psiquiatras siguen ignorando este hecho? Han estado ignorando la nutrición durante demasiado tiempo.»

JEROME BURNE, *Medicine Today*

«Si le preocupa su mente, sus estados de ánimo o incluso su agilidad mental, este libro cambiará sus actitudes hacia los alimentos que come, ¡y para bien! Esta extensa obra le dará qué pensar al ir aprendiendo sobre los alimentos para la mente. Un libro excelente.»

DOCTOR CHRIS STEELE, *This Morning (ITV)*

La definición de demencia:

*seguir haciendo las mismas cosas
y esperar resultados diferentes.*

NUTRICIÓN ÓPTIMA PARA LA MENTE

PATRICK HOLFORD

NUTRICIÓN ÓPTIMA PARA LA MENTE

Traducción de José Tola

Si usted desea que le mantengamos informado de nuestras publicaciones, sólo tiene que remitirnos su nombre y dirección, indicando qué temas le interesan, y gustosamente complaceremos su petición.

Ediciones Robinbook
información bibliográfica
Indústria 11 (Pol. Ind. Buvisa)
08329 - Teià (Barcelona)
e-mail: info@robinbook.com

www.robinbook.com

Título original: *Optimum Nutrition for the Mind*

© 2003, Patrick Holford
© 2005, Ediciones Robinbook, s. l., Barcelona

Diseño cubierta: Regina Richling
Fotografía cubierta: Getty Images
Producción y compaginación: MC producció editorial
ISBN: 84-7927- 693-2
Depósito legal: B-3.856-2005
Impreso por A & M Gràfic, Pol. La Florida-Arpesa,
   08130 Sta. Perpètua de Mogoda

Queda rigurosamente prohibida, sin la autorización escrita de los titulares del copyright y bajo las sanciones establecidas en las leyes, la reproducción total o parcial de esta obra por cualquier medio o procedimiento, comprendidos la reprografía y el tratamiento informático, y la distribución de ejemplares de la misma mediante alquiler o préstamo públicos.

Impreso en España - *Printed in Spain*

Advertencia importante

Las informaciones que figuran en este libro sobre datos, sugerencias y consejos, han sido elaboradas de acuerdo con el mejor conocimiento y el máximo esmero posible por parte del autor, la editorial y la redacción. Sin embargo, no sustituyen a ningún consejo emitido por un profesional competente y experto. Cada lector/a asumirá en todo momento la responsabilidad de las decisiones que pueda tomar basándose en las sugerencias del libro. Por eso, cualquier indicación no supone responsabilidad para el autor, redacción o editorial que, en ningún caso, se harán cargo de daños o perjuicios basados en dichas advertencias, indicaciones o consejos. Los datos sobre dosis son acordes con la literatura científica especializada disponible y sólo sirven de referencia a las dosis habituales de una sustancia determianda. La dosis práctica para cada individuo solamente puede ser establecida por su médico utilizando el conocimiento del cuadro clínico que dispone del paciente. Todos los datos contenidos en este libro se apoyan en los fundamentos del actual estado de la materia según los resultados que, hasta la fecha, han sido publicados sobre investigaciones científicas. Igual que ocurre en la ciencia, la información que aquí se ofrece está sujeta a continuos cambios.

Prólogo

Nadie puede poner en duda el enorme estrés adaptativo al que se enfrentan los seres humanos cuando entramos en el siglo XXI. Al irse acelerando el ritmo de vida con los teléfonos móviles, el correo electrónico y las noticias instantáneas, resultan evidentes varias cuestiones importantes. ¿Podemos hacerle frente? ¿Tenemos que adaptar nuestros cerebros? En muchos casos la respuesta es que no. Fatiga, ansiedad, problemas de sueño, oscilaciones del estado de ánimo, problemas de memoria y melancolías son elementos característicos de nuestra época. Los que están peor adaptados se vuelven mentalmente enfermos. El THDA, el autismo, la esquizofrenia y los suicidios van en aumento. ¿Como podemos mantener la mente clara y ser felices en nuestros agitados tiempos?

Cuando las necesidades son muy grandes, la solución puede estar simplemente a la vuelta de la esquina. Las necesidades de la mayoría, y en especial de aquellos que están mentalmente enfermos, son enormes y no se satisfacen. Sin embargo, la solución, en realidad, ya es visible y está desarrollándose con rapidez. Patrick Holford, un autor y nutricionista hábil y perspicaz ha proporcionado en este excelente e importante libro toda la información necesaria. Si se practicaran de modo general los métodos que explica brevemente, se avanzaría mucho en el largo camino para resolver los problemas de nuestra moderna crisis de salud mental. Las personas que sufren estos males, que reciben hoy muy poca ayuda, encontrarán en este libro lo que necesitan en cuanto a unos tratamientos de enorme seguridad y éxito probado, que vienen respaldados por una considerable labor investigadora. El condado de King, en el estado de Washington, aprobó recientemente la legislación que hace responsables a sus instituciones estatales del tratamiento de la salud mental. Su nueva misión es mejorar de manera notable los índices de recuperación de sus pacientes. Este libro contiene la información necesaria para convencer a sus psiquiatras de que sólo siguiendo una psiquiatría ortomolecular o nutricional podrán lograr índices de recuperación superiores al 10 por ciento. El uso exclusivo de tranquilizantes ayuda a recuperarse por completo sólo a menos del 10 por ciento de los pacientes esquizofrénicos. He practicado la psiquiatría durante los últimos 50 años y he visto cómo se ha desarrollado desde el uso de una vitamina, la B_3, para tratar la esquizofrenia hasta su estado actual, que es mucho más amplio y aplicable a una gran variedad de afecciones psiquiátricas. Mis observaciones clínicas confirman plenamente lo que Patrick Holford describe tan bien en este libro.

Esta obra satisface una importante necesidad moderna de información acerca de las causas, la prevención y el tratamiento de las enfermedades, incluyendo los trastornos psiquiátricos, que son hoy una ola masiva que se propaga por todo el globo. Al mismo tiempo, la «nutrición afluente» se va extendiendo entre los países con altos niveles de tecnología. ¿Es una coincidencia o es esa mala nutrición la que dispara el deterioro masivo de la salud en nuestros países?

Casi la mitad de la población de Canadá, los Estados Unidos y el Reino Unido sufre de una o más enfermedades degenerativas tales como esquizofrenia, psicosis bipolar, depresión, ansiedad, Alzheimer, artritis, diabetes, afecciones neurológicas, obesidad, inmunodeficiencia, adicciones, cáncer o trastornos cardiovasculares entre otros. Es difícil echar un vistazo a cualquier periódico y no encontrar alguna referencia a la grave crisis sanitaria a la que se enfrentan las naciones. En algunos de los países más saludables, como Estados Unidos y Canadá, los gobiernos están cada vez más preocupados con los costes sanitarios y el tratamiento de las enfermedades, y están haciendo enormes, pero infructuosos esfuerzos para controlar esos costes, pero sin intentar reducirlos realmente haciendo que la población mejore.

Sabemos lo que hay que hacer. Debemos proporcionar esa información al público y a los profesionales de la salud que quieren detener la continua expansión de la enfermedad debida a la mala nutrición. Esta es otra área donde el libro de Patrick Holford será un elemento clave. Como discípulo y seguidor del doctor Carl Pfeiffer, uno de los pioneros de la medicina nutricional, Holford ha seguido con asiduidad el desarrollo de este nuevo campo y nos lo muestra. Al comienzo de la era ortomolecular era muy difícil para los médicos entrar en este campo. Había un pequeño número de libros muy buenos, especializados en ciertos aspectos de todo el programa. Algunos entraban de manera predominante en la cuestión de la hipoglucemia y del metabolismo de los hidratos de carbono. Otros trataban más las reacciones alérgicas que pueden provocar cualquier síndrome psiquiátrico. Algunos ponían el énfasis en las vitaminas, otros en los minerales, pero la mayoría aparecían en pequeñas editoriales, con un escaso presupuesto en publicidad, y esos libros nunca se promocionaron bien. Únicamente en los últimos diez años han aparecido libros cubriendo todo el campo. Este libro es uno de los mejores debido a la amplitud de cobertura de todos y cada uno de los aspectos de la práctica ortomolecular, describiendo todos los síntomas que pueden tratar los psiquiatras. Para los médicos interesados, se facilita así mucho la entrada en este campo, pues pueden encontrar en uno o dos libros la información que necesitan.

Necesitamos urgentemente médicos que transformen sus consultas a la mayor rapidez posible a fin de ralentizar la tasa de desarrollo, cada vez mayor, de estas enfermedades. La curva que relaciona prevalencia de enfermedad crónica grave y tiempo no es lineal. Asciende de forma curvilínea y si nos fijamos veremos que más del 75 por ciento de nuestras poblaciones sufrirá de una o más enfermedades crónicas graves en el curso de las próximas una o dos décadas. *Nutrición óptima para la mente* nos da un arma poderosa en nuestra lucha contra la enfermedad mental. Es también una lectura esencial para cualquiera que quiera mantener su mente en óptimas condiciones a lo largo de toda su vida, libre de depresiones, fallos de memoria y, lo que incluso es peor, senilidad.

Doctor Abram Hoffer

El doctor Abram Hoffer, antiguo director de investigación psiquiátrica en Saskatchewan, Canadá, llevó a cabo en los años 1950 el primer ensayo doble ciego controlado en la historia de la psiquiatría, demostrando el poder de las vitaminas para el tratamiento de la esquizofrenia. Aunque sus ideas fueron objeto de ataques y se las ridiculizó, perseveró en ella y hoy, a sus ochenta años edad, continúa ayudando a centenares de personas con problemas de salud mental para que se sientan mejor mediante una nutrición óptima.

Agradecimientos

Este libro no habría sido posible sin la ayuda, el apoyo y la investigación de muchas personas. En primer lugar, me gustaría manifestar mi máximo agradecimiento al doctor Abram Hoffer y al doctor Carl Pfeiffer. Considero a estos grandes hombres mis mentores, los primeros pioneros de una revolución imperiosamente necesaria en la salud mental, de los que he aprendido todo sobre ésta y la nutrición. Estoy en deuda con ambos por sus contribuciones a varios de los capítulos de este libro, con carácter póstumo en el caso del doctor Carl Pfeiffer.

Estoy asimismo en deuda con Shane Heaton por su ayuda en la investigación, la edición y el apoyo moral y por sus contribuciones en los capítulos 26, 27 y 28. Manifiesto también mi agradecimiento al doctor Geoffrey y a Lucille Leader por sus contribuciones a los capítulos 23, 29 y 33, a Tuula Tuormaa por su ayuda en las secciones dedicadas a la alergia, al doctor Alex Richardson por toda su ayuda y su inestimable investigación sobre los ácidos grasos esenciales y a la doctora Hyla Cass por mantenerme al día con nuevas investigaciones de gran interés. Estoy también en deuda con Sarah Carolides, Amanda Moore y Carolyn Bird por compartir generosamente sus investigaciones y a los graduados del Institute for Optimum Nutrition, las tropas de primera línea que están poniendo en práctica estos conocimientos esenciales para beneficio de aquellos que padecen problemas de salud mental. Por último, me gustaría dar las gracias a las personas de mi equipo –Bebe, Cath y Murali– y a la editorial Piatkus, en especial a Gill, Penny y Barbara, así como a Phillip, Jana y Judy por su apoyo, ánimo y entusiasmo.

Guía sobre abreviaturas y medidas

La mayoría de las vitaminas se miden en miligramos y microgramos. Las vitaminas A, D y E se miden también en unidades internacionales (UI), destinadas a estandarizar sus diversas formas, que tienen diferentes potencias.

1 gramo (g) = 1.000 miligramos (mg) = 1.000.000 microgramos (mcg)

1 mcg o retinal (1 mcg RE) = 3,3 UI de vitamina A
1 mcg RE de beta-caroteno = 6 mcg de beta-caroteno
100 UI de vitamina D = 2,5 mcg
100 UI de vitamina E = 67 mg

Parte 1

Alimentos para pensar

El modo en que usted piensa y siente depende directamente de lo que come. Puede parecer una idea algo extraña, pero lo cierto es que se ha podido demostrar que consumir los alimentos apropiados incrementa el CI, mejora el estado de ánimo y la estabilidad emocional, refuerza la memoria y mantiene la mente en forma. Descubrirá en esta parte del libro los cinco alimentos del cerebro que le mantendrán con una salud mental de primera.

Capítulo 1
USTED PIENSA TAL COMO COME

¿Qué grado de agudeza tiene su mente, tiene un estado de ánimo equilibrado, es consecuente con sus energías?, qué grado de felicidad siente y qué relación tienen estas cualidades, si es que tienen alguna, con lo que usted come? Estas son algunas de las preguntas a las que había que contestar en el mayor estudio hecho jamás en Gran Bretaña sobre la salud, que incluyó a 22.000 personas y que dirigimos a través de nuestra página web: www.mynutrition.co.uk, en 2001, y esto es lo que encontramos:

- El 76% de la gente está a menudo cansada.
- El 58% sufre de cambios de humor.
- El 52% se siente apático y desmotivado.
- El 50% sufre ansiedad.
- El 47% tiene dificultades para dormir.
- El 43% tiene mala memoria o dificultades para concentrarse.
- El 42% sufre depresiones.

¿Algo de esto le es familiar? Bienvenido al siglo XXI. A pesar de las mejoras realizadas en la dieta y al mejor nivel de vida, el promedio de los seres humanos son hoy unas criaturas claramente exhaustas. ¿Qué pasa y qué es lo que no funciona?

Nuestras mentes y nuestros cuerpos se han ido modelando a lo largo de los millones de años de evolución. Nuestra especie, el *Homo sapiens*, aprendió a adaptarse a los climas diversos, a los distintos alimentos disponibles y a un mundo cambiante, pero adaptarse lleva algún tiempo, y el cambio puede resultar doloroso. Precisamente ahora, tenemos un problema. La humanidad se está esforzando en adaptarse a vivir en unas condiciones que hacen que las de la Revolución Industrial parezcan como un juego de niños. Nuestro entorno físico, por ejemplo, está cambiando. Hemos inventado cerca de 10 millones de nuevos productos químicos, miles de los cuales se añaden a nuestros alimentos, se encuentran en los productos caseros más comunes y están en el agua que bebemos y en el aire que respiramos.

Nuestro entorno psicológico está cambiando todavía más deprisa. Este estrato de nuestro entorno consiste en conceptos como el de quiénes somos, con quién estamos y qué hacemos. Memorias de tiempos y lugares. Pensamientos y sensaciones. Todo esto es lo que constituye el tejido de nuestro mundo psicológico. No podemos llegar a verlo ni tocarlo, pero no por ello es menos real. Contamos la historia de nuestra vida a lo largo de una matriz de tiempo y espacio.

En los últimos 50 años toda nuestra experiencia del tiempo y del espacio ha experimentado un cambio radical. Lo que podíamos hacer en una semana lo podemos hacer ahora en un día. La distancia que recorríamos en un día la cubrimos hoy en una hora. ¿Quiere hablar con un amigo? Conecte su móvil. ¿Quiere enviar una carta? Escriba un correo electrónico y tendrá la respuesta en diez minutos. ¿Quiere ir a algún lugar? Súbase a un avión. Ya no vivimos en ciudades o pueblos, sino en el mundo. Las noticias globales nos llegan en menos de una hora. Podemos volar casi a cualquier sitio en un solo día. Todas las culturas están expuestas a la influencia de las restantes culturas.

Pero esta «culturización cruzada» nos causa unas tensiones inéditas, desde América hasta Afganistán, África y Europa oriental. La mayoría estamos intentando sobrevivir, crecer simplemente en el nuevo milenio. Hacer hincapié en el tiempo y en el espacio no nos hace ser felices, desde luego.

El alto precio de vivir

Por eso mismo, estos son tiempos de retos excepcionales. Algunos conseguimos acrecentarnos con ello, pero lo que hacemos la mayoría es intentar mantenernos a flote y vamos viviendo con cansancio, ansiedad, estrés, depresión y problemas con el sueño. Demasiada gente sufre de problemas mentales, que van desde trastornos de falta de atención hasta el Alzheimer, depresión y esquizofrenia. En realidad, en todo el mundo hay un aumento masivo en la incidencia de los problemas de salud mental, especialmente entre los jóvenes. El suicidio, la violencia y la depresión van en aumento, según indica la Organización Mundial de la Salud. Dicen que los problemas de salud mental se están convirtiendo en el principal problema sanitario de este siglo, donde una de cada diez personas los sufre durante toda su vida y una de cada cuatro en algún momento de ella.

Al haber trabajado con miles de personas afectadas por estos problemas y haber investigado sus causas, he llegado a la conclusión de que la mayoría pueden prevenirse y que en muchos casos es posible invertirlos mediante un enfoque radicalmente nuevo de lo que es el bienestar mental.

Esto no tiene nada que ver con el uso actual de fármacos y psicoterapia. Entre los «fármacos» incluyo también el creciente número de sustancias que nos prescribimos nosotros mismos, desde la cafeína al chocolate. Todos hemos seguido este camino. ¿Estamos cansados? Elegimos cafeína, azúcar o un cigarrillo. En Gran Bretaña tomamos 1.500 millones de bebidas con cafeína a la semana, que incluyen té, café y bebidas de cola, y consumimos 6 millones de kilos de azúcar y 2 millones de kilos de chocolate a la semana. También nos fumamos 1.500 millones de cigarrillos en ese mismo lapso de tiempo. ¿Nos sentimos ansiosos o deprimidos? Pues nos echamos un trago. Tomamos 120 millones de bebidas alcohólicas a la semana y fumamos 10 millones de porros. ¿Y si las cosas se ponen realmente mal? Vamos al médico para que nos recete un medicamento. En Gran Bretaña nos tragamos 532 millones de tranquilizantes, 463 millones de somníferos y 823 millones de antidepresivos cada año. En cierta medida todo eso funciona, ¿pero a qué coste en términos de efectos secundarios y dependencia? Mientras tanto, la psicoterapia se está volviendo cada vez más popular. Son cada vez más las personas que buscan una ayuda profesional y además con una frecuencia creciente, con al menos 10 millones de visitas al año. Como alternativa, puede seguir un curso para cambiar de vida, leer un libro de autoayuda o modificar su estado mental mediante yoga o meditación. Todo eso puede ayudar, si tiene tiempo para ello.

¿Sin embargo, no nos estamos olvidando de algo? Cualquier persona inteligente puede darse cuenta de que nuestras dietas han cambiado de modo radical en los últimos 100 años, junto con nuestro entorno. Si tiene en cuenta que el cuerpo y el cerebro están hechos en su totalidad de moléculas que derivan del alimento, del aire y del agua, y que simples moléculas como el alcohol pueden afectar de un modo decisivo al cerebro, ¿no resulta bastante probable que los cambios en la dieta y en el medio ambiente hayan afectado a nuestra salud mental? Creo, y presento pruebas de ello en este libro, que la mayor parte de nosotros no conseguimos desarrollar todo nuestro potencial de salud mental, felicidad, viveza y claridad porque no estamos logrando una nutrición óptima para la mente. Creo también que una proporción significativa de las personas con trastornos mentales no necesitan fármacos ni responden lo bien que podrían hacerlo a la psicoterapia, porque la causa principal de sus problemas no es una falta de fármacos, ni siquiera una falta de visión psicológica hacia su propio interior o de apoyo, sino un desequilibrio químico causado por los muchos años de una nutrición inadecuada y la exposición a contaminantes y toxinas medioambientales. Tal como dijo Einstein: «Los problemas que hemos causado no los podemos resolver desde el mismo nivel de pensamiento en que estábamos cuando los creamos.» Necesitamos una nueva forma de pensar acerca de la salud mental que incluya el papel de la nutrición y del entorno químico, y el modo en que éstos afectan el modo en que pensamos y sentimos.

La mente y el cuerpo no están separados

Uno de los conceptos limitantes más importantes de las ciencias humanas es la idea de que la mente y el cuerpo están separados. Intente preguntar a un anatomista, a un psicólogo y a un bioquímico dónde comienza la mente y dónde acaba el cuerpo. Es una pregunta estúpida, pero aun así es lo que ha estado haciendo la ciencia moderna al separar la psicología de la anatomía y la fisiología.

No obstante, no son sólo los científicos los que viven creyendo en esta falsa distinción, sino que somos también nosotros. Si tiene dificultades en concentrarse cuando se encuentra bajo de moral, cuando se esfuerza en recordar algo, ¿cree que podría deberse a que está mal nutrido? ¿Por qué no? Cada uno de estos estados, su pensamiento, sus sensaciones, la energía mental y la concentración se producen a través de una serie de interconexiones entre las células del cerebro, cada una de las cuales depende de un suministro óptimo de nutrientes para poder funcionar de una manera eficaz. Piense en estos experimentos:

- Medimos las puntuaciones del CI de nueve escolares y administramos después a 30 de ellos una dosis alta de multivitaminas, a 30 un placebo y a otros 30 nada. Al cabo de ocho meses volvimos a evaluar su CI. Sólo aquellos que habían recibido vitaminas experimentaron un notable aumento, de más de diez puntos, en su CI no verbal. Desde nuestro estudio, publicado hace más de una década, hay otros 15 que han confirmado que los suplementos vitamínicos incrementan el CI de los niños. El efecto es real.

- El doctor Thomas Crook, de la Memory Assesment Clinic de Maryland, en Estados Unidos, administró una dosis diaria de 300 mg de un nutriente llamado fosfatidilserina a 149 personas que padecían pérdidas de memoria relacionadas con la edad. Cuando se les hizo una prueba al cabo de 12 semanas, su memoria había mejorado hasta llegar al nivel de individuos 12 años más jóvenes.
- El doctor Bernard Rimland, de California, comparó los resultados de 1.591 niños hiperactivos tratados con fármacos con los de 191 a los que se les habían administrado suplementos nutricionales. Este último enfoque resultó 18 veces más eficaz. A pesar de ello, la prescripción de medicamentos a los niños casi se duplica cada año.
- El doctor Birmingham, de la Eating Disorders Clinic, de Vancouver, Canadá, administró un suplemento de cinc o un placebo a personas con anorexia. Las que tomaban cinc aumentaron de peso el doble de rápido que aquellas otras a las que se les dio el placebo.
- El doctor Abram Hoffer, de Canadá, ha tratado a 5.000 personas con diagnóstico de esquizofrenia administrándoles dosis elevadas de multinutrientes, en especial grandes dosis de las vitaminas B_3 y C. Los informes sobre sus seguimiento durante 40 años revelaron una tasa de curaciones del 90 por ciento, definidas como un estado libre de síntomas, capaces de socializarse con la familia y los amigos y cumpliendo con el impuesto de la renta. A pesar de que sus investigaciones y resultados son fruto de toda una vida, durante mucho tiempo se ha estado dejando de lado el enfoque dado por Hoffer a la esquizofrenia.
- El doctor Poldinger y sus colegas de la universidad de Basilea, en Suiza, administraron a sus pacientes de depresión un antidepresivo SSRI convencional, según el estado actual de los conocimientos, o un nutriente llamado 5-HTP. Este último superó al fármaco en toda regla, dando como resultado una mayor mejoría en la depresión, la ansiedad y el insomnio, sin que hubiera efectos secundarios. Esto constituye un vivo contraste con los suicidios diarios que se producen, según estimaciones, por causa directa de las reacciones adversas a este tipo de fármacos antidepresivos (véase el capítulo 21).
- Bernard Gesch, director de la organización caritativa Natural Justice, administró a internos de prisiones suplementos de vitaminas, minerales y grasas esenciales o placebos, y simplemente con la toma de los suplementos se produjo un considerable descenso del 35 por ciento en el número de actos agresivos.

Ahí están las pruebas si las busca. Puede cambiar su modo de pensar y de sentir cambiando lo que se pone en la boca. Como quiera que se sienta, si sigue las directrices de este libro percibirá una mejora gradual en su mente y en su estado de ánimo.

No es necesario que se encuentre clínicamente deprimido, ansioso, incapaz de concentrarse, hiperactivo, con pérdidas de memoria o de juicio para poder beneficiarse de este libro, porque también le ayudará. Una nutrición óptima puede hacerle sentirse mejor y agudizar su mente, aunque usted crea que todo va perfectamente. No es suficiente con que todo vaya bien. Debería, y puede, sentirse despierto, lleno de energía, feliz y sin estrés, con la mente clara y una inteligencia agudizada.

Una nutrición óptima con psicoterapia funcionan de maravilla

Por supuesto, mejorar nuestra salud mental no depende solamente de la nutrición. Aunque, por desgracia, la mayoría de los psicoterapeutas ignoren el papel de la nutrición y de la química del cerebro en el modo en que pensamos y sentimos, no cometamos el mismo error de omisión. Creo que la solución para los problemas de salud mental que azotan a nuestra sociedad radica en combinar una nutrición óptima y un buen apoyo psicológico, lo que incluye un lugar al que pueda llamar hogar, ser tratado con respeto y dignidad y ser aconsejado.

La combinación de nutrición óptima y psicoterapia funciona a las mil maravillas en una gran variedad de problemas de salud mental, que van desde la depresión hasta la esquizofrenia, y en todos ellos funciona mucho mejor que los fármacos. La mayoría de los psiquiatras con los que trabajo creen que aunque estos últimos pueden salvar una vida a corto plazo, se vuelven innecesarios si se hace una combinación correcta de nutrientes y apoyo psicológico.

Necesitamos un enfoque radicalmente nuevo basado en la ciencia

Con los problemas mentales aumentando a tal ritmo, necesitamos una nueva vía de pensamiento acerca del estado de nuestra mente. Como dijo Marcel Proust: «El acto verdadero del descubrimiento no consiste en encontrar nuevas tierras, sino en ver con nuevos ojos.» Tenemos que despertar al hecho de que en los cambios de nutrición y los desequilibrios químicos radican probablemente la mayoría de los problemas de salud mental. No se pueden simplemente psicoanalizar las deficiencias en grasas esenciales, vitaminas, minerales y otros nutrientes fundamentales para el cerebro. Tenemos que pensar más allá de las paredes que nos limitan y despertar al hecho de que la química afecta directamente el modo en que pensamos y sentimos.

Esto significa crear unas nuevas bases para diagnosticar y tratar los problemas y una nueva manera de vivir y comer que refuerce nuestra salud mental, en lugar de cercenarla. Creo que ya tenemos soluciones para la mayoría de los problemas de enfermedad mental. Todo lo que tenemos que hacer es mirar con ojos nuevos. Este libro va dedicado a esa visión.

En resumen, ya podemos decir con seguridad que:

- Lo que la mayoría de la gente logra está muy por debajo de todo su potencial de inteligencia, memoria, concentración, equilibrio emocional y felicidad.
- La correcta combinación de nutrientes funciona mucho mejor que los fármacos, y sin sus efectos secundarios.
- La psicoterapia da mejores resultados si está usted nutrido de manera óptima.
- La mayoría de los problemas de salud mental pueden resolverse, o al menos aliviarse de forma considerable, con una correcta nutrición junto con la guía y el apoyo psicológico adecuados.

Capítulo 2
LOS CINCO ELEMENTOS ESENCIALES QUE DAN FUERZA A SU CEREBRO: HÁGASE USTED MISMO UN CHEQUEO

Da igual que se encuentre en perfecta forma o que se enfrente a un problema de salud mental, pero hay cinco alimentos esenciales que necesita para poner a punto su cerebro.

- Equilibre su glucosa: es el combustible del cerebro.
- Grasas esenciales: mantienen el cerebro «bien engrasado».
- Fosfolípidos: estas moléculas de la memoria dan atractivo al cerebro.
- Amimoácidos: son los mensajeros del cerebro.
- Nutrientes inteligentes: se incluyen entre ellos las vitaminas y los minerales que «afinan» su mente.

Conociendo unos pocos datos acerca de su sorprendente cerebro, verá por qué estos alimentos son tan importantes para su mente. Cada día tenemos cerca de 6.000 pensamientos, ¡la mayor parte de ellos, repetidos! Pero cada uno de ellos viene representado por una «onda» de actividad que cruza la red de nervios que denominamos cerebro. Así es como funciona:

Lo que llamamos cerebro no es otra cosa que una red de neuronas, que son unas células nerviosas especiales que se conectan con otras neuronas. Poseemos cerca de 100.000 millones, que se conectan cada una de ellas a miles de otras más. Para tener una idea de lo complejo que es todo esto, echemos un vistazo a la selva lluviosa amazónica. La Amazonia se extiende por unos 7 millones de kilómetros cuadrados y contiene cerca de 100.000 millones de árboles. ¡Por tanto, en nuestro cerebro hay el mismo número de células que árboles en la selva amazónica, y tantas conexiones como hojas!

Las conexiones entre neuronas se llaman dendritas. Allí donde una dendrita se encuentra con otra neurona existe un hueco, parecido al espacio vacío por el que salta la chispa en un mechero. A este hueco se le llama sinapsis y es precisamente a través de él donde se envían los mensajes desde una neurona a otra.

El mensaje es enviado desde una estación emisora a otra que lo recibe, el llamado receptor. Estas unidades de emisión y recepción están formadas por grasas esenciales, que se encuentran en el pescado y las semillas; por fosfolípidos, presentes en los huevos y en las vísceras, y por aminoácidos, que son la materia prima de las proteínas. El propio mensaje, el neurotransmisor, consiste en la mayoría de los casos en aminoácidos. Los diferentes aminioácidos hacen que sean distintos los neurotransmisores. Así por ejemplo uno de ellos, la serotonina, que le hace sentirse a usted feliz, está formada por el aminoácido triptófano. La adrenalina y la dopamina, que le motivan, están compuestas de fenilalanina.

Transformar un aminoácido en un neurotrasmisor no es una tarea fácil. Se encargan de hacerlo los enzimas del cerebro, que dependen de nutrientes inteligentes. Se incluyen entre ellos vitaminas, minerales y algunos aminoácidos especiales.

Usted no solamente es lo que come, también el modo de pensar y sentir depende de ello. Podrá comprobarlo si consume los suficientes alimentos esenciales para el cerebro, siguiendo el Control de los Alimentos del Cerebro que aparece a continuación.

Control de los alimentos del cerebro

En cada una de las secciones hay diez preguntas. Marque los recuadros en los que la respuesta sea afirmativa. Si marca cinco o más en la columna de respuestas afirmativas, lo más probable es que no esté consumiendo una cantidad suficiente de ese factor alimenticio esencial para el cerebro.

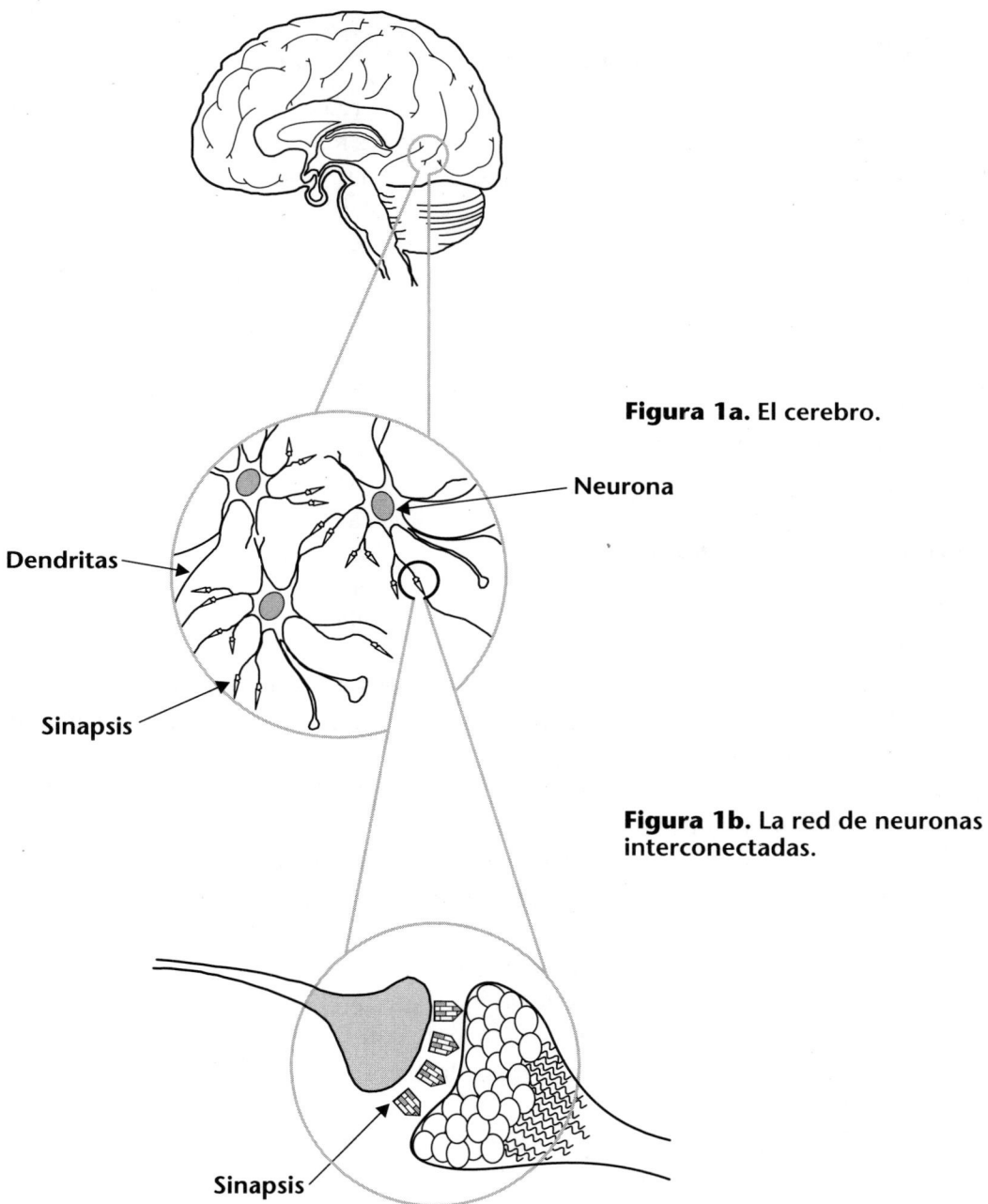

Figura 1a. El cerebro.

Figura 1b. La red de neuronas interconectadas.

Figura 1c. La sinapsis, donde dos células se encuentran.

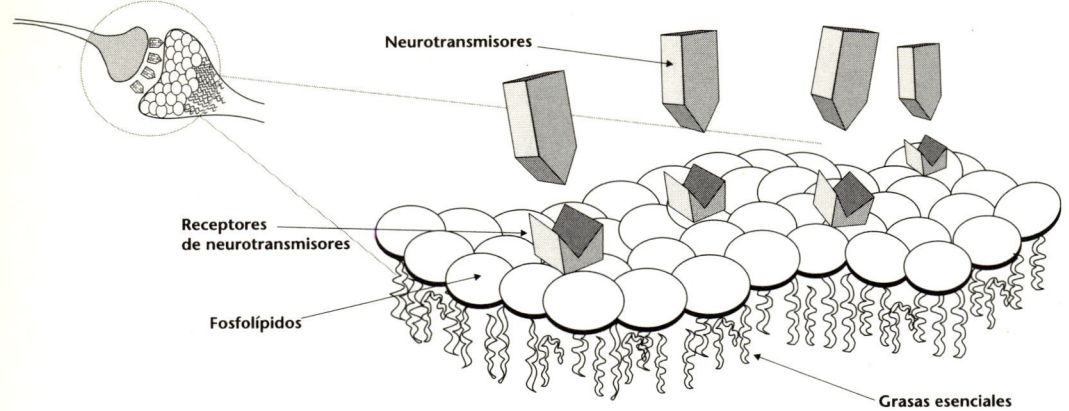

Figura 1d. Detalle de un receptor.

Control de la glucosa

- ❏ ¿Come habitualmente pan blanco, arroz o pasta normales en lugar de los mismos productos de centeno o integrales?
- ❏ ¿Anhela ciertos alimentos, como por ejemplo los hidratos de carbono?
- ❏ ¿Bebe té, café y bebidas o alimentos azucarados, o fuma cigarrillos, a intervalos regulares a lo largo del día?
- ❏ ¿Come habitualmente fruta, hortalizas u otros hidratos de carbono sin consumir al mismo tiempo alimentos proteínicos?
- ❏ ¿Se salta a veces alguna comida, en especial el desayuno?
- ❏ ¿Se despierta sin haber descansado o necesita por las mañanas algo para entrar en actividad, tal como té, café o un cigarrillo?
- ❏ ¿Se siente a menudo soñoliento durante el día?
- ❏ ¿Pierde en ocasiones la concentración?
- ❏ ¿Se marea o se vuelve irritable si no come con frecuencia?
- ❏ ¿Evita hacer ejercicio porque no tiene la energía suficiente?

Control de las grasas

- ❏ ¿Toma pescado azul (salmón, trucha, sardinas, arenques, caballa o atún fresco) menos de una vez por semana?
- ❏ ¿Toma semillas o aceites prensados en frío menos de tres veces a la semana?

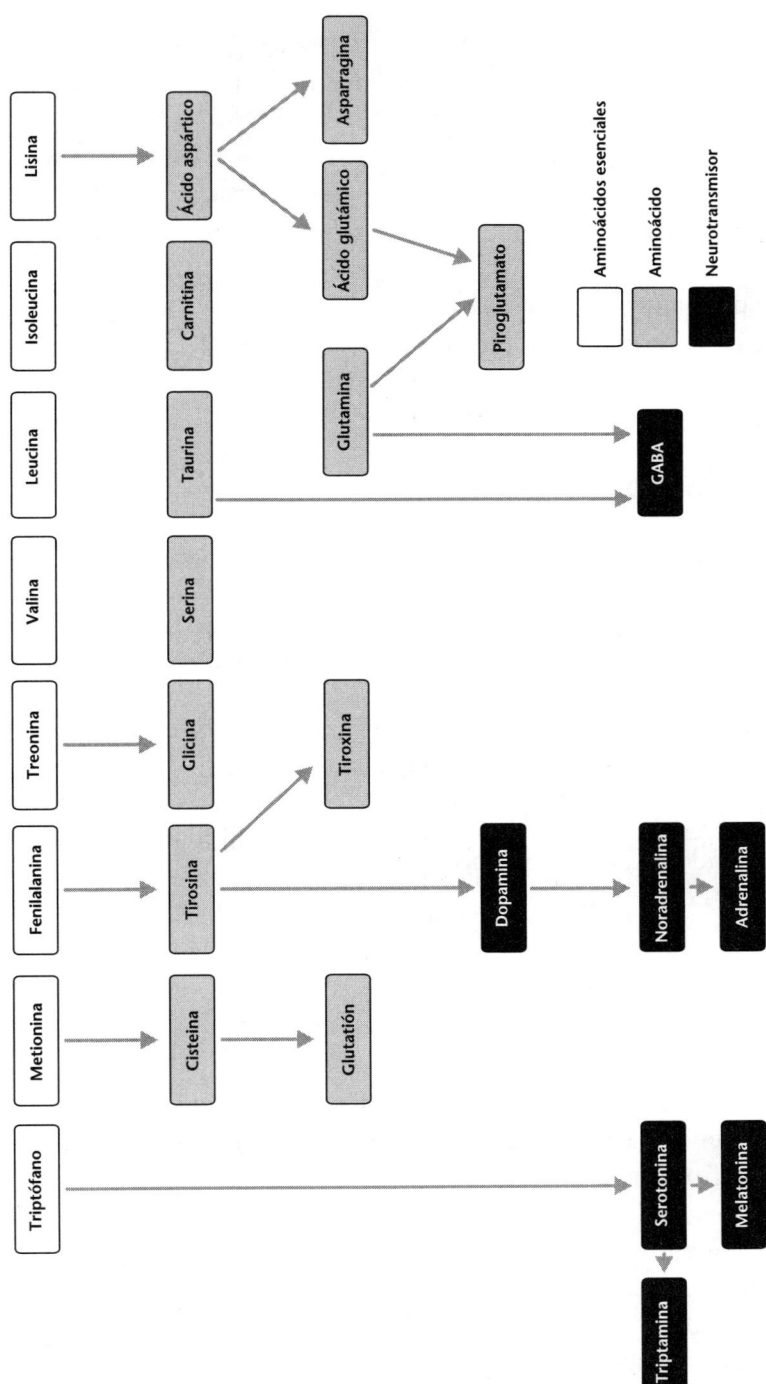

Figura 1e. Los neurotransmisores están formados por aminoácidos.

- ❏ ¿Come carne o productos lácteos la mayoría de los días?
- ❏ ¿Consume alimentos procesados o fritos (tales como platos preparados, patatas fritas de fábrica, panchitos) tres o más veces a la semana?
- ❏ ¿Tiene la piel seca o rugosa o tiene tendencia a sufrir eccemas?
- ❏ ¿Tiene mala memoria o dificultades para concentrarse?
- ❏ ¿Padece síndrome premenstrual o tiene una sensación dolorosa anormal en el pecho?
- ❏ ¿Sufre de retención de líquidos?
- ❏ ¿Tiene los ojos resecos, lagrimosos o con picores?
- ❏ ¿Padece de problemas inflamatorios tales como la artritis?

Control de los fosfolípidos

- ❏ ¿Come pescado (especialmente sardinas) menos de una vez a la semana?
- ❏ ¿Toma menos de tres huevos por semana?
- ❏ ¿Toma hígado, soja/tofu o nueces menos de tres veces por semana?
- ❏ ¿Toma menos de 5 g de lecitina al día?
- ❏ ¿Está perdiendo memoria?
- ❏ ¿Está buscando a veces algo y se le olvida qué es lo que estaba buscando?
- ❏ ¿Le resulta difícil hacer cálculos mentales?
- ❏ ¿Tiene a veces dificultades para poder concentrarse?
- ❏ ¿Tiene tendencia a la depresión?
- ❏ ¿Aprende con lentitud?

Control de aminoácidos

- ❏ ¿Come menos de una ración de alimentos ricos en proteínas (carne, productos lácteos, pescado, huevos, tofu) cada día?
- ❏ ¿Toma menos de dos raciones de proteínas de origen vegetal (judías, lentejas, semillas, frutos secos, cereales integrales, etc.) cada día?
- ❏ Si es vegetariano, ¿rara vez combina alimentos proteínicos diferentes como los mencionados anteriormente?
- ❏ ¿Realiza una actividad física intensa o trabaja mucho?
- ❏ ¿Sufre ansiedad, depresión o irritabilidad?
- ❏ ¿Se siente cansado con frecuencia o le falta motivación?
- ❏ ¿Pierde a veces la concentración o tiene mala memoria?

- ❑ ¿Es muy baja su presión sanguínea?
- ❑ ¿Le crecen lentamente el pelo y las uñas?
- ❑ ¿Se siente constantemente hambriento y sufre con frecuencia indigestiones?

Control de alimentos inteligentes

- ❑ ¿Toma cada día menos de cinco raciones de fruta fresca y de hortalizas (excluyendo la patata)?
- ❑ ¿Toma menos de una ración de hortalizas de hoja cada día?
- ❑ ¿Toma menos de tres raciones de fruta tropical fresca o seca a la semana?
- ❑ ¿Come semillas (tales como pipas de calabaza o de girasol) o frutos secos sin tostar menos de tres veces por semana?
- ❑ ¿No está tomando actualmente un suplemento multivitamínico/de minerales cada día?
- ❑ ¿Come habitualmente pan blanco, arroz o pasta normales en lugar de los mismos productos de centeno o integrales?
- ❑ ¿Ingiere la mayoría de los días más de una unidad de alcohol?
- ❑ ¿Sufre de ansiedad, depresión o irritabilidad?
- ❑ ¿Sufre calambres musculares?
- ❑ ¿Tiene marcas blancas en más de dos uñas de las manos?

La conexión entre intestino y cerebro

Suele creerse que la mayor parte de nuestro pensamiento lo desarrollan las neuronas del cerebro. Sabemos ahora que el sistema digestivo contiene 100 millones de neuronas y que produce la misma cantidad de neurotransmisores que el cerebro. El intestino, por ejemplo, produce las dos terceras partes de la serotonina corporal, el neurotransmisor de la «felicidad». Así pues, en esencia, está alimentando a dos cerebros. Cada vez que come algo envía señales al cerebro, porque éste y el intestino están en comunicación permanente. Este es el motivo por el que unos alimentos adecuados le hacen sentirse feliz, mientras que los inapropiados le provocan ansiedad o depresión.

Los cinco capítulos que vienen a continuación le indicarán cómo alimentar correctamente su cerebro para que cante de alegría.

Capítulo 3
LOS HIDRATOS DE CARBONO COMPLEJOS, EL MEJOR ALIMENTO PARA EL CEREBRO

El nutriente más importante de todos para el cerebro y el sistema nervioso es la glucosa, el combustible que los hace funcionar. Los seres humanos vivimos de la energía solar. Usamos las plantas para recogerla en forma de glucosa. Las plantas absorben hidrógeno y oxígeno (H_2O, agua) del suelo, carbono y oxígeno (CO_2, dióxido de carbono) del aire y luego combinan todos estos átomos con ayuda de la energía solar para producir hidratos de carbono (COH).

Estos carbohidratos los descomponemos después durante la digestión para producir glucosa, que suministramos a las células de nuestro cerebro y al resto del cuerpo. A continuación, la glucosa se «quema» en el interior de nuestras células y libera la energía solar, que es la que nos mantiene vivos.

Su cerebro consume más glucosa que ningún otro órgano. En un día de actividad sedentaria, consumirá hasta el 40 por ciento de todos los hidratos de carbono que usted coma. ¡Esa es la razón de sentir hambre después de los exámenes! Cada vez que se produzca un desequilibrio en el suministro de glucosa al cerebro experimentará fatiga, irritabilidad, mareos, insomnio, exceso de sudoración (especialmente durante la noche), falta de concentración y olvidos, excesiva sed, depresión, problemas digestivos y visión borrosa.

Básicamente, cuantos más hidratos de carbono pueda comer y cuanto mayor sea la regularidad con que lo haga, tanto más sano estará y tanto mejor funcionará su cerebro. Sin embargo, no resulta todo tan simple. Hay algunos hidratos de carbono que son mejores que otros a la hora de servir de combustible apropiado para el cuerpo.

Las investigaciones realizadas en el Instituto de Tecnología de Massachusetts han dado como resultado que hay un 25 por ciento de diferencia en el CI de niños que se encuentran en el 20 por ciento superior de la población que consume hidratos de carbono refinados, comparado con aquellos otros situados en el 20 por ciento inferior. De este modo, abstenerse del pan blanco, los cereales procesados y el azúcar parece que resulta esencial para tener un CI superior. Pero esto no es todo. Para maximizar el rendimiento intelectual se necesita un suministro *uniforme* de glucosa al cerebro. Esto lo ha demostrado el profesor David Bentonm de la Swansea University, que halló que los bajones de azúcar en sangre están directamente relacionados con la falta de atención, la mala memoria y el comportamiento agresivo. Por tanto, ¿qué tipo de hidratos de carbono son los que convienen?

Alimentos como combustible

Aunque podamos obtener energía a partir de las proteínas, las grasas y los hidratos de carbono, los alimentos ricos en estos últimos son el mejor tipo de combustible. Esto es así porque cuando se usan grasas o proteínas para obtener energía, se forman también sustancias tóxicas en el cuerpo. Los hidratos de carbono son el único combustible «sin humos».

No obstante, necesitan además ser de «liberación lenta». Los hidratos de carbono complejos tales como los cereales integrales, hortalizas, judías o lentejas, u otros más sencillos como la fruta, tardan más en digerirse que los hidratos de carbono refinados. Así pues, si come arroz integral, por decir algo, su cuerpo hará exactamente aquello para lo que ha sido diseñado. Lo digiere y libera su energía potencial de una manera constante y paulatina.

Por qué son malos los alimentos refinados

¿Qué es eso tan malo que hay en los hidratos de carbono refinados? Al procesarlos en exceso, lo que estamos haciendo en esencia es estafar a la naturaleza al aislar lo dulce de los alimentos y eliminar el resto. Todas las formas de azúcar concentrado, ya sea blanco, moreno, malta, glucosa, miel o jarabe, son azúcares de «liberación rápida», que provocan un rápido aumento de los niveles de azúcar en sangre. La manera en que el cuerpo responde a esta furiosa embestida de azúcar en la sangre es sacándola de allí y llevándola a las células. Si estas no necesitan más combustible lo almacenan, primero en forma de «glucógeno» en los músculos y en el hígado, y después como grasa. La mayoría de las formas concentradas de azúcar están desprovistas de vitaminas y minerales, a diferencia de los azúcares naturales como los de la fruta. El azúcar blanco ha perdido alrededor del 90 por ciento de sus vitaminas y minerales, y sin vitaminas y minerales nuestro metabolismo se vuelve ineficaz, y así se contribuye poco a regular los niveles de energía, mantener la concentración y controlar el peso.

La fruta contiene sobre todo un azúcar sencillo, la fructosa. No es necesario digerirla, pues se incorpora rápidamente a la corriente sanguínea, lo mismo que la glucosa. Sin embargo, se la clasifica como de «liberación lenta». Esto se debe a que el cuerpo tiene que transformar la fructosa en glucosa, que es un proceso que ralentiza su efecto sobre el cuerpo.

Algunas frutas, como las uvas y los dátiles, contienen glucosa pura, por lo cual son de liberación más rápida. En cambio, las manzanas poseen principalmente fructosa, y entonces son de liberación lenta. Los plátanos o bananas llevan ambos y elevan los niveles de azúcar en sangre con bastante rapidez. Sin embargo, todas las frutas aportan fibra, que hace que la liberación de los azúcares que contienen se realice de un modo más lento. Los hidratos de carbono refinados, como el pan blanco, el arroz pulido o los cereales procesados, tienen un efecto similar al del azúcar refinado. El proceso de refine, o incluso el de cocción, inicia la desintegración de los hidratos de carbono complejos para convertirlos en hidratos de carbono simples, lo que supone, en efecto, predigerirlos. Cuando los consuma, tendrá un rápido aumento del nivel de azúcar en sangre y la correspondiente oleada de energía. Sin embargo, la ola es seguida de una depresión en cuanto que el cuerpo se afana por equilibrar los niveles de azúcar en sangre.

Los alimentos que mantienen estable el nivel de azúcar en sangre

Pero ¿cómo sabe uno cuáles son los alimentos que liberan energía con rapidez y cuáles lo hacen de manera lenta? La medida del efecto de liberación rápida o lenta está relacionada con el grado en que eleva el nivel de azúcar en sangre, y esto puede re-

Figura 2. La familia de los azúcares.

presentarse mediante una escala llamada índice glucémico (o IG para abreviar). Este índice compara el efecto que tienen sobre el nivel de azúcar en sangre distintos alimentos con el producido por la glucosa pura (véase la Figura 3). A la curva que da esta última se le asigna un valor de 100, y los restantes alimentos se puntúan en relación a ella. Así, por ejemplo, si se mide el efecto de consumir determinado alimento y se representa por una curva en la que la mitad de la superficie abarcada corresponde a la glucosa, el IG es de 50. La cantidad de alimento analizado afecta, evidentemente, a la altura que alcanzará ese nivel. Aquí usamos una ración normal de alimento para indicar su efecto relativo sobre el nivel de azúcar en sangre.

El cuadro de las páginas 38 y 39 da la puntuación del IG de una ración media de diversos alimentos comunes. Compruebe qué es lo que toma de desayuno. Si comienza el día con pasas y arroz hinchado, que tienen un valor de IG alto, ya se está preparando para iniciar una liberación rápida de la energía, pero si opta por los copos de avena endulzados con manzana rallada, que son de liberación paulatina, sus energías y su capacidad de concentración le durarán mucho más tiempo.

Por regla general, los alimentos con un valor de IG inferior a 50 son adecuados para que los incluya en su dieta, mientras que aquellos otros con una puntuación superior a 70 debería evitarlos, o todo lo más mezclarlos con otros de liberación lenta. Los que tienen unos valores que oscilan entre 50 y 70 deberán tomarse de vez en cuando y sólo en compañía de alimentos de liberación paulatina. Así por ejemplo,

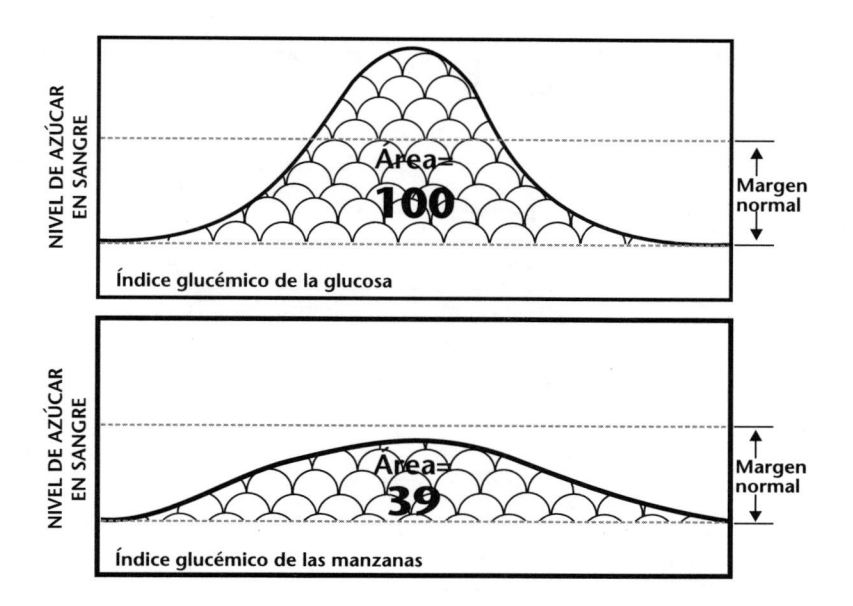

Figura 3. Medida del índice glucémico de un alimento.

los plátanos tienen una puntuación bastante alta, de 62. Los copos de avena y la leche desnatada, en cambio, la tienen baja, con 49 y 32 respectivamente. Por consiguiente, tomando como desayuno un tazón de copos de avena con leche desnatada y medio plátano conseguirá mantener perfectamente equilibrados sus niveles de azúcar en sangre, mientras que si toma copos de maíz (que puntúan 80) con pasas, la situación será bastante peor.

Los buenos y los malos alimentos

Veremos aquí unos pocos ejemplos de lo que hay que comer y lo que no se debe comer para mantener equilibrados los niveles de azúcar en sangre:

En lugar de:	**Comer:**
Tostada de pan blanco con mermelada	Tostada de pan integral con judías
Copos de maíz con miel	Avena cocida con pasas
Cruasanes y baguettes	Pan de centeno integral
Arroz blanco	Espaguetis integrales
Barras de chocolate	Hortalizas crudas
Plátanos	Manzanas o naranjas
Galletitas de aperitivo o de arroz	Galletas de avena

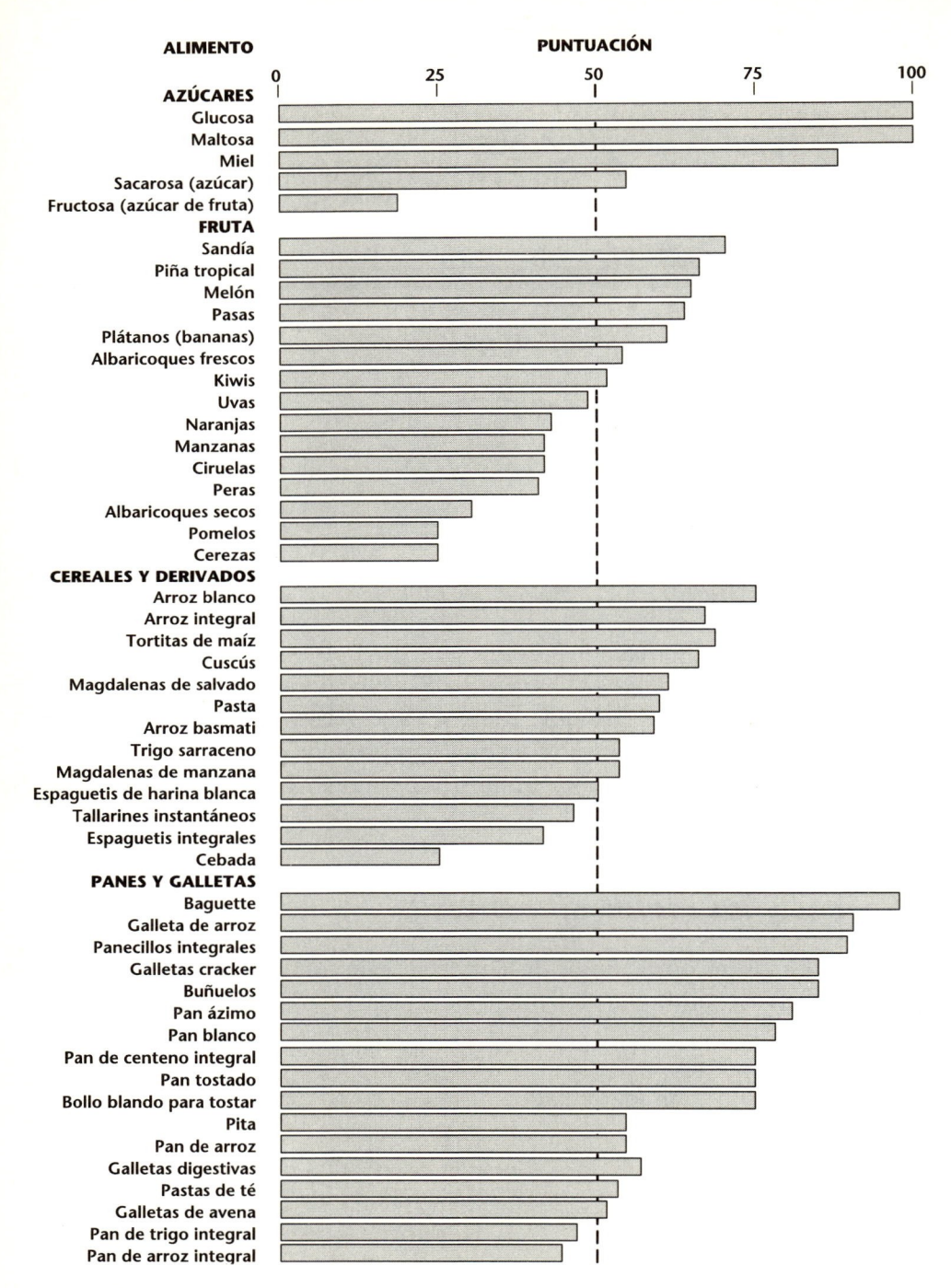

Figura 4. Índice glucémico de los alimentos.

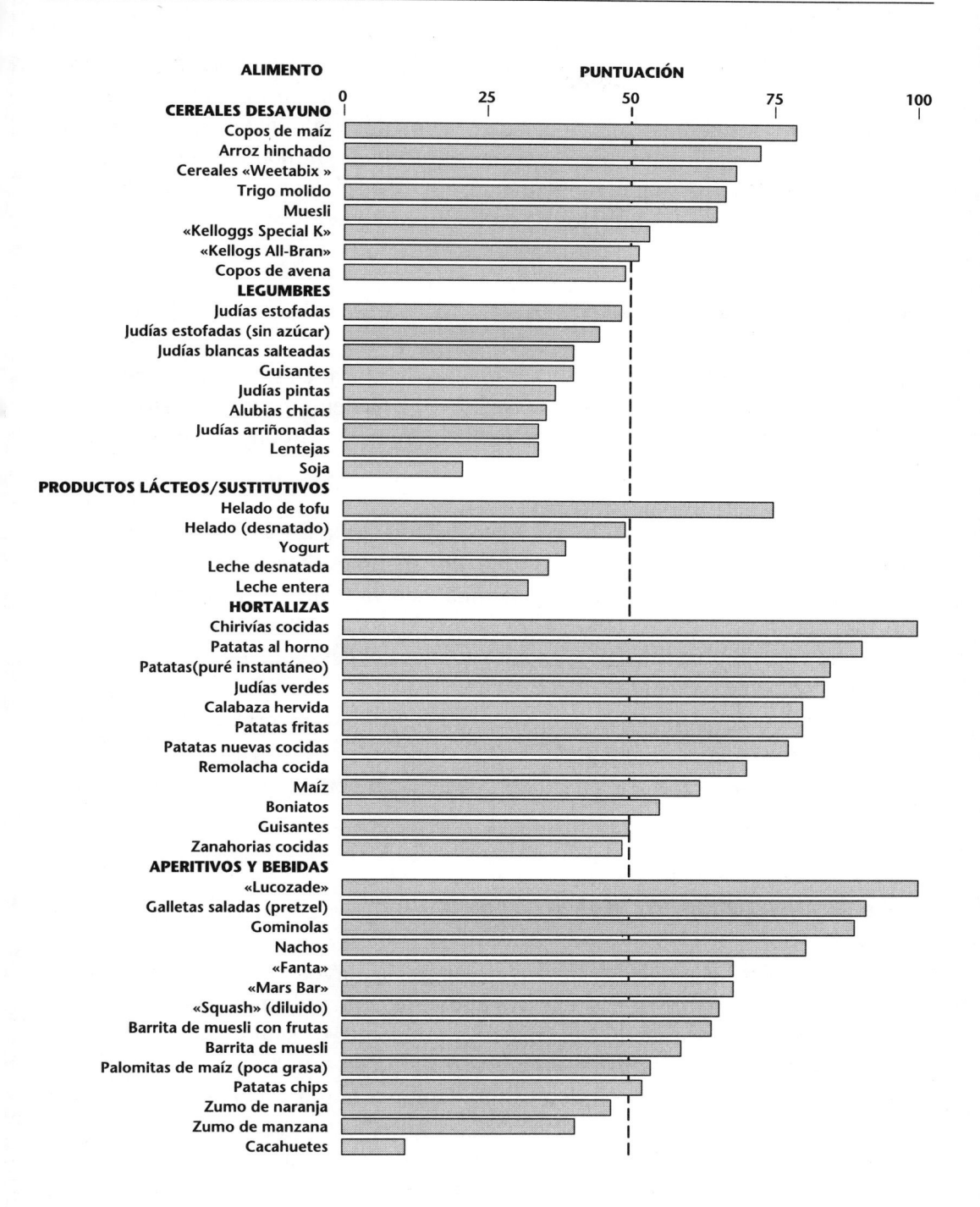

LOS HIDRATOS DE CARBONO COMPLEJOS, EL MEJOR ALIMENTO PARA EL CEREBRO

ALIMENTO	PUNTUACIÓN (0–100)
CEREALES DESAYUNO	
Copos de maíz	~80
Arroz hinchado	~75
Cereales «Weetabix»	~70
Trigo molido	~68
Muesli	~65
«Kelloggs Special K»	~55
«Kellogs All-Bran»	~50
Copos de avena	~48
LEGUMBRES	
Judías estofadas	~48
Judías estofadas (sin azúcar)	~45
Judías blancas salteadas	~40
Guisantes	~38
Judías pintas	~35
Alubias chicas	~32
Judías arriñonadas	~30
Lentejas	~28
Soja	~20
PRODUCTOS LÁCTEOS/SUSTITUTIVOS	
Helado de tofu	~75
Helado (desnatado)	~50
Yogurt	~38
Leche desnatada	~32
Leche entera	~28
HORTALIZAS	
Chirivías cocidas	~98
Patatas al horno	~90
Patatas (puré instantáneo)	~85
Judías verdes	~82
Calabaza hervida	~78
Patatas fritas	~75
Patatas nuevas cocidas	~72
Remolacha cocida	~68
Maíz	~58
Boniatos	~55
Guisantes	~50
Zanahorias cocidas	~48
APERITIVOS Y BEBIDAS	
«Lucozade»	~100
Galletas saladas (pretzel)	~90
Gominolas	~85
Nachos	~80
«Fanta»	~70
«Mars Bar»	~65
«Squash» (diluido)	~65
Barrita de muesli con frutas	~62
Barrita de muesli	~55
Palomitas de maíz (poca grasa)	~52
Patatas chips	~50
Zumo de naranja	~45
Zumo de manzana	~42
Cacahuetes	~20

Lo mejor es reducir lentamente el contenido de azúcar en su dieta. Así, de modo gradual, irá acostumbrándose a un menor dulzor. Por ejemplo, endulzar los cereales con fruta, diluir los zumos de fruta hasta que contengan la mitad de agua y la mitad de zumo, evitar los alimentos que llevan azúcar añadido, limitar la cantidad de fruta seca o tomar de las que liberan rápidamente, como los plátanos, junto con alimentos que liberan lentamente los hidratos de carbono, como la avena.

La conexión con las proteínas

También puede usted equilibrar más sus niveles de azúcar en sangre comiendo algunas proteínas junto con los hidratos de carbono. Se ha demostrado que esto ralentiza con mucha mayor eficacia la liberación de los hidratos de carbono que esté tomando.

Se hace de esta manera:

- Tome algunas semillas o frutos secos cuando coma fruta.
- Coma también las semillas de la fruta. Por ejemplo, el corazón de la manzana o bien preparando un zumo de sandía que incluya tanto la pulpa como las pepitas.
- Añada semillas o frutos secos a sus cereales del desayuno que son hidratos de carbono principalmente.
- Tome algo de salmón o de pollo con arroz *basmati* integral.
- Añada tofu a la pasta integral.
- Póngale algo de queso a las galletas de avena o puré de garbanzos al pan integral.

Evite los sucedáneos del azúcar

Aunque no elevan los niveles de azúcar en sangre, la mayoría de los edulcorantes no son buenos. El aspartamo (E-951), que es uno de los más utilizados, resulta especialmente perjudicial para aquellos que padecen problemas de salud mental. El Institutional Review Board de los Estados Unidos encargó un estudio sobre los efectos de esta sustancia en pacientes con depresión, debido a la gravedad de las reacciones producidas en personas con trastornos emocionales. El 63 por ciento sufrían pérdidas de memoria si recibían aspartamo (frente a ninguno de los que tomaban un placebo), el 75 por ciento un aumento en las náuseas, el 25 por ciento un aumento del mal genio y en un 37 por ciento empeoró la depresión. Entre las personas de la muestra que no padecían trastornos emocionales, el 20 por ciento experimentó pérdidas de memoria después de tomar aspartamo y el 40 por ciento sufrió pesadillas.

En resumen, estas son algunas de las directrices generales para garantizarle que toma los suficientes hidratos de carbono de liberación paulatina, que son el mejor combustible para el cerebro:

- Coma productos integrales –cereales integrales, lentejas, judías, frutos secos, semillas, fruta fresca y hortalizas– y evite los alimentos refinados, los elaborados con harina blanca y los que se hayan cocinado en exceso.
- Coma cinco o más raciones de fruta o de hortalizas al día. Elija las hortalizas de hoja, las verdes y los tubéculos tales como berros, zanahorias, boniatos, brécol, coles de Bruselas, espinacas, judías verdes o pimientos, crudos o ligeramente hervidos. Elija fruta fresca tales como manzanas, peras, melón o cítricos. Coma plátanos con moderación. Diluya los zumos de fruta y consuma sólo de vez en cuando los frutos desecados, siempre en pequeña cantidad y preferentemente puestos antes en remojo.
- Coma cuatro o más raciones de cereales integrales tales como arroz, mijo, centeno, avena, trigo o maíz, ya sean en crudo, con muesli, en panes o en pasta.
- Evite cualquier forma de azúcar y los alimentos que lo lleven añadido.
- Combine las proteínas con los hidratos de carbono comiendo cereales y fruta con frutos secos o semillas, y asegurándose de tomar la suficiente cantidad de féculas (patatas, pan, pasta o arroz) con el pescado, las lentejas, las judías o el tofu.

Capítulo 4
LAS GRASAS INTELIGENTES, ARQUITECTOS DE LA INTELIGENCIA SUPERIOR

Si le quita toda el agua, su cerebro está formado en un 60 por ciento de grasa. Este tejido graso no necesita ser reaprovisionado, pero es esencial saber cuáles son las grasas que mejor nutren el cerebro.

Algunas de ellas no sólo son realmente buenas para usted, sino absolutamente esenciales para la salud mental. No las necesita únicamente para no padecer estas enfermedades –y la depresión, la dislexia, la falta de atención, la fatiga, el Alzheimer, los problemas de memoria y la esquizofrenia están relacionadas con una deficiencia de estas sustancias–, sino que también hace falta que estén en cantidades óptimas si quiere sacar el máximo provecho a su inteligencia.

Nuestra capacidad de conseguir buenos resultados en este mundo depende del equilibrio entre la inteligencia mental, la emocional y la física. De la primera de ellas tenemos buena constancia gracias a los tests de CI que determinan la capacidad de una persona para establecer conexiones intelectuales y tratar con conceptos complejos, pero la inteligencia emocional no es menos importante. El CE es la capacidad que muestra usted de responder emocionalmente a las situaciones, de una manera apropiada y sensible. Si pierde con facilidad los nervios y oscila entre la depresión y la hiperactividad, le falta equilibrio emocional y perspectiva, y tiene mucho que mejorar, por muy «brillante» que sea.

Está después la inteligencia física. El CF es todo lo referente a la coordinación entre el cerebro y el cuerpo. Así por ejemplo, a muchos de los niños a los que se les diagnostica un déficit en atención, son por naturaleza torpes y tienen dificultades con habilidades como escribir, leer o tomar notas en clase.

Cada uno de los tipos de inteligencia está afectado por nuestra ingesta de grasas «inteligentes», conocidas como ácidos grasos omega-3 y omega-6. Los animales con una dotación escasa en grasas esenciales dan malos resultados en tareas de inteligencia mental, y tienen también mala memoria. Los niños con unos niveles deficientes en grasas esenciales tienen más dificultades en aprender, mientras que aquellos que han sido amamantados, presentan a la edad de ocho años unos CI mayores que los que se alimentaron con biberón, y se cree que esto es debido a que los niveles de grasas esenciales son más altos en la leche materna.

Lo importante es que las grasas sean buenas, al menos de las del tipo apropiado. Además de mejorar su salud mental, las grasas esenciales reducen el riesgo de cáncer, cardiopatías, alergias, artritis, eccmas e infecciones.

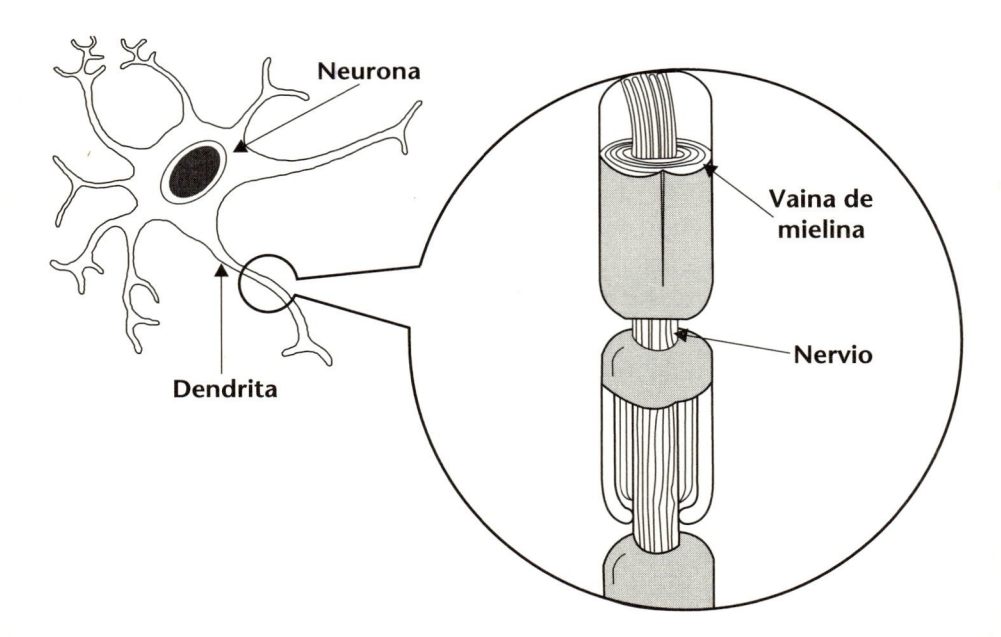

Figura 5. Detalle de una neurona.

Grasas buenas y grasas malas

Varios estudios concluyentes demuestran ahora con toda claridad que la cantidad y el tipo de grasa consumidos durante el desarrollo fetal, la infancia, la adolescencia, la edad adulta y la vejez, en todos y cada uno de los días de nuestra vida, tienen un profundo efecto sobre el modo en que pensamos y sentimos. El cerebro y el sistema nervioso dependen totalmente de una familia de grasas. Incluye las siguientes:

- Grasas saturadas y monoinsaturadas.
- Colesterol.
- Ácido graso omega-3 (poliinsaturado), en especial EPA y DHA.
- Ácido graso omega-6 (poliinsaturado), en especial GLA y AA.

Los dos primeros tipos puede fabricarlos el propio cuerpo, pero los ácidos grasos omega han de aportarse mediante la dieta.

Para poder entender por qué estas grasas son tan importantes, echemos un vistazo más detallado a una célula del cerebro. Si recuerda el capítulo 2, la creación de la inteligencia supone una cuidadosa conexión de miles de millones de células nerviosas, cada una de las cuales mantiene enlaces con hasta otras 20.000. Los «mensajeros», los neurotransmisores, transmiten sus mensajes a los receptores a través de unos puntos de conexión llamados sinapsis. Estos lugares de recepción están contenidos en el interior de una vaina de mielina, que es una membrana que rodea a cada una de las neuronas del cerebro. Es el equivalente al revestimiento aislante que rodea los cables eléctricos y está formada, aproximadamente, por un 75 por ciento de grasa, pero, ¿qué tipo de grasa es?

La vaina de mielina contine fosfolípidos (se tratarán con más detalle en el próximo capítulo), cada uno de los cuales lleva ligado un ácido graso insaturado y otro saturado (véase la figura de la página siguiente). El ácido graso insaturado (el que aparece encorvado) suele ser un ácido graso omega-3 u omega-6. Es precisamente este equilibrio lo que parece ser esencial para la estructura y el funcionamiento del cerebro. Por consiguiente, para una buena salud mental es necesario que la familia de los ácidos grasos omega-3 y omega-6 esté presente en su dieta.

¿Tiene usted deficiencia en grasas?

Si siente aversión hacia las grasas, se está privando usted mismo de unos nutrientes sanos y esenciales. Lo mismo sucede si consume demasiadas grasas «duras», ya

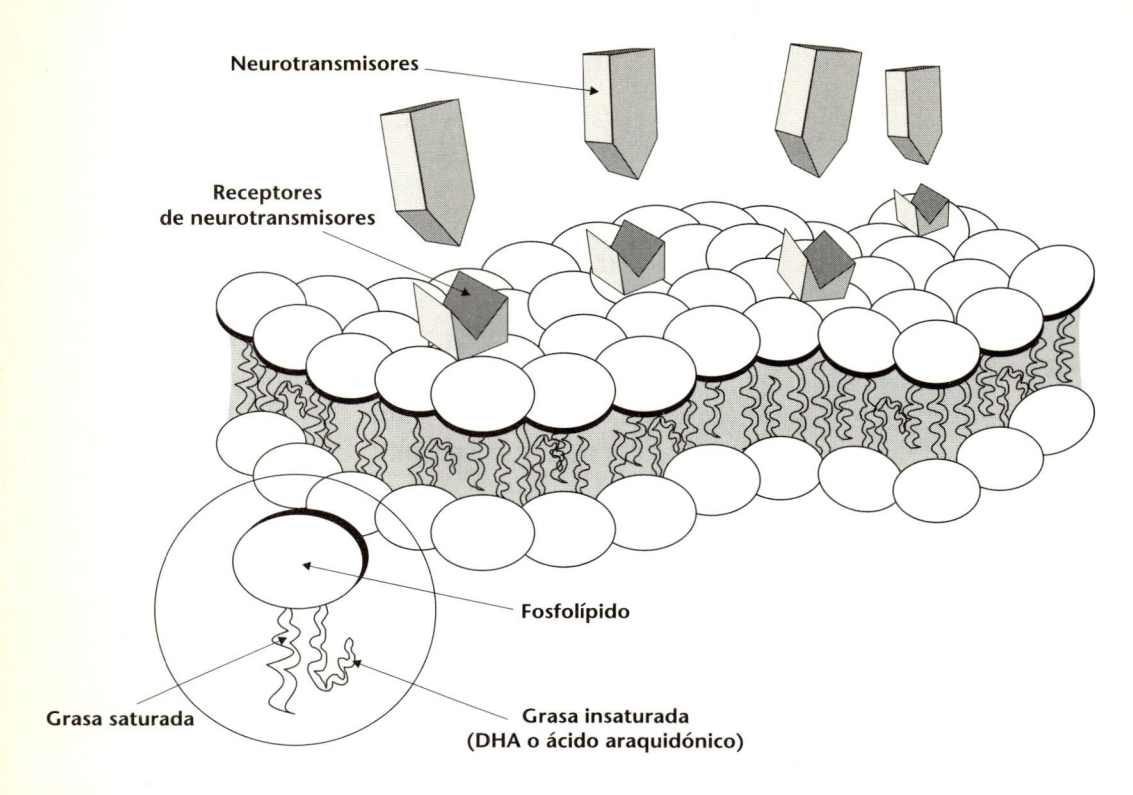

Figura 6. La vaina de mielina que rodea las neuronas se compone de fosfolípidos y grasas.

sean las saturadas que se encuentran en los productos lácteos, o en la carne o en las grasas alteradas procedentes de alimentos procesados o fritos, así como en ciertos tipos de margarina. La mayor parte de la gente de Occidente consume demasiadas grasas «asesinas», las saturadas, mientras que la ingestión de las sanas, las esenciales, es deficitaria. Hágase usted mismo una prueba, puntuando 1 a cada una de las respuestas afirmativas.

El test de las grasas esenciales

- ❑ ¿Tiene dificultades para aprender algo?
- ❑ ¿Tiene mala memoria o le resulta difícil concentrarse?
- ❑ ¿Es mala su coordinación o padece problemas de visión?
- ❑ ¿Tiene el pelo seco y rebelde o tiene caspa?

- ❑ ¿Tiene la piel seca o rugosa, o tendencia a padecer eccemas?
- ❑ ¿Tiene las uñas frágiles, que se desgastan con facilidad o blandas?
- ❑ ¿Siente a menudo sed?
- ❑ ¿Padece síndrome premenstrual o dolor en los pechos?
- ❑ ¿Tiene los ojos secos, lacrimosos o le pican?
- ❑ ¿Padece afecciones inflamatorias tales como la artritis?
- ❑ ¿Tiene hipertensión o valores elevados de lípidos en sangre?

Si respondió afirmativamente a más de cuatro preguntas, es muy probable que tenga un déficit en grasas esenciales. Compruebe que su dieta contenga una cantidad suficiente de semillas, aceites de semilla y pescado.

En última instancia, la manera más exacta de conocer su situación en cuanto a grasas es haciéndose un análisis de sangre. Eso le dará un desglose completo de todas las grasas esenciales y de aquellas que le faltan.

Las grasas en cifras

¿Qué cantidad de grasas es necesario consumir? Lo mejor es hacer que no supongan más del 20 por ciento del total de las calorías ingeridas. La media actual en Gran Bretaña es de alrededor del 40 por ciento. En los países con una baja incidencia de enfermedades relacionadas con las grasas, tales como Japón, Tailandia o Filipinas, la gente consume sólo aproximadamente el 15 por ciento de su ingesta calórica total en forma de grasas. Por ejemplo, los japoneses toman 40 gramos diarios, mientras que los británicos, 140 gramos.

La mayoría de las autoridades está de acuerdo en que, del total de nuestra ingesta de grasas, no más de un tercio deberían ser grasas saturadas (duras), y no menos de un tercio tendrían que ser aceites poliinsaturados, que proporcionan las dos familias de grasas esenciales, la de los omega-3 y los omega-6 (más adelante veremos más cosas al respecto). Estas dos familias de grasas esenciales deben estar aproximadamente en equilibrio o, dicho con otras palabras, en relación 1:1, que es la proporción que mantenían nuestros antepasados antes de la revolución industrial. En la actualidad, esa proporción se sitúa con toda probabilidad en 1:20 a favor de los omega-6. Puede que no sea una gran deficiencia en ellas, pero lo que sí es evidente es que hay un enorme desequilibrio entre ambos tipos, que como podemos ver está contribuyendo a los trastornos mentales y otros problemas de salud.

La mayoría de la gente es deficitaria tanto en ácidos grasos omega-6 como en omega-3. Además, una ingesta elevada de grasas saturadas y de grasas poliinsatura-

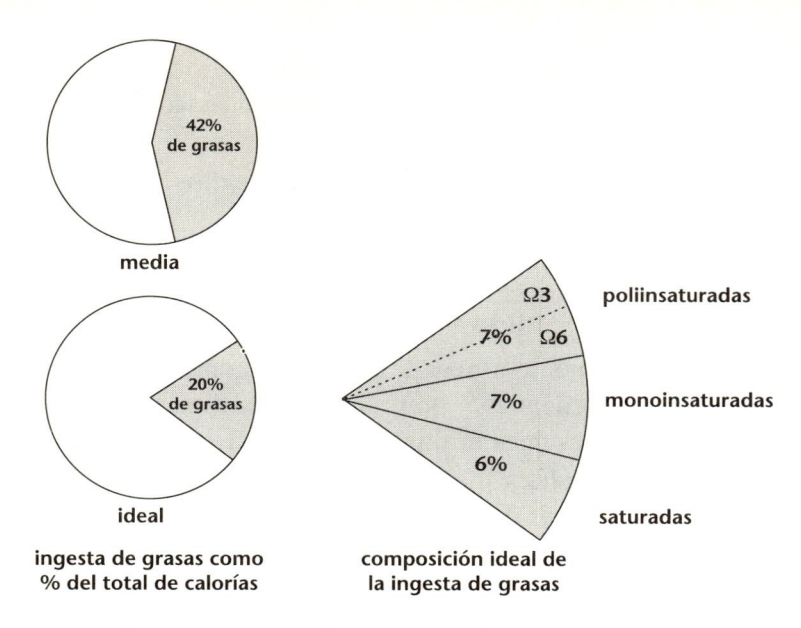

Figura 7. Comparación entre lo que comemos y lo que necesitamos.

das alteradas impide que el cuerpo haga un buen uso de las pocas grasas esenciales que cada persona de tipo medio consume al día.

Unas grasas fantásticas: los ácidos grasos esenciales omega

Ya se habrá dado cuenta de lo importante que son las familias de los ácidos grasos omega para la salud mental y emocional. Vamos a ahondar algo más, echando primero un vistazo más detallado a las grasas esenciales que nos faltan a tantos de nosotros, los ácidos grasos omega-3.

Los ácidos grasos omega-3

¿Por qué es más probable que la dieta moderna sea más deficitaria en los ácidos grasos omega-3 que en los omega-6? Todo ello se debe a que la abuela de la familia de los omega-3, el ácido alfalinoleico, y sus nietos metabólicamente activos, el EPA (ácido eicosapentaenoico) y el DHA (ácido docosahexaenoico), son más insaturados y por consiguiente más proclives a sufrir daños durante la cocción, el calentamiento y el procesado de los alimentos. De hecho, una persona consume hoy no más de la sexta parte de los ácidos grasos omega-3 que formaban parte de la dieta de las personas que vivían en 1850. Este declive se debe en parte a la elección de los alimentos, pero sobre todo al procesamiento de los mismos.

Los ácidos grasos omega-3 no sólo son importantes debido a que forman parte de la mielina, a partir de estas grasas, nuestro cuerpo y nuestro cerebro elaboran las **prostaglandinas**, unas sustancias parecidas a las hormonas, que son extremadamente activas. Cada año se descubren más y más funciones de las prostaglandinas, pero de momento sabemos que relajan los vasos sanguíneos y que de este modo reducen la tensión arterial, que ayudan a mantener el equilibrio hídrico en el cuerpo, que refuerzan la inmunidad, que reducen la inflamación y el dolor y que además ayudan a que la insulina actúe perfectamente, lo cual es bueno para el equilibrio del azúcar en sangre. En el cerebro, regulan la liberación y la actividad de los neurotransmisores y se sabe también que niveles bajos en prostaglandinas van ligados a diferentes afecciones, entre las que se incluyen la depresión y la esquizofrenia. Irá viendo pruebas a lo largo de todo este libro que demuestran cómo los ácidos grasos omega-3 mejoran el aprendizaje, los problemas de conducta, los trastornos de falta de atención, la depresión y la esquizofrenia.

A medida que estas grasas van convirtiéndose en sustancias más «activas» en el cuerpo, se vuelven más insaturadas y van recibiendo nombres cada vez más largos. Así tenemos el ácido oleico, que presenta un grado de insaturación. Viene después el

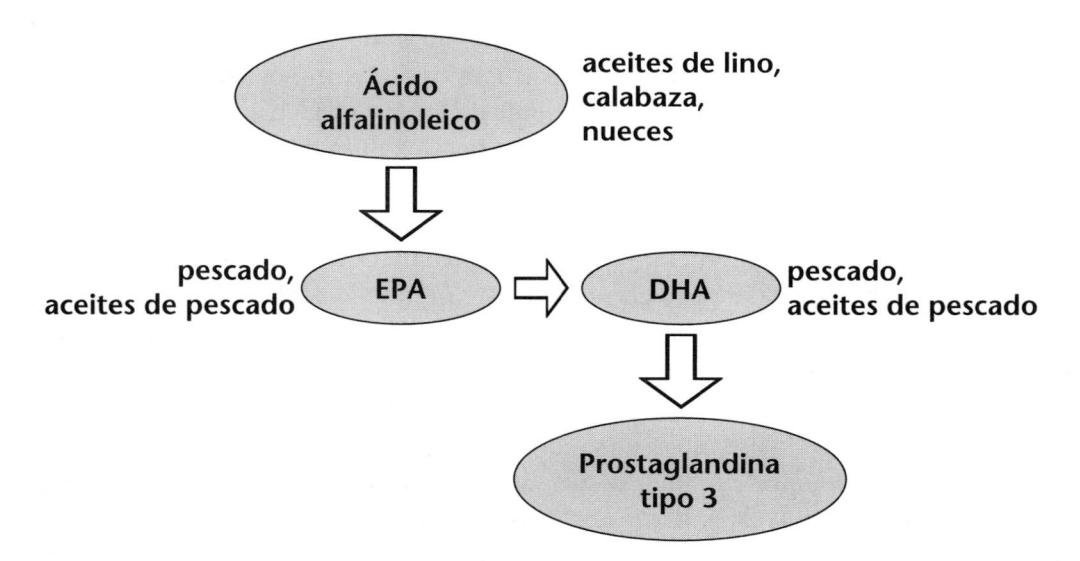

Figura 8. Ácidos grasos omega-3.

linoleico, con dos grados de insaturación, el linolénico, con tres grados, el eicosapentaeónico, con cinco grados, y así sucesivamente. Este aumento en la complejidad podrá verlo a medida que vamos ascendiendo en la cadena alimentaria.

Por ejemplo el plancton, el alimento principal de los peces pequeños, es rico en ácido alfalinolénico. Los peces carnívoros como la caballa o el arenque comen los peces pequeños, que han transformado ya parte de su ácido alfalinolénico en grasas más complejas. Estos peces carnívoros continúan por su parte con la conversión. Las focas los comen y tienen así las concentraciones de EPA y DHA más elevadas y, más tarde, los pueblos esquimales se alimentan de las focas y se benefician de la «comida preparada» de EPA y DHA. Este es el motivo por el que los esquimales poseen uno de los menores índices de riesgo de sufrir enfermedades cardíacas, a pesar de consumir una dieta rica en colesterol.

La principal fuente de EPA y DHA es el pescado de aguas frías, en particular las especies carnívoras como el arenque, la caballa, el salmón y el atún. Por regla general necesitamos de 300 a 400 mg diarios de DHA y de EPA y quizás una cantidad doble o triple si hay que corregir algún problema, como por ejemplo una dificultad en el aprendizaje o una enfermedad de corazón. La conversión en el cuerpo del ácido alfalinolénico en DHA no es muy eficiente. Por esta razón, los vegetarianos rara vez presentan niveles de EPA y DHA suficientes, a menos que consuman cantidades importantes de semillas de lino (conocidas también como linaza), que son la fuente más rica en ácido alfalinolénico. Por eso, durante los periodos críticos del desarrollo sería preferible, o incluso esencial, recurrir a las fuentes directas de EPA y DHA del pescado o bien a un suministro indirecto, comiendo semillas de lino o aceite de linaza. Esto sería recomendable, desde luego, para que una mujer embarazada o que amamante transfiriera una cantidad suficiente de EPA y DHA a su bebé. La Organización Mundial de la Salud recomienda hoy que los alimentos infantiles incluyan este tipo de aceites, que pueden aumentar los niveles en sangre de estos beneficiosos nutrientes que son vitales para el cerebro. El DHA resulta especialmente importante durante el embarazo y la infancia, ya que se emplea literalmente para construir el cerebro. Una cuarta parte del peso en seco de este órgano es DHA.

La mejor dieta desde el punto de vista de los ácidos grasos omega-3 es el «régimen piscívoro», tomando pescado tres veces a la semana, o bien una dieta vegana a base de semillas. No sólo es importante consumir una fuente directa de ácidos grasos omega-3 tales como el pescado, o una indirecta pero rica en ellos, como es el caso de las semillas de lino, sino también comer unas grasas que estén menos saturadas y procesadas. Los huevos de gallinas alimentadas con una dieta rica en omega-3 (por lo general, semillas de lino) pueden aportar igualmente unas cantidades importantes de omega-3.

Un programa de investigación que se está llevando a cabo en el Hammersmith Hospital, de Londres, ha descubierto que los bebés de mujeres veganas que dan el pecho a sus hijos son más inteligentes, probablemente debido a que la leche materna, comparada con la preparada o la del pecho de mujeres vegetarianas que consumen productos lácteos o las mujeres omnívoras, proporciona una mayor cantidad de los ácidos grasos esenciales que se necesitan para el desarrollo de las membranas neurales. Según Louise Thomas, miembro del equipo de Hammersmith, el balance entre las grasas saturadas y las poliinsaturadas en un tejido graso podría actuar como marcador de la inteligencia. Donald Rudin, médico e investigador, ha demostrado que el aceite de lino puede mejorar el comportamiento de los esquizofrénicos y de los delincuentes infantiles que no responden a la terapia piscopedagógica. También se puede ganar en capacidad visual, percepción de los colores y agudeza mental.

Los ácidos grasos omega-6

La otra familia de grasas esenciales es la de los omega-6. De todos los tejidos del cuerpo, el cerebro es el que contiene la mayor proporción de estos lípidos.

La abuela de la familia de los ácidos grasos omega-6 es el ácido linoleico, que el cuerpo convierte en ácido gammalinoleico (GLA). Los aceites de primavera (*Oenothera macrocarpa*, hierba de asno o prímula) y de borraja son las fuentes de GLA más ricas conocidas. Los suplementos de GLA, generalmente en forma de aceite de primavera, han resultado ser eficaces en una amplia variedad de problemas de salud mental. Numerosos estudios han señalado que los esquizofrénicos tienen niveles ba-

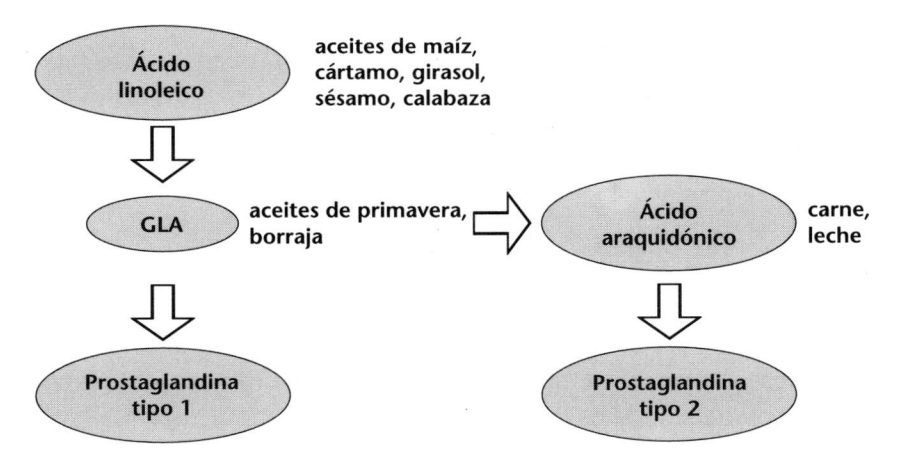

Figura 9. Ácidos grasos omega-6.

jos de aceites omega-6. Un ensayo a gran escala controlado con placebo y que utilizaba aceite de primavera ha demostrado una mejoría significativa en esta afección debilitante. Sin embargo, los resultados fueron todavía más espectaculares cuando se añadieron además vitaminas del grupo B_6, cinc, niacina y vitamina C, sustancias todas ellas necesarias para que el cuerpo pueda transformar las grasas esenciales, tanto los omega-3 como también los 6, en prostaglandinas. Esto dio lugar a una notable mejoría de la memoria, de los síntomas de la esquizofrenia y también de la disquinesia tardía, un efecto secundario de algunas medicaciones para los trastornos psiquiátricos.

Incorporando aceite de primavera a la dieta de los alcohólicos que están retirándose de la bebida se reducen de manera espectacular los síntomas y a largo plazo mejora la memoria. Debido a estos informes acerca de sus efectos sobre la memoria, en un ensayo controlado se administró aceite de primavera a pacientes de Alzheimer y de nuevo se encontraron unas mejorías muy significativas en la memoria y en el funcionamiento de la mente. Este aceite ha demostrado también que puede reducir los síntomas premenstruales.

Hay un ácido graso omega-6 que tiene algo de la naturaleza de Jekyll y Hyde: el ácido araquidónico. Aunque no hay duda de que es esencial para el funcionamiento del cerebro, su exceso es perjudicial y aparece asociado a los procesos inflamatorios. Puede proceder directamente de la carne o de productos animales o bien, indirectamente, del ácido linoleico o de GLA. Son preferibles estos últimos ya que, además de producir ácido araquidónico, producen también sustancias antiinflamatorias que compensan esos efectos inflamatorios.

Dicho con otras palabras, deje que su cuerpo fabrique su propio ácido araquidónico tomando semillas o sus aceites, en lugar de ingerir gran cantidad de carne y productos lácteos.

¿Dónde se encuentran los ácidos grasos omega-3 y omega-6?

Como acabamos de ver, las semillas que tienen los máximos niveles de ácidos grasos omega-3 son las de lino. Las de cáñamo, los cañamones, y las de calabaza también son fuentes ricas. Pero recuerde que el cuerpo ha de convertirlos en EPA y DHA y que el pescado, en especial el de aguas frías, es la mejor fuente *directa* de estos refuerzos cerebrales. Esta es la razón por la que los que consumen bastante pescado, como los japoneses, tienen tres veces más ácidos grasos omega-3 en su cuerpo que el estadounidense medio. Los veganos, que consumen más semillas y frutos se-

Los mejores alimentos para los lípidos cerebrales

Omega-3
lino (linaza)
cáñamo
calabaza
nuez

EPA y DHA
salmón
caballa
arenque
sardinas
anchoas
atún
algas marinas
huevos

Omega-6
cereal
cártamo
girasol
sésamo

GLA
onagra, primavera *(Oenothera biennis)*
aceite de borraja
semilla de grosella negra

ácido araquidónico
carne
productos lácteos
huevos
calamares

cos, tienen el doble de nivel de ácidos grasos omega-3 en el cuerpo que el estadounidense medio. Las mejores semillas para los ácidos grasos omega-6 son las de cáñamo, calabaza, girasol, sésamo y maíz. Las nueces, la soja y el germen de trigo también son ricos en ácidos grasos omega-6.

¿Que deberá comer, por consiguiente, para conseguir una ingesta óptima de estas grasas esenciales? Hay tres posibilidades: consumir semillas y pescado; tomar aceites de semillas, que tienen una concentración más alta de grasas esenciales pero que no aportan otros nutrientes como son los minerales, que abundan en las semillas integrales; o tomar suplementos de aceites concentrados de pescado y aceites de semillas tales como lino o primavera.

Semillas y pescado

Si quiere hacerlo con semillas, ponga en un tarro con tapa una medida de semillas de sésamo, otra de girasol y otra de calabaza o tres medidas de semillas de lino, y guárdelo en el frigorífico, lejos de la luz, el calor y el oxígeno. Simplemente añadiendo cada mañana al desayuno una cucharadita llena de estas semillas, molidas en un molinillo de café, se garantiza una buena ingesta diaria de ácidos grasos esenciales. Yo recomendaría también tomar 100 g de pescado azul dos veces a la semana.

Aceites de semillas

Si quiere hacerlo con aceite de semillas lo mejor es comenzar con una mezcla de aceites que ofrezca una proporción 1:1 en los ácidos grasos omega-3 y omega-6. Lo mejor son los prensados en frío, preferentemente orgánicos y mantenidos refrigerados antes de adquirirlos. Hoy se encuentran con facilidad en los establecimientos de alimentos ecológicos. Necesitará una cucharadita de postre de un aceite de este tipo, que podrá añadir a ensaladas u otros alimentos (sin calentar) o simplemente tomándola tal cual. La segunda opción es el aceite de semillas de cáñamo. Proporciona un 19 por ciento de ácido alfalinolénico (omega-3), 57 por ciento de ácido linoleico y 2 por ciento de GLA (ambos omega-6).

Suplementos de grasas esenciales

En lo que respecta a los suplementos, para el omega-6 lo mejor es un aceite como el de borraja o el de primavera. El primero proporciona más GLA, del que usted necesita al menos 100 mg diarios. Los aceites de pescado son los mejores para el omega-3; y sus necesidades son de al menos 200 mg de EPA y 200 mg de DHA o 400 mg de ambos combinados. Por tanto, una cápsula de GLA y una de aceite de pescado rico en EPA y DHA. También puede tomarse un suplemento que combine EPA, DHA y GLA y tomar dos al día.

Estos niveles de grasas esenciales estimulan el funcionamiento del cerebro y la salud. Esas cantidades deberán doblarse si en el control de las grasas (véase la página 29) obtuvo una puntuación alta, hasta que desaparezcan los síntomas (si tiene algún problema de salud mental que responda bien a las grasas esenciales puede que necesite más, aunque es algo que explicaremos en capítulos posteriores).

En resumen, aquí tiene algunas directrices generales que le garantizan tener suficientes grasas cerebrales:

- Comer semillas y frutos secos: las mejores semillas son las de lino, cáñamo, calabaza, girasol y sésamo. Sacará el máximo provecho de todas ellas moliéndolas primero y espolvoreándolas sobre cereales, sopas y ensaladas.
- Comer peces carnívoros de aguas frías: una ración de arenque, caballa, salmón o atún fresco dos o tres veces a la semana proporciona una buena fuente de ácidos grasos omega-3.

- Usar aceites de semilla prensados en frío: elija una mezcla de aceites o aceite de cáñamo para aliñar las ensaladas y otros usos en frío, tales como acompañamiento de hortalizas en lugar de mantequilla.
- Minimice el consumo de fritos, alimentos procesados y grasas saturadas procedentes de la carne y de los productos lácteos.
- Suplementos de aceite de pescado para los ácidos grasos omega-3 y aceite de borraja o de primavera para los ácidos grasos omega-6.

En términos prácticos, lo que puede intentar es una estrategia combinada para garantizar una ingesta óptima de grasas cerebrales. Esto es lo que recomiendo:

- Una cucharada de semillas molidas la mayoría de los días (cinco de siete).
- Una mezcla de aceite de semillas prensado en frío para aliñar ensaladas y en hortalizas.
- Pescado carnívoro de aguas frías dos veces por semana.
- Suplemento de EPA/DHA/GLA una vez al día.

Capítulo 5
LOS FOSFOLÍPIDOS, LOS MEJORES AMIGOS DE SU MEMORIA

Los fosfolípidos son las grasas «inteligentes» de su cerebro. Son los expertos en aislamiento, que le ayudan a fabricar la mielina que reviste todos los nervios, y favorecen, de esta manera, que las señales lleguen sin problemas al cerebro. No sólo le ponen a usted de mejor humor, refuerzan la mente y mejoran su rendimiento intelectual, sino que también le protegen frente al declive de la memoria y el Alzheimer.

Hay dos tipos de fosfolípidos: la fosfatidil-colina y la fosfatidil-serina. Los suplementos de estas dos sustancias tienen algunos beneficios muy positivos para su cerebro. Las investigaciones realizadas hasta la fecha con ratas en el Duke University Medical Center, en los Estados Unidos, han demostrado que administrando colina durante el embarazo se crea el equivalente a supercerebros en los descendientes.

Los investigadores alimentaron con colina a ratas preñadas hacia la mitad de su embarazo. Las crías cuyas madres habían recibido la sustancia, tenían cerebros más grandes y con un mayor número de conexiones neuronales; por consiguiente, una mayor capacidad de aprendizaje y mejor memoria, características todas ellas que persistieron hasta edad avanzada. Este experimento demostró que la administración de colina ayuda a reestructurar el cerebro para que tenga un mejor rendimiento. Los efectos positivos de los suplementos de fosfatidil-serina (PS) son igualmente sorprendentes. En un estudio llevado a cabo administrando un complemento de PS mejoró la memoria de los sujetos sometidos a prueba hasta llevarles al nivel de personas 12 años más jóvenes. El doctor Thomas Crook, de la Memory Assesment Clinic de Bethesda, Maryland (EE. UU.), trató a 149 personas aquejadas de pérdida de memoria asociada a la edad administrándoles una dosis diaria de 300 mg de PS o de un placebo. Al hacerles pruebas al cabo de 12 semanas, la capacidad de aquellos que tomaron PS de hacer coincidir los nombres con los rostros correspondientes (una medida reconocida de la memoria y de la función mental) había mejorado de manera muy notable.

La verdad sobre los fosfolípidos

Aunque su cuerpo pueda fabricar fosfolípidos, es todavía mejor añadir algunos a la dieta. Las fuentes más ricas en estas sustancias en una dieta media son la yema de huevo y la casquería. Hoy comemos mucho menos de estos dos alimentos a como se hacía hace pocas décadas. Desde que se instauró la manía contra los huevos, en medio de temores infundados de que el colesterol de la dieta era la principal causa de las enfermedades cardíacas, nuestra ingesta de fosfolípidos ha disminuido de manera considerable y a la inversa, el número de personas que sufren problemas de memoria y de concentración ha aumentado.

Ahora podemos entender por qué los leones y otros animales situados en la cumbre de las cadenas tróficas lo primero que devoran son las vísceras y el cerebro. Los zorros son de los animales mejor adaptados de gran Bretaña. Su comida favorita son las cabezas de los pollos, y no son tontos, desde luego.

Por qué son buenos los huevos

Pero nosotros sí que lo somos, o estamos en peligro de volvernos tontos a menos que incluyamos fosfolípidos en nuestra dieta. Una manera de hacerlo es tomando más huevos. Pero ¿no son muy ricos en grasas y en colesterol? Tal como pudimos ver en el último capítulo, las grasas esenciales son buenas. El tipo de grasa que haya en los huevos depende de lo que se dé de comer a las gallinas. Si se alimentan con una dieta rica en ácidos grasos omega-3, por ejemplo con semillas de lino o harina de pescado, conseguirá un huevo rico en omega-3. Un huevo es tan sano como la gallina que lo pone. Mientras no los fría, los huevos son un gran alimento para el cerebro y la fuente de colina más rica de la dieta.

En lo que respecta al colesterol, olvidamos que es esencial para tener una buena salud. El cerebro contiene grandes cantidades de esta sustancia, y también es utilizada para fabricar las hormonas sexuales estrógeno, progesterona y testosterona. No es más que un mito, que lo de que comer huevos ricos en colesterol le provoque a uno enfermedades cardíacas.

Veremos uno de los muchos estudios que lo demuestran. El doctor Alfin-Slater, de la Universidad de California, dio a 25 personas sanas que tenían unos niveles normales de colesterol en sangre dos huevos al día (además de otros alimentos ricos en colesterol que ya consumían como parte de su dieta normal) durante ocho semanas. A otras 25 personas sanas se les dio un huevo adicional al día durante cuatro semanas, y después dos durante las cuatro semanas siguientes. Los resultados no mostraron cambios en las cantidades de colesterol en sangre. Otros estudios muestran los mismos resultados. Comer huevos no eleva el nivel de colesterol en la sangre ni provoca enfermedades del corazón. Un huevo orgánico rico en omega-3 es un superalimento, en particular si no lo fríe.

La lecitina es una fuente directa de fosfolípidos

La lecitina es la mejor fuente de fosfolípidos y se encuentra en cualquier establecimiento de dietética, en forma de gránulos o de cápsulas. «La lecitina es prácticamente un fármaco milagroso en lo que concierne al deterioro de las capacidades cognitivas», afirma el doctor Dharma Singh Khalsa, autor de *Brain Longevity* (La longevidad del cerebro), experto en nutrición y en el papel que desempeña para reforzar la memoria. La ingesta diaria ideal para mantener su cerebro en plena forma es de 5 g de lecitina, o la mitad de esto si la toma en forma de PC (fosfatidilcolina). La manera más sencilla y barata de tomarla es añadir una cucharada de lecitina o una cucharadita colmada de PC a los cereales del desayuno. También pueden tomarse suplementos alimentarios con lecitina. La mayoría de las cápsulas proporcionan 1.200 mg, por lo que necesitará cuatro al día. Por si se lo está preguntando: la lecitina no engorda. En realidad lo que hace es justamente lo contrario, pues ayuda a digerir las grasas corporales.

Aunque una ingesta óptima de fosfolípidos ayuda a su cerebro, al mejorar el aislamiento alrededor de los nervios, la colina y la serina son también nutrientes cerebrales por méritos propios.

La colina: con ella se fabrica la memoria

La acetilcolina, el neurotransmisor de la memoria, está hecha directamente a partir de colina. Una deficiencia en esta sustancia es, probablemente, la causa más corriente de la pérdida de memoria. El pescado, en especial las sardinas, es rico en ella, de ahí la fama que tiene de ser bueno para la memoria. Los huevos son también una fuente importante de colina, seguidos del hígado, la soja, los cacahuetes y otros frutos secos. Los suplementos de colina no sólo producen más acetilcolina, el neurotransmisor de la memoria, sino que también fabrican el material de construcción para las células nerviosas y los receptores para los neurotransmisores. Según el profesor Wurtman, del Instituto de Tecnología de Massachusetts, si se han agotado sus niveles de colina, el cuerpo le robará la que necesite para producir células nerviosas y fabricar más acetilcolina. Wurtman cree que es esencial suministrar al cerebro cantidades suficientes de estos pequeños nutrientes. La fosfatidilcolina, conocida por las siglas PC, que es lo que se obtiene de los huevos y de la lecitina, es la forma más aprovechable de este nutriente vital para el cerebro. Existe una ventaja adicional: la colina mejora el funcionamiento del hígado.

PS: no se olvide de la fosfatidilserina

Designada por las siglas PS, la fosfatidilserina es igualmente importante para mantener y mejorar la memoria. Conocida como la molécula de la memoria, la PS es un pequeño nutriente que refuerza de modo notable su potencia cerebral. Aunque el cuerpo pueda fabricar su propia PS, debemos obtener buena parte de ella con la dieta, lo cual hace que la PS sea un nutriente semiesencial. El gran problema está en que las dietas modernas son deficitarias en esta sustancia, salvo que coma usted gran cantidad de vísceras, en cuyo caso ingeriría 50 mg diarios. Con una dieta vegetariana es muy poco probable que se llegue siquiera a los 10 mg al día. Un suministro de 100 a 300 mg adicionales cada día constituye una notable diferencia.

Se ha observado en numerosos ensayos con animales la capacidad de la PS de «dar marcha atrás al reloj» en los que padecen problemas de memoria relacionados con la edad. Otros estudios llevados a cabo con seres humanos han dado como resultado que los suplementos de PS benefician también a quienes sólo sufren de mala memoria, y además de mejorarla también pueden aliviar los síntomas depresivos y los trastornos afectivos estacionales (TAE).

El secreto de las propiedades reforzantes de la memoria de la PS se debe, muy probablemente, a su capacidad de ayudar a las células cerebrales a comunicarse, puesto que es una parte esencial de la estructura de los receptores del cerebro.

En resumen, estas son algunas de las directrices generales para ayudarle a garantizar una ingesta óptima de fosfolípidos, las moléculas de la memoria:

- Añada a los cereales de cada día una cucharada de gránulos de lecitina o una cucharadita colmada de lecitina PC.
- O bien coma huevos, preferentemente orgánicos y ricos en ácidos grasos omega-3.
- Añada un suplemento de alimentos para el cerebro tomando fosfatidilcolina y fosfatidilserina.

Capítulo 6
LOS AMINOÁCIDOS, ALFABETO DE LA MENTE Y DEL ESTADO DE ÁNIMO

Los fosfolípidos mejoran las transmisiones del cerebro, al mantener los receptores neuronales en perfecta forma. Los aminoácidos, que son los ladrillos con los que se construyen las proteínas, mejoran la capacidad de comunicación interna del cerebro. Las «palabras» que éste utiliza para enviar mensajes de una célula a otra son los llamados **neurotransmisores**, y las letras con las que se forman son los aminoácidos.

La deficiencia en aminoácidos no resulta extraña y puede dar lugar a depresiones, apatía y ausencia de motivación, incapacidad de relajarse, mala memoria y falta de concentración. Se ha demostrado que los complementos de aminoácidos corrigen todos estos problemas. Por ejemplo, una forma del aminoácido triptófano ha resultado ser más eficaz en los ensayos de doble ciego que el mejor fármaco antidepresivo; el aminoácido tirosina mejora el rendimiento físico y mental en condiciones de estrés mejor que el café; el aminoácido GABA es muy eficaz contra la ansiedad.

Sin embargo, para entender la razón por la cual los aminoácidos son el mejor amigo de su cerebro, necesitamos averiguar lo que realmente hacen los neurotransmisores en nuestro organismo.

En el cerebro y en el cuerpo hay centenares de tipos distintos de neurotransmisores, pero los que desempeñan un papel más importante son los siguientes:

- **La adrenalina, la noradrenalina y la dopamina** hacen que se sienta usted bien estimulándole, motivándole y ayudándole a hacer frente al estrés.
- **El GABA** contrarresta la acción de estos neurotransmisores estimulantes, relajándole y calmándole después del estrés.
- **La serotonina** le mantiene feliz, mejorando su estado de ánimo y haciendo desaparecer las tristezas.
- **La acetilcolina** mantiene despierto a su cerebro, mejora la memoria y la alerta mental.
- **Las triptaminas** le mantienen a usted conectado. Por ejemplo, la melatonina le hace sincronizarse con el día y la noche y con las estaciones.

Existen otras muchas sustancias en el cerebro que actúan como los neurotransmisores, como es el caso de las endorfinas, que le proporcionan a uno la sensación de euforia. No obstante, las citadas son las cinco grandes, las que desempeñan un papel clave en la orquesta del cerebro. Su estado de ánimo, su memoria y su alerta mental se ven afectados por la actividad de los diferentes tipos de neurotransmisores. Si aumenta la cantidad de serotonina, por ejemplo, es probable que usted se sienta contento; si disminuyen los niveles de dopamina y de adrenalina, seguramente se encontrará falto de motivación y cansado. Mantener el equilibrio correcto entre todos estos neurotransmisores clave es esencial, si lo que quiere es conseguir un alto nivel de salud mental.

Así funcionan los neurotransmisores

Los neurotransmisores son liberados por una neurona y atraviesan el hueco, la sinapsis, que la separa de la siguiente para transmitir allí su mensaje. Cada neurotransmisor se ajusta únicamente a un receptor concreto, al «buzón de correo» de la célula receptora. Cuando se envía el mensaje, una señal eléctrica pasa de una neurona a otra.

Un vez que el neurotransmisor ha proporcionado su mensaje, se libera de la célula receptora y vuelve a la sinapsis. La neurona que lo liberó puede reabsorberlo o reciclarlo, pero también puede suceder que se disgregue y se destruya.

Estos neurotransmisores se sintetizan directamente a partir de los aminoácidos que el cuerpo incorpora con los alimentos. Son ocho, los aminoácidos esenciales

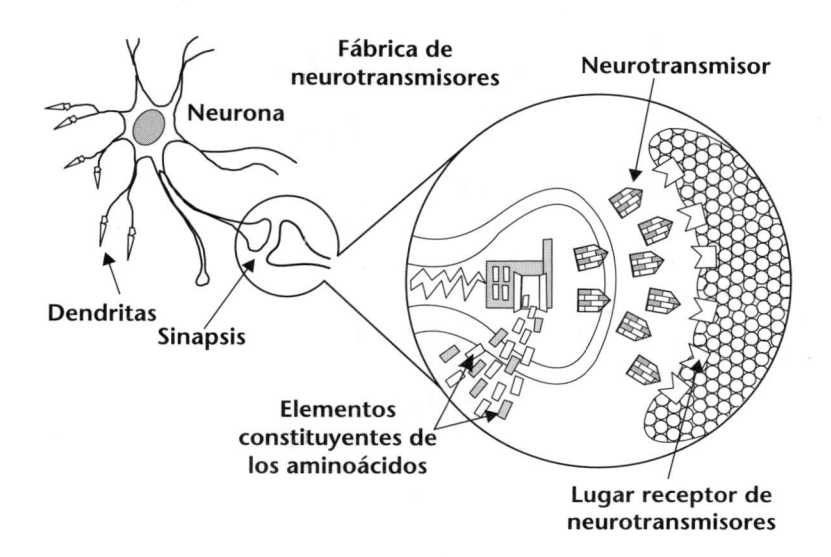

Figura 10. Así funcionan los neurotransmisores.

(véase la figura 11). A partir de ellos podemos fabricar todos los restantes que necesitan nuestro cerebro y nuestro cuerpo y con los cuales podemos producir neurotransmisores. En la figura 11 puede ver el modo como el neurotransisor *serotonina* se sintetiza a partir del aminoácido *triptófano*. Se sabe que la serotonina mejora nuestro estado de ánimo, por lo que consumir alimentos ricos en triptófano, como el pavo, le mejorará el humor.

Esto ha quedado claramente demostrado en un experimento llevado a cabo en el Departamento de psiquiatría de la Universidad de Oxford. A ocho mujeres se les suministró una dieta desprovista de triptófano. En el plazo de ocho horas, la mayoría de ellas comenzaron a sentirse más deprimidas. Cuando se les añadió triptófano en el régimen sin que ellas lo supieran, su estado de ánimo mejoró.

Otro ejemplo es la tirosina. Los militares han estudiado bien esta sustancia y se ha averiguado que mejora el rendimiento mental y físico, en especial en circunstancias de gran estrés. Los estudios llevados a cabo por los militares estadounidenses hallaron que, administrando tirosina a los soldados sometidos a condiciones de estrés tales como un frío extremo o una intensa actividad física durante un periodo de tiempo prolongado, se produce una clara mejoría en la resistencia, tanto mental como física. Estudios más recientes realizados en Holanda han demostrado el empuje que proporciona esta sustancia en estados de estrés. Se sometió a veintiún cadetes a un curso de entrenamiento de combate muy exigente de una semana. A diez se les dio una bebida que contenía 2 g de tirosina al día, mientras que a los 11 restantes se les propor-

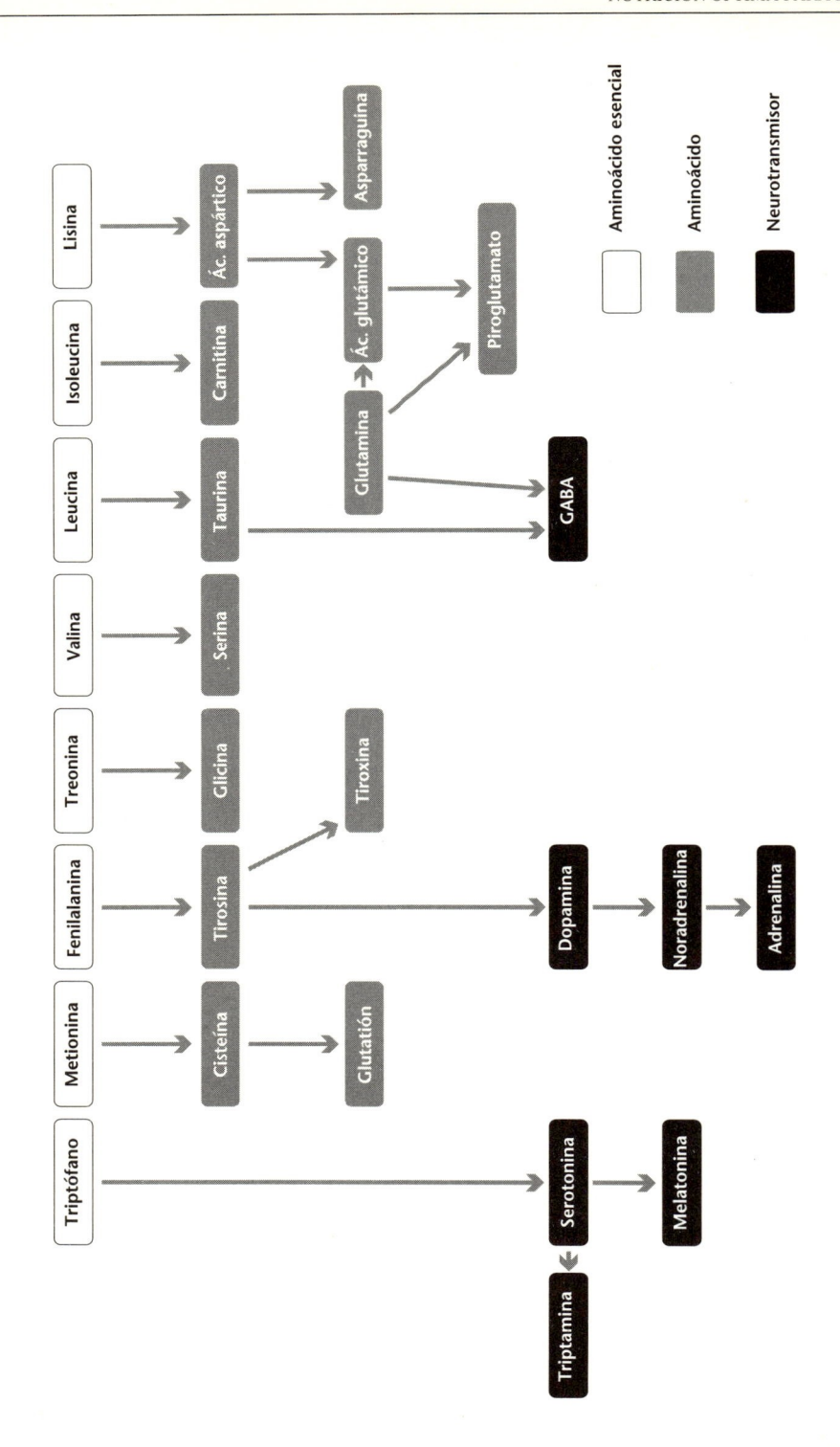

Figura 11. Árbol genealógico de los neurotransmisores.

cionó la misma bebida, pero sin tirosina. Los que recibieron esta sustancia tuvieron un mejor rendimiento, tanto en memorizar las tareas como en llevarlas a cabo.

Más adelante veremos cómo administrando suplementos de aminoácidos específicos tales como los mencionados, se ayuda a resolver una amplia variedad de problemas de salud mental. Funcionan porque los aminoácidos tienen efectos directos sobre los neurotransmisores, lo mismo que muchos de los fármacos que se recetan. Los antidepresivos como el Prozac actúan bloqueando la reabsorción de la serotonina, con los que ayudan a que se mantenga más tiempo en la sinapsis. Pero estos fármacos, como veremos más adelante en el capítulo 21, poseen numerosos efectos secundarios indeseables y, en esencia, trabajan en contra de las intenciones naturales de nuestro cuerpo, no con él.

Los nutrientes como los aminoácidos funcionan igual de bien, si no mejor, pero no tienen esos efectos secundarios salvo que se consuman en cantidades masivas, porque utilizarlos es parte de los programas naturales de funcionamiento del cerebro y el cuerpo. Por consiguiente, la mejor manera de poner a tono su cerebro es asegurándose de tener una ingesta adecuada de aminoácidos con la dieta. Estos significa consumir proteínas.

El poder de las proteínas

Las proteínas son esenciales. Puesto que casi la totalidad de los neurotransmisores están hechos de ellas, usted mismo puede influir sobre el modo en que se siente consumiendo cada día la cantidad y la calidad ideales de proteínas. Tomándolas de manera que se absorban con facilidad, tanto su cuerpo como su cerebro podrán hacer un buen uso de ellas. Cuanto mayor sea la calidad y la «posibilidad de usar» las proteínas que consuma, tanto menos necesitará en realidad alimentarse de una manera óptima.

La calidad de una proteína viene determinada por su equilibrio en aminoácidos. Aunque existen 23 aminoácidos a partir de los cuales el cuerpo es capaz de fabricar cualquier cosa, desde un neurotransmisor a una neurona, realmente sólo tiene que tomar los ocho que se denominan «esenciales», debido a que el cuerpo puede sintetizar el resto a partir de estos. Cuanto mayor sea el equilibrio entre los diversos aminoácidos –expresado como una unidad conocida por las siglas inglesas NPU, que significan «coeficiente de utilización o de aprovechabilidad neta de la proteína»– tanto más aprovechará usted esa proteína.

El cuadro de abajo muestra los 24 mejores alimentos y combinaciones de alimentos en términos de NPU, o calidad de las proteínas; combina legumbres con arroz, por ejemplo, es un modo excelente de incrementar el contenido proteico. Muestra también la cantidad de un alimento, o de una combinación de varios, que se necesita para consumir una ración de 20 g de proteínas. Un hombre debe ingerir el equivalente a tres o cuatro de estas raciones cada día, mientras que una mujer requiere entre dos y tres.

Un consumo diario de proteína típico podría incluir entonces para un hombre un huevo para el desayuno (10 g), una porción de salmón de 200 g para la comida (40 g) y una ración de judías para la cena (20 g).

Para un vegetariano, el menú típico de cada día podría llevar un yogur con una cucharada colmada de semillas como parte de un desayuno a base de cereales (20 g), y para la cena una ración de 275 g de tofu (20 g) y una de hortalizas cocidas al vapor con una taza de quinoa (20 g) o una ración de judías con arroz (20 g). El truco para los vegetarianos es comer «alimentos de semillas», es decir, aquellos que crecerían si los plantara uno mismo. Se incluyen entre ellos las semillas propiamente dichas, los frutos secos, las judías, las lentejas, los guisantes, el maíz y el germen de cereales tales como trigo o avena. Los alimentos de flor, como son el brécol o la coliflor, son también relativamente ricos en proteínas.

Téngase en cuenta que la unidad utilizada en el cuadro es una taza de aproximadamente algo más de un cuarto de litro (exactamente 0,283 litros).

Los suplementos de aminoácidos

Aunque comer proteínas sea la mejor manera de comenzar a conseguir estos aminoácidos esenciales, los suplementos constituyen la mejor vía de garantizar que uno está recibiendo las cantidades óptimas. Esto tiene especial importancia para algunas personas, que parecen proclives a presentar deficiencias de neurotransmisores y que dependen de ciertos aminoácidos más que otras. Hay personas con tendencia a la depresión que observan cómo los suplementos de triptófano o de 5-hidroxitriptófano (5-HTP) ayudan a mantenerla a raya.

Una de las ventajas de tomar suplementos de ciertos aminoácidos concretos es que de esta manera se absorben con mayor facilidad. La razón de esto radica en que los aminoácidos compiten por la absorción, así que si usted toma un suplemento de alguno, como el triptófano, sin comer al mismo tiempo un alimento rico en proteínas, lo absorberá con más rapidez en su corriente sanguínea. Hacerlo con fruta puede ser incluso mejor, puesto que se sabe que la presencia de carbohidratos ayuda a la absorción de este aminoácido. La mejor forma de tomar suplementos de determinados aminoácidos, fuera de los alimentos o con fruta, es hacerlo cuando lo necesite.

Bien llenos de proteínas: los 24 alimentos principales

Alimento	Porcentaje de calorías en forma de proteína	Cantidad para 20 g	Calidad de la proteína (NPU)
Cereales/Legumbres			
Quinoa	16	100 g / 1 t. p. c.*	Excelente
Tofu	40	275 g / 1 paquete	Razonable
Maíz	4	500 g / 3 *t. p. c.	Razonable
Arroz integral	5	400 g / 3 *t. p. c.	Excelente
Garbanzos	22	115 g / 0,66 *t. p. c.	Razonable
Lentejas	28	85 g / 1 *t. p. c.	Razonable
Pescado/Carne			
Atún en lata	61	85 g / 1 lata pequeña	Excelente
Bacalao fresco	60	35 g / 1 pieza muy pequeña	Excelente
Salmón	50	100 g / 1 pieza pequeña	Excelente
Sardinas	49	100 g / 1 asada	Excelente
Pollo	63	75 g / 1 pechuga pequeña a la plancha	Excelente
Frutos secos/Semillas			
Pipas de girasol	15	185 g / 1 taza	Razonable
Pipas de calabaza	21	75 g / 0,5 taza	Razonable
Anacardos	12	115 g / 1 taza	Razonable
Almendras	13	115 g / 1 taza	Razonable
Huevos/Prod. lácteos			
Huevos	34	115 g / 2 medianos	Excelente
Yogur natural	22	450 g / 3 tarrinas pequeñas	Excelente
Requesón	49	125 g / 1 tarrina pequeña	Excelente
Hortalizas			
Guisantes	26	250 g / 2 tazas	Razonable
Judías y similares	20	200 g / 2 tazas	Razonable
Brécol	50	40 g / 0,5 tazas	Razonable
Espinacas	49	40 g / 0,66 tazas	Razonable
Combinaciones			
Lentejas y arroz	18	125 g / taza pequeña de peso en seco	Excelente
Judías y arroz	15	125 g / taza pequeña de peso en seco	Excelente

*t. p. c. = taza de peso cocido

El uso de ciertos aminoácidos en una amplia variedad de problemas de salud mental es una de las soluciones nutricionales más recomendables para ayudarle a recuperar su equilibrio.

Otra opción para asegurarse un buen equilibrio de aminoácidos es tomar un suplemento en polvo que contenga la proporción correcta de áminoácidos «de forma libre». Estos no requieren la misma digestión que necesitan las proteínas, puesto que se absorben con gran facilidad. Sin embargo, compiten entre sí, por lo cual no resultan tan eficaces como un suplemento de uno solo en particular.

Unas proteínas en polvo que resultaran bastante buenas deberían proporcionar los siguientes aminoácidos favorables para el cerebro y, además, en estas cantidades en forma de ración diaria:

Glutamina/ácido glutámico	2.000 mg
Tirosina	1.000 mg
GABA/taurina	1.500 mg
Triptófano	500 mg*
Fenilalanina	1.000 mg

* Tenga en cuenta que en algunos países se limita la cantidad de triptófano en los suplementos.

Recuerde que si está tomando suplementos de aminoácidos de forma libre hay tener cuidado para no emplear una dosis excesiva si ha elegido un suplemento de un aminoácido en particular. No exceda mis recomendaciones para cada uno de ellos. Podrá encontrarlas en la parte 3.

Las proteínas en polvo pueden añadirse a los cereales del desayuno o a un batido de frutas. Sin embargo, por muchas proteínas que pueda tomar, recuerde que más no siempre es lo mismo que mejor. Si la ingesta diaria se sitúa por encima de los 85 g al día (dependiendo de su nivel de actividad física y por tanto de sus requisitos), podría tener consecuencias negativas sobre la salud. Los productos desintegradores de las proteínas, como el amoníaco, son tóxicos para el cuerpo y someten a un gran esfuerzo a los riñones para eliminarlos. Un exceso de aminoácidos significa también que habrá demasiado ácido en la sangre. El cuerpo los neutraliza liberando calcio de los huesos. Hoy ha quedado ya bien demostrado que las dietas muy ricas en proteínas contribuyen a la osteoporosis, por tanto, asegúrese de tomar la cantidad suficiente, pero no demasiada.

En resumen, estas son algunas de las directrices generales que le pueden ayudar a garantizar una ingesta óptima de aminoácidos, el alfabeto de la mente y del estado de ánimo:

- Tome cada día tres raciones de los alimentos ricos en proteína que se muestran arriba si es usted hombre, y dos si es mujer.
- Elija buenas fuentes de proteína vegetal, que incluyan judías, lentejas, quinoa, tofu (soja) y hortalizas «de semilla».
- Si come proteínas de origen animal, elija carne magra o preferentemente pescado, de origen orgánico a ser posible.
- Considere la posibilidad de tomar suplementos de algunos aminoácidos libres o de aminoácidos concretos si tiene algún problema de salud mental relacionado con ellos.

Capítulo 7
LOS NUTRIENTES INTELIGENTES, MAESTROS PARA AFINAR EL CEREBRO

En cualquier gran producción artística hay centenares de personas «detrás del escenario» que respaldan a los intérpretes principales. Lo mismo sucede en el caso del cerebro. Esas personas son, en este caso, las vitaminas y los minerales. Uno de sus principales papeles es ayudar a que la glucosa se convierta en energía, los aminoácidos en neurotransmisores, las grasas esenciales simples en grasas más complejas tales como GLA o DHA y prostagladinas, y la colina y la serina en fosfolípidos. Contribuyen a construir y reconstruir el cerebro y el sistema nervioso y hacen que todo funcione sin sobresaltos. Son los mejores amigos de su cerebro.

Sabiendo esto, decidimos averiguar lo que pasaría con la inteligencia de los escolares si se les administraban unas dosis óptimas de vitaminas y minerales. Gwillym Roberts, docente y nutricionista del Institute for Optimum Nutrition, y el profesor David Benton, psicólogo de la Universidad de Swansea, administraron a 60 escolares un complemento multivitamínico y de minerales especial, destinado a garantizar una ingesta óptima de los nutrientes clave. Sin su conocimiento, a la mitad de estos niños se les pasó a un programa donde se les proporcionaba placebo.

¡Después de ocho meses del ensayo, el CI no verbal de los niños que recibieron los suplementos había aumentado en 10 puntos! En los que recibieron el placebo no se observaron cambios. El estudio, publicado en la revista *Lancet* en 1988, ha sido corroborado en multitud de ocasiones desde entonces. La mayoría han utilizado niveles de CRD (cantidad recomendada en la dieta) de nutrientes muy inferiores a los del estudio original, pero aun así continúan presentando un aumento del CI de 4,5 puntos de promedio. Pero ¿por qué las vitaminas y los minerales incrementan el CI? La respuesta es que los niños, y los adultos, piensan con mayor rapidez y se pueden concentrar durante más tiempo con un ingesta óptima de vitaminas y minerales (véase el capítulo 12 para ver más información sobre este tema).

Los primeros pasos del cerebro

Cuanto antes comience a nutrir de manera óptima su cerebro, tanto mejor. Por supuesto que esto incluye la responsabilidad de la madre durante el embarazo y la lactancia. Un estudio llevado a cabo durante 16 años por el Medical Research Council demuestra lo esencial que es una nutrición óptima durante los primeros años de vida. Alimentaron a 424 bebés prematuros con una fórmula estándar de leche y otra enriquecida que contenía proteínas, vitaminas y minerales adicionales. Al cabo de 18 meses, los que recibieron la leche estándar se habían desarrollado «significativamente menos bien» que los otros, y a la edad de ocho años presentaban un CI de hasta 14 puntos por debajo.

Cada uno de los 50 nutrientes esenciales conocidos, con excepción de la vitamina D, desempeña un papel muy importante que favorece la salud mental. Veremos a continuación algunos de los principales nutrientes que son claves para el cerebro, los síntomas que aparecen en caso de deficiencia y los mejores alimentos que puede uno comer para conseguirlos en cantidad suficiente.

Las vitaminas del grupo B

El grupo de vitaminas del complejo B es vital para la salud mental. La deficiencia en cualquiera de las 8 vitaminas B afecta con gran rapidez al modo en que uno piensa y se siente. Esto se debe a que son solubles en agua y a que el cuerpo las elimina con celeridad. Por consiguiente, puesto que el cerebro usa una cantidad muy grande de estos nutrientes, una deficiencia a corto plazo afectará a las capacidades mentales. Aunque se conocen muy bien los síntomas de la deficiencia en vitamina B, no sabemos todavía con exactitud a qué se deben. Cada una de las vitaminas B tiene tantas funciones en el cerebro y en el sistema nervioso que hay muchas explicaciones lógicas, pero pocas pruebas realmente contundentes. Mucha gente se protege contra una posible deficiencia tomando cada día un suplemento de vitamina B o un complejo multivitamínico.

Vitamina B₁ (tiamina)

La vitamina B₁ ayuda a que se transforme la glucosa, que es el combustible del cerebro en energía. Por eso, uno de los primeros síntomas de deficiencia es el cansancio mental y físico. La gente con bajos niveles en esta vitamina presta atención y se concentra con dificultad. David Benton, uno de los principales expertos en nutrición y CI, ha descubierto que existe una correlación entre niveles bajos de tiamina y funciones cognitivas bajas en adultos jóvenes, y que los suplementos de tiamina aparecen asociados a descripciones de sentirse con la cabeza más despejada y con más energía, así como a tener tiempos de reacción más rápidos, incluso en aquellos cuyo nivel de tiamina se considera adecuado según los criterios tradicionales.

Principales nutrientes, los mejores alimentos y los síntomas de deficiencia

Nutriente	Efectos de la deficiencia	Fuentes de alimento
Vitamina B₁	Falta de concentración y de atención	Cereales integrales, hortalizas
Vitamina B₃	Depresión, psicosis	Cereales integrales, hortalizas
Vitamina B₅	Mala memoria, estrés	Cereales integrales, hortalizas
Vitamina B₆	Irritabilidad, mala memoria, depresión, estrés	Cereales integrales, plátanos
Ácido fólico	Ansiedad, depresión, psicosis	Hortalizas de hoja
Vitamina B₁₂	Confusión, mala memoria, psicosis	Carne, pescado, productos lácteos, huevos
Vitamina C	Depresión, psicosis	Hortalizas y fruta fresca
Magnesio	Irritabilidad, insomnio, depresión	Verduras, frutos secos, semillas
Manganeso	Vértigo, convulsiones	Frutos secos, semillas, frutos tropicales, té
Cinc	Confusión, mente en blanco, depresión, pérdida de apetito, falta de motivación y de concentración	Ostras, frutos secos, semillas, pescado

Vitamina B₃ (niacina)

De todos los nutrientes relacionados con la salud mental, la niacina, o vitamina B_3, es la más famosa. Se descubrió cuando su deficiencia se identificó como la causante de la pelagra, una enfermedad en la que los pacientes desarrollan afecciones mentales, diarrea y eccemas. Debido a los trabajos pioneros de los doctores Abram Hoffer y Humphrey Osmond, se hicieron numerosas investigaciones sobre la niacina como tratamiento de la esquizofrenia y se encontró que, en dosis de varios gramos, era altamente eficaz para tratar la esquizofrenia aguda (véase el capítulo 25). ¡La CRD (cantidad recomendada en la dieta) es de sólo 18 mg! Recibir una cantidad suficiente de niacina hace mucho más que simplemente detener el desarrollo hacia una psicosis. En un estudio realizado en el que se administraron 141 mg de esta vitamina cada día, la memoria mejoró en más del 10 por ciento, tanto en jóvenes como en personas de edad avanzada.

Vitamina B₅ (ácido pantoténico)

El ácido pantoténico, llamado también vitamina B_5, es otro vigoroso potenciador de la memoria. Se necesita para sintetizar las hormonas del estrés y el neurotransmisor que potencia la memoria, la acetilcolina. Los suplementos de B_5, en particular los que llevan colina, pueden agudizar su memoria (véase el capítulo 13).

Las vitaminas B₆, B₁₂ y ácido fólico

Estas tres, junto con la niacina, controlan un proceso crítico que tiene lugar en el cuerpo, la denominada metilación. Es esencial para la formación de casi la totalidad de los neurotransmisores. Detrás de muchos de los problemas de salud mental se encuentran anomalías en este proceso, como veremos más adelante en este libro. La falta de B_6, por ejemplo, significa que usted no sintetiza serotonina con la suficiente eficacia, lo cual podría conducir en potencia a una depresión. Esta vitamina también puede resultar útil para aliviar el estrés, ya que este destruye las reservas de B_6. En un estudio realizado, el nivel de malestar psicológico en personas infectadas con el VIH disminuyó al aumentar su nivel de B_6 mediante suplementos vitamínicos. Por consiguiente, si es deficitario en vitamina B_6 y se encuentra estresado, puede que esté en camino de caer en una depresión. Muchos de nosotros somos deficitarios en B_6 y también en ácido fólico, conocido asimismo como folato. En un estudio llevado a cabo en el departamento psiquiátrico del Kings College Hospital, de Londres, se encontró que un tercio de un total de 123 pacientes presentaban niveles bajos de ácido fólico. Durante seis meses se les administró o bien esta sustancia o un placebo. Sólo en el grupo de pacientes que recibieron ácido fólico, entre los que se incluían tanto los afectados de depresión como los esquizofrénicos, se produjo una mejoría significativa.

La deficiencia en ácido fólico es muy común entre los pacientes con problemas de salud mental. En una fecha ya tan lejana como 1967, un psiquiatra, el doctor Carney, del Lancaster Moor Hospital, recomendaba a todos los que presentaban afecciones de este tipo que se hicieran un análisis para comprobar si tenían deficiencia en ácido fólico y B_{12}, ya que con mucha frecuencia mostraban este estado. La vitamina B_{12} es igualmente esencial para tener un sistema nervioso sano. Sin ella, ni los sentidos ni el cerebro pueden funcionar de modo correcto. Se ha demostrado que hasta la mitad de los pacientes afectados de demencia presentan deficiencias en ella, y que otros tantos son incapaces de absorberla. Sin embargo, no sólo las personas mayores necesitan tomarla, ya que unos niveles bajos de B_{12} pueden ocasionar un descenso en el rendimiento intelectual también de los adolescentes.

Recibir suficiente B_6, B_{12} y ácido fólico es absolutamente esencial durante el embarazo para poder prevenir problemas en el crecimiento embrionario, como es la espina bífida, o para el desarrollo intelectual en general. Los niños nacidos de madres deficientes en ácido fólico presentan retrasos en su desarrollo intelectual.

Estos nutrientes desempeñan tantos papeles esenciales en el cerebro y el sistema nervioso, que garantizarse unos niveles óptimos de ellos constituye un requisito previo para una buena salud mental.

Lo mejor de los restantes nutrientes

Ya hemos visto cómo las vitaminas del grupo B son esenciales para mantener el cerebro en perfecto estado. Echemos ahora un vistazo al resto de los nutrientes que mejor impulsan a este órgano.

Vitamina C

La vitamina C sirve para mucho más que para evitar un enfriamiento. Tiene también muchos otros papeles que desempeñar en el cerebro, incluyendo el de ayudar a equilibrar los neurotransmisores. Aunque sus efectos no son tan espectaculares como los de la niacina, se ha demostrado que la vitamina C reduce los síntomas de la depresión y de la esquizofrenia. Un gran número de estudios han revelado que las personas a las que se ha diagnosticado una enfermedad mental pueden tener unos requerimientos más altos de esta vitamina, y que con frecuencia son deficientes en ella. En uno de ellos, los pacientes no comenzaron a excretar la misma cantidad de vitamina C que el grupo de control hasta que no se les administró 1 g diario, que es mucho más que la CRD. El doctor Vandercamp, del VA Hospital de Michigan, halló que los pacientes esquizofrénicos podían metabolizar hasta diez veces más vitamina C que las personas normales. Estos estudios demuestran lo especiales que somos todos nosotros. Hay personas que necesitan diez veces más de un nutriente para mantenerse sanas. Incluso una dieta bien equilibrada en muchas ocasiones no puede ser suficiente para muchas personas. Esta es la razón por la que vale la pena que añada suplementos a la dieta para reforzar su cuerpo y su mente.

Calcio y magnesio, los tranquilizantes de la naturaleza

Recurrir a un compuesto mineral es lo último que se le ocurriría si se sintiese ansioso, inquieto e incapaz de relajarse. El calcio y el magnesio lo lograrán, ayudándole a relajar los nervios y las células musculares.

Los calambres musculares son un signo obvio de deficiencia en magnesio. La falta de calcio o magnesio le pueden volver también más nervioso, irritable y agresivo. El magnesio se ha utilizado con éxito para tratar a niños autistas e hiperactivos, junto con otros nutrientes. Pero sobre todo, le ayudará a conciliar el sueño.

El magnesio desempeña muchos papeles en el sistema nervioso, y los investigadores están comenzando a estudiar con más detalle la posibilidad de que la deficiencia en este mineral pueda ser causa de enfermedad mental. Así, resulta irónico que en los pacientes a los que se les administran fármacos psicotrópicos los niveles de calcio y magnesio tienden a disminuir, lo que no hace más que empeorar las cosas. Tomar suplementos de estos minerales ayuda entonces a reducir los desagradables efectos secundarios de estos medicamentos. El magnesio es, quizás, el segundo mineral deficitario más común después del cinc (véase más adelante). Las hortalizas de hoja son ricas en magnesio, puesto que forma parte de la molécula de la clorofila, que es lo que hace que las plantas sean verdes. También aparece en nueces y semillas, en particular en las de sésamo, girasol y calabaza. Una ingesta ideal es probablemente de 500 mg diarios, que es casi el doble de lo que toma la mayoría de la gente. Una cucharada grande de semillas al día, más 200 mg en un complejo multimineral, es una buena manera de asegurarse de que obtendrá la dosis suficiente.

Manganeso, el mineral olvidado

Con el manganeso, lo importante es el equilibrio. Tanto el exceso como el defecto de este mineral afecta a las funciones de nuestro cerebro. El exceso, que se encuentra a veces entre los mineros que inhalan el polvo de la mina, da como resultado psicosis y trastornos nerviosos similares a la enfermedad de Parkinson. No obstante, es un fenómeno raro, ya que se absorbe con dificultad y se excreta con rapidez.

La falta de manganeso puede ser un factor que intervenga en la esquizofrenia y en otros problemas psicóticos. Ya en 1917 se descubrió que el cloruro de manganeso era eficaz en el tratamiento de la esquizofrenia. En el Brain Bio Center de Princenton, el doctor Carl Pfeiffer volvió a interesarse por estos metales vestigiales y halló que casi todos los pacientes podían beneficiarse si recibían una cantidad adicional de manganeso y cinc. Descubrió que los niveles altos de cobre desplazan al manganeso y contribuyen a producir la continua y excesiva estimulación que caracteriza a muchos de los estados psicóticos. Encontró también que una deficiencia ligera en manganeso aparece asociada al insomnio, la intranquilidad, la actividad no productiva y la hipertensión. Es evidente que no es necesario que uno sea psicótico para experimentar los signos corrientes de deficiencia. Esta puede provocar también ataques y convulsiones (véase el capítulo 33).

Lo mismo que sucede con muchos minerales vestigiales, la diferencia entre la cantidad necesaria para evitar la deficiencia (definida para animales como el nivel al que resultan afectados el desarrollo y la reproducción) y la cantidad requerida para tener una salud óptima varía considerablemente. No existe una CRD para este mineral esencial, aunque la mayoría recomienda una ingesta diaria de 2,5 a 5 mg. ¡Pero algunas personas necesitan hasta diez veces esas cantidades!

El manganeso se encuentra principalmente en semillas, nueces y cereales, así como en frutos tropicales tales como plátanos y piñas. El té es muy rico en este mineral. Sin embargo, debido a que se absorbe muy mal y a que el cuerpo lo excreta con facilidad, vale la pena tomar un suplemento de 5 mg diarios, y de 20 mg si padece usted algún problema de salud mental.

Pensemos en el cinc

El cinc es el mineral deficitario más común y el nutriente más vital para la salud mental. La ingesta media en Gran Bretaña es de 7,5 mg, que es la mitad de los 15 mg que constituyen la CRD. Esto significa que la mitad de la población británica presenta menos de la mitad del nivel de cinc que se considera que protege contra la deficiencia. La carencia de cinc aparece asociada a la esquizofrenia, la depresión, la ansiedad, la anorexia, la delincuencia, la hiperactividad y el autismo, es decir que, resumiendo, está implicada en una amplia gama de problemas de salud mental.

Hay también muchas circunstancias que incrementan las necesidades de cinc propias de cada uno, independientemente de obtener lo suficiente con la dieta. Entre ellas se incluyen el estrés, las infecciones, el síndrome premenstrual y otros desequilibrios hormonales, el empleo de la píldora anticonceptiva, el exceso de cobre, el consumo frecuente de alcohol, problemas con el azúcar en sangre y una necesidad adicional de cinc hereditaria. En el cuerpo, este mineral se presenta concentrado en el esperma y se pierde con rapidez en caso de una eyaculación excesiva. El cinc se encuentra en cualquier alimento «de semilla» como las nueces o, las semillas y el germen de cereales. La carne y el pescado son fuentes ricas en este mineral, pero no hay nada mejor que las ostras: ¡una sola puede proporcionar hasta 15 mg de cinc! y esta es una de las razones por las que se las recomienda como afrodisíacas, al menos para los hombres.

En resumen, estas son algunas de las directrices generales que le pueden ayudar a garantizar una ingesta óptima de vitaminas y minerales para mantener su cerebro en forma:

- Comer cada día al menos cinco raciones, aunque lo ideal serían siete, de fruta fresca y hortalizas.
- Tomar nueces y semillas con regularidad y elegir alimentos integrales, tales como cereales, lentejas, judías y arroz natural, en lugar de los refinados.
- Tomar un suplemento de multivitaminas y minerales que le proporcione al menos 25 mg de todas las vitaminas del grupo B, 10 mcg de B_{12}, 100 mcg de ácido fólico, 200 mg de magnesio, 3 mg de manganeso y 10 mg de cinc.

Parte 2

Proteger el cerebro

Proporcionar al cerebro una nutrición óptima no se limita a tomar los nutrientes correctos. Se trata también de reducir al mínimo los «antinutrientes». Entre estos se incluyen los oxidantes, el alcohol, el azúcar, los estimulantes y, el estrés, los minerales tóxicos y los alimentos que provocan alergias: se les llama los *siete sumideros del cerebro*.

Capítulo 8
LOS ENVEJECEDORES DEL CEREBRO: OXIDANTES, ALCOHOL Y ESTRÉS

Maximizar sus poderes mentales no depende sólo de lo que come, sino también de lo que deja de comer (y de lo que bebe y fuma). El cerebro y el sistema nervioso están hechos de grasas esenciales, proteínas y fosfolípidos. A todos ellos les dañan los oxidantes, que son algo similar a los residuos nucleares del propio cuerpo, así como el alcohol y el exceso de estrés.

Oxidantes: aumentan con el tabaco

Echaremos primero un vistazo a las cuestiones candentes de nuestros días: los oxidantes. Constituyen un auténtico peligro en este siglo lleno de humos, de contaminación y de comida rápida.

No fría su cerebro

Tal como vimos ya con anterioridad, la materia seca del cerebro está formada en un 60 por ciento por grasa, y el tipo de grasas que usted consume altera la que hay en su cerebro. Las peores que puede consumir son las denominadas «trans». Estas grasas alteradas se encuentran en los alimentos muy fritos y en aquellos otros que contienen aceites vegetales hidrogenados. Por tanto, si quiere minimizar la exposición a las grasas trans, limite su consumo de alimentos fritos, sobre todo de los refritos, y no compre aquellos que contengan grasas hidrogenadas. Compruebe la lista de ingredientes de los alimentos procesados: ¡si alguno incluye el elemento «H» entre los ingredientes, no lo incluya en su bolsa de la compra!

¿Por qué son tan malas las grasas *trans*? Después de comerlas pueden pasar directamente al cerebro y aparecen en la misma posición que el DHA en las células cerebrales, donde perturban los procesos del pensamiento. También pueden bloquear la conversión de las grasas esenciales en las que son vitales para el cerebro, tales como GLA, DHA y prostaglandinas. En el cerebro de las personas con deficiencia en ácidos grasos omega-3, aparecen el doble de grasas trans. Por tanto, combinando la deficiencia en ácidos grasos omega-3 y el exceso de grasas trans, que son el sello de la generación de las patatas fritas, se obtiene un panorama bastante malo.

Según estimaciones recientes, la ingesta total de grasas de un varón estadounidense puede ser de 150 a 250 g diarios (70 a 100 g es la cantidad recomendada), de las que hasta una cuarta parte son del tipo trans. Una ración de patatas fritas o de pescado frito puede aportar 8 g, un donut 12 g y una bolsa de pinchitos más de 4 g. Todos ellos presagian problemas.

Ya que más de la mitad del cerebro es grasa, existe un verdadero peligro de que se oxiden o que se vuelvan rancias. Los alimentos fritos, el tabaco y la contaminación son los tres factores principales que introducen oxidantes en el cuerpo, que causan

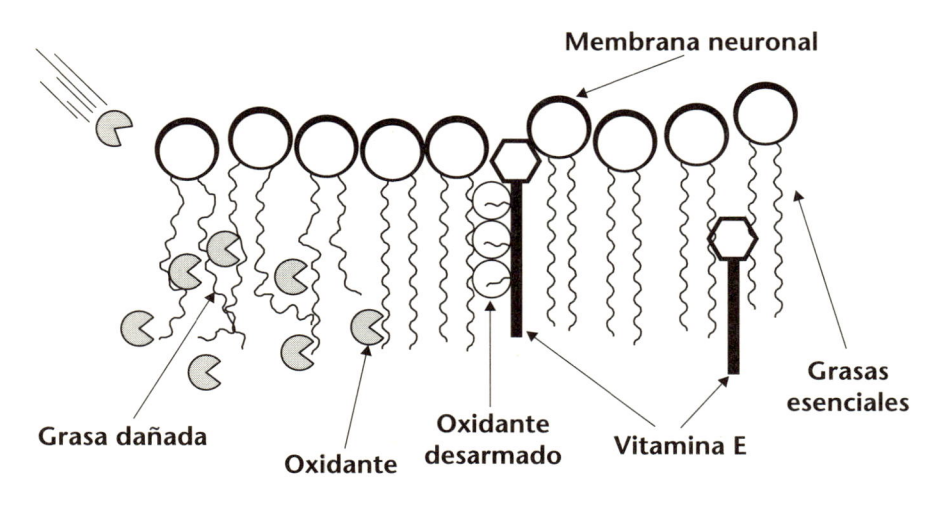

Figura 12. La manera en que los oxidantes dañan el cerebro.

una reacción en cadena de daños a las grasas esenciales ligadas a los fosfolípidos (véase la figura 12) de las membranas de las neuronas. Tal como puede ver en la ilustración de la página anterior, la vitamina E ayuda a proteger su cerebro frente a estos efectos dañinos.

Fumar como locos

Una simple calada a un cigarrillo contiene un trillón de oxidantes, que rápidamente viajan hasta el cerebro. Lleva también unos niveles altos de un metal pesado, el cadmio, cuya gradual acumulación va desplazando al cinc. Tal como se trató ya en el anterior capítulo, el cinc desempeña diversos papeles cruciales en el desarrollo y el mantenimiento del cerebro, entre los que no son menos importantes los de prevención de la oxidación y la síntesis de serotonina. Un nivel bajo en cinc aparece implicado en la esquizofrenia, y se ha observado que la frecuencia del consumo de tabaco entre los pacientes esquizofrénicos es significativamente mayor que entre la población general. Investigadores de la Duke University, en los Estados Unidos, han demostrado cómo la retirada de la nicotina puede interferir con la actividad de la serotonina y el desarrollo del cerebro, lo que conduce a depresión en los hijos de mujeres que fumaban durante el embarazo o en los fumadores adolescentes. Mientras tanto, un estudio realizado por el doctor Corvin, del St James's Hospital de Dublín, encontró que el tabaco duplicaba la incidencia de los síntomas psicóticos entre los pacientes con depresión maniaca.

Otra cosa más. Se sabe que el tabaco es un factor de riesgo que conduce a apoplejías, la tercera causa de fallecimiento más frecuente, en las que el cerebro muere por falta de sangre debido al daño producido en las arterias que se la suministran.

Menos evitables son los oxidantes procedentes de los gases de escape, en particular del gasoil. Tienen un efecto insidioso sobre el cuerpo y el cerebro. Explican también por qué la incidencia de cáncer de pulmón está aumentando en las ciudades entre los no fumadores. No es nada sorprendente que el riesgo de padecer Alzheimer sea mucho mayor entre los fumadores y las personas que comen gran cantidad de grasas fritas y procesadas. Puede encontrarse más sobre este tema en el capítulo 36.

Los antioxidantes protegen su cerebro

Puede que apenas haya nada que usted pueda hacer para evitar muchos de los contaminantes, pero al menos puede proteger su cerebro desde dentro. Los antioxidantes son el antídoto de los oxidantes. Si estos son la chispa que enciende el fuego de cualquier cosa que arda, ya sea alimento, un cigarrillo o gasolina, los antioxidantes son algo así como guantes ignífugos que evitan que esas chispas dañen su cerebro.

El más importante para el cerebro es un antioxidante a base de grasas, la vitamina E. Evita la cadena de reacciones de daños causada cuando los oxidantes entran en el cerebro (véase la figura 12). Un estudio realizado en los Estados Unidos entre 4.809 personas ancianas reveló que los niveles decrecientes de vitamina E en suero iban siempre asociados a un aumento en los niveles de mala memoria. A la vitamina E se la conoce más correctamente como «d-alfa-tocoferol» y sus parientes, el gamma-tocoferol y los tocotrienoles, son también importantes para el cerebro. Solamente se encuentran en los suplementos de mayor calidad que contienen vitamina E junto con «tocoferoles mixtos». Están también presentes en los alimentos ricos en vitamina E tales como las semillas, los aceites prensados en frío y el pescado.

Existen otros antioxidantes vitales. La vitamina C, por ejemplo, ayuda a «reciclar» la vitamina E una vez que ha sujetado un oxidante. Un estudio realizado en Suiza a lo largo de 22 años ha confirmado que en las personas de 65 y más años de edad, los niveles más altos de ácido ascórbico van asociados a unos mejores rendimientos de la memoria. Russell Matthews y sus colaboradores del Harvard Medical School Neurochemistry Laboratory, de Boston, han demostrado que los suplementos de coenzima Q pueden aumentar la producción de energía en el cerebro y prote-

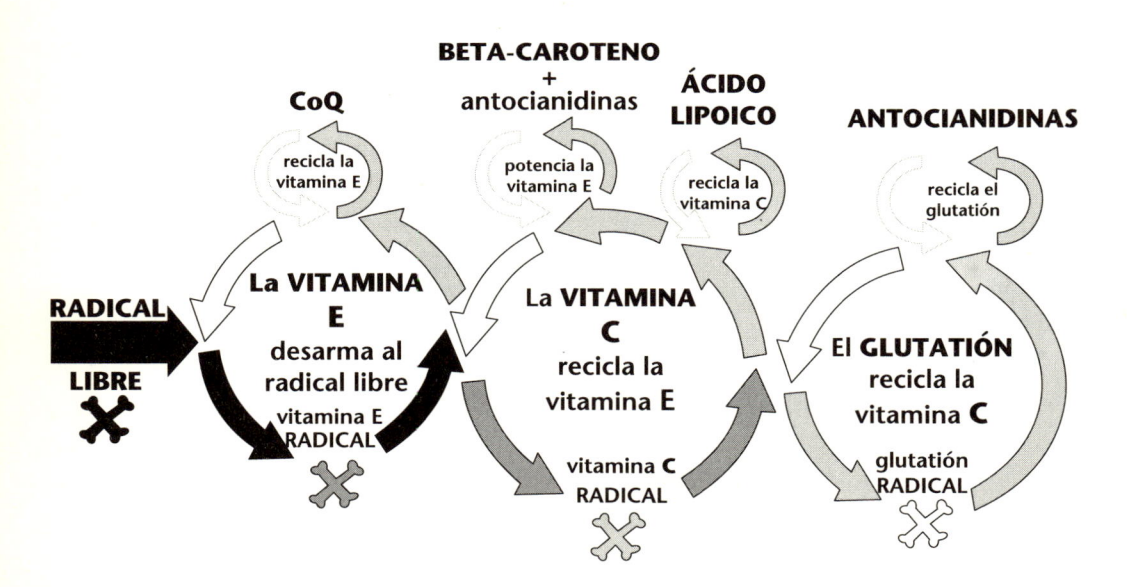

Figura 13. Manera como un antioxidante desarma a un oxidante o «radical libre».

gerlo frente a las neurotoxinas. Los niveles de coenzima Q en el cerebro de los esquizofrénicos son hasta un 35 por ciento inferiores a los del resto de la población, de hecho, hay muchos miembros del cuerpo de bomberos. Abajo, en la figura 13, se presenta a los principales protagonistas, y también se muestra cómo el cuerpo se desintoxica de un oxidante procedente de un alimento frito.

Para darse uno mismo la máxima protección vale la pena consumir alimentos ricos en estos antioxidantes, y completarlo con un buen suplemento antioxidante de tipo general. Los mejores alimentos para cada antioxidante antienvejecimiento son los siguientes:

- **Beta-caroteno:** zanahorias, boniatos, albaricoques secos, zumo de naranja, berros.
- **Vitamina C:** brécol, pimientos, kiwi, bayas, tomates, cítricos.
- **Vitamina E**: semillas y su aceite prensado en frío, germen de trigo, nueces, judías, pescado.
- **Selenio:** ostras, nueces de Brasil, semillas, melazas, atún, setas.
- **Glutatión:** atún, legumbres, nueces, semillas, ajo, cebollas.
- **Antocianidinas:** bayas, cerezas, uvas negras, remolacha, ciruelas.
- **Ácido lipoico**: carne roja, patatas, zanahorias, boniatos, remolacha, espinacas.
- **Coenzima Q**: sardinas, caballa, nueces, semillas, aceite de soja.

Asegúrese de tomar un suplemento con una formulación que contenga todas estas sustancias. Comiendo estos alimentos ricos en antioxidantes y añadiendo un suplemento de nutrientes antioxidantes se tiene la mejor protección frente al Alzheimer y la disminución de la memoria en la edad senil. Se ha demostrado que los suplementos de vitamina E, por ejemplo, previenen el Alzheimer y ralentizan su desarrollo.

El alcohol pone su cerebro en adobo

El alcohol es el peor enemigo del cerebro. En cuanto comienza a beber, está usted dañándole. Es incapaz de desactivar el alcohol, por lo que una vez que se ha superado la capacidad del hígado, el alcohol comienza a desprenderse, y perturba las señales de comunicación normales y hacen que empeore la memoria. Esta es una de las razones por la que nos gusta, porque olvidamos nuestras penas.

El alcohol hace que su memoria se vuelva más débil disolviendo los ácidos grasos dentro de las células cerebrales y reemplazando DHA por un sustituto que es de peor calidad, el DPA. Bloquea también la conversión de las grasas en DHA y en prostaglandinas. Estas son las principales razones por las que el consumo de alcohol va unido a un deterioro mental. Destruye también las vitaminas, por lo que cuanto más beba, más nutrientes necesitará.

Aunque el alcohol es sin ningún género de dudas una neurotoxina, no hay pruebas de que un consumo moderado, de una o dos bebidas al día, disminuya la inteligencia. Un estudio del Instituto Nacional de Salud Pública de los Países Bajos reveló, en realidad, que el riesgo de una peor función cognitiva es menor entre los que toman una o dos bebidas al día que entre los abstemios. Pero eso mismo ya no se cumple para los consumidores de grandes cantidades, en los que el rendimiento intelectual se ve definitivamente perjudicado.

Esto plantea la cuestión de cuánto es demasiado y por qué puede que las cantidades de alcohol pequeñas no afecten al rendimiento mental. Existen dos teorías. Una es que las cantidades pequeñas de alcohol, que temporalmente favorecen al GABA, el neurotransmisor relajante del cerebro, le mantienen a uno «congelado». Como veremos más adelante, los niveles de estrés bajos son buenos para el cerebro. La otra es que si no está bebiendo, el hígado se encarga de desintoxicar el alcohol.

Alcohol y embarazo: una mala mezcla

El alcohol causa graves daños a las mujeres que acaban de quedar embarazadas. El periodo de mayor riesgo está comprendido entre los dos días previos y los dos posteriores al momento de la concepción. Es así porque provoca daños en los genes, con el resultado de que, en el momento de nacer, el bebé presenta el «síndrome alcohólico fetal», una alteración que afecta al crecimiento, al sistema nervioso y al desarrollo intelectual.

El primer aviso de precaución contra el alcohol durante el embarazo aparece en la Biblia. En el *Libro de los Jueces* del Antiguo Testamento, el Señor aconsejó a la mujer de Manoa, que había quedado embarazada, no comer nada relacionado con la vid, ni beber vino o bebidas fuertes. El Royal College of Obstetricians and Gynaecologists es menos estricto en este tema. Indica que hay poco peligro por debajo de las dos unidades de alcohol por día (dos vasos pequeños de vino o una pinta de cerveza), o 10 unidades a la semana. No todos están de acuerdo. El profesor Derek Bryce-Smith, cuyas investigaciones han contribuido a identificar los peligros del exceso de metales tóxicos y de la deficiencia de minerales, en relación con el riesgo de aborto y defectos al nacimiento, cree que «es absurdo pensar que hay un nivel seguro». Los investigadores de la Universidad Estatal de San Diego, California, han confirmado recientemente que los niños expuestos al alcohol en la fase prenatal pueden sufrir graves déficits cognitivos, entre los que se incluyen problemas en el aprendizaje, la memoria y el comportamiento, así como cambios en la estructura cerebral relacionados con el alcohol.

Personalmente, creo que no vale la pena correr el riesgo. El alcohol es potencialmente dañino en cualquier época de la vida, aunque más en particular al comienzo y al final.

¿Por qué le vuelve a uno olvidadizo el estrés?

¿No ha notado nunca que cuando está estresado olvida muchas cosas? Esto se debe a que el estrés incrementa los niveles de la hormona cortisol, y esta daña nuestro cerebro. Según los estudios llevados a cabo por el profesor Robert Sapolsky, de la Universidad de Satnford, dos semanas de niveles elevados de cortisol a causa del estrés hacen que se marchiten las dendritas, que son las conexiones entre las células cerebrales. Usando una técnica de obtención de imágenes, Douglas Bremmer, de la Universidad de Yale, Connecticut, ha demostrado que la parte del cerebro responsable del aprendizaje y de la memoria es más pequeña en los pacientes con trastornos causados por estrés post-traumático, y esto guarda una buena correlación con una mayor falta de memoria. Por tanto, si su plan de vida es conseguir estar en forma a cualquier precio, gane un millón y retírese. ¡Lo hará con la mitad de su cerebro! Esta es la mala noticia.

La buena noticia es que los estudios del profesor Sapolsky han demostrado que las dendritas vuelven a crecer cuando disminuyen los niveles de cortisol. Dicho con otras palabras, tranquilícese. El capítulo 16 explica cómo hacerlo.

No debería subestimarse el peligro a largo plazo de los niveles elevados de cortisol provocados por el estrés. Numerosos estudios han relacionado esos niveles con problemas de mala memoria. Es casi seguro que constituyen un factor importante en la mayor incidencia de pérdida de memoria en los años seniles y en la enfermedad de Alzheimer. Los investigadores de la Universidad de La Sapienza, en Roma, han demostrado que los niveles de cortisol son significativamente más elevados en los pacientes de Alzheimer que en los individuos de control, y guardan además una estrecha correlación con el grado de gravedad de la enfermedad. Linda Carlson y sus colaboradores de la McGill University de Montreal han confirmado que, en los pacientes de Alzheimer, cuanto mayor es la cantidad de cortisol peor es su memoria. Hallaron también que cuanto más altos son los niveles de otra hormona del estrés, el DHEA, tanto mejor es su memoria.

DHEA: la hormona adrenal antienvejecimiento

Uno de los indicadores más fiables de agotamiento adrenal es el nivel que tiene la persona de una hormona adrenal, llamada DHEA, que es una abreviatura de dehidroepiandrosterona. La DHEA no sólo ayuda a controlar el estrés, sino que también mantiene el correcto equilibrio de los minerales, ayuda a controlar la producción de las hormonas sexuales y produce masa corporal magra, mientras que reduce el tejido adiposo. El aumento de los niveles de DHEA, apodada la hormona anti-envejecimiento, tiene muchos efectos asociados a la edad juvenil. Esos niveles comienzan a declinar después de los 20 años, en particular en las personas que viven en un estado de estrés prolongado. Los niveles de DHEA pueden medirse en la sangre y en la saliva, y si son bajos pueden compensarse con ayuda de suplementos de esta sustancia, junto con un tratamiento del estrés mediante la dieta, el ejercicio y un cambio de vida. Owen Wolkowitz y sus colaboradores de la Universidad de California, en San Francisco, han demostrado que un suplemento de DHEA puede mejorar de manera notable la memoria y la depresión.

El estrés prolongado también perturba el equilibrio del azúcar en sangre, tal como veremos en el capítulo siguiente, lo cual perjudica a la memoria y al estado de alerta y, en potencia, daña al cerebro.

En resumen, a continuación unos pocos pasos sencillos que usted puede dar para evitar que el cerebro envejezca:

- Evite los alimentos que contengan grasas hidrogenadas.
- Limite su ingesta de alimentos fritos y procesados.
- Tome alimentos ricos en antioxidante, tales como fruta, hortalizas, semillas y pescado.
- Añada un suplemento de fórmula antioxidante que contenga betacaroteno, vitamina C, vitamina E, selenio, glutatión, antocianidinas, ácido lipoico y coenzima Q.
- Deje de fumar.
- Evite o limite el alcohol. Si no bebe no dañará su cerebro.
- Haga todo lo que pueda para reducir su nivel de estrés (véase el capítulo 16).

Capítulo 9
EL AZÚCAR Y LOS ESTIMULANTES NOS ATONTAN

Tal como pudimos ver en el capítulo 3, los carbohidratos complejos son el mejor combustible para el cerebro y el azúcar, el peor. Hay muchas razones para ello.

No demasiado dulce

En primer lugar, cuanto más azúcar y carbohidratos refinados tome (cereales comerciales, galletas, bizcochos y dulces), tanto más difícil le será mantener unos niveles equilibrados de azúcar en sangre. Los síntomas de los problemas con el azúcar en sangre, llamados técnicamente disglucemia, son numerosos e incluyen, entre otros, fatiga, irritabilidad, vértigos, insomnio, sudoración excesiva (en especial durante la noche), falta de concentración y despistes, sed excesiva, depresión y llanto, trastornos digestivos y visión borrosa. Uno de los expertos mundiales en problemas de azúcar en sangre, es el conocido profesor Gerald Reaven, de la Universidad de Stanford de California, calcula que el 25 por ciento de las personas normales no obesas presentan «resistencia a la insulina». Esto significa que el cuerpo no responde de manera adecuada a su propia insulina, cuya misión es mantener uniformes los niveles de azúcar en sangre. Por la experiencia acumulada, añadiría que más del 50 por ciento de las personas con problemas de salud mental, que van desde la depresión hasta la esquizofrenia, tienen problemas de azúcar en sangre como una de las principales causas subyacentes.

La segunda razón por la que el azúcar es tan malo para usted es que consume sus reservas corporales de vitaminas y minerales, pero no aporta ninguna. Cada cucharadita de azúcar utiliza vitaminas del grupo B, por ejemplo, lo cual le hace a usted ser más deficitario en ellas. Estas vitaminas son esenciales para maximizar su rendimiento mental. Aproximadamente el 98 por ciento del cromo presente en la caña de azúcar se pierde al transformarla en azúcar. Este mineral es vital para mantener estables sus niveles de azúcar en sangre.

La tercera razón es una prueba concluyente de que el consumo elevado de azúcar va ligado a una mala salud mental. Los investigadores del Instituto de Tecnología de Massachusetts descubrieron que cuanto más alta es la ingesta de carbohidratos refinados, más bajo es el CI. De hecho, la diferencia entre quienes consumen grandes cantidades de azúcar y los que toman poca fue de 25 puntos. Se ha implicado al azúcar en el comportamiento agresivo, la ansiedad, la hiperactividad y falta de atención, la depresión, los trastornos dietéticos, la fatiga, las dificultades de aprendizaje y el síndrome premenstrual.

El doctor Carl Pfeiffer, fundador del Brain Bio Center de Princeton, Estados Unidos, clasificó los problemas relacionados con el nivel de azúcar en sangre como uno de los cinco principales factores que subyacen en la esquizofrenia. Usted puede volverse antisocial, agresivo, temeroso, fóbico, psicótico y suicida, y todo ello por tener un simple problema de azúcar en sangre. Por tanto, si quiere optimizar su rendimiento mental o no padecer problemas de salud mental, abandone el azúcar y limite considerablemente los carbohidratos refinados.

La glucosa daña el cerebro

La glucosa en sí no es tóxica, siempre que consiga usted mantener estables sus niveles en sangre. Pero en el mismo instante en que éstos sobrepasen el umbral máximo, que es lo que sucede en el caso más grave de disglucemia, la llamada diabetes, la glucosa se vuelve tóxica para el cerebro. Esta es la razón por la que los diabéticos sufren daños en los nervios, los ojos y el cerebro. La razón de que así suceda es que un exceso de esta sustancia, lo mismo que muchos oxidantes, daña las neuronas e impide que funcionen de manera apropiada. Esto sucede porque la glucosa reacciona con las proteínas del cerebro y del sistema nervioso. Estas reacciones, llamadas glucación, impiden que la proteína se mueva libremente y hacen que las membranas vayan engrosándose y «pegándose», con lo que la comunicación cerebral va volviéndose más lenta. Los excesos de glucosa pueden provocar también una inflamación del cerebro, que es la manera como el cuerpo expresa que hay algo que va mal. La marca característica del Alzheimer es la presencia de tejido inflamado y dañado en el cerebro, causado en parte por este proceso (más información al respecto en el capítulo 36).

Puesto que hay cada vez más gente que presenta disglucemia, también aumenta la incidencia de las afecciones relacionadas con ella, como son la obesidad, la pérdida de memoria relacionada con la edad, el Alzheimer, las enfermedades del corazón y la diabetes.

¿Es usted adicto a los estimulantes?

El azúcar es sólo una cara de la moneda en lo que respecta a los problemas del azúcar en sangre. Los estimulantes y el estrés son la otra. Como puede ver en la figura de más abajo, si sus niveles en sangre descienden hay dos maneras de elevarlos. Una es tomar más glucosa, y la otra es incrementar su nivel de las hormonas del estrés, adrenalina y cortisol. Hay dos formas de aumentar la adrenalina y el cortisol. Una es consumir un estimulante, ya sea té, café, chocolate o cigarrillos, y la otra reaccionar de manera estresada y provocar así un aumento de la propia producción de adrenalina.

Sabiendo esto, podrá ver lo fácil que es caer en el círculo vicioso del estrés, el azúcar y los estimulantes. Hará que se sienta cansado, deprimido y estresado la mayor parte del tiempo.

Funciona de la siguiente manera. Con el exceso de azúcar, estrés y estimulantes usted pierde el control sobre el nivel de azúcar en sangre y se despierta todas las mañanas con unos niveles bajos y sin la suficiente adrenalina como para poder arrancar el día. Por consiguiente, adopta una de estas dos estrategias:

- Se levanta a regañadientes de la cama, enciende el hervidor y se prepara una taza de té o café bien cargado, enciende un cigarrillo o toma algún tipo de azúcar de liberación rápida, en forma de una tostada con ese azúcar llamado mermelada. Con eso aumentan sus niveles en sangre y también los de adrenalina, con lo que comienza a sentirse normal.
- O bien se queda en la cama y comienza a pensar en todas las cosas que han ido mal, que podrían ir mal y que irán mal. Comienza así a preocuparse acerca de

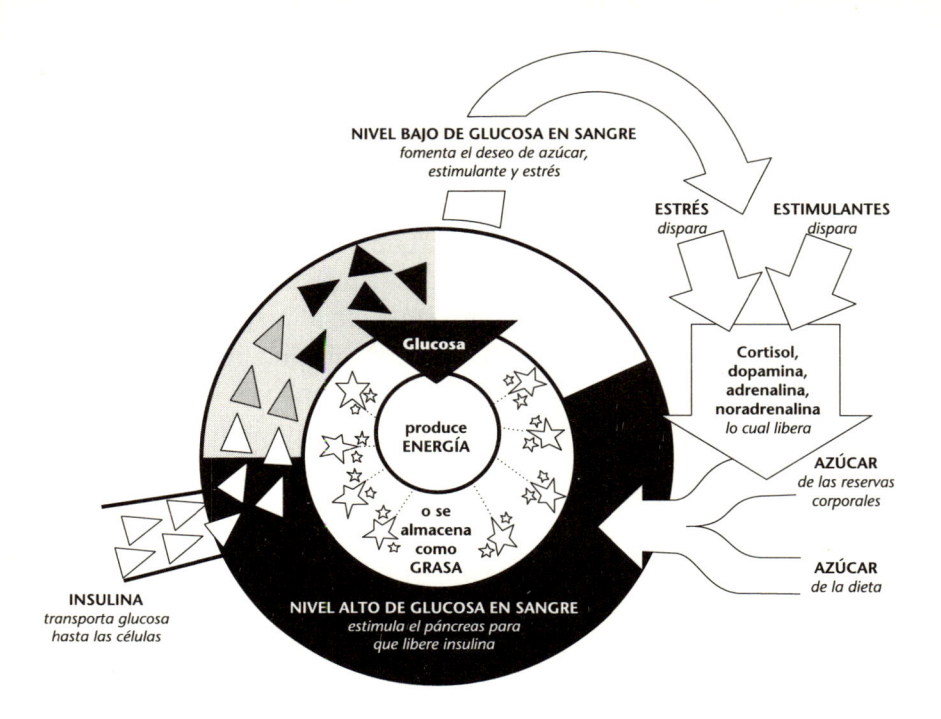

Figura 14. Desequilibrio del azúcar en sangre.

todo lo que tiene que hacer, de todo lo que no ha hecho y que debería haber hecho. Al cabo de diez minutos, ya habrá la suficiente adrenalina bombeando como para que se levante de la cama.

Si esto le suena familiar es que ha caído en ese círculo vicioso, con todos sus efectos negativos para su mente y el estado de ánimo.

La cafeína embota la mente

Aquí está lo irónico del asunto. La razón por la que la gente se engancha a beber café, sobre todo por las mañanas, es que le hace sentirse a uno mejor, con más energías y más despierto. Pero el doctor Peter Rogers, psicólogo de la Universidad de Bristol, se preguntó si el café realmente aumenta las energías y el rendimiento mental o lo que hace precisamente es aliviar los síntomas de la abstinencia. Al investigarlo, descubrió que después de la sagrada taza de café, los bebedores de café no se sienten mejor que quien no lo bebe. Lo que sucede es que se encuentran mejor que cuando despertaron. Dicho con otras palabras, beber café alivia los síntomas de la abstinencia de café. Es una adicción.

El café no sólo es adictivo sino que empeora el rendimiento mental. Un estudio publicado en la revista *American Journal of Psychiatry* investigaba a 1.500 estudiantes de psicología y los dividía en cuatro categorías, dependiendo de su ingesta de café: abstemios, poco consumidores (1 taza o equivalente al día), moderados (1 a 5 tazas al día) y muy consumidores (5 o más tazas al día). Se encontró que los de estos dos últimos grupos tenían niveles de ansiedad y depresión más altos que los abstemios, y los grandes consumidores presentaban la mayor incidencia de problemas médicos relacionados con el estrés, así como un rendimiento académico más bajo. Numerosos estudios han demostrado que la capacidad de recordar una lista de palabras empeora con la cafeína. Según un investigador, «la cafeína puede ejercer un efecto nocivo sobre la rapidez de procesamiento de los estímulos ambiguos o confusos...» ¡Esto suena algo parecido a una descripción de la vida moderna!

El agotamiento en una taza

La cafeína bloquea los receptores de una sustancia química del cerebro llamada «adenosina», cuya función es detener la liberación de los neurotransmisores motivadores, la dopamina y la adrenalina. Con una menor actividad de adenosina aumentan los niveles de estas dos últimas sustancias y por tanto también los de vigilia y motivación. La máxima concentración se produce entre 30 y 60 minutos después del consumo.

Cuanta más cafeína consuma, tanto más insensibles se vuelven el cuerpo y el cerebro frente a sus propios estimulantes naturales, la dopamina y la adrenalina. Por tanto necesitará más y más estimulantes para sentirse normal e incitar al cuerpo para que produzca mayores cantidades de esas sustancias. El resultado neto es un agotamiento adrenal: la incapacidad de producir estas importantes sustancias químicas de la motivación y la comunicación. Aparecen entonces la apatía, la depresión, el agotamiento y la incapacidad de abordar los problemas.

El café no es la única fuente de cafeína. Hay la misma cantidad en una taza de té cargado que en una normal de café. La cafeína es también el ingrediente activo de la mayoría de las bebidas refrescantes de cola y otras energizantes, tales como *Red Bull*, de la que sólo el año pasado se vendieron 100 millones de latas. El chocolate y el té verde también la contienen, aunque en cantidades muy inferiores a las de esas otras bebidas.

El indicador de cafeína

Niveles de cafeína de varios productos corrientes

Producto	Contenido en cafeína
Coca-Cola Classic 350 ml	46 mg
Coca-Cola Light 350 ml	46 mg
Red Bull	80 mg
Cacao caliente 150 ml	10 mg
Café instantáneo 150 ml	40-105 mg
Café expresso, cappuccino, con leche	30-50 mg
Café de filtro 150 ml	110-150 mg
Café descafeinado 150 ml	0,3 mg
Té 150 ml	20-100 mg
Té verde 150 ml	20-30 mg
Pastel de chocolate (1 porción)	20-30 mg
Chocolate negro 28 g	5-35 mg

Cambiar los hábitos

Si quiere tener una salud mental óptima, déje los estimulantes. Esto tiene una doble importancia para aquellos que padecen problemas de salud mental, porque el exceso de cafeína puede producir en algunas personas síntomas que conduzcan a un diagnóstico de esquizofrenia o manía. Puede suceder así porque los consumidores de cafeína se vuelven alérgicos al café e incapaces de desintoxicar la cafeína. El efecto neto es un grave trastorno de la mente y del estado de ánimo. Veamos cómo retirarse:

El café contiene tres estimulantes: cafeína, teobromina y teofilina. Aunque el primero sea el más fuerte, se sabe que la teofilina perturba las pautas normales del sueño y que la teobromina tiene un efecto similar al de la cafeína, si bien está presente en el café en unas cantidades muy inferiores. Por tanto, el café descafeinado no es exactamente una bebida libre de estimulantes. He visto a muchas personas curarse de problemas de salud menores tales como el cansancio o el dolor de cabeza simplemente renunciando a sus dos o tres cafés diarios. La mejor manera de averiguar el efecto que tiene sobre usted es abstenerse durante un periodo de prueba de dos semanas. Podrá tener síntomas de abstinencia durante tres días. Esto refleja el grado de adicción que tiene. Después, comenzará a sentirse más satisfecho y su salud mejorará, lo cual es una buena indicación de que le va mejor sin café. La alternativa más popular es la malta de cereal, de las que hay diversas marcas, o las infusiones de hierbas.

El té goza de gran popularidad en Gran Bretaña. Una taza de té cargado tiene la misma cantidad de cafeína que una de café mediano y también produce adicción. Contiene además taninos, que interfieren en la absorción de minerales esenciales como el hierro y el cinc. Particularmente adictiva es la variedad Earl Grey que lleva bergamota, la cual es por sí misma adictiva. Si es adicto al té y no puede pasar sin tomar una taza, puede que sea el momento de descansar durante dos semanas y ver cómo se siente después. La mejor alternativa es el té rojo con leche y las infusiones de hierbas o de frutas. Beber de vez en cuando un té flojo no causa probablemente ningún perjuicio.

El chocolate en pastillas suele estar lleno de azúcar. El cacao, su ingrediente activo, aporta cantidades significativas del estimulante teobromina, cuya acción es similar a la de la cafeína, aunque no tan intensa. Contiene también pequeñas cantidades de esta última. La teobromina se ingiere por tanto en bebidas como el chocolate caliente. En forma de pastillas o barras, contiene una gran cantidad de azúcar y estimulantes, y al ser tan delicioso es fácil que provoque adicción. La mejor manera de cambiar de hábitos es pasarse un mes sin NADA de chocolate. En su lugar pueden tomarse «dulces» adquiridos en tiendas de dietética, que carecen de azúcar y no contienen chocolate. Después de un mes se habrá liberado de esa dependencia.

Las bebidas de cola y las «energéticas» contienen entre 46 y 80 mg de cafeína por lata, que es más que una taza de café. Además, estas bebidas suelen ser muy azucaradas y llevan colorantes, con lo que su efecto estimulante neto puede ser considerable. Compruebe la lista de ingredientes y evite aquellas bebidas que contengan cafeína, aditivos químicos o colorantes.

El cambio en los hábitos alimentarios puede resultar estresante por sí mismo, por lo que es mejor no prescindir de todo al mismo tiempo. Una buena estrategia es evitar algo durante un mes y ver después cómo se siente uno. Otra manera de reducir las ganas de tomar alimentos a los que se es adicto es consumiendo una dieta excelente. Ya que todos los estimulantes afectan a los niveles de azúcar en sangre, puede mantenerlos estables tomando algo consistente para desayunar, como pueden ser unos cereales a base de avena, pero sin refinar, yogurt natural con plátano, semillas de sésamo molidas y germen de trigo, o un huevo. Puede tomar con frecuencia algo de fruta fresca para picotear. Lo peor que puede hacer es pasar horas enteras sin comer.

El consumo de una dieta altamente alcalina puede reducir las ganas de tabaco o alcohol. Esto supone comer grandes cantidades de hortalizas frescas y fruta. Los alimentos ricos en fibra también ayudan a mantener estables sus niveles de azúcar en sangre.

Tal como vimos en el capítulo 7, las vitaminas y los minerales también son importantes porque ayudan a regular su nivel de azúcar en sangre y, por consiguiente, su apetito. Minimizan asimismo los efectos de la abstinencia de estimulantes y los síntomas de la alergia a los alimentos. Los nutrientes clave son la vitamina C, las del complejo B, en especial la vitamina B_6, y los minerales calcio y magnesio. La fruta fresca y las hortalizas aportan cantidades importantes de vitaminas C y B, mientras que las hortalizas y las semillas, tales como las de girasol y sésamo, son también buenas fuentes de calcio y magnesio. Sin embargo, para conseguir un efecto máximo lo mejor es tomar un suplemento de estos nutrientes y comer alimentos que sean ricos en ellos. Yo recomiendo un complejo multivitamínico fuerte, además de tomar 2.000 mg diarios de vitamina C y 200 mcg de cromo.

En resumen, estos son algunos de los sencillos pasos que puede tomar para equilibrar su nivel de azúcar en sangre, además de seguir los consejos del capítulo 3:

- Evitar el azúcar y los alimentos que lo contengan. Esto significa cualquier cosa que lleve incorporada glucosa, sucrosa y dextrosa. La fructosa no es tan mala, auque también es mejor reducirla.
- Cortar la adicción a la cafeína evitando durante un mes el café, el té y las bebidas cafeinadas, y mejorando al mismo tiempo la dieta. Cuando ya no tenga necesidad de cafeína, tomar de vez en cuando una taza de té flojo o muy ocasionalmente una de café no constituirá ningún problema.
- Cortar la adicción al chocolate. Cuando ya no lo necesite, una pastilla de chocolate de vez en cuando no será ningún problema, pero elija el negro, con poco azúcar.

Capítulo 10
EVITAR LA CONTAMINACIÓN DEL CEREBRO

Sólo en los últimos 50 años han aparecido 3.500 sustancias químicas nuevas que se han añadido a los alimentos. Otras 3.000 han sido introducidas en nuestros hogares. Metales pesados como el plomo y el cadmio son tan comunes en el entorno que nos rodea en este siglo XXI que una persona media tiene en su cuerpo niveles 700 veces superiores a los de nuestros ancestros. La mayoría de nuestros alimentos se rocían con pesticidas y herbicidas. De hecho, se pueden haber aplicado hasta más de cuatro litros sobre la fruta y las hortalizas consumidas por una persona media a lo largo del año.

A todas estas sustancias se las clasifica de antinutrientes, porque son sustancias que interfieren en nuestra capacidad de absorción, o bien que utilizan nutrientes esenciales o, que en algunos casos, facilitan que el propio cuerpo los pierda.

Nadie sabe realmente en qué medida este moderno cóctel de antinutrientes perjudica nuestra salud mental, pero lo que sí sabemos es que una ingesta elevada de plomo, cadmio, ciertos colorantes alimentarios y otros productos químicos puede tener un efecto desastroso sobre el rendimiento intelectual y el comportamiento.

La ingesta elevada de antinutrientes se ha asociado a los cambios de humor, la falta de control de los impulsos y la conducta agresiva, la falta de atención, la depresión y la apatía, los trastornos en las pautas del sueño, la pérdida de memoria y de rendimiento intelectual. Si aparecen este tipo de síntomas, el enfoque nutricional para reforzar la salud mental incluye hacer pruebas para detectar niveles elevados de antinutrientes y, si se los encuentra, eliminar su origen y desintoxicar el cuerpo. Damos a continuación unos pocos ejemplos de antinutrientes, su fuente, los efectos de su exceso sobre la salud mental y los protectores nutricionales que ayudan a reducir los niveles de estas sustancias indeseables en el cuerpo.

Antinutriente	Efecto	Fuente	Protector
Plomo	Hiperactividad, agresividad	Humos de escape	Vitamina C, cinc
Cadmio	Agresividad, confusión	Cigarrillos	Vitamina C, cinc
Mercurio	Dolores de cabeza, pérdidas de memoria	Pesticidas, empastes	Selenio
Aluminio	Asociado a la senilidad	Utensilios de cocina, agua	Cinc, magnesio
Cobre	Ansiedad y fobias	Agua	Cinc
Tetrazina	Hiperactividad	Colorantes alimentarios	Cinc

Anatomía de los antinutrientes

Echemos ahora un vistazo algo más en detalle sobre lo que pueden provocar estos delincuentes en nuestra salud mental.

El plomo: un enorme dolor de cabeza

Los investigadores del Instituto de Tecnología de California han estado estudiando los cambios de las concentraciones de plomo en todo el mundo: en el fondo de los océanos, en muestras del suelo e incluso en la nieve. Su trabajo revela que las concentraciones de plomo, incluso en la descontaminada Groenlandia, han aumentando entre 500 y 1.000 veces desde los tiempos prehistóricos. Las comparaciones entre los valores hallados en seres humanos mostraron un aumento similar. La cuestión que debemos plantearnos es: ¿Qué efecto tiene esto sobre nosotros? Los niños son los que se encuentran más expuestos al peligro de la toxicidad del plomo, en particular hasta la edad de 12 años, cuando este metal puede causar daños irreversibles en el cerebro. Los síntomas más comunes en los niños son la incapacidad para concentrarse, los trastornos en el sueño, accesos agresivos no característicos, protestas sobre la comida, sinusitis y similares y dolores de cabeza. Los adultos tienen más probabilidades de sufrir una falta crónica de energía física y mental, junto con intranquilidad, insomnio, irritabilidad, confusión, ansiedad, falsas ilusiones, depresión, sueños perturbadores, problemas neurológicos, dolores de cabeza y convulsiones.

Descenso del CI

El primer estudio que conmocionó el *status quo* existente sobre la toxicidad del plomo fue el de Needleman. Herbert Needleman, adjunto en la cátedra de psiquiatría infantil, examinó a un grupo de 2.146 niños de escuelas primarias y secundarias de Birmingham, Alabama, en los Estados Unidos. Analizó las concentraciones de plomo en los dientes de leche caídos para obtener unos niveles más a largo plazo que un simple análisis de sangre. Pidió después a los maestros que clasificaran el comportamiento de los niños a los que hubieran dado clase durante al menos dos meses. Lo hizo utilizando un cuestionario preparado para medir la clasificación de los niños según los maestros, atendiendo a varias características. Realizó también varias pruebas de comportamiento, intelectuales y fisiológicas, a cada uno de los niños antes de dividirlos en seis grupos conforme a la concentración de plomo en sus dientes.

Como se puede ver, sus resultados mostraron una clara relación entre la concentración de plomo y el mal comportamiento en la escuela, tal como indicaban los maestros sin tener ningún conocimiento de los niveles de plomo de los niños. Needleman encontró también que el CI medio para los niños con valores del metal altos estaba 4,5 puntos por debajo del de aquellos otros que los tenían bajos. El tiempo de reacción (una medida de la capacidad de atención) fue también siempre peor en los que presentaban niveles elevados. Las lecturas del EEG (que mide la pauta de las ondas cerebrales) mostraron también claras diferencias basadas en la concentración de plomo. Pero el resultado más interesante fue, quizás, que ninguno de los niños con valores altos de plomo tenía un CI superior a 125 puntos (100 es la media), comparado con el 5 por ciento del grupo con poco plomo.

Richard Lansdown, jefe del Departamento de psicología del Hospital for Sick Children de Londres, y William Yule, psicólogo de la Universidad de Londres, decidieron repetir el estudio de Needleman en niños londinenses usando los niveles de

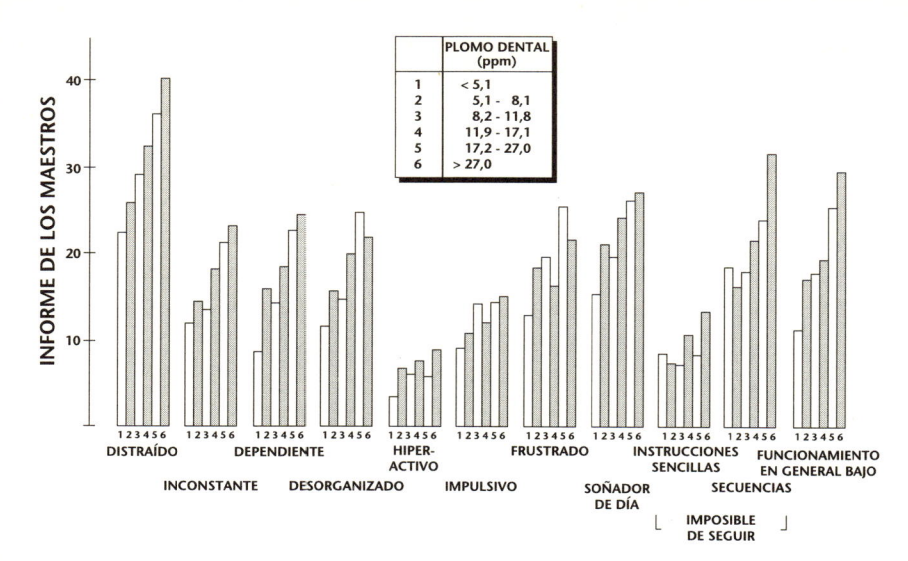

Figura 15. Comportamiento en clase en relación con la concentración de plomo en los dientes.

plomo en sangre en lugar de en los dientes. Los 160 niños estudiados tenían niveles de 7 a 33 microgramos por decilitro, con una media de 13,5 mcg/dl (35 mcg/dl es el nivel «seguro» recomendado por el Lawther Report *Lead and Health*, 1980). Estos resultados son similares a los obtenidos en otros países. De nuevo, los maestros clasificaron el comportamiento de los niños y se hicieron tests de CI y de otro tipo. Los resultados que obtuvo Lansdown fueron incluso más llamativos que los de Needleman. La diferencia en el CI entre los niños con valores altos y bajos de plomo fue de siete puntos. Tampoco ninguno de los que se incluían en el grupo con cantidades elevadas de plomo presentó un CI superior a 125, comparado con el 5 por ciento de los del grupo con valores bajos.

Otro estudio, llevado a cabo por Gerhard Winneke, director del Instituto Médico de Higiene Medioambiental de Düsseldorf, dio esencialmente los mismos resultados. Estudió a un total de 458 niños con un nivel medio en sangre de 14,2 mcg/dl y encontró un déficit de CI de cinco a siete puntos entre los que tenían valores altos y bajos de plomo.

En Gran Bretaña, los valores en sangre permitidos en trabajadores industriales son de 80 mcg/dl para hombres y 40 mcg/dl para las mujeres. En los Estados Unidos el nivel es de 40 mcg/dl, independientemente del sexo. No obstante, estos trabajos de la década de 1980 demuestran de manera concluyente que niveles de plomo tan bajos como son 13 mcg/dl pueden afectar ya al comportamiento y disminuir la inteligencia de los niños. Si tenemos en cuenta que el nivel medio en Europa en los años

80 era de 13 mcg/dl, debemos llegar a la espantosa conclusión de que el plomo estaba dañando entonces la mente de uno de cada dos niños europeos. Con la gasolina sin plomo que hoy está generalizada, la situación está mejorando. No obstante, no hemos llegado al final de la historia.

Un estudio de seguimiento en niños con niveles de plomo elevados halló, 11 años después, que el índice de fracasos en el paso de enseñanza primaria a secundaria había aumentado por siete, así como una menor atención en clase, un mayor absentismo, más dificultades en la lectura y déficits en el vocabulario, en las habilidades motoras finas, en el tiempo de reacción y en la coordinación entre la mano y la vista. Los efectos tóxicos del plomo sobre el cerebro permanecerán todavía entre nosotros durante algún tiempo. La lección importante que nos da el plomo es que diminutos cambios en lo que ingerimos pueden tener amplias consecuencias para nuestra salud, cambios que, aunque sean invisibles, la investigación puede demostrar que existen, tal como ha hecho. La eliminación del plomo de la gasolina fue la primera campaña del Institute for Optimum Nutrition. Hay todavía muchas otras por ganar.

Cadmio: el peligro al inhalado

El cadmio es otro metal pesado que aparece asociado a los trastornos en el rendimiento mental y en el aumento de la agresividad. Su fuente más corriente es el tabaco. Los niveles de cadmio en la sangre guardan una buena correlación con el número de cigarrillos consumidos. Aparece también en los gases de escape de los coches y, en pequeñas cantidades, en los alimentos, en especial si están refinados, ya que el proceso de tratamiento arrastra consigo los minerales beneficiosos que actúan como protectores frente a él.

Aluminio: un intruso venenoso

El aluminio se utiliza ampliamente en los envases de comida y aparece en muchos productos domésticos corrientes. Está presente en antiácidos, pasta de dientes, papel de aluminio, botes, sartenes y agua. Existe una asociación entre este metal y el Alzheimer, que se trata en el capítulo 36. Pero no todo el aluminio que nos rodea penetrará en el cuerpo. Sólo bajo ciertas circunstancias se desprende, como puede ser de una sartén. Las cacerolas antiguas, si se utilizaban para calentar algo ácido como té, tomates o ruibarbo, desprendían partículas de aluminio hacia el agua. También es cierto que, cuanto más deficitario sea uno en cinc tanto más aluminio absorbe.

Mercurio: cuando los sombrereros se volvieron locos

El mercurio es la razón por la que los sombrereros del siglo XIX se volvían locos. Al pulimentar las chisteras con este metal, recibían una sobrecarga de este elemento tóxico, que perturba el funcionamiento del cerebro y le trastorna a uno. El mercurio, es muy tóxico y lo recibimos en pequeñas cantidades de alimentos contaminados y de los empastes dentales. Resulta especialmente preocupante el pescado capturado en aguas contaminadas. El mercurio se utiliza en numerosos procesos químicos y en algunas áreas, incluido el Canal de la Mancha, los accidentes y los vertidos ilegales han incrementado el nivel de este metal. El pescado, en particular los peces más grandes como el atún, almacenan el mercurio que después nosotros ingerimos. Por suerte, el atún posee también niveles elevados de selenio, que es un protector frente a este metal. El mercurio se utilizaba como constituyente del thimerosal, conservante utilizado en las vacunas contra la difteria y la hepatitis; recientemente se ha prohibido su uso.

La controversia del cobre

El cobre es al mismo tiempo un mineral esencial y un mineral tóxico. Resulta raro presentar una deficiencia en él, excepto en personas cuya dieta incluya una proporción muy elevada de alimentos refinados. Nos llega a través de las tuberías de cobre, que desprenden pequeñas cantidades en el agua. Sin embargo, si vive en una región donde el agua es blanda o en una casa con tuberías nuevas que todavía no se hayan calcificado, puede estar expuesto a niveles tóxicos de este elemento. El cobre y el cinc son enemigos. Si tiene deficiencia en este último, quizás no pueda deshacerse del exceso del primero. También la píldora anticonceptiva puede elevar los niveles de cobre. Por tanto, no es raro tener demasiado cobre, que aparece entonces asociado a ansiedad, paranoia y esquizofrenia. Teniendo en cuenta esta historia, me reuní durante las vacaciones con el director de una escuela para tratar este «problema». Estuvimos hablando sobre los efectos del plomo y otros metales tóxicos sobre el comportamiento de los niños. Decidimos asumir un reto. A la vuelta, me enviaría una docena de muestras de pelo de diferentes escolares, que yo analizaría y usaría para predecir su comportamiento. Llevé a cabo los análisis y encontré tres resultados anormales. Uno tenía un nivel muy alto de plomo. Predije un comportamiento agresivo, hiperactividad y falta de atención. Así era. ¡El niño en cuestión era el más difícil del colegio! Otros dos tenían niveles altos de cobre. Predije ansiedad. De mayor, él se hizo maestro y ella su mujer. Recientemente se han traslado a una nueva casa, construida sobre los cimientos de la escuela, con nuevas tuberías de cobre en una región donde el agua es blanda. La mujer ha comenzado a padecer una ansiedad creciente y ha habido que medicarla. El marido está aparentemente libre de síntomas.

Esta historia muestra lo fácil que es intoxicarse con cobre sin saberlo. El exceso de este metal, que puede causar temores extremados, paranoia y alucinaciones, rara vez se busca o analiza en quienes padecen problemas de salud mental, a pesar de que hay numerosos informes que indican su presencia en personas aquejadas de esquizofrenia. Puede aparecer en el cuerpo debido a beber agua que pasa por tuberías de cobre, a través de cacerolas o sartenes de este metal, por la píldora anticonceptiva e incluso con los DIU de este metal. También puede ser el resultado de una deficiencia en vitamina C, B_3 o cinc. Esto pone asimismo de relieve la importancia de beber agua filtrada o embotellada.

La manera de tratar con los metales pesados

Ya hemos visto los problemas. ¿Qué hacer ahora? Lo primero que hace falta es descubrir qué minerales tóxicos le afectan, si es que hay alguno.

El análisis de los minerales del cabello: su banda de «heavy metal»

Hay una manera muy sencilla de averiguar si estos minerales pesados y tóxicos le están afectando: un análisis de cabello. Analizando una pequeña cantidad de pelo, pueden descubrirse no sólo a los elementos nocivos como el plomo el cadmio, el mercurio o el aluminio, sino también los beneficiosos como el magnesio, cinc, cromo, manganeso, etc. Vale la pena gastar el poco dinero que cuesta el análisis.

Uno de los principales laboratorios de Londres es Biolab. Tras haber analizado cerca de 50.000 muestras de pelo, sangre y sudor (que se recoge colocando un parche en la espalda), hallaron una cosa preocupante. Todos estos minerales tóxicos se van acumulando con la edad, mientras que los niveles de minerales esenciales van disminuyen. El doctor Stephen Davies, que dirigió este estudio, llegó a la conclusión de que la sobreexposición a elementos tóxicos y la falta de elementos esenciales en nuestras dietas pobres en nutrientes han excedido la capacidad del cuerpo humano de adaptarse y desintoxicarse con eficacia. La ausencia de suficientes elementos esenciales hace que el plomo, el cadmio, el mercurio y el aluminio sean todavía más tóxicos. La combinación de estos factores está disminuyendo, sin duda, nuestro rendimiento intelectual global y nuestra estabilidad emocional.

Desintoxicación del cerebro

Usted mismo puede comprobar su nivel de minerales mediante un análisis de cabello específico. Busque un laboratorio de análisis clínicos especializado donde se lo podrán realizar en pocos días. Pero ¿qué hará si los niveles de minerales tóxicos han aumentado?

Una vez que ingerimos un mineral tóxico, este debe competir con otros por la absorción. A estos últimos se les llama antagonistas, y constituyen nuestra primera línea de defensa. También se da que cuando el mineral ha sido absorbido, algunas sustancias naturales del cuerpo se fijen a él e intenten expulsarlo. Se les denomina quelatos.

Es el segundo de estos mecanismos lo que está detrás de la administración de dos fármacos, la penicilamina y el EDTA.

Vitamina C frente a plomo

Uno de los problemas de la intoxicación por plomo es que, una vez que llega al cerebro, la mayor parte del daño está hecho, y es muy difícil eliminarlo. Ni la penicilamina ni el EDTA, un quelato mucho más potente, son eficaces, ya que ninguno de ellos puede cruzar con rapidez la barrera entre sangre-cerebro. Sin embargo, la vitamina C sí puede. En un estudio llevado a cabo con ratas que presentaban altos niveles de plomo en el cerebro, la administración de EDTA dio como resultado un 8 por ciento de disminución de la cantidad del mineral, mientras que la vitamina C redujo los niveles en un 22 por ciento. La vitamina C es un todoterreno, con capacidad de fijarse a la mayoría de los metales pesados de la sangre y expulsarlos, sacrificándose ella misma en el proceso. Por ese motivo, las grandes cantidades de metal exigen más vitamina C. Es eficaz para eliminar el plomo, el arsénico y el cadmio, y constituye una parte muy relevante en cualquier programa de desintoxicación.

Cinc frente a plomo y cadmio

Otra sustancia conocida por su capacidad de disminuir el plomo es el cinc, que actúa como su antagonista evitando que se absorba en el intestino. En un estudio llevado a cabo por el doctor Carl Pfeiffer, en el Brain Bio Center de Princeton, se administraron 2.000 mg de vitamina C y 60 mg de cinc (en forma de gluconato de cinc) a 22 trabajadores de una fábrica de baterías de plomo, todos los cuales tenían niveles elevados de este metal. Al inicio del estudio, y a las 6, 12 y 24 semanas, se hicieron análisis completos de sangre. El nivel medio de plomo en sangre al comienzo era de 62,1 mcg/dl. Los resultados mostraron el constante descenso de los niveles de plomo a lo largo del periodo de 24 semanas, a pesar de que los trabajadores siguieron estando sometidos a una exposición similar en el trabajo. El cinc disminuye también los niveles de cadmio en el cuerpo y en el cerebro. De hecho, a la mayoría nos resultaría muy beneficioso obtener algo de cinc adicional.

Calcio frente a metales pesados

El calcio también es eficaz para reducir los niveles de plomo puesto que, de no existir éste se almacenaría con mayor facilidad en nuestros huesos. Así, manteniendo altos los niveles de calcio, se expulsa el plomo y se evita el rápido aumento de los minerales tóxicos que, a tenor de las investigaciones realizadas por la doctora Ellen O'Flaherty, de la facultad de Medicina de la Universidad de Cincinnati, asciende hasta el 15 por ciento después de la menopausia. El calcio resulta particularmente eficaz para reducir los niveles de cadmio y de aluminio. Elementos tóxicos tales como el plomo y el uranio se acumulan en el tejido óseo a lo largo de toda una vida de repetidas exposiciones y se libera a la corriente sanguínea cuando el tejido óseo se desintegra. La pérdida de hueso puede aumentar de manera notable después de la menopausia, lo cual explicaría el aumento de los niveles de plomo en sangre encontrados en el estudio de O'Flaherty.

Selenio frente a mercurio

El selenio es un antagonista del mercurio que normalmente nos protege de este metal, presente en la mayoría del marisco. Completar con una dosis adicional es siempre una buena idea si hay signos de exceso de mercurio. Tiene también un efecto protector similar con el arsénico y el cadmio, aunque no tan pronunciado.

Los alimentos que combaten a los metales pesados

En términos de alimentos específicos, hay unos pocos que pueden ayudarnos a mantener limpio el cerebro. Los aminoácidos que contienen azufre se encuentran en forma de proteínas en el ajo, las cebollas y los huevos. Esos aminoácidos concretos se llaman metionina y cistina, y protegen frente a la toxicidad del mercurio, del cadmio y del plomo. El ácido algínico que aparece en las algas y la pectina de las manzanas, las zanahorias y los cítricos ayuda también a quelar y eliminar los metales pesados, favoreciendo así su salud. Una razón más para tomar una manzana al día.

Evite los aditivos alimentarios

Más de 200.000 toneladas de aditivos químicos se añaden cada año a los alimentos, lo que hace aproximadamente cinco kilos por persona. Algunos, o quizás todos, no somos capaces de hacer frente a este nivel de embestida química.

Uno de ellos, la tetrazina (E-102), se ha asociado de manera casi permanente a la hiperactividad de los niños, y aún así, continúa añadiéndose a muchos refrescos para darles una coloración amarillo/anaranjada. Una mirada más detallada a esta sustancia química alimentaria nos revela algo bastante siniestro.

El doctor Neil Ward, de la Universidad de Surrey, decidió comprobar qué es lo que les sucede a los minerales cuando se consumen bebidas que contienen tetrazina. Dio a varios niños una bebida con tetrazina u otra idéntica, pero sin esta sustancia. Con ello descubrió que al añadir tetrazina a las bebidas aumentaba la cantidad de cinc excretado por la orina, quizás porque lo fija a la sangre y evita así que el cuerpo lo pueda aprovechar. En este estudio, lo mismo que en otros muchos, encontró también cambios emocionales y de comportamiento en todos los niños que tomaron la bebida que contenía tetrazina. Cuatro de diez de los estudiados presentaron reacciones severas, y tres desarrollaron eccema o asma al cabo de 45 minutos de la ingestión.

La tetrazina es el primero de más de 1.000 aditivos alimentarios que se ha demostrado que son antinutrientes. En estos instantes, no tenemos realmente la menor idea de qué efecto combinado tienen sobre la salud las, literalmente, centenares de sustancias químicas artificiales. Mi consejo es evitar los alimentos que lleven una larga lista de aditivos. No obstante, hay unos pocos que son beneficiosos para usted. Se trata de los colorantes E-101 (vitamina B_2) y E-160 (caroteno, vitamina A), los antioxidantes E-300-304 (vitamina C), E-306-309 (tocoferoles, como la vitamina E), el emulsionante E-322 (lecitina) y los estabilizadores E-375 (niacina) y E-440 (pectina). Rechace el resto.

Un nutricionista clínico puede detectar la presencia de muchos de estos antinutrientes y preparar un programa de estilo de vida, dieta y suplementos destinado a eliminar estos potenciales contribuidores a la inestabilidad mental. La consecuencia de reducir el ataque de estos antinutrientes es una mayor capacidad para hacer frente al inevitable estrés que nos produce la vida y para mejorar el rendimiento mental.

En resumen, estos son algunos de los pasos sencillos que puede seguir para evitar que los antinutrientes contaminen su cerebro:

- Evitar los alimentos que contengan aditivos químicos alimentarios.
- No fumar y mantenerse alejado de los locales con humo.
- Consumir alimentos ricos en minerales tales como semillas y nueces.
- Tomar suplementos de vitamina C cada día, que protege frente a los minerales tóxicos.
- Si tiene algún problema de salud mental, hágase un análisis de cabello.

Capítulo 11
ALERGIAS DEL CEREBRO

«Lo que no mata, engorda» dice el refrán y también la experiencia. Hay alimentos que sientan bien y otros que no. Algunos días se siente usted bien y otros no. A menudo existe la percepción de que puede estar relacionado con lo que comemos, pero no siempre es fácil descifrarlo.

El hecho de que la alergia a los alimentos y a las sustancias químicas puede afectar de manera adversa a los estados de ánimo y al comportamiento en personas sensibles, es conocido desde hace mucho tiempo. Los primeros informes al respecto, así como los estudios que se realizan en la actualidad, han hallado que las alergias pueden afectar a cualquier sistema corporal, incluido el sistema nervioso central. También pueden causar una gran variedad de síntomas entre los que se incluyen fatiga, lentitud en los procesos del pensamiento, irritabilidad, agitación, comportamiento agresivo, nerviosismo, ansiedad, depresión, equizofrenia, hiperactividad y diversos trastornos en el aprendizaje. La intolerancia alérgica en individuos sensibles viene provocada por diversas sustancias, aunque hay mucha gente que presenta reacciones a alimentos y sustancias químicas comunes.

La prueba más convincente de esto procede de un ensayo cruzado de doble ciego, controlado mediante placebo y bien realizado, que llevaron a cabo el doctor Joseph

Egger y su equipo, al estudiar a 76 niños hiperactivos para averiguar si la dieta puede contribuir a los trastornos del comportamiento. Los resultados mostraron que el 79 por ciento de los niños sometidos al ensayo reaccionaron de manera adversa a los colorantes y conservantes artificiales de los alimentos, sobre todo a la tetrazina y el ácido benzoico, que provocaron un notable deterioro de su conducta. Sin embargo, ninguno de los niños reaccionó a esas sustancias solas. De hecho, se encontró que 48 alimentos diferentes produjeron síntomas entre los sujetos del estudio. Por ejemplo, el 64 por ciento reaccionó a la leche de vaca, el 59 por ciento al chocolate, el 49 por ciento al trigo, el 45 por ciento a las naranjas, el 39 por ciento a los huevos, el 32 por ciento a los cacahuetes y el 16 por ciento al azúcar. Resulta muy interesante saber que no sólo mejoró el comportamiento de los niños después de los cambios individuales en la dieta, sino que la mayoría de los síntomas asociados también mejoraron de forma considerable, como en el caso de los dolores de cabeza, los ataques, el malestar abdominal, la rinitis crónica, los dolores en las extremidades, el enrojecimiento de la piel y las úlceras de la boca.

Otro ensayo similar, también de doble ciego y controlado, llevado a cabo por el doctor Egger y su equipo, estudió a 88 niños que padecían frecuentes migrañas. Lo mismo que en el caso anterior, la mayoría de ellos reaccionaron a los distintos alimentos y sustancias químicas. No obstante, los siguientes fueron los más notables: la leche de vaca provocó síntomas en 27 niños, los huevos en 24, el chocolate en 22, las naranjas y el trigo en 21, el ácido benzoico en 14 y la tetrazina en 12. De nuevo, tras el cambio en la dieta no sólo mejoraron de sus migrañas, sino también de los trastornos adicionales tales como dolor abdominal, dolores musculares, ataques, rinitis, úlceras recurrentes en la boca, asma, eccema y trastornos de la conducta.

La alergia a los alimentos y a las sustancias químicas también afecta a los adultos. Cuando el doctor William Philpott, experto estadounidense en alergias, examinó a 250 pacientes emocionalmente alterados en busca de una posible presencia de alergias a los alimentos o a las sustancias químicas, encontró que el mayor porcentaje de síntomas se producía en pacientes diagnosticados como psicóticos. Por ejemplo, entre 53 pacientes con diagnóstico de esquizofrenia, el 64 por ciento reaccionó adversamente al trigo, el 50 por ciento a la leche de vaca, el 75 por ciento al tabaco y el 30 por ciento a los hidrocarburos petroquímicos. Los síntomas emocionales causados por la intolerancia alérgica iban desde leves como vértigo, visión borrosa, ansiedad, depresión, tensión, hiperactividad y dificultades en el habla, hasta síntomas psicóticos severos. Estos estudios son ejemplos excelentes de cómo los problemas causados por las alergias producen a menudo multitud de síntomas físicos y mentales y afectan a muchos de los sistemas del cuerpo. No sólo afectan al sistema nervioso central y al cerebro, sino también, por lo general, de muy diversos modos a todo el

Descubrir a los causantes de problemas

Se muestran aquí unos pocos ejemplos de cómo se ha empleado, de manera segura y eficaz, una dieta de prueba y eliminación para tratar a personas afectadas de diversos problemas de salud mental.

Estudio 1
Se estudió a 30 pacientes que sufrían ansiedad, depresión, confusión o dificultad en la concentración, utilizando un ensayo controlado mediante placebo, para descubrir si las alergias alimentarias individuales realmente producían síntomas mentales en esas personas. Los resultados mostraron que las alergias solas, no los placebos, fueron capaces de producir los siguientes síntomas: depresión severa, nerviosismo, sensación de miedo sin un motivo particular, pérdida de motivación y vacío mental severo. Los alimentos/sustancias químicas que produjeron la mayoría de las reacciones mentales severas fueron el trigo, la leche, el azúcar de caña, el humo del tabaco y los huevos.

Estudio 2
Se comparó a 96 pacientes, con diagnóstico de dependencia al alcohol, trastornos depresivos importantes y esquizofrenia, con 62 sujetos de control seleccionados entre los miembros del equipo de un hospital, con objeto de encontrar una posible intolerancia a los alimentos o a sustancias químicas. Los resultados mostraron que el grupo de pacientes con diagnóstico de depresión presentaba el mayor número de alergias: se halló que el 80 por ciento era alérgico a la cebada, y el 100 por ciento a la clara de huevo. Más del 50 por ciento de los alcohólicos estudiados resultaron ser alérgicos a la clara de huevo, la leche, el centeno y la cebada. Del grupo de las personas diagnosticadas como esquizofrénicas se encontró que el 80 por ciento era alérgico a la leche y a los huevos. Sólo el 9 por ciento del grupo de control resultó padecer alguna alergia.

Estudio 3
Los esquizofrénicos con un tratamiento rutinario, que al ser ingresados se asignaron aleatoriamente a una dieta libre de cereales y leche, obtuvieron el alta del hospital en casi la mitad del tiempo que los pacientes de control que recibían una dieta rica en cereales. El gluten de trigo que se añadió en secreto a la dieta libre de cereales eliminó estos buenos resultados, lo que indica que el gluten de trigo podría ser una causa de los síntomas esquizofrénicos en los individuos sensibles.

cuerpo. Además, estas alergias son muy específicas de cada individuo, lo mismo que los síntomas que provocan. Por consiguiente, un diagnóstico sólo puede hacerse de modo individual usando una dieta de ir probando y eliminando. Dos informes recientes calculan que dos de cada diez personas padecen hoy día alguna alergia. El sistema nervioso joven que se está desarrollando es particularmente vulnerable a cualquier sobrecarga alergénica o tóxica, lo que da lugar con frecuencia a diversos trastornos del comportamiento como hiperactividad e incapacidad de aprender. Otro estudio más estima que al menos uno de cada diez niños reacciona adversamente a alimentos y aditivos alimentarios comunes.

Todo sobre las alergias

Si las alergias son tan corrientes, es esencial que les echemos un vistazo con más detenimiento.

La manera en que las alergias a los alimentos afectan a la mente

La mayoría de las alergias alimentarias provocan cambios mentales y emocionales. Esta es una idea a la que se han resistido los alergólogos convencionales, pero que ha quedado perfectamente demostrada mediante tests clínicos, análisis científicos y la experiencia de la gente.

Hemos visto que las células del cerebro se «comunican» mediante la acción de los neurotransmisores. Estos son los fundamentos de un modelo químico de salud mental, pero las células cerebrales no son las únicas con capacidad de comunicarse de esta manera. Las células inmunes del tracto digestivo, de la sangre y de los tejidos corporales también tienen receptores para muchos neurotransmisores. Algunos científicos están comenzando a descubrir que existen numerosas «conversaciones» entre el cerebro y el sistema nervioso, el sistema inmunológico y el sistema endocrino. De hecho, ha surgido una nueva especialidad médica llamada «psico-neuro-inmuoendocrinología» o PNEI, de forma abreviada. Uno de los enlaces mejor establecidos es la «conversación» entre el intestino y el cerebro a través de hormonas y neurotransmisores. En realidad, este es un campo muy fértil en la ciencia médica de hoy día, a medida que aprendemos gradualmente que las fronteras entre la mente y el cuerpo son extremadamente borrosas. De manera simultánea estamos descubriendo una relación mucho más íntima entre las alergias y la salud mental. Para entender esta conexión es necesario comprender primero qué es una alergia.

¿Qué es una alergia?

La definición clásica de alergia dice que es «cualquier reacción idiosincrática que implica claramente al sistema inmunológico». Este último, que es el sistema defensivo del cuerpo, tiene la capacidad de producir «marcadores» para las sustancias que no le gustan. El marcador clásico es un anticuerpo llamado IgE (inmunoglobulina tipo E). Estos atacan a las células del cuerpo. Cuando el alimento agresor, llamado alergeno, se une a un anticuerpo IgE específico, la molécula de IgE provoca que la célula cebada libere gránulos que contienen histamina y otras sustancias, y causen así los síntomas clásicos de la alergia: enrojecimiento de la piel, fiebre del heno, rinitis, sinusitis, asma, eccema así como reacciones severas, por ejemplo, al marisco o a los cacahuetes, lo que causa trastornos gastrointestinales inmediatos o inflamación en el rostro y el dorso. Todas ellas son reacciones inflamatorias severas e inmediatas.

La imagen que ahora va apareciendo es que la mayoría de las alergias e intolerancias no se basan en el IgE, sino que implican otro marcador, conocido como IgG. Según el doctor James Braly, consultor médico de los York Nutritional Laboratories y especializado en el test de IgG ELISA, «la alergia a los alimentos no es rara y los efectos no se limitan a las vías respiratorias, la piel y el tracto digestivo. La mayoría

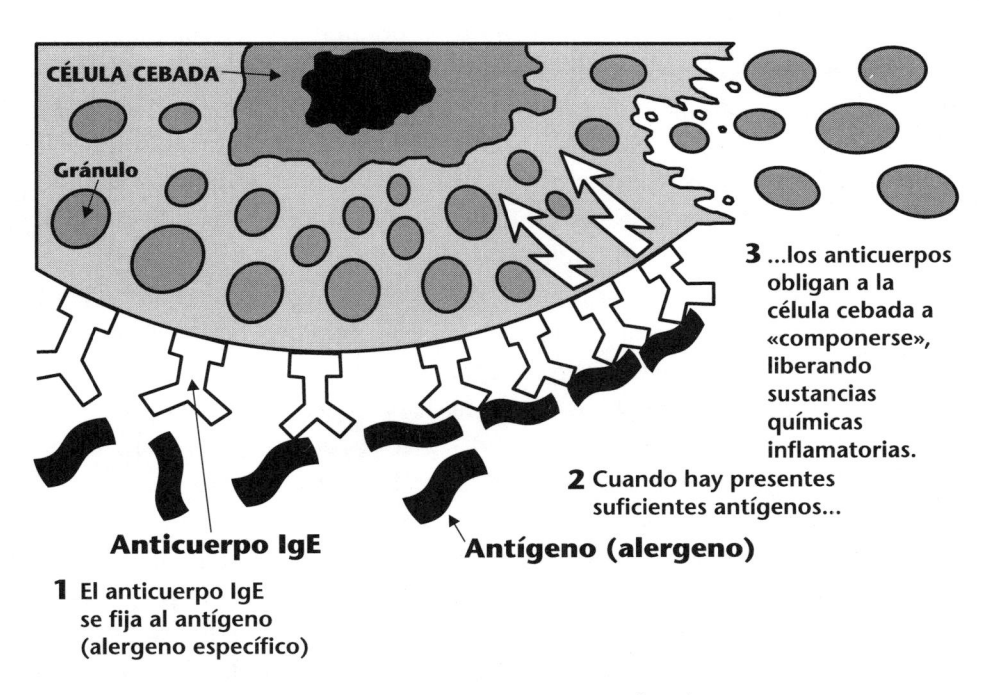

Figura 16. Modo en que los anticuerpos IgE causan alergias.

Anticuerpo IgG

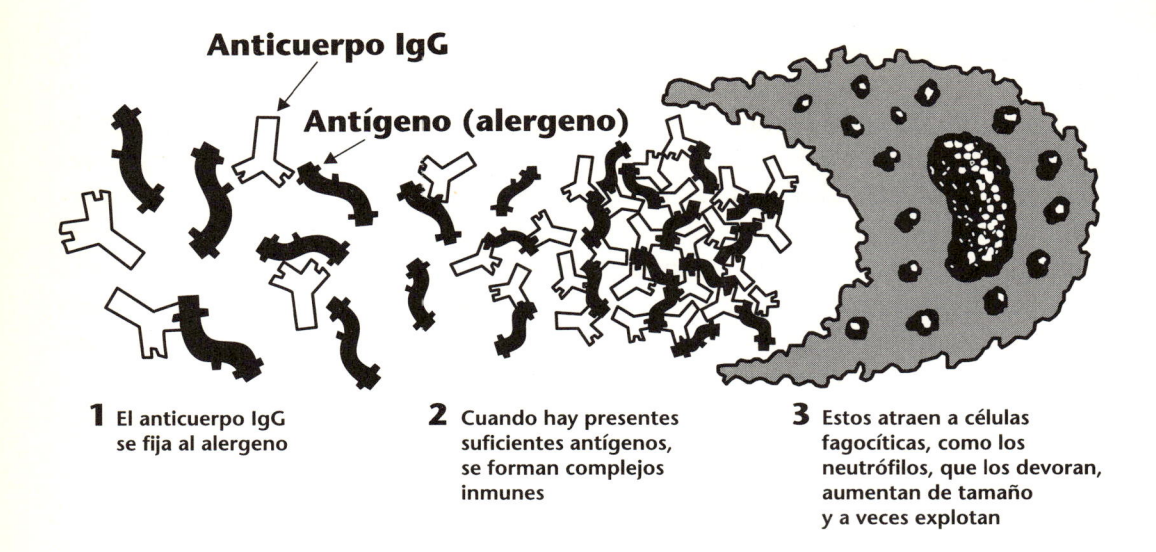

Antígeno (alergeno)

1 El anticuerpo IgG se fija al alergeno

2 Cuando hay presentes suficientes antígenos, se forman complejos inmunes

3 Estos atraen a células fagocíticas, como los neutrófilos, que los devoran, aumentan de tamaño y a veces explotan

Figura 17. Modo en que los anticuerpos IgG causan alergias.

de las alergias alimentarias son reacciones demoradas, que tardan entre uno y tres días en manifestarse y que, por consiguiente, son mucho más difíciles de detectar. La alergia a los alimentos aplazada parece ser, simplemente, la incapacidad del tubo digestivo de impedir que grandes cantidades de alimento parcialmente digerido o sin digerir se incorporen a la corriente sanguínea.» No es una idea nueva. Desde los años 1950, los alergólogos pioneros tales como los doctores Theron Randolph, Herbert Rinkel, Arthur Coca y, más recientemente, William Philpott y Marshall Mandel, han escrito acerca del retraso en las sensibilidades, provocando efectos de largo alcance en todos los sistemas del cuerpo, incluyendo la mente.

Se sabe hoy perfectamente que muchas de las intolerancias a los alimentos, si no la mayoría, no producen unos síntomas inmediatos, sino que tienen un efecto retrasado y acumulativo. Esto, desde luego, hace que sean difíciles de detectar mediante una simple observación. Creo que la mayoría de los niños sensibles a los alimentos reaccionan a ellos al cabo de dos o más horas. Por el contrario, las reacciones a IgE son inmediatas, lo que sugiere que la formación de los anticuerpos IgG puede ser un factor principal en la sensibilidad a los alimentos.

Según el doctor Jonathan Brostoff, consultor de inmunología médica en el Middlesex Hospital Medical School, ciertas sustancias ingeridas pueden provocar la liberación de histamina, otro neurotransmisor del que hoy se sabe que tiene profundos efectos sobre la salud mental, y también pueden ser similares a los síntomas alérgicos clásicos, sin implicar IgE. Estas sustancias incluyen las lectinas (en los cacahuetes), el marisco, los tomates, el cerdo, el alcohol, el chocolate, la piña tropical, la papaya, el trigo sarraceno, el mango y la mostaza. Las reacciones alérgicas pueden producirse igualmente cuando hay una notable producción de anticuerpos (por lo general IgG), como respuesta a un alergeno presente en la sangre. Esto da como resultado complejos inmunes a los que reaccionan el cuerpo y el cerebro (véase la Figura 19). «Es el peso absoluto de los números lo que causa el problema» afirma Brostoff, «estos inmunocomplejos son como desperdicios que desambulan por la corriente sanguínea.» Las células, principalmente los neutrófilos, que actúan como aspiradoras, son las que eliminan los desperdicios. Pero si hay presentes demasiados inmunocomplejos, los neutrófilos simplemente no dan abasto.

Las diez principales alergias

La mayoría de las alergias a los alimentos se desarrollan como una reacción ante la proteína del alimento y, en particular, la de los que consumimos con mayor frecuencia. A la cabeza de la lista aparece el trigo, probablemente debido a que contiene una sustancia llamada gliadina, que irrita las paredes intestinales. La gliadina es un gran aliado del gluten, una proteína pegajosa que permite que se formen bolsas de aire cuando se combina con la levadura, que es el modo como se obtiene el pan. El consumo de demasiados productos de trigo no es bueno para nadie, en especial si uno ha desarrollado alguna alergia. La conexión entre alergia al trigo, autismo y esquizofrenia es bien conocida (véanse los capítulos 25 y 28). Sin embargo, la sensibilidad al gluten también puede provocar dolores de cabeza e inestabilidad, que desaparecen cuando se deja de tomar trigo.

La avena contiene mucho menos gluten y, además, es de un tipo diferente. Por esta razón, algunas personas que son intolerantes al trigo no lo son a la avena.

Los productos lácteos provocan reacciones alérgicas a muchas personas. Entre ellos se incluyen el queso y el yogurt. Hay gente que tolera la leche de cabra o de oveja, pero no la de vaca. Los síntomas son muy variados, pero a menudo incluyen tener la nariz tapada, padecer frecuentes enfriamientos e indigestión, tener la cabeza «espesa», sentir fatiga y sufrir dolores de cabeza. Otros alimentos que pueden causar reacciones alérgicas incluyen naranjas, huevos, otros cereales además del trigo, alimentos que contengan levadura, marisco, nueces, soja y miembros de la familia de las solanáceas (tomates, pimientos, patatas y berenjenas). Hay gente que desarrolla asimismo alergia al té y al café, mientras que el alcohol, que irrita las paredes del intestino y lo vuelve más permeable, a menudo incrementa la sensibilidad alérgica a cualquier cosa que se coma.

Las pruebas de alergia

Si tiene antecedentes de cólico infantil, eccema, asma, infecciones de oído, fiebre del heno, alergias estacionales, problemas digestivos (en especial hinchamientos), enfriamientos y cambios diarios de humor, o un mejor funcionamiento cuando no come ciertos alimentos, puede que tenga intolerancia a uno de éstos.

Si cree que puede tener una alergia, existen dos formas de actuar. Una es evitar estrictamente durante dos semanas las sustancias bajo sospecha y después reintroducirlas de una manera controlada, registrando los síntomas. Lo mejor es hacerlo bajo la dirección de un nutricionista clínico, lo cual tiene una doble importancia si alguna vez ha padecido una reacción intensa al alimento, como puede ser un ataque de asma.

La otra implica una prueba sanguínea relativamente nueva, desarrollada en el curso de los ocho últimos años y que recurre a un método conocido como ELISA. Este método, de lo más moderno, mide la sensibilidad a IgG y le indicará cuáles son los alimentos que consume actualmente y que causan una reacción a IgG así como el grado de severidad de dicha reacción. Lo ideal es hacerse también un test de IgE ELISA. Esta información puede ayudar al nutricionista clínico a diseñar una dieta para usted que evite estos alimentos causantes de alergias y sustituirlos por unas alternativas adecuadas. ¿Pero y después, qué?

Puede que sea necesario renunciar de por vida a los alimentos que provocan una reacción de tipo IgE inmediata y pronunciada. La «memoria» de los anticuerpos IgE es, desde luego, de muy larga duración, por no decir que para siempre. Por el contrario, las células que producen los anticuerpos IgG tienen una vida media de seis semanas. Esto significa que al cabo de seis semanas ya han desaparcido la mitad. La memoria de estos anticuerpos es a corto plazo, y en tres meses es muy poco probable que quede algo de «memoria» de reacción frente a un alimento que se ha evitado.

Otra opción, más suave, después de una abstinencia estricta de un mes es hacer una «rotación» de alimentos, de tal suerte que un alimento sensible a IgG sólo se coma cada cuatro días. Esto reduce la formación de los complejos alergeno-anticuerpo y disminuye las posibilidades de que aparezcan síntomas de intolerancia. Alimentos tales como el trigo o la leche son, por propia naturaleza, difíciles de digerir y probablemente es mejor evitarlos, sobre todo para aquellos que presentan tendencias alérgicas. Esto es cierto en particular para el trigo, ya que incluso la sensibilidad IgG al trigo parece ser un estado de por vida y es probable que venga determinado por vía genética.

¿Alergia o indigestión?

Los problemas digestivos son muy a menudo el factor subyacente que da lugar a que alguien desarrolle una alergia. Como verá en el capítulo 28, la mayoría de los niños autistas padecen problemas digestivos que causan reacciones alérgicas que, a su vez, perturban el modo de funcionamiento del cerebro. Se ha encontrado que muchos pacientes alérgicos tienen bajos niveles de ácidos gástricos, que son esenciales para digerir las proteínas de los alimentos.

El doctor James Braly ha descubierto que la deficiencia en cinc es extremadamente común entre las personas aquejadas de alergias. El cinc no sólo se necesita para digerir todas las proteínas, sino que es también esencial para la formación de ácido clorhídrico en el estómago. Afirma que ciertos alimentos resultan inherentemente difíciles de digerir, siendo los peores el gluten del trigo y la caseína de los productos lácteos. El trigo y los productos lácteos son los dos principales alimentos que provocan alergias en Gran Bretaña. Este doctor sospecha también que muchos pacientes tienen un tubo digestivo que presenta «demasiadas goteras», lo que permite que las proteínas sin digerir penetren en la corriente sanguínea a través de las paredes intestinales y que provoquen reacciones.

Por tanto, identificando y evitando aquello ante lo que usted reacciona, se ha hecho la mitad del trabajo. El consumo de alcohol, el uso frecuente de aspirina, la deficiencia en ácidos grasos esenciales, una infección gastrointestinal o una infestación tal como la candidiasis, son posibles contribuidores al síndrome del intestino permeable, que debe ser corregido para reducir la intolerancia a los alimentos. El uso frecuente de antibióticos, que elimina las bacterias, prepara el camino a la candidiasis, de modo que incrementa también el riesgo a desarrollar intolerancias a los alimentos.

La opinión que está surgiendo y que es compartida por un número creciente de especialistas en alergología es que la sensibilidad a los alimentos es un fenómeno multifactorial que implica posiblemente una mala nutrición, contaminación, problemas digestivos y sobreexposición a ciertos alimentos. Al eliminar ciertos alimentos se puede ayudar a que la persona afectada se recupere, pero también deben tenerse en cuenta otros factores que hay que tratar con objeto de tener un mayor impacto sobre la intolerancia alimentaria a largo plazo. Debido a los complejos factores implicados en las intolerancias y las alergias a los alimentos, a menudo lo mejor es acudir a un nutricionista que pueda identificar a los culpables de los síntomas, aconsejarle sobre las pruebas que sean necesarias y ayudarle a corregir los problemas digestivos que incrementan su potencial alérgico.

En resumen, aquí se muestra cómo hacer la prueba sobre su potencial alérgico y cómo reducirlo.

- Evitar el trigo y los productos lácteos estrictamente durante dos semanas y ver después cómo se siente uno. En cualquier caso, lo mejor es no comer con excesiva frecuencia de este grupo de alimentos.
- Mejorar la digestión comiendo grandes cantidades de fruta fresca, semillas y pescado, que contienen grasas esenciales y cinc.
- Mantener al mínimo la ingesta de alcohol, analgésicos y antibióticos. Dañan el tubo digestivo.
- Si sospecha que ha desarrollado una alergia a los alimentos, vaya a hacerse un análisis de sangre. Un nutricionista clínico puede comprobar los alimentos a los que es alérgico y desarrollar un plan de acción para reducir su potencial alérgico.

Parte 3

Cómo mejorar el coeficiente intelectual, la memoria y el estado de ánimo

Al contrario de lo que comúnmente se cree, es posible incrementar el coeficiente intelectual, reforzar la memoria y mejorar el estado de ánimo en cualquier periodo de la vida. En esta parte del libro encontrará indicaciones para saber exactamente lo que debe hacer para conseguir una salud mental excelente y un rendimiento máximo en su vida cotidiana, de modo que se sienta relajado y duerma tranquilamente por la noche.

Capítulo 12
CÓMO AUMENTAR LA INTELIGENCIA

Puede que le sorprenda saber que usted puede incrementar su inteligencia y su coeficiente intelectual (CI) a cualquier edad. Hay quien dice que la «inteligencia» real de uno –lo listo que uno es– es innata, algo con lo que se nace, pero la verdad es que la capacidad de tomar decisiones inteligentes no sólo depende de ese aspecto de la inteligencia, sino de otros como son: la claridad mental, la rapidez de pensamiento, la atención, la capacidad de concentración y la memoria. Todos estos factores se pueden mejorar a través de la nutrición.

Todo esto no debería sorprendernos tanto puesto que el cerebro, que se compone de una complejísima red de neuronas, se forma a partir de lo que comemos. Pensar no es más que una de las actividades que realiza esta red. Esta actividad la llevan a cabo unos mensajeros o neurotransmisores que se forman con lo que comemos y que son sensibles a nuestra nutrición. Cuando aprendemos, estamos de hecho cambiando las conexiones cerebrales. Cuando pensamos, cambiamos la actividad de los neurotransmisores. Fue siguiendo esta lógica que en 1986 comenzamos a investigar si un óptimo aporte de nutrientes para el cerebro y el sistema nervioso podría mejorar el rendimiento intelectual de una persona.

Ya sabíamos que había una asociación entre los patrones de nutrición de una persona y su inteligencia. Los estudios realizados por el doctor A. L. Kubala y sus colaboradores, en 1960 habían demostrado que un incremento en la ingesta de vitamina C estaba asociada a un incremento de la inteligencia. El doctor Kubala usó el coeficiente intelectual como medida. El coeficiente intelectual es una medida de inteligencia aceptada, y utiliza un índice que sitúa en 100 el valor de la media. En torno a un 5% de la gente se sitúa por encima de 125, y menos de un 10% está por debajo de 80, que se considera el índice que marca la subnormalidad educacional.

El doctor Kubala dividió a 351 estudiantes en dos grupos dependiendo de su nivel de vitamina C en la sangre: los de alto nivel de vitamina C y los de bajo nivel. Luego se midió el coeficiente intelectual y resultaron una media de 113 y 109 respectivamente, de manera que los de alto nivel de vitamina C presentaban una media de 4,5 puntos más de coeficiente intelectual.

Gwillym Roberts, presidente e investigador en el Institute for Optimum Nutrition, diseñó una combinación de nutrientes adecuados para alimentar el cerebro. Luego los administró a un grupo piloto de estudiantes midiendo su coeficiente intelectual antes y después de la toma. Al finalizar esta, su coeficiente intelectual había aumentado 10 puntos.

Con el fin de asegurarse de que los resultados de su investigación fueran válidos, Roberts llevó a cabo de nuevo su ensayo respetando todos los requerimientos: pruebas hechas al azar, con control placebo y de «doble ciego». El ensayo se realizó junto con David Benton, un psicólogo de la Universidad de Swansea que pensaba que nuestra teoría era interesante, pero poco probable. Hicimos las pruebas con un grupo de 60 niños. Administramos a 30 de ellos unos suplementos de minerales y vitaminas especiales que aseguraban la ingesta adecuada de nutrientes clave. Se hizo al azar y sin que ni ellos ni nosotros supiéramos quienes tomaban el suplemento ni quiénes eran los 30 a los que se les administraba el placebo. El diseño de «doble ciego» del ensayo aseguraba que los resultados no se vieran alterados por nuestras expectativas o las de los niños. A todos los niños se les midió su coeficiente intelectual al principio de la prueba y ocho meses después.

A los ocho meses, el coeficiente intelectual no verbal de todos los que habían tomado los suplementos había aumentado en una media de más de 10 puntos. Algunos niños habían experimentado un incremento del coeficiente de hasta más de 20 puntos. No se apreciaron cambios entre los que habían tomado placebo ni tampoco en un grupo de control al que se estudió y que no había tomado ni placebos ni suplementos. El estudio se publicó en el periódico médico *Lancet* y fue el tema de un documental televisivo de la BBC, *Horizon*, al día siguiente de cuya emisión todos los suplementos multivitamínico para niños del Reino Unido se habían agotado.

Este famoso estudio del coeficiente intelectual desencadenó la realización de una docena más de estudios para someter a prueba la veracidad de los resultados. El siguiente gran estudio realizado por los profesores Stephen Schoenthaler, John Yudkin, el famoso psicólogo Hans Eysenck y el doctor Linus Pauling se realizó con 615 niños, a los que se les administraron cantidades muy inferiores de nutrientes, cercanas a la dosis diaria recomendada. Una vez más, los resultados mostraron que la simple administración de un suplemento mineral y vitamínico podía hacer aumentar el índice de coeficiente intelectual en hasta 20 puntos y con una media de al menos 4,5, y esta vez en un lapso de tiempo de tres meses.

Durante la rueda de prensa en que se revelaron los resultados de esta prueba, un periodista preguntó, refiriéndose a los niños que habían presentado un aumento de 20 puntos en su coeficiente intelectual, si esta diferencia convertiría a un futuro albañil en un cirujano. El portavoz contestó que era del todo posible; a lo que un periodista crítico puntualizó que el incremento medio había sido de tan sólo 4,5 puntos, y quiso saber lo que esta diferencia podría dar. El portavoz contestó que lo convertiría en ¡un periodista!

Lo cierto es que un incremento de 4,5 puntos en el coeficiente intelectual reclasificaría a miles de niños considerados actualmente como educacionalmente subnormales y los haría aptos para poder ir a las escuelas «normales». Algunos programas nutricionales más completos aplicados en niños han llegado a modificar coeficientes intelectuales de en torno a los 40 puntos, hasta llegar a alcanzar niveles normales (ver capítulo 26), pero no es necesario ser subnormal, ni niño, para obtener beneficios de la nutrición. Todos estos estudios han sido revalidados más de una docena de veces (en un estudio de un mes, que es un plazo demasiado corto, en el Kings College de Londres, no se obtuvieron resultados positivos), y han mostrado su efecto positivo tanto en niños con coeficientes intelectuales altos como en adultos, aunque, por razones aún desconocidas, más espectacularmente en mujeres que en hombres. En cualquier caso, sí que es necesario que exista la posibilidad de optimizar su alimentación para obtener beneficios. Es decir, una vez que usted esté tomando su aporte de nutrientes ideal, no por tomar más se volverá más inteligente.

¿Cómo estimulan la inteligencia los nutrientes?

¿De qué manera, exactamente, son los nutrientes capaces de incrementar los índices del coeficiente intelectual? Wendy Snowden, una investigadora del Departamento de Psicología de la Universidad de Reading, decidió investigarlo. Una vez más se administró a niños en edad escolar suplementos nutricionales o placebos. Los niños con suplementos mostraron notables mejoras en la puntuación de sus habilidades no verbales, pero no en la de sus habilidades verbales después de diez semanas. Un análisis más detallado de los tests realizados reveló que, en realidad, el margen de error no había cambiado, sino que los niños habían sido capaces de contestar a más preguntas y trabajaban a más velocidad después de las diez semanas de suplementos. En cuanto a la parte de habilidades verbales del test, todos los niños habían contestado todas las preguntas, por lo que no había lugar para un mayor rendimiento debido a la velocidad. Estos resultados sugieren que el efecto de las vitaminas y los minerales es el de aumentar la velocidad a la que se procesan los datos en el cerebro, siendo este un factor fundamental en el coeficiente intelectual y presumiblemente en la inteligencia en general, así como en la capacidad de concentración. En otras palabras: uno puede pensar más rápido y concentrarse durante más tiempo.

Los ácidos grasos del cerebro

Tal como dijimos en el capítulo 4, una dieta que incluya ácidos grasos esenciales para el cerebro aumenta la velocidad de los procesos del pensamiento. Los primeros estudios no incluyeron los ácidos grasos omega-3, pero se dispone de numerosas evidencias que prueban que son eficaces. Los niveles de omega-3 al nacer, especialmente de DHA, que es la grasa «constructora del cerebro», predicen el desarrollo intelectual posterior. Los niños con una ingesta óptima de omega-3 tienen un riesgo mínimo de problemas de aprendizaje o de comportamiento en el futuro.

Pescados ricos en ácidos grasos para el cerebro

Cantidad de DHA en 100 g

Caballa	1.400 mg
Arenque	1.000 mg
Sardinas	1.000 mg
Atún	900 mg
Anchoas	900 mg
Salmón	800 mg
Trucha	500 mg

La ingesta diaria ideal de DHA es de entre 250 y 500 mg, y del doble si se tiene algún problema mental. Esto equivale a comer 100 g de pescado graso o azul, preferentemente salmón, caballa, atún, sardina o arenque, tres o cuatro veces por semana.

Alternativamente, se puede tomar un suplemento de ácidos grasos de pescado que contenga DHA. Un suplemento de aceite de hígado de bacalao de buena calidad puede aportar 200 mg.

La mejor fuente de ácidos grasos para lactantes es la leche materna. La leche materna es naturalmente rica en DHA, y más si la madre come pescado o semillas de linaza. Los bebés criados con leche materna no solo tienen un coeficiente intelectual más alto, como lo prueban los resultados de los 10 años que se lleva estudiando el tema, sino que obtienen mejores calificaciones en los exámenes y sufren menos problemas de salud mental.

Equilibrar el azúcar en sangre

El equilibrio del nivel de azúcar en sangre es fundamental en lo referente a la inteligencia, puesto que afecta más que cualquier otra cosa a la capacidad de concentración durante largos periodos de tiempo. Los bajones de azúcar no sólo afectan a la capacidad de concentración y disminuyen la inteligencia, sino que pueden ser responsables de comportamientos agresivos. Comer hidratos de carbono de combustión lenta y masticar lentamente los alimentos en vez de engullirlos, es la mejor manera de evitar los bajones de azúcar. Si se pasa de un aperitivo o bebida azucarada a otro, repostando a medida que se consume, lo más probable es que el nivel de azúcar en sangre baje y suba como una montaña rusa; y de la misma manera lo hará la concentración y el estado de ánimo de uno.

Véase el capítulo 3 para algunas recomendaciones sobre qué comer, a fin de mantener su nivel de azúcar en sangre equilibrado.

En resumen, los primeros pasos para una dieta que maximice su coeficiente intelectual son:

- Asegúrese de realizar una ingesta óptima de vitaminas y minerales, tanto a través de su dieta como de suplementos.
- Optimice su ingesta de ácidos grasos esenciales, especialmente omega-3, tomando semillas de linaza, pescado graso y/o suplementos de grasas de pescado.
- Mantenga su nivel de azúcar en sangre equilibrado.

Esto es lo básico, pero puede hacer mucho más por mejorar su inteligencia y su memoria (ver capítulo siguiente).

Capítulo 13
REFORZAR LA MEMORIA

Si ha perdido memoria, le falta concentración y su mente no puede calificarse de despejada, puede que usted sea una víctima más de una epidemia muy extendida hoy en día, el cansancio cerebral. En el mejor de los casos, usted no está aprovechando toda su potencia mental. En el peor, puede que sea uno de los 4 millones de personas que actualmente se calcula que sufren de pérdida de memoria relacionada con la edad. Esta afección reduce la función cognitiva demasiado joven, y supone estar más expuesto al riesgo de desarrollar la enfermedad de Alzheimer más adelante.

Pero la buena noticia es que el declive mental se puede evitar, y que se puede mejorar la memoria y el rendimiento intelectual a cualquier edad. Las investigaciones muestran claramente que personas sanas, bien alimentadas y con formación no presentan signos de deterioro de las funciones mentales con la edad. Es más, aunque sea verdad que las células del cerebro mueren con la edad, también se pueden crear células cerebrales a cualquier edad. ¿Cómo? Alimentando el cerebro, tanto con buenos nutrientes como con buena información. Usted mismo podrá comprobar si es candidato a mejorar su memoria con el siguiente cuestionario:

¿Cuál es el estado de su memoria?

Puntúe 1 por cada respuesta afirmativa:

- ❑ ¿Se está deteriorando su memoria?
- ❑ ¿Le cuesta concentrarse y se confunde con frecuencia?
- ❑ ¿Se olvida a veces de lo que estaba diciendo?
- ❑ ¿Le cuesta más que antes aprender cosas?
- ❑ ¿Le cuesta sumar números sin anotarlos?
- ❑ ¿Se siente mentalmente cansado?
- ❑ ¿Le cuesta concentrarse más de una hora?
- ❑ ¿Le ha ocurrido encontrarse con alguien a quien conoce bastante y sin embargo no poder recordar su nombre?
- ❑ ¿Le ocurre que puede recordar cosas del pasado pero no es capaz de acordarse de lo que hizo ayer?
- ❑ ¿Se le olvida qué día de la semana es?
- ❑ ¿Se le pierden las llaves?
- ❑ ¿Le ha ocurrido ir a buscar algo y que se le olvide lo que era?
- ❑ ¿Piensan sus amigos y familiares que está más despistado que antes?
- ❑ ¿Se repite a menudo?

Si su puntuación es:

- **4 o menos.** Su memoria y concentración son buenas. Los consejos de este capítulo le ayudarán a mantenerse así de despierto toda su vida.
- **De 5 a 10.** Está empezando a sufrir de cansancio cerebral. Seguir las recomendaciones de este capítulo en cuanto a dieta y suplementos le ayudará a mejorar su memoria y su concentración.
- **Más de 10.** Está sufriendo una pérdida notable de memoria y de concentración y conviene que haga algo al respecto. Además de seguir las recomendaciones de dieta y de suplementos de este capítulo, lea el capítulo 35 y vea a un nutricionista que le ayude a valorar y corregir los trastornos bioquímicos que contribuyen a la pérdida de memoria.

Cómo funciona la memoria

Los recuerdos no se almacenan en una sola célula, sino en varias células cerebrales interconectadas. Estos enlaces entre células, asegurados mediante una red de dendritas neuronales interconectadas (véase la figura 1b en la página 27), se estimulan mediante la entrada de nueva información. Unas ratas de laboratorio, introducidas en una «Disneylandia para ratas» altamente estimulante, desarrollan nuevas dendritas en tan sólo cuatro días, según los estudios del doctor William Greenought de la Universidad de Illinois. El estrés provoca lo contrario: altos niveles de cortisol, la hormona del estrés, hacen que las dendritas se marchiten, según los estudios del profesor Sapolsky de la Universidad de Stanford, cuyas investigaciones mostraron que este efecto resulta apreciable tan sólo dos semanas después de haber sido sometido el sujeto a estrés. Afortunadamente, las dendritas vuelven a crecer una vez que los niveles de cortisol disminuyen. En otras palabras, úsalas o piérdelas, y, sobre todo.... mucha tranquilidad.

Se cree que los recuerdos se almacenan alterando la estructura de una molécula llamada ARN, en el interior de las células cerebrales. Para formar un recuerdo, este debe entrar en la célula a través de la vista, el oído o una acción, ya que contamos con tres tipos de memoria: la visual, la auditiva y la cinésica. Si un recuerdo está almacenado en las tres, existirá en un máximo número de células; es por eso que, si memori-

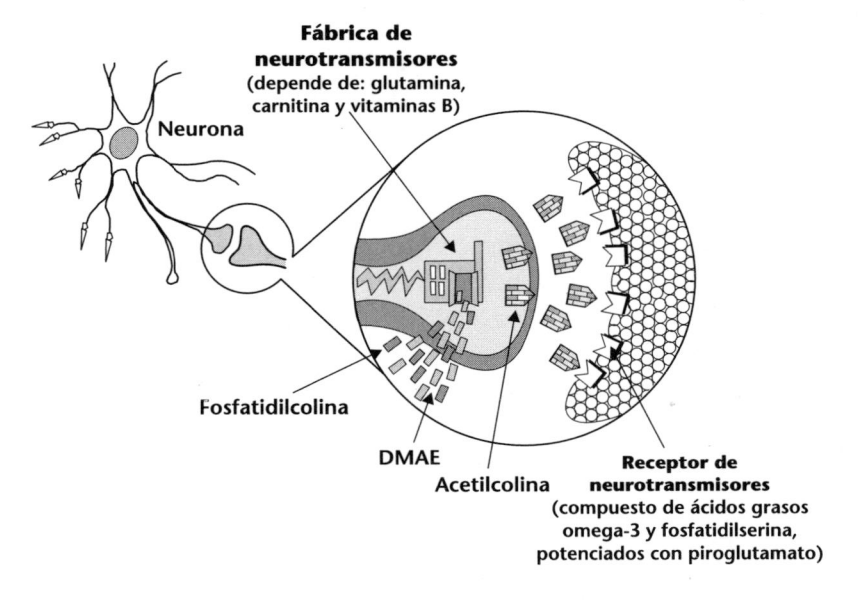

Figura 18. La acción de la acetilcolina: la molécula de la memoria.

zas un teléfono viendo el número, repitiéndolo en voz alta y marcando las teclas varias veces, tienes más posibilidades de recordarlo. Es entonces cuando el cerebro, y en particular la región del hipocampo, decide si la información merece ser almacenada o no. En la enfermedad de Alzheimer, el hipocampo pierde la habilidad de archivar datos, lo que ocasiona la incapacidad de guardar recuerdos. Una cuestión crítica es cómo los recuerdos se almacenan, se recuperan y se conectan. La molécula clave de la memoria es el neurotransmisor acetilcolina, altamente concentrado en el hipocampo. Las personas que sufren Alzmeimer, presentan una clara deficiencia de acetilcolina. Aunque un recuerdo esté almacenado intacto, si no se tiene la suficiente acetilcolina no se podrá conectar una parte de la memoria con las otras: por ejemplo, se recuerda la cara, pero no se puede conectar con el nombre.

Potenciadores naturales de la memoria y de la mente

La mejor manera de potenciar la mente y la memoria y de protegerse de la pérdida de memoria es asegurarse de que se está realizando una ingesta óptima no sólo de minerales, vitaminas y ácidos grasos esenciales, sino además de cinco nutrientes a partir de los cuales el cuerpo produce sustancias químicas fundamentales para el cerebro y, además, de dos hierbas. Estos siete potenciadores naturales de la memoria y la mente son:

- Fosfatidilcolina y DMAE son precursores de la acetilcolina.
- Fosfatidil serina y piroglutamato son potenciadores de los receptores.
- Glutamina es un combustible para las células cerebrales.
- Gingko biloba y vinpocetina (*Vinca minor*) son hierbas que mejoran la circulación.

Todas estas sustancias están comercializadas y se pueden encontrar combinadas en suplementos nutricionales potenciadores del cerebro.

Los cinco nutrientes principales

Fosfatidilcolina: alimento para un cerebro excelente

La sustancia química fundamental para el cerebro es la acetilcolina. Una deficiencia en esta sustancia es, por sí sola, causa de pérdida de memoria. Tal y como vimos en el capítulo 2, la acetilcolina deriva de la fosfatidilcolina, un nutriente presente en los alimentos. Las fuentes más ricas de fosfatidilcolina en nuestra dieta son la yemas de huevo y el pescado, especialmente las sardinas. Desde que se generalizó la fobia a los huevos, con la falsa idea de que el colesterol presente en nuestra dieta es la causa principal de las enfermedades cardiovasculares, la ingesta media de colina ha caído en picado. La Asociación Médica Americana afirma que tomar hasta siete huevos a la semana es perfectamente saludable. La fosfatidilcolina se encuentra también en la leticina, un suplemento que viene en gránulos y en cápsulas. Es necesario tomar entre 1 y 2 g de fosfatidilcolina al día para maximizar las funciones mentales. La mayoría de las leticinas contienen un 20% de fosfatidilcolina, por lo que sería necesario tomar entre 5 y 10 g de leticina al día. También se puede encontrar leticina alta en fosfatidilcolina, que contiene el doble de fosfatidilcolina que la normal, de modo que sólo sería necesario tomar entre 2,5 y 5 al día, es decir, una cucharadita de té colmada. De todas maneras, no basta con tomar colina para producir acetilcolina, también intervienen las vitaminas del grupo B; la B_5 (ácido pantoténico) es esencial para la formación de acetilcolina en el cuerpo, así como las vitaminas B_1, B_{12} y la vitamina C. Como siempre, los nutrientes funcionan en combinación.

Una investigación reciente muestra que la ingesta de colina durante el embarazo produce crías «superdotadas». Este estudio, llevado a cabo en el Centro Médico Universitario Duke, en los Estados Unidos, consistió en alimentar con colina a ratas preñadas hacia la mitad de la gestación; las crías de rata cuyas madres habían sido alimentadas con colina presentaban una clara superioridad cerebral: mayor capacidad de aprendizaje, mejor memoria y, además, las características persistieron hasta la vejez. El estudio mostraba que la ingesta de colina incidía en la reestructuración cerebral para un mejor rendimiento. También se ha comprobado la mejora de la memoria en adultos con la ingesta de altas dosis de colina: Florence Safford, de la Universidad Internacional de Florida, administró suplementos de colina de 500 mg diarios a 41 personas con edades comprendidas entre los 50 y los 80 años durante cinco semanas: los participantes declararon tener la mitad de lapsos de memoria, tales como olvidar nombres u olvidar cosas.

Los suplementos de colina son eficaces tanto en los jóvenes como en los mayores. El doctor Ladd y sus colaboradores del West Valley College en Saratoga, California, administraron a 80 de sus estudiantes una única dosis de fosfatidilcolina de 25 g (3,75 g de colina) y observaron un mayor rendimiento de la memoria 90 minutos más tarde, probablemente debido a las respuestas mejoradas en los estudiantes más retrasados. Si se combina la colina con otros nutrientes clave tales como el piroglutamato, se puede conseguir el mismo efecto potenciador de la memoria a dosis más bajas (véase el capítulo 35).

DMAE: un estimulante natural del cerebro

El DMAE (las sardinas, de nuevo, son una buena fuente) es un precursor de la colina que pasa más fácilmente de la sangre a las células cerebrales, de modo que incrementa la producción cerebral de acetilcolina. Reduce la ansiedad, detiene la mente acelerada, mejora la concentración, favorece el aprendizaje y actúa como un estimulante cerebral suave.

Se han comercializado sustancias químicas cercanas al DMAE, con el nombre de Deaner o Deanol, las cuales han resultado ser muy eficaces en las numerosas pruebas de doble ciego realizadas para tratar casos de problemas de aprendizaje, trastornos de atención y problemas de memoria y de comportamiento. En una encuesta realizada por el doctor Bernard Rimland en California, Deaner resultó ser el doble de eficaz en el tratamiento de niños con trastornos de atención que el fármaco Ritalin, y sin necesidad de sufrir sus efectos secundarios. La dosis ideal para la potenciación de la memoria es de entre 100 y 1.000 mg tomados por la mañana o al mediodía, no a la noche (una dosis demasiado alta puede sobreestimular el cerebro; no es, por tanto, recomendable para personas con diagnóstico de esquizofrenia, manía o epilepsia). No se deben esperar resultados inmediatos, el DMAE puede tardar entre dos y tres semanas en empezar a actuar, pero merece la pena.

La capacidad de DMAE para poner a punto el cerebro fue demostrada en un estudio alemán de 1996 realizado con un grupo de adultos con problemas cognitivos. A los participantes se les midieron las ondas cerebrales EEG y a continuación se les administraron placebos o DMAE. No hubo cambios en las ondas EEG en los tratados con placebos, pero los que tomaron DMAE mostraron una mejoría de las pautas de sus ondas cerebrales en las zonas que regulan la memoria, la atención y la flexibilidad del pensamiento.

Estos son algunos testimonios de personas que toman un suplemento de DMAE:

> *«Llevo unas semanas tomando DMAE y he notado una diferencia increíble en mi estado de ánimo y en mi nivel de concentración.» AFB, Austin, Texas.*

> *«Actualmente estoy tomando 100 mg de DMAE al día y realmente noto la diferencia: estoy más alerta, tengo más energía y no necesito dormir tanto.» RS, Seattle, Washington.*

> *«Llevo dos meses tomando DMAE con ácido pantoténico y un buen complejo vitamínico. Una de las primeras cosas que noté fue que me duermo más rápido y me levanto con la mente más despejada. Duermo mucho más profundo y*

descanso más. Me siento más capaz de desarrollar mi potencial creativo y estoy siempre de buen humor. Me siento viva y despierta.» PW

Fosfatidilserina: altamente receptiva

La capacidad de los neurotransmisores de transmitir mensajes depende de que el «puerto» o sitio receptor funcione perfectamente. Estos sitios receptores están constituidos por fosfolípidos, ácidos grasos esenciales y proteínas. El fosfolípido predominante es fosfatidilserina o PS. El secreto de las propiedades potenciadoras de la memoria de la fosfatidilserina se debe probablemente a su papel decisivo en la comunicación de las células cerebrales.

Los suplementos de fosfatidilserina son particularmente eficaces en los casos de dificultades en el aprendizaje o de pérdida de memoria. En un estudio del doctor Thomas Crook, a 149 personas con problemas de memoria relacionados con la edad se les administró una dosis diaria de 300 mg de fosfatidilserina o de placebo. Cuando, 12 semanas más tarde, se les realizaron tests, la capacidad de los que habían tomado fosfatidilserina para relacionar caras con nombres (una habilidad reconocida como medida de la memoria y de la función cerebral) había mejorado hasta el nivel de personas 12 años más jóvenes que ellas.

Piroglutamato: un as de la comunicación

El aminoácido piroglutamato es una sustancia clave para el cerebro, capaz de potenciar las funciones cerebrales y la memoria. El descubrimiento de que el cerebro y el fluido cerebroespinal contienen grandes cantidades de piroglutamato propició que se realizaran estudios sobre este nutriente esencial para el cerebro. Un hallazgo extraordinario fue que el piroglutamato favorece el flujo de información entre los hemisferios derecho e izquierdo del cerebro. Un estudio publicado en 1988 por el doctor H. Pilch y sus colaboradores sugiere que es posible que el piroglutamato incremente el número de receptores de acetilcolina en el cerebro: se administró a ratones viejos, piracetam, un derivado del piroglutamato, durante dos semanas, al cabo de las cuales se comprobó que los ratones tenían una densidad de receptores entre un 30 y un 40% más alta que antes. Esto sugiere que moléculas similares a las de piroglutamato no sólo maximizan el rendimiento intelectual, sino que tienen un poder regenerativo del sistema nervioso. El piroglutamato realiza tres funciones potenciadoras de la memoria y la claridad mental:

- Aumenta la producción de acetilcolina.
- Multiplica el número de receptores de la acetilcolina.
- Mejora la comunicación entre los hemisferios derecho e izquierdo del cerebro.

Dicho de otro modo, mejora la emisión y la recepción del cerebro y la cooperación entre sus dos lados. Como consecuencia, mejora la memoria, la capacidad de concentración y de aprendizaje y la rapidez de reflejos. Sus efectos son tan potentes que actualmente están saliendo al mercado diversas formulaciones de esta sustancia fundamental para el cerebro como medicación para personas con problemas de aprendizaje y de memoria. En numerosos estudios realizados con estos fármacos «inteligentes» se ha demostrado que realmente potencian la memoria y las funciones intelectuales, no sólo en aquellos con una acusada pérdida de memoria, sino también en personas con una memoria «normal».

Investigadores de la Universidad de Catania, Sicilia, estudiaron a 40 pacientes con pérdida de memoria relacionada con la edad. A 20 se les administró placebo y a otros 20 piroglutamato. Dos meses después, se realizaron tests de memoria que mostraron una notable mejoría de la función memorística en aquellos que habían tomado piroglutamato, con respecto a los que tomaron placebo.

El piroglutamato se encuentra en muchos alimentos: en pescados, productos lácteos, fruta y vegetales. El suplemento más comúnmente utilizado es el piroglutamato arginina. Para un efecto potenciador de la mente se deben tomar entre 400 y 1.000 mg al día.

Glutamina: combustible para el cerebro

La acetilcolina desempeña un papel fundamental en el funcionamiento de la memoria, pero los neurotransmisores tienen también un rol muy importante. Algunos estimulan los procesos mentales, mientras que otros impiden la acumulación de información. Se necesita cierto equilibrio: por ejemplo, el glutamato es un neurotransmisor estimulador que favorece la creación de conexiones entre recuerdos, pero, si se toma en exceso, puede sobreexcitar las neuronas literalmente hasta la muerte. Es este mecanismo el que utiliza el glutamato monosódico (MSG) para intensificar los sabores, y que, utilizado en grandes cantidades, puede ser peligroso. El piroglutamato potencia el aprendizaje, mientras que GABA, un compuesto muy cercano al glutamato, calma el sistema nervioso. Un equilibrio adecuado entre todos estos neurotransmisores es importante para la memoria, el aprendizaje y las funciones mentales en general. Por este motivo la ingesta de glutamina, un aminoácido a partir del cual el cerebro puede producir estos neurotransmisores y crear su propio equilibrio, puede favorecer la función de la memoria. La glutamina es el aminoácido más abundante en el fluido cerebroespinal que recubre el cerebro. Se ha comprobado su eficacia para mejorar el estado de ánimo y el rendimiento intelectual, así como mitigador de tendencias adictivas. Se realizaron estudios destinados a comprobar si el empleo de glutamina en dosis altas era peligroso. Los investigadores del Hospital para Mujeres de Boston, Massachussets, administraron entre 40 y 60 g al día a algunas voluntarias sanas. Además de ser inofensiva, uno de sus «efectos secundarios» fue un incremento en la capacidad de resolver problemas mostrado en los tests realizados durante la prueba. Esta duró sólo cinco días, lo que demuestra que los efectos de la glutamina son inmediatos y posiblemente mayores cuando la prueba es más prolongada. En otro estudio, esta vez realizado con pacientes a los que se había realizado un transplante de médula espinal, la glutamina ayudó a los pacientes a sentirse «más vigorosos, menos cansados y malhumorados».

La glutamina es un nutriente importante para el cerebro, por lo que es una buena idea añadir de 5 a 10 g –puede comprarse en polvo– a su programa de suplementos nutricionales diarios. Esta cantidad equivale a una cucharadita de té colmada al día.

La carnitina es otro aminoácido que puede ser aprovechado directamente por el cerebro como fuente de energía. La acetil-l-carnitina, abreviada como ALC, es una forma especialmente adecuada de este aminoácido, puesto que la parte de «acetil» favorece la formación de acetilcolina, el neurotransmisor de la memoria. Junto con un antioxidante llamado ácido alfalipoico, la acetil-l-carnitina es capaz de hacer retroceder los síntomas de la edad y mejorar la memoria en animales, según los estudios del profesor Bruce Ames de la Universidad de California, Berkeley: en este estudio, las ratas no sólo mejoraron su memoria, sino que se volvieron más activas.

Se debe tomar entre 250 y 1.500 mg de ALC al día para obtener beneficios. Desgraciadamente, es muy cara, quizá por este motivo no es el nutriente «inteligente» que más recomiendo. Es preferible tomarla un rato antes o después de comer para su máxima absorción.

Las hierbas de la memoria

Gingko biloba: sabiduría ancestral

El gingko biloba es una planta medicinal que ha sido utilizada en Oriente durante miles de años para potenciar la memoria, y que proviene de una de las especies de árboles más antiguas conocidas. Se han hecho estudios que demuestran que mejora la pérdida de memoria a corto plazo y la relacionada con la edad, el pensamiento ralentizado, la depresión y la circulación sanguínea, así como favorece la afluencia de sangre al cerebro. También se ha comprobado que mejora la enfermedad de Parkinson y la de Alzheimer en el plazo de un año. Un informe de 10 estudios para comprobar los efectos del gingko biloba en personas con problemas de circulación, realizado por la Universidad de Limburgo, Holanda, señalaba una notable mejoría en la memoria, concentración, energía y estado de ánimo. En Francia se realizó una prueba más concienzuda, de doble ciego y con control de placebo, que mostró, en personas de entre 60 y 80 años, un incremento notable en la velocidad de los procesos cognitivos, casi comparable a la de jóvenes sanos; la dosis administrada era de 320 mg diarios.

El gingko biloba contiene dos sustancias fitoquímicas, llamadas glucósido gingkoflavona y terpenolactona, a las que debe sus increíbles propiedades curativas. Estas sustancias generalmente se comercializan en cápsulas hay que buscar una marca que indique la concentración en flavonoides, que determina la potencia del preparado. La concentración recomendada es del 24%, tomando entre 30 y 50 mg del preparado tres veces al día. Los efectos del gingko biloba no se aprecian hasta al menos después de tres meses.

Vinpocetina: el secreto de la vinca pervinca

De manera muy parecida al gingko biloba, la vinpocetina es un remedio herbal que mejora la circulación y el riego sanguíneo, y, por tanto, aporta oxígeno al cerebro. La vinpocetina es, de hecho, un extracto de la planta vinca pervinca *(Vinca minor)*.

En una prueba realizada por la Universidad de Surrey se administró a 203 personas con problemas de memoria un placebo o bien vinpocetina. Tanto en este como en otros estudios, se demostró que aquellos que tomaban vinpocetina experimentaron una gran mejoría en su rendimiento cognitivo. De hecho, las mejoras en concentración, memoria y aprendizaje se percibieron ya tras la primera dosis. En un estudio de doble ciego se apreció una mejoría de memoria claramente notable tan sólo una hora después de tomar 40 mg de vinpocetina.

Vinpocetina se recomienda para todos aquellos que hayan experimentado una pérdida de memoria, concentración, velocidad de aprendizaje, coordinación neuromuscular y reflejos, o bien deficiencias en la vista o el oído.

Las investigaciones demuestran que la vinpocetina es particularmente eficaz en los casos en que hay una disminución del riego sanguíneo en el cerebro, generalmente debido a una arteriosclerosis cerebral (dolencia en la que una acumulación de placas obstruye las arterias que llevan oxígeno al cerebro), o también en casos de pequeños ataques o en situaciones en las que el flujo de sangre al cerebro ha sido temporalmente cortado. Al igual que el gingko biloba, también puede ser útil en casos de tínito, cuya causa puede ser este tipo de problemas circulatorios.

La vinpocetina tiene muchos secretos para potenciar la memoria y la mente: en primer lugar, mejora la circulación en el cerebro, con lo que favorece la distribución de nutrientes. Hay estudios que demuestran que ensancha los vasos sanguíneos del cerebro. Gracias a esta acción, los glóbulos rojos pueden pasar por pasos estrechos, y así el suministro de oxígeno es mayor. La vinpocetina también impide que las plaquetas se aglutinen e impidan la formación de coágulos en la sangre y la obstrucción de los vasos.

Las células del cerebro no sólo necesitan un buen y constante suministro de oxígeno, también necesitan energía, y la vinpocetina ha demostrado potenciar la producción de energía en las células del cerebro.

Al acelerar el transporte de oxígeno y de glucosa al cerebro, así como su consumo, una vez allí transportados, la vinpocetina es capaz de reducir los efectos tanto de una embolia como de ataques más pequeños, que pueden ser causa de una demencia.

Finalmente, se ha comprobado que la vinpocetina estimula las neuronas noradregénicas en un área del cerebro llamada *locus coerulus*. Estas neuronas influyen en las funciones del córtex cerebral (la parte que usamos para pensar, planificar y actuar). La cantidad de estas neuronas disminuye con la edad y afecta a la concentración, el estado de alerta y la velocidad a la que procesamos la información.

Se deben tomar entre 10 y 40 mg de vinpocetina al día para beneficiarse de sus efectos positivos. Hasta la fecha no se han documentado efectos negativos.

Y no se olvide de las vitaminas B y del cinc

Ya he alabado las muchas virtudes de las vitaminas B, pero hay tres que merecen una mención especial en relación con la memoria. La niacina o vitamina B_3 es especialmente buena para la potenciación de la memoria. En un estudio, se administraron 141 mg de niacina diarios a un grupo de sujetos de diferentes edades. La memoria mejoró entre un 10 y un 40 por ciento en todos los grupos de edad. La vitamina B_5 (ácido pantoténico) es esencial para que el cerebro pueda producir acetilcolina (forma parte del «acetil»), y también es esencial para la formación de hormonas esteroides, que incluye la hormona del estrés cortisol, por lo que es especialmente importante para personas que sufren de estrés. Una dosis óptima es probablemente 200 mg, aunque haya personas que han respondido mejor a 500 mg. Compárense estas dosis con la dosis diaria recomendada (CRD) en Europa, ¡que es de tan sólo 6 mg! También la B_{12} ha demostrado acelerar los procesos de aprendizaje en ratas y es muy importante para la salud de las células del cerebro. Las vitaminas B operan juntas de múltiples maneras en los procesos del cerebro para construir y utilizar los neurotransmisores. Es importante tener en cuenta que las vitaminas B se deben tomar siempre juntas, por lo que si usted quisiera tratarse con una vitamina B específicamente, tendría que tomar un complejo multivitamínico B al mismo tiempo.

El cinc es otro nutriente amigo del cerebro que se cree que está relacionado con la memoria. Hay una teoría que defiende que los recuerdos se codifican modificando moléculas de proteínas en el cerebro con la colaboración del RNA, que es el fabricante más importante de proteínas del cuerpo. El RNA depende en gran medida del cinc. Una deficiencia en cinc impide acordarse de los sueños. Los niños con graves dificultades de aprendizaje a menudo presentan bajos niveles de cinc, y también se cree que ello explica las graves pérdidas de memoria asociadas a la demencia. Tal y como verán más adelante en este libro, corregir las deficiencias de cinc puede tener resultados muy notables en personas con depresión o con esquizofrenia. Hay muchas posibilidades de que usted tenga un bajo nivel de cinc, puesto que es el mineral en que más deficientes somos. La dosis diaria recomendada es de 15 mg, y mayor si usted está embarazada o criando a un bebé. Según estudios gubernamentales, tomamos una media de 7,6 mg diarios. Eso significa que casi la mitad de la población británica toma menos de la mitad de la dosis diaria recomendada.

Las semillas y productos de las semillas son ricos en cinc. Básicamente, cualquier cosa que puedas plantar y que crezca es rica en cinc, porque el cinc es vital para el crecimiento tanto de las plantas como de los animales. Por tanto, las judías, los guisantes, las lentejas y todas las semillas son ricas en este elemento. También lo son los frutos secos, la carne y el pescado, y especialmente las ostras. Comer todos estos alimentos, así como un suplemento de 10 mg de cinc al día, es la mejor manera de asegurarse de que se tienen cantidades óptimas de este nutriente esencial.

El efecto sinérgico

El efecto potenciador del rendimiento mental de los suplementos de nutrientes «inteligentes» como la fosfatidilcolina, el ácido pantoténico, el DMAE, y el piroglutamato, es mucho mayor cuando todas estas sustancias se toman combinadas en vez de individualmente. Por ejemplo, un equipo de investigadores dirigido por Raymond Bartus administró colina y piracetam, un derivado del piroglutamato (ver página 135), a un grupo de ratas de laboratorio viejas con pérdida de memoria, y sólo piracetam a otro grupo. La ratas que tomaron el combinado experimentaron una mejora más acusada que las que tomaron sólo piracetam. Además, combinando piracetam y colina, la mitad de la dosis ya era eficaz. El doctor Ferris y sus colaboradores de la Universidad de Nueva York realizaron un estudio similar con humanos: sus resultados también mostraron una mejoría sorprendente en aquellos que tomaron el combinado, frente a los que tomaron sólo colina o piracetam.

Puesto que los nutrientes son más eficaces en combinación, en mi plan diario para la potenciación del cerebro propongo, además de una buena dieta y un programa básico de suplementos vitamínicos y minerales, tomar cada día una cucharadita de leticina alta en fosfatidilcolina, además de una combinación de los siguientes nutrientes potenciadores de la mente y la memoria, que se pueden encontrar juntos en suplementos preparados:

Nutriente	**Cantidad diaria**
Fosfatidilcolina	250 mg a 400 mg
DMAE	200 mg a 300 mg
Fosfatidilserina	20 mg a 45 mg
Arginina piroglutamato	300 mg a 450 mg
Gingko	200 mg a 300 mg
Vinpocetina	10 mg a 20 mg
Además vitaminas B, que incluyan:	
Niacina (B$_3$)	10 mg a 15 mg
B$_{12}$	10 mg a 30 mg
Ácido pantoténico	200 mg a 300 mg

Si usted tiene más de 50 años o sufre de pérdida de memoria relacionada con la edad, le conviene añadir:

Fosfatidilserina	100 mg
DHA	250 mg
Polvo de glutamina	5.000 mg

En resumen, he aquí algunos consejos valiosos para potenciar su memoria, además de seguir una buena dieta y de las recomendaciones de la parte 1:

- Añada a sus cereales cada mañana una cucharadita de té colmada de leticina alta en fosfatilcolina, o una cucharada de postre de leticina normal, o un suplemento con los fosfolípidos fosfatidilserina y fosfatidilcolina.

- Tome un suplemento para el cerebro que contenga los nutrientes y las hierbas indicadas arriba.
- Aprenda algo nuevo cada día. Mantenga su cerebro activo: si no lo usa, se marchita.

Estos nutrientes son su primera línea de defensa contra el declive de la memoria. Existen otros nutrientes, fármacos y hormonas con efectos potenciadores de la mente. Estos se analizan en la parte 7 «Salud mental en la vejez», porque son más eficaces en una fase más avanzada de la vida, y para tratar dolencias más graves de déficit de memoria como el Alzheimer.

Capítulo 14
VENCER LA DEPRESIÓN

La depresión no es una enfermedad que se tiene o no. Más bien, estamos todos en algún punto de una línea que va de «habitualmente contento» a «totalmente deprimido». Oficialmente, 3 millones de personas en Gran Bretaña, una de cada 20, sufren depresión, el triple de mujeres que de hombres. Cada semana se tragan 20 millones de antidepresivos y cada año se toman 80 millones de días de baja por esta causa, que cuestan al estado entre 3.000 y 5.000 millones de libras.

Hay mucha gente que sencillamente se siente triste casi siempre. De acuerdo con un estudio aparecido en *www.mynutrition.co.uk* realizado sobre una base de 22.000 personas, el 52% de la población británica se siente apática y sin motivación gran parte del tiempo, y el 42% se siente deprimida casi siempre. Estas cifras aumentan en invierno, puesto que mucha gente sufre de un desorden afectivo estacional comúnmente conocido como melancolía invernal.

Muchos de nosotros andamos faltos de buen humor. Es posible que estemos a menudo bajos de ánimo, pero nunca se nos ocurriría ir al médico o considerarnos deprimidos. Si usted, en general, no se siente contento y motivado, lo más probable es que sea también candidato a mejorar su estado de ánimo, del mismo modo que en los dos capítulos anteriores le propusimos mejorar su estado mental. Complete el siguiente cuestionario para comprobar si está en situación de mejorar:

¿Cuál es su estado de ánimo?

Puntúe 1 por cada respuesta afirmativa:

- ❑ ¿Se siente triste o decepcionado a menudo?
- ❑ ¿Se siente peor por la mañana?
- ❑ ¿Se le hace difícil comenzar el día?
- ❑ ¿Llora a veces o se siente con ganas de llorar?
- ❑ ¿Le cuesta dormirse o se despierta durante la noche?
- ❑ ¿Tiene poco apetito?
- ❑ ¿Está perdiendo peso sin habérselo propuesto?
- ❑ ¿Se siente poco atractivo e indigno de ser amado?
- ❑ ¿Rehuye la compañía y prefiere estar solo?
- ❑ ¿Se siente temeroso a menudo?
- ❑ ¿Está usted irritable o enfadado a menudo?
- ❑ ¿Le cuesta tomar decisiones?
- ❑ ¿Le cuesta motivarse para hacer cosas que antes hacía?
- ❑ ¿Se siente sin esperanza en el futuro?
- ❑ ¿Disfruta menos con actividades que antes le gustaban?

Si su puntuación es:

- **Menos de 5.** Se puede considerar normal, incluso si a veces se siente un poco triste. Seguir los consejos de este capítulo le ayudará a mantener su buen estado de ánimo y su equilibrio.
- **De 5 a 10.** Su estado de ánimo puede mejorar. Los consejos de este capítulo le ayudarán a sentirse más contento.
- **Más de 10.** Usted está deprimido y le iría bien una ayuda. Además de seguir los consejos de este capítulo, lea el capítulo 22 y consulte tanto a un nutricionista como a un psicoterapeuta.

La depresión: ¿rabia sin energía?

Si su estado de ánimo no es bueno hay que revisar dos cosas: sus procesos mentales y sus procesos químicos. Mucha gente que toma antidepresivos en realidad debería de estar encarándose con algunos aspectos de su vida que no funcionan. La depresión es a menudo rabia, pero sin la energía necesaria para darle salida. Pregúntese sinceramente si está disgustado por algo. Haga una lista. Quizá haya una relación que no funciona, un trabajo donde no le valoran, un sueño que no se hizo realidad. Mucho de este dolor es rabia, y si nuestra educación nos ha enseñado a contener y tragar la rabia, puede que usted la esté acumulando dentro en forma de depresión. Puede que esté deprimido porque tiene un asunto por resolver.

Mucha gente sufre depresión porque se está traicionando a si misma. Pregúntese en qué se está traicionando a si mismo, en qué no está viviendo una vida auténtica, acorde con quién realmente es o con quién podría ser. En su trabajo, en su relación, en su vida, ¿tiene la oportunidad de expresar sus verdaderas emociones e ideas?

Si lo que ha leído le remueve su interior y le produce inquietud, conviene que consulte con un psicoterapeuta o consejero (véase el apéndice de «Direcciones útiles») o que haga un curso de desarrollo personal. También conviene que ponga a punto su cerebro y sus neurotransmisores, porque el estado de ánimo y la motivación no sólo están en la mente, sino también en la química de la mente.

Anatomía de la falta de ánimo y de motivación

Una de las grandes verdades no reconocidas de la nutrición es que una nutrición óptima para la mente no sólo mejora el estado de ánimo, sino que da la energía y la motivación suficientes para realizar cambios en la vida. Hay pocos psicoterapeutas que reconozcan que sus resultados serían mucho mejores si ayudaran a sus clientes con un plan de puesta a punto de la bioquímica del cerebro.

He aquí algunos desequilibrios comunes relacionados con la nutrición, que empeoran el estado de ánimo y la motivación:

- Desequilibrio del azúcar en sangre (a menudo asociado a un exceso de consumo de azúcar y estimulantes).
- Deficiencias de nutrientes (vitaminas B_3, B_6, folato, B_{12}, cinc, magnesio, ácidos grasos esenciales).
- Deficiencias de triptófano y tirosina (precursores de los neurotransmisores).
- Alergias y sensibilidades.

Un factor que suele encontrarse paralelamente a muchas depresiones es un descontrol de los niveles de glucosa en sangre. Se puede mantener el equilibrio del azúcar en sangre comiendo a menudo pequeños tentempiés de alimentos naturales, sin procesar, que incluyan siempre fibra y proteínas, y tomando al mismo tiempo un combinado de vitaminas B y del mineral cromo. Todo esto se explica en el capítulo 3. Los nutrientes más útiles a la hora de mejorar el estado de ánimo son las vitaminas B_3, B_{12}, el ácido fólico, la vitamina B_6, cinc, magnesio, y ácidos grasos esenciales. Los tres primeros intervienen en el proceso bioquímico vital llamado metilación, que es fundamental para la armonización de los neurotransmisores dopamina y adrenalina. Un estudio del Kings College Hospital de Londres demostró que suministrar ácido fólico a personas con niveles bajos o justos de esta sustancia, en paralelo a los tratamientos estándar con fármacos, facilitó de manera significativa la recuperación de pacientes con depresión. Este estudio detectó que un tercio de las personas que sufren depresión y otros desórdenes psiquiátricos son deficientes en ácido fólico. También la vitamina C ha demostrado potenciar la recuperación.

La química de la melancolía

A menudo, la depresión tiene dos caras: el sentirse triste y el sentirse desmotivado y apático. La teoría más aceptada en cuanto a la causa química de estos desequilibrios emocionales es la de un desequilibrio en dos familias de neurotransmisores:

- Serotonina, que afecta al estado de ánimo, y
- adrenalina y noradrenalina, formadas a partir de la dopamina y, que afectan a la motivación.

Todos los fármacos antidepresivos más importantes están diseñados para actuar sobre el equilibrio y la función de estos neurotransmisores. Así sucede con los inhibidores de la reabsorción de la serotonina (SSRI) tales como Prozac, Lustral y Seroxat, diseñados para mantener la serotonina en circulación; inhibidores de la reabsorción de la adrenalina como Edronax; un inhibidor de la reabsorción de la noradrenalina (NARI), diseñado para mantener la adrenalina en circulación; inhibidores de la monoamina oxidasa, que actúan manteniendo los niveles de adrenalina y dopamina; y los antidepresivos tricíclicos tales como la amitriptilina, que también impiden la degradación de la adrenalina. Pero todos estos neurotransmisores también se ven directamente afectados por la nutrición.

Los tratamientos siempre se han concentrado en la adrenalina/noradrenalina y en la serotonina. Para probar la teoría de que efectivamente la serotonina controla el estado de ánimo, y la adrenalina y noradrenalina la motivación, Antonella Dubini, del Departamento Médico de Pharmacia & Upjohn Medical Department en Milán, Italia, administró a 203 pacientes que sufrían de desánimo y motivación o bien un fármaco SSRI, que estimula la serotonina, o bien un fármaco NARI, que estimula la noradrenalina. Evidentemente, el primero fue más eficaz en mejorar el ánimo, mientras que el segundo lo fue en mejorar la motivación. Si esta teoría es correcta y el desánimo es a menudo un síntoma de falta de serotonina, y la baja motivación es un síntoma de una deficiencia de adrenalina/noradrenalina, esto plantea dos preguntas: ¿Porqué algunas personas son deficientes en estas sustancias, y qué nutrientes pueden paliar estas deficiencias?

Creo que, para muchas personas, el ritmo de vida y los cambios a los que tenemos que adaptarnos son muy estresantes. El cerebro responde produciendo más y más serotonina y adrenalina para soportar las tensiones y los esfuerzos que tenemos que realizar. Esto ocurre de manera análoga al modo en que nuestro cuerpo se ve obligado a producir más y más insulina para equilibrar los niveles del azúcar en sangre cuando fluctúan demasiado. Esta situación incrementa la demanda de nuestro cuerpo de materia prima, de nutrientes a partir de los cuales fabricar esos neurotransmisores potenciadores del ánimo. Por este motivo podemos acabar deficitarios precisamente en los nutrientes que más necesitamos para fabricar neurotransmisores, en parte porque nuestra dieta es deficitaria, y en parte porque la demanda es muy alta. Del mismo modo que la polución aumenta nuestra necesidad de vitamina C, el estrés de nuestra vida aumenta nuestra demanda de triptófano. La figura de abajo muestra los nutrientes que nuestro cuerpo necesita para fabricar serotonina, adrenalina y noradrenalina.

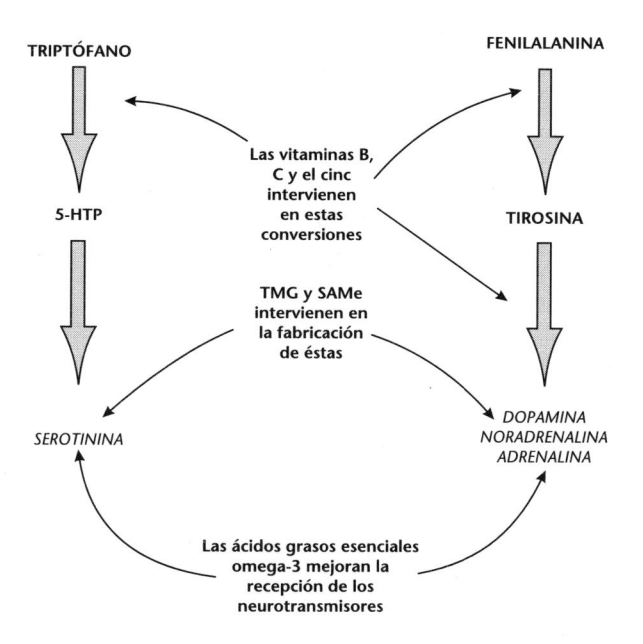

Figura 19. Nutrientes que participan en la fabricación de neurotransmisores.

Mujeres y depresión

Las mujeres son el triple de vulnerables que los hombres a los bajones de ánimo. Hay muchas teorías al respecto, unas buscan causas sociológicas, otras psicológicas, pero lo cierto es que las mujeres y los hombres somos bioquímicamente muy diferentes. Un estudio de Mirko Diksic y sus colaboradores de la Universidad Mc Gill en Montreal lo demuestra. Desarrollaron una técnica que utiliza la imagen neuronal PET para medir el índice de velocidad de producción de serotonina en el cerebro. Descubrieron que el ratio de producción de serotonina en los hombres es 52% más alto que en las mujeres. Este y otros estudios mostraron que las mujeres son más proclives a tener baja la serotonina. Además, reaccionan de diferente manera: en las mujeres, los bajos niveles de serotonina vienen asociados a la depresión y la ansiedad, mientras que en los hombres, al alcoholismo y la agresividad. Es muy posible que estas reacciones se deban a los condicionamientos sociales, ya que los hombres exteriorizan sus estados de ánimo, mientras que las mujeres han sido educadas para interiorizarlos, con lo que tenemos otro ejemplo de la depresión como cara oculta de la rabia.

En los estudios que se han llevado a cabo en los últimos años sobre la serotonina se ha descubierto que existen seis causas principales para su deficiencia, aparte de una falta de triptófano, que son:

- Estrógenos insuficientes (en las mujeres).
- Testosterona insuficiente (en los hombres).
- Luz insuficiente.
- Ejercicio insuficiente.
- Demasiado estrés (especialmente en mujeres).
- Vitaminas y minerales cofactores insuficientes.

Si usted está bajo de ánimo, se siente tenso e irritable, con poca energía, come para tranquilizarse, tiene problemas para dormir y poco interés por el sexo, y además se identifica con el listado de arriba, es muy posible que esté bajo de serotonina.

Estrógenos bajos significa serotonina baja y bajo ánimo. Esto ocurre porque los estrógenos bloquean la degradación de la serotonina. Fenómeno que explicaría que las mujeres sufran más depresión en la fase premenstrual, así como en la menopausia y después. La testosterona baja tiene un efecto similar en los hombres (véase capítulo 15).

La luz estimula los estrógenos, pero la mayoría de nosotros no recibimos la suficiente. Pasamos entre 23 y 24 horas al día en interiores, expuestos a una media de

100 unidades (llamadas lux) de luz, poca cosa comparado con los 20.000 lux de un día soleado o los 7.000 de un día nublado. Hoy en día apenas nos exponemos al sol directo, mucho menos que nuestros antepasados, y desde luego no lo suficiente para maximizar la producción de serotonina. Evidentemente, la deficiencia de luz es más acusada en invierno.

El estrés también reduce los niveles de serotonina. El ejercicio físico mejora nuestra respuesta al estrés, y por tanto, reduce la merma de serotonina producida por el estrés.

Cada una de estas causas de merma de la serotonina afectan más a las mujeres que a los hombres. Los hombres producen serotonina a una velocidad que dobla la de las mujeres, permitiéndoles equilibrarse de cualquiera de estos desgastes de serotonina rápidamente, sin fases de tristeza prolongada, siempre que consuman suficiente triptófano en sus dietas.

A continuación, vamos a analizar con atención el funcionamiento tanto de la serotonina como del triptófano.

Sustancias que eliminan la tristeza

¿Es la depresión una deficiencia de triptófano?

Fármacos antidepresivos como Prozac actúan impidiendo que nuestro cuerpo realice la degradación del neurotransmisor serotonina, para que así continúe circulando por el cerebro una mayor cantidad de esta sustancia. El problema es que este tipo de drogas provocan efectos secundarios desagradables en una cuarta parte de los que las toman, y reacciones graves en una minoría (véase capítulo 21). La alternativa más natural es tratarse a través de la nutrición, eligiendo alimentos a partir de los cuales el cuerpo fabrica serotonina.

La serotonina se sintetiza a partir de un componente de las proteínas, el aminoácido triptófano. El doctor Philip Cowen, del Departamento de Psiquiatría de la Universidad de Oxford, se planteó la cuestión de qué podría ocurrirle a la gente si prescindieran totalmente del triptófano. Administró a 15 voluntarios con historial de depresión, pero que en aquel momento se encontraban bien, una bebida nutricionalmente equilibrada, pero que excluía el triptófano. Tan sólo siete horas después, 10 de los 15 participantes sintieron un empeoramiento de su estado de ánimo y comenzaron a mostrar síntomas de depresión. Al administrárseles la misma bebida, pero añadiéndole triptófano, su estado de ánimo mejoró. El triptófano se encuentra especialmente en el pescado, el pavo, el pollo, el queso, las legumbres, el tofu, la avena y los huevos. Está demostrado que la administración suplementaria de triptófano mejora el estado de ánimo. Donald Ecclestone, profesor de medicina de la Royal Victoria Infirmary en Newcastle, en Reino Unido, repasó todos los estudios existentes al respecto y llegó a la conclusión de que la administración suplementaria de triptófano produce un aumento en la síntesis de serotonina en el cerebro y mejora el estado de ánimo de la misma manera que algunos antidepresivos. Para subir el ánimo es necesario 1 g al día y, cuando hay un cuadro de depresión, 3 g al día, y es mejor tomarlo con algún alimento, como por ejemplo fruta, que aporte hidratos de carbono, ya que estos ayudan a su absorción. El triptófano induce al sueño, por tanto es mejor tomarlo antes de irse a la cama.

Además de un suplemento de triptófano, es fundamental asegurarse de que la dieta aporta al menos 1 g diario, para lo que basta con realizar dos de cualquiera de éstas comidas, cada una de las cuales aporta 500 mg de triptófano.

> **Cinco maneras de comer 500 mg de triptófano**
>
> Gachas de avena, leche de soja y dos huevos revueltos.
> Patatas asadas con queso fresco y ensalada de atún.
> Pechuga de pollo, patatas gratinadas y guisantes.
> Espaguetis integrales con salsa de legumbres, de tofu o de carne.
> Filete de salmón, estofado de quinoa y lentejas, y ensalada verde con aliño de yogur.

Paradójicamente, una comida rica en triptófano no eleva los niveles de serotonina tanto como una comida rica en carbohidratos. Esta anomalía fue descubierta por el profesor Richard Wurtman, del MIT. Suministró a algunas personas el clásico desayuno americano rico en proteínas, y a otras un desayuno rico en carbohidratos, y descubrió que sólo el segundo consiguió elevar los niveles de serotonina en el cerebro ¡a pesar de no contener triptófano! La razón de esta anomalía es que, en la corriente sanguínea, el triptófano compite muy mal con todos los aminoácidos de las proteínas, por lo que llega muy poco al cerebro. Sin embargo, cuando se ingiere un carbohidrato, como por ejemplo una banana, se libera insulina a la corriente sanguínea, y esta lleva triptófano al cerebro.

Puede que este sea el motivo por el que las personas con depresión ansían alimentos dulces para que les dé «un subidón», suben los niveles de serotonina gracias a la liberación de insulina que lleva el triptófano al cerebro. Por eso, si usted es de los que siente que el azúcar le mejora el estado de ánimo, es muy posible que esté bajo de serotonina. El problema es que la mayoría de los carbohidratos preparados contienen gran cantidad de azúcar refinado y de grasas, y hacen engordar, con lo que acaban empeorando la situación. La mejor solución es tomar un suplemento de triptófano junto con carbohidratos. Así no sólo se mejora el estado de ánimo, sino que se reduce el apetito de alimentos dulces; de esta forma, el triptófano puede ayudarle, además, a adelgazar.

La controversia en torno al triptófano

Si el triptófano es tan bueno, ¿por qué no se administra habitualmente? Miles de personas lo tomaron hasta 1989, con fantásticos resultados para la depresión y la inducción del sueño (ver capítulo 17), pero pasó algo terrible: una compañía japonesa, la Showa Denko, desarrolló una manera de producir triptófano más barata, pero que presentaba un defecto fatal, y el producto comercializado ocasionó un síndrome llamado mialgia eosinófila. Miles de personas padecieron sus efectos, y 37 murieron. Se sospechó que la modificación genética que se había realizado para su fabricación era la causante del problema, aunque la Showa Denko había cometido otras irregularidades, y la explicación nunca quedó clara. El problema, en cualquier caso, solamente se limitó a este fabricante de triptófano y a los métodos usados por ellos para su producción.

Como es lógico, durante la investigación de este caso se retiraron del mercado los suplementos nutricionales que contenían triptófano. A pesar de que no hay fundamentos sólidos que lo justifiquen, la prohibición se ha mantenido, excepto cuando se administra por prescripción médica con la denominación Optimax. No se conoce efecto adverso alguno por el consumo de éste medicamento. Mientras que en algunos países como Holanda se pueden comprar suplementos de triptófano sin ningún problema, la Food Standards Agency británica mantiene su prohibición (para más detalles y colaborar en la campaña para que el triptófano vuelva a venderse libremente, lea *The Tryptophan Scandal* en la sección «Articles», de la página web: www.patrickholford.com).

Otra fuente de serotonina: el 5-HTP

Si el tratamiento con triptófano es eficaz para mejorar el estado de ánimo, más eficaz todavía es un derivado del triptófano que se acerca aún más en su composición química a la serotonina. Se trata del 5-hidroxitriptófano, o 5-HTP para simplificar, y se extrae de una planta africana llamada griffonia. El primer estudio que probó los poderes antidepresivos del 5-HTP se realizó en Japón, en la década de los setenta, bajo la dirección del profesor Isamu Sano, de la Escuela Médica Universitaria de Osaka. Administró a 107 pacientes entre 50 y 300 mg de 5-HTP diarios. Al cabo de dos semanas, los síntomas de más de la mitad de los pacientes habían mejorado; al final de la cuarta semana, casi tres cuartas partes se sentían totalmente recuperados o mucho mejor, y sin efectos secundarios. Otros investigadores repitieron este estudio y se llegó a la conclusión de que el 69% de los pacientes mejoraban su estado de ánimo.

Desde entonces, numerosos estudios han probado que este nutriente es tan eficaz como el mejor antidepresivo, y con muchísimos menos efectos secundarios, si es que los hay. En una prueba de doble ciego realizada en la Universidad de Psiquiatría de Basilea por el doctor Poldinger se administró a 34 voluntarios con depresión o bien el antidepresivo SSRI fluvoxamina o bien 300 mg de 5-HTP. El grado de depresión de los pacientes se estableció mediante la ampliamente aceptada escala de Hamilton, además de su propia estimación subjetiva. Después de seis semanas, los dos grupos de pacientes habían experimentado una notable mejoría, pero los que tomaron 5-HTTP los habían superado en cada uno de los cuatro parámetros calificados: depresión, insomnio, ansiedad, y síntomas físicos; además de según el propio criterio del paciente.

Mientras que en estudios anteriores el 5-HTP había demostrado ser tan eficaz como el antidepresivo tricíclico imipramina, en este último el 5-HTP había dado mejores resultados que el mejor de los antidepresivos. Puesto que, además el 5-HTP es más barato y tiene muchos menos efectos secundarios, es realmente sorprendente que los psiquiatras prácticamente nunca lo prescriban, a pesar de toda la evidencia científica que prueba su eficacia en la recuperación de un estado de ánimo normal y niveles de serotonina normales.

La dosis recomendada de este suplemento natural –que se puede adquirir en cualquier tienda naturista–, para una depresión es de 100 mg de 5-HTP dos veces al día. Algunos suplementos incluyen también vitaminas y minerales como la B_6 y el ácido fólico con lo que aumentan su eficacia, puesto que estos componentes favorecen la conversión del 5-HTP en serotonina. Un pequeño porcentaje de personas, menos de un 5%, experimentan náuseas al tomar 5-HTP, especialmente la primera vez. Esto ocurre porque el 5-HTP se puede convertir en serotonina en el intestino además de en el cerebro. En el intestino existen receptores de serotonina, que no están habituados a recibir la preciada sustancia tan fácilmente, y por eso pueden reaccionar en exceso y producir náuseas si la cantidad es demasiado grande. Si esto ocurre, sólo hay que bajar la dosis y el organismo pronto se ajusta. Si el 5-HTP le produce somnolencia significa que probablemente no lo necesita, al igual que ocurre con el triptófano. El 5-HTP se absorbe mejor con el estómago vacío.

¿Es la apatía una deficiencia de tirosina?

Otros neurotransmisores relacionados con la depresión y la falta de motivación son la adrenalina y su hermana la noradrenalina. La adrenalina y la noradrenalina, como se puede ver en la figura 20, se sintetizan a partir de un neurotransmisor llamado dopamina que, a su vez, se produce a partir del aminoácido tirosina, sintetizado a partir del aminoácido fenilalanina. Una vez que comprendemos el «árbol genealógico» de la adrenalina, es lógico pensar que, si los fármacos que bloquean la degradación de estos neurotransmisores mejoran el estado de ánimo, aunque con efectos secundarios, la administración de los aminoácidos fenilalanina o tirosina también debería funcionar, y de hecho, así es.

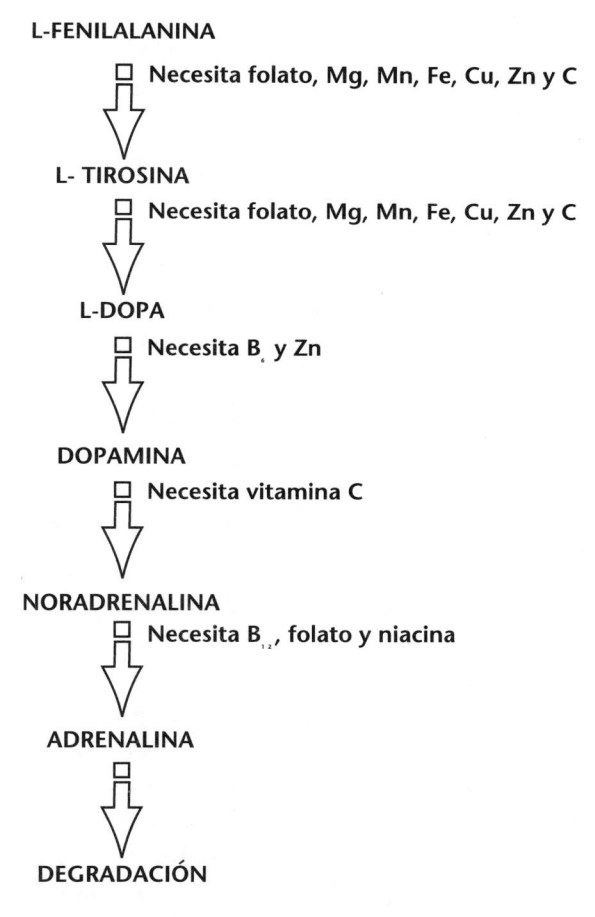

L-FENILALANINA
Necesita folato, Mg, Mn, Fe, Cu, Zn y C
⬇
L- TIROSINA
Necesita folato, Mg, Mn, Fe, Cu, Zn y C
⬇
L-DOPA
Necesita B_6 y Zn
⬇
DOPAMINA
Necesita vitamina C
⬇
NORADRENALINA
Necesita B_{12}, folato y niacina
⬇
ADRENALINA
⬇
DEGRADACIÓN

Figura 20. Vía de la catecolamina.

En un estudio de doble ciego realizado por Helmut Beckmann y sus colaboradores en la Universidad de Wurzburg, Alemania, se administraron de 150 a 200 mg del aminoácido fenilalanina o del fármaco antidepresivo imipramina a 40 pacientes con depresión durante un mes. Los dos grupos tuvieron el mismo grado de resultados positivos: disminuyó la depresión, la ansiedad y los problemas de insomnio. Un grupo de investigadores del Rush Medical Center de Chicago estudió a un grupo de pacientes con depresión analizando el nivel de fenitilamina en sangre; niveles bajos indican que se necesita más fenilalanina. Administraron a 40 pacientes suplementos de fenilalanina, y 31 mejoraron.

En las depresiones relacionadas con la falta de dopamina, la tirosina ha dado buenos resultados. En un estudio piloto en que se administraron 3.200 mg diarios a 12 pacientes en el Hopital du Vinatier, Francia, se observó una mejoría notable en el estado de ánimo y en el sueño desde el primer día.

Hace mucho tiempo que los militares conocen los efectos de la tirosina para mejorar el ánimo y el rendimiento físico bajo estrés. Un estudio reciente realizado en Holanda demuestra cómo la tirosina puede maximizar el rendimiento en condiciones de estrés. Durante unas prácticas militares muy duras de una semana, se estudió a 21 cadetes: a 10 se les administró una bebida, con 2 g de tirosina al día, mientras que a los otros 11 se les administró la misma bebida sin tirosina. Los que tomaban tirosina tuvieron mejor rendimiento durante todas las prácticas, tanto en la memorización de la tarea a realizar como en recordar las tareas realizadas. Para conseguir los mejores resultados se deben tomar todos estos aminoácidos –5-HTP, fenilalanina y tirosina– junto con un complejo de las vitaminas B que intervienen en la formación de los neurotransmisores, que son la B_6, B_{12}, B_3 y el ácido fólico.

SAMe y TMG: los armonizadores del sistema

En la figura 19 se han mencionado estos dos nutrientes de extraña denominación. Ambos son aminoácidos: TMG significa trimetilglicina y SAMe, s-adenosilmetionina. Ambos intervienen en el buen mantenimiento del sistema nervioso y el cerebro mediante la aportación de «grupos metilo». Por ejemplo, la noradrenalina se convierte en adrenalina al incorporar un grupo metilo. Este proceso de incorporar grupos metilo, y a veces de liberarlos, resulta ser absolutamente crucial para el buen funcionamiento del cerebro. Tanto es así que, tal y como se explicará en el capítulo 25, muchas personas con esquizofrenia se vuelven locas porque su cerebro no cumple esta función adecuadamente. Un aporte de estos nutrientes, junto con vitaminas B, puede ser vital para el cerebro.

SAMe es uno de los antidepresivos naturales más estudiados. Más de 100 pruebas con control placebo y de doble ciego prueban que SAMe es tan bueno o mejor que los antidepresivos, funciona más rápido –en la mayoría de los casos en unos pocos días (la mayoría de los antidepresivos tardan entre tres y seis semanas en producir algún efecto positivo)– y con menos efectos secundarios al igual que ocurre con todos los antidepresivos, el tratamiento con SMAE presenta un pequeño riesgo de un súbito cambio a manía en los trastornos bipolares, por lo que en estos casos debería usarse bajo supervisión médica).

En lugar de efectos secundarios, el uso de SAMe tiene beneficios añadidos, como el ser un tratamiento eficaz para la enfermedad degenerativa de las articulaciones, la fibromialgia y problemas de hígado. Según un informe exhaustivo de todos los estudios realizados, el 92% de los pacientes depresivos respondieron al tratamiento con SAMe mientras que con fármacos el porcentaje fue de un 85%.

La dosis es de entre 200 y 600 mg al día, pero el inconveniente es que se trata de una sustancia muy cara y muy inestable. A menudo, el SAMe que se vende en las tiendas de alimentos naturales es ineficaz. Es mejor comprarlo en la forma de butanedisulfonato, que es más estable, y mantenerlo refrigerado.

Una alternativa más estable y menos cara es la trimetilglicina (TMG), que en el cuerpo se convierte en SAMe, pero la dosis ha de ser el triple. Pruebe con una dosis de entre 600 y 2.000 mg diarios con el estómago vacío o con fruta.

Ácidos grasos potenciadores del buen humor

Ya hemos visto las ventajas de los aceites de pescado omega-3. Son una parte importante de la receta para la felicidad. Cuanto más altos se tienen los niveles de ácidos grasos omega-3, más altos serán los niveles de serotonina. Esto se debe a que las grasas omega-3 intervienen en la formación de receptores, además de mejorar la recepción en sí. Según el doctor J. R. Hibbeln, descubridor de que las personas que comen mucho pescado sufren menos depresión, «es como construir más fábricas de serotonina, en vez de incrementar la eficacia de la serotonina que uno tiene».

En una prueba reciente publicada en el *American Journal of Psychiatry* se administró a 20 personas que sufrían depresión y ya estaban en tratamiento con antidepresivos, pero que seguían deprimidas, una fórmula altamente concentrada de grasas omega-3 llamada etil-EPA, o bien un placebo. Al cabo de tres semanas, los pacientes tratados ya daban muestras de una gran mejoría en su estado de ánimo, mientras que a los que se les administró el placebo no presentaron ningún pogreso.En Inglaterra se han realizado estudios con resultados similares. El doctor Basant Duri, del

Hospital Hammersmith de Londres, decidió probar el ethil-EPA en uno de sus pacientes, un estudiante de 21 años que había sido tratado con varios antidepresivos sin ningún resultado. Tenía la autoestima muy baja, problemas de insomnio, poco apetito, dificultades en su vida social y a menudo pensaba en suicidarse. Tras un mes tomando ácidos grasos omega-3 ya no tenía pensamientos suicidas, y nueve meses después ya no padecía depresión.

Hágase la luz

Si usted es especialmente sensible a la melancolía invernal, técnicamente conocida como desorden afectivo estacional, todo lo dicho hasta aquí le ayudará, pero hay otro alimento que usted necesita: luz. Hay dos motivos para sentirse triste durante el invierno. El primero es que los niveles cerebrales de serotonina, el neurotransmisor «alegre», bajan, debido a que es la luz la que estimula al cerebro para que produzca serotonina, así como otras sustancias importantes para el cerebro. La segunda es que posiblemente su dieta no sea la adecuada y no reciba un aporte suficiente de nutrientes para conservar el buen ánimo.

Entonces, ¿cómo se puede aumentar el aporte de luz en invierno sin tener que emigrar? En primer lugar, emigrar no es una mala idea: cada vez más gente hace «vacaciones de verano» en mitad del invierno. Pero hay otra manera, usando una bombilla de 60 vatios.

Ejercicio de luz

He aquí un ejercicio simple para incrementar sus niveles de serotonina y que se puede practicar con una bombilla normal.

- Siéntese en un lugar tranquilo en el suelo o en una silla. Elija un lugar que pueda dejar en completa oscuridad; si no es posible, entonces necesita un antifaz para proteger los ojos de la luz.
- Sitúe una lámpara articulada con una bombilla opaca (no transparente) de 60 vatios, preferentemente sin letras impresas, a unos 60 cm de distancia y directamente en su línea de visión.
- Asegúrese de que puede encender y apagar la luz sin mover la posición de su cabeza.
- Encienda la luz y mire directamente a la bombilla durante un minuto, no más.

- Tras el minuto apague la luz, cierre los ojos (póngase el antifaz si la habitación no está completamente oscura) y concéntrese en la imagen remanente, el fosfeno, sin mover la cabeza, hasta que desaparezca completamente. Normalmente tarda entre tres y cuatro minutos.
- Es mejor hacer este ejercicio al atardecer, alargando, así, las horas de luz del día.

También merece la pena invertir en una iluminación de «amplio espectro». Este tipo de bombillas tienen la misma calidad de luz que el sol, que viene determinada por el espectro de sus diferentes longitudes de onda, y explica el hecho de que la luz solar, así como la luz de amplio espectro, es mucho más blanca que la luz artificial normal de tungsteno, que es más amarillenta. Las bombillas de amplio espectro son más caras, pero a la larga salen más económicas puesto que duran 10 veces más y consumen una cuarta parte de electricidad. Ver la sección de «Direcciones útiles».

La melatonina es otro derivado del triptófano que ayuda a equilibrar el cerebro en ausencia de luz. Un suplemento de melatonina ha demostrado ser eficaz para aquellos que sufren de melancolía invernal.

Alimentos y suplementos para conservar el buen humor

Si quiere alimentarse para ser feliz la clave es hacer una dieta que mantenga sus niveles de azúcar en sangre equilibrados y rica en sustancias como tritofano, fenilalanina, vitaminas B y ácidos grasos omega-3. También merece la pena tomar un suplemento de estos nutrientes, que se pueden encontrar juntos en algunos combinados.

En resumen, además de las sustancias básicas indicadas en la Parte 1 incluyendo los ácidos grasos omega-3, estamos hablando de los siguientes suplementos:

- 2 g de fenilalanina o tirosina, o 1 g de ambos.
- 1,5 g de triptófano o 150 mg de 5-HTP.
- Un buen multivitamínico que incluya todas las vitaminas del grupo B.
- 200 mg de SAMe o 600 mg de trimetilglicina.

Todos estos nutrientes pueden encontrarse juntos en algunos suplementos. Tomarlos combinados es lo más eficaz, tal y como K. H. nos cuenta:

«Durante años mi novia estaba deprimida, tenia muy poca autoestima y falta de energía. Desde que descubrí sus tratamientos, ha vuelto a ser ella misma. La nube negra que siempre tenía encima al despertar ha desaparecido, y ahora brilla el sol. Gracias.»

Si decide tomarlos por separado, es mejor tomar la fenilalanina y la tirosina por la mañana, antes del desayuno, puesto que incrementan la motivación. El triptófano y el 5-HTP es mejor tomarlos por la noche porque ayudan a conciliar el sueño. El triptófano hay que tomarlo en ayunas, mientras que el 5-HTP no.

Hay otras causas de los estados de ánimo bajos y otras curas para la depresión. Entre las causas están los desequilibrios hormonales, de los que hablaremos en el siguiente capítulo y que pueden tratarse con hierbas como el hipérico y el kava. Analizaremos más ampliamente estos remedios en el capítulo 22, que trata de las soluciones que la nutrición ofrece a las depresiones crónicas, diferenciándolas de los estados de ánimo bajos.

Capítulo 15
BUSCANDO EL EQUILIBRIO QUE LAS HORMONAS NOS ROBAN

Un motivo frecuente de los cambios de humor repentinos es un desequilibrio hormonal. Estos no sólo afectan a las mujeres, ni se limitan al síndrome premenstrual. Las hormonas no son muy diferentes de los neurotransmisores. Ambos son sustancias químicas encargadas de la comunicación, que indican al cuerpo y a las células del cerebro cómo deben comportarse. Si pierden su armonía, el estado anímico también se desequilibra.

He aquí los desequilibrios más comunes que pueden arruinar su estado de ánimo:

- Deficiencia de estrógeno y progesterona en la menopausia, que pueden producir depresión.
- Deficiencia de testosterona tanto en hombres como en mujeres, que puede producir depresión, falta de motivación y de deseo sexual.
- Exceso de testosterona, que puede provocar hiperactividad y agresividad.
- Deficiencia de DHEA, que puede provocar depresión y falta de motivación.
- Estrógenos altos y progesterona baja, que puede provocar síndrome premenstrual, con depresión cíclica y ansiedad.

- Deficiencia de melatonina, que puede provocar depresión e insomnio.
- Deficiencia de tiroxina, la hormona de la glándula tiroides, que puede provocar depresión y falta de motivación (véase capítulo 22), mientras que un exceso de esta puede producir hiperactividad e incluso manía.

Tanto hombres como mujeres producen todas estas hormonas. A diferencia de los neurotransmisores de los que ya hemos hablado, que están hechos a partir de proteínas, estas hormonas, con excepción de la melatonina y la tiroxina, están hechas a partir de grasas (ácido esteárico) y por eso se llaman hormonas esteroides.

Esto explica que personas con dietas muy bajas en grasas a menudo desarrollen desequilibrios hormonales. Necesitamos grasas esenciales para que el cuerpo pueda fabricar su propio colesterol, a partir del cual sintetizará todas estas hormonas. El esquema siguiente muestra el «árbol genealógico» de las hormonas esteroides.

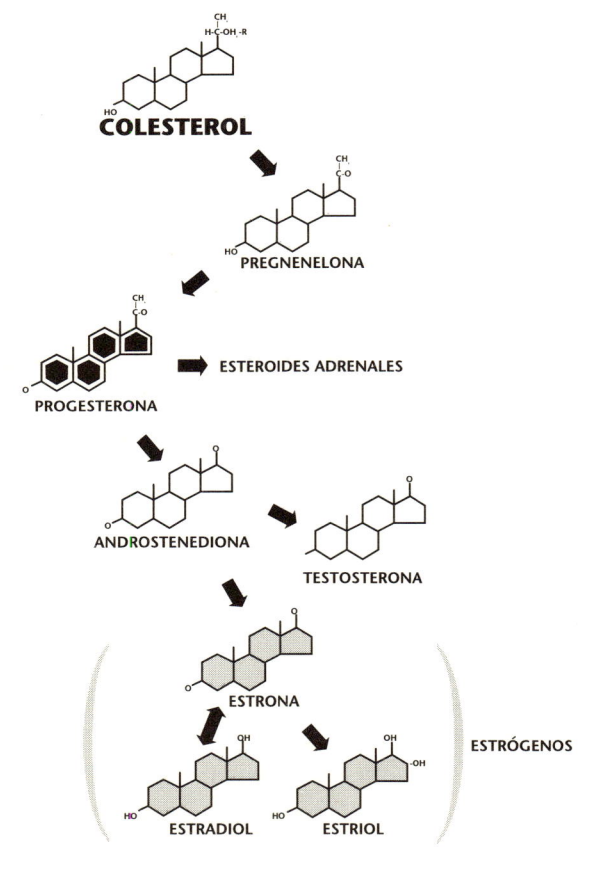

Figura 21. Árbol genealógico de las hormonas esteroides.

Acabar con el síndrome premenstrual

Más de la tercera parte de las mujeres que menstrúan sufren de síndrome premenstrual (SPM), y para un 10% se trata de una molestia intensa. Algunos de los síntomas más comunes son depresión, ansiedad, irritabilidad, retención de fluidos, cambios de humor, senos sensibles, aumento de peso, acné, cansancio, desfallecimientos y falta de memoria. Normalmente aparecen durante la semana anterior a la menstruación y desaparecen en unas horas una vez comenzado el periodo. Algunas mujeres comienzan a padecer los síntomas cuando ovulan, a medio ciclo.

Tal y como se puede ver en la figura a continuación, son estas dos fases, la de la ovulación y los días anteriores a la menstruación, los momentos en que se producen las alteraciones más acusadas en los niveles de estrógenos y de progesterona. Se cree que el equilibrio entre estas dos hormonas es el principal responsable del síndrome premenstrual. Cuanto menos capacidad de adaptación se tenga, peor se llevan estos cambios hormonales y otros como la caída de estrógenos y progesterona en la menopausia y la equivalente caída de testosterona en la menopausia de los hombres. Sí, los hombres también tienen una menopausia y se llama andropausia.

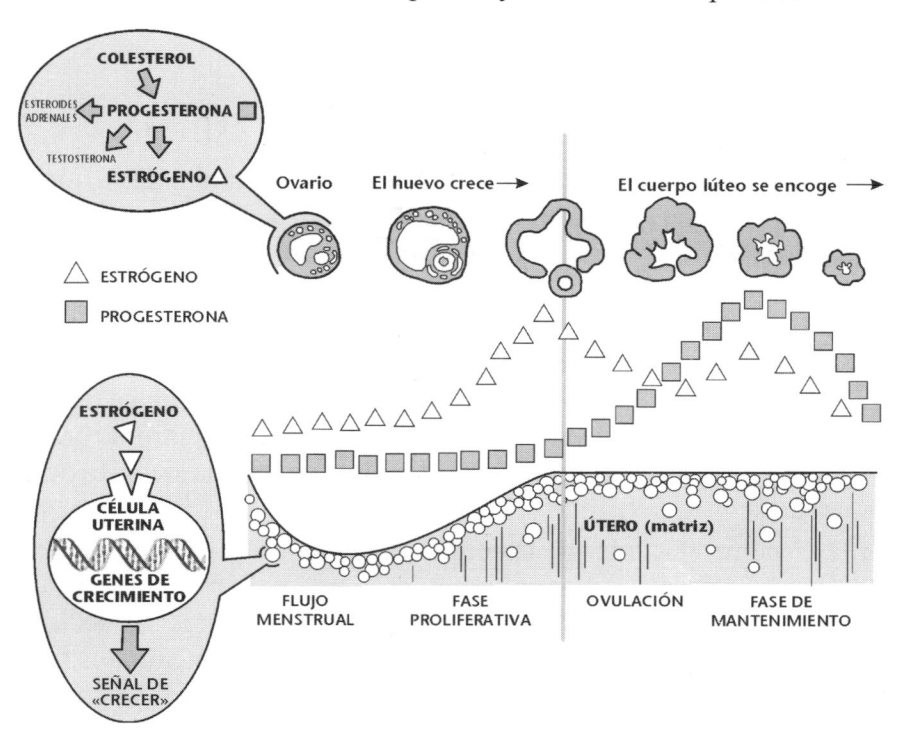

Figura 22. Nivel de hormonas en un ciclo menstrual normal.

Cuando se es deficitario en vitaminas y en ácidos grasos, y el azúcar en sangre está desequilibrado, es mucho más fácil sufrir cambios de humor con las subidas y bajadas de hormonas. El estrés es otro factor clave que puede alterar notablemente el equilibrio hormonal, por eso, el primer paso para acabar con los bajones emocionales de cada mes es seguir las recomendaciones de las partes 1 y 2 de este libro.

Hay diferentes tipos de síndrome premenstrual: algunas mujeres tienen senos sensibles y retención de agua, otras no; algunas tienen caprichos de comida, otras no. La sensibilidad en los senos, que es probablemente un síntoma de retención de agua, puede mejorar con la ingesta de 300 mg de magnesio al día, junto con 100 mg de vitamina B_6 que es un diurético natural. Conviene tomar poca sal, aunque hay alguna marca, alta en potasio y en magnesio, que es adecuada.

Las mujeres que sufren de síndrome premenstrual a menudo ansían alimentos altos en azúcar y en calorías. Este es sin duda un síntoma de disglucemia, por lo que es fundamental estabilizar los niveles de azúcar en sangre evitando tomar azúcar y estimulantes a lo largo del mes, y nutriéndose a base de carbohidratos de lenta combustión y algunas proteínas. También puede estar relacionado con bajos niveles de serotonina, corregible mediante un aumento de la ingesta de triptófano o de 5-HTP.

¿Demasiados estrógenos?

Con un 75% de las mujeres que sufren de síndrome premenstrual tienen altos niveles de estrógenos en relación con la progesterona. Esto puede ser debido a la exposición que sufrimos diariamente a numerosos agentes químicos simuladores de los estrógenos, presentes en infinidad de sustancias, desde los detergentes hasta los pesticidas, pasando por los plásticos; y también debido al estrés, que sube los niveles de estrógenos. El antídoto es una nutrición sana y tomar los suplementos necesarios. Según un estudio, la ingesta de B_6 en dosis de en dosis de 200-800 mg reduce los estrógenos en sangre, aumenta la progesterona y reduce los síntomas de síndrome premenstrual en las pruebas clínicas. Un sencillo análisis de saliva determina si una tiene los estrógenos disparados.

Seguir las recomendaciones de este libro, incluyendo el consumo de productos orgánicos, la reducción del consumo de carnes grasas y de productos lácteos, y comer productos ricos en «fitoestrógenos» como las legumbres –especialmente la soja–, pueden ayudar a equilibrar los estrógenos. Paradójicamente, los fitoestrógenos disminuyen los síntomas físicos típicos del exceso de estrógenos y apenas hacen aumentar sus niveles, tal y como se ha observado en casos de menopausia. Esta acción la realizan mediante el bloqueo de los receptores de estrógenos, de manera que se evita que todos esos agentes químicos simuladores de los estrógenos causen perjuicios en el equilibrio del organismo. Los fitoestrógenos son estrógenos muy suaves, por lo que apenas tienen impacto en el equilibrio del sistema, ya que la sobrecarga es insignificante. Estos fitoestrógenos vegetales son propiamente reguladores hormonales. El exceso de estrógenos ocasiona en el cuerpo muchos efectos encadenados que pueden explicar una mayor tendencia a los cambios de humor y a la depresión. Los niveles altos de la hormona del estrés, cortisol, se asocian con la ansiedad y la depresión. Los estrógenos impiden que el cuerpo realice la degradación del cortisol, y este, así, prolonga sus efectos. Quizá esto explique por qué a las mujeres parece afectarles más el estrés y los sucesos traumáticos. Los estrógenos provocan la subida de los niveles de cobre, y el cobre alto puede desproveer al cuerpo de cinc; hay que recordar que tanto el cobre alto como el cinc bajo se asocian con la depresión. El cinc interviene en el funcionamiento de la vitamina B_6, por tanto, es importante suplementar al menos con 15 mg al día si se sufre de síndrome premenstrual.

Los cuatro nutrientes más importantes para eliminar los cambios de humor ocasionados por el síndrome premenstrual son la vitamina B_6, el cinc, el magnesio y los ácidos grasos esenciales. Se ha demostrado que cada uno de ellos es capaz por sí solo de reducir los síntomas del síndrome premenstrual, pero son mucho más eficaces en combinación. En el hospital St. Thomas de Londres, ya en el año 1976, unos investigadores administraron a 630 mujeres hasta 200 mg de vitamina B_6 y el 88 por ciento de ellas experimentó una mejora significativa en su síndrome premenstrual.

Se ha comprobado que las mujeres que sufren de síndrome premenstrual tienen niveles de magnesio mucho más bajos que las que no lo sufren: investigadores franceses administraron a 192 mujeres hasta 6 g de magnesio al día durante la semana anterior a la menstruación y en los dos primeros días de esta, y obtuvieron unos resultados sorprendentes: la tensión nerviosa se había aliviado en un 89%, el aumento de peso en un 95%, la sensibilidad de los senos en un 96% y los dolores de cabeza en un 43% de las que lo padecían.

Pero el nutriente clave puede que sea el aceite de primavera (hierba de asno, *Oenothera macrocarpa*) o prímula. Muchos estudios, incluido uno muy amplio realizado con mujeres en las que otros tratamientos del síndrome premenstrual habían fracasado, así como varias pruebas de doble ciego y con control placebo, han demostrado que el tratamiento con aceite de prímula es altamente eficaz para combatir la depresión y la irritabilidad, la sensibilidad y el dolor de los senos, y la retención de fluidos, dolencias todas ellas asociadas con el síndrome premenstrual. Los nutrientes que aumentan la eficacia y el aprovechamiento del aceite de primavera son, cómo no, la vitamina B_6 el cinc y el magnesio. Por eso, los excelentes resultados clínicos obtenidos con algunos de estos nutrientes están posiblemente ligados a sus efectos sobre el metabolismo del aceite de primavera (ácido graso esencial). Las mujeres que sufren de síndrome premenstrual son, a menudo, deficientes precisamente en esos nutrientes que combaten la depresión y los , no sólo en la fase premenstrual, sino también durante la menopausia. Algunas mujeres encuentran alivio en la administración de progesterona natural a través de la piel en forma de crema cutánea, pero no recomiendo este tipo de tratamiento a no ser que hayan fracasado todas las posibilidades de tratarlo a través de la dieta y de los suplementos y sólo si un análisis confirma una deficiencia en progesterona. Esta deficiencia puede deberse al hecho de que la mujer no ovula. Cuando el óvulo no se desprende del ovario, el ovario ya no produce progesterona en la segunda parte del ciclo, lo que lleva a una relativa dominancia de los estrógenos.

Existe una tendencia muy peligrosa de la medicina a tratar el síndrome premenstrual con drogas antidepresivas. Aunque es posible que estas funcionen, viniendo a demostrar la importancia de la serotonina en todas las dolencias relacionadas con el estado de ánimo, mi experiencia es que el enfoque nutricionista funciona mejor, sin además contar con los riesgos asociados a este tipo de drogas (véase capítulo 21). Lo cierto es que nunca he visto a una paciente de síndrome premenstrual que no experimentara una mejora radical con la dieta y los suplementos adecuados.

Prevención de los cambios de humor menopáusicos y de la depresión

Los problemas de salud mental durante la fase menopáusica son muy habituales. Los más comunes son depresión, ansiedad, insomnio y empeoramiento de la memoria. En un estudio realizado, el 45 por ciento de las mujeres experimentaban síntomas depresivos menores durante la menopausia, mientras que el 27 por ciento se quejaba de nerviosismo e irritabilidad.

Los mismos nutrientes, B_6, cinc, magnesio y ácidos grasos esenciales, son útiles para reducir los síntomas menopáusicos y permiten al cuerpo adaptarse mejor a los cambios en los niveles hormonales. La deficiencia en serotonina es también muy común en estas mujeres, a las que suele sentar muy bien la toma de cantidades adicionales de triptófano y 5-HTP (véase el capítulo 14).

La depresión menopáusica y el empeoramiento de la agudeza mental pueden producirse debido a la deficiencia en estrógenos y progesterona. Según John Lee, médico de California que fue pionero en la investigación que usaba la progesterona «natural», el estado de ánimo, la claridad mental y la concentración suelen mejorar con el empleo de cremas cutáneas de progesterona transdérmica. El HRT convencional incluye progestinas sintéticas, llamadas a veces progestógenos. Pero no sólo no funcionan tan bien, sino que se les ha relacionado con el riesgo de cáncer de mama. Lo positivo acerca de la progesterona natural es que a partir de ella el cuerpo también puede producir estrógenos (seguir las flechas de la figura 21). Sin embargo, hay que decir que algunas mujeres tienen mejores resultados con un tratamiento de estrógenos y de progesterona natural. La combinación de ambos permite evitar los riesgos de cáncer que van asociados al estrógeno.

La andropausia y la depresión en el hombre

Los efectos de la deficiencia de testosterona no son muy distintos de los de la deficiencia en estrógenos y progesterona. Alrededor de un tercio de los hombres de edades comprendidas entre los 40 y los 69 se quejan de una grama de síntomas que generalmente incluyen, en orden de importancia, pérdida de libido, disfunción eréctil (incapacidad de conseguir o mantener una erección), depresión y empeoramiento de la memoria y de la capacidad de concentración. Estos son los síntomas clásicos de la andropausia.

A pesar de los años de investigación llevada a cabo, iniciada en Gran Bretaña por el doctor Malcolm Carruthers, autor de *The Testosterone Revolution,* muchos médicos siguen negando la existencia de la menopausia masculina. Sin embargo estos síntomas, especialmente la depresión, deberían tomarse con seriedad. La depresión en el hombre resulta más difícil de diagnosticar, ya que tiende a encolerizarse en lugar de entristecerse. Además, tienen mayor tendencia al suicidio. Una ayuda contra la andropausia son los suplementos de la hormona testosterona.

Si los síntomas indicados le parecen familiares, valdría la pena que midiera sus niveles de testosterona. Si son bajos, lo que supone 12 nmol/l, podría beneficiarle un tratamiento con esta hormona. Sin embargo, los síntomas son tan importantes, si no más, que los niveles de testosterona en sangre. Esto se debe a que la hormona puedo no estar «libre» en la sangre, sino ligada y no disponible. La testosterona «libre» resulta mucho más difícil de medir. Sus niveles en la saliva pueden ser un mejor indicador, apoyado por los síntomas. El análisis de la saliva también mide los niveles de DHEA (véase más adelante). Estas pruebas las realizan también los nutricionistas clínicos.

Si tiene poca testosterona, los suplementos pueden ser realmente una buena ayuda. La doctora Elizabeth Barret-Connor estudió a 680 hombres de edades comprendidas entre los 50 y los 89 años y encontró una relación directa entre los niveles de testosterona y el estado de ánimo. En el Reino Unido, el doctor Carruthers ha tratado a 1.500 hombres y ha encontrado que hay una elevación consecuente del estado de ánimo una vez que se han normalizado los niveles de esa hormona.

Desde un punto de vista nutricional, asegúrese de que está consumiendo las proteínas apropiadas y los carbohidratos de liberación lenta. Los ácidos grasos esenciales se necesitan también para un funcionamiento de la próstata y un esperma sanos, los antioxidantes protegen frente a la destrucción de la testosterona y el cinc es una ayuda general para la salud sexual y el equilibrio hormonal de los hombres. Así que asegúrese de recibir suficiente cantidad de todos estos nutrientes.

Deficiencia de DHEA y agotamiento adrenal

Los cambios en el estado de ánimo y la depresión pueden ser a veces el resultado de un exceso de estrés y un agotamiento adrenal. Las glándulas adrenales, o suprarrenales, se encuentran situadas en la parte superior de los riñones y fabrican numerosas hormonas: cortisol, adrenalina, noradrenalina y DHEA. El estrés prolongado puede provocar incapacidad de producir cantidades suficientes de estas moléculas motivadoras. Los niveles de DHEA suelen ser bajos en personas ansiosas y deprimidas, y se han asociado a actitudes agresivas y cínicas, así como a la pérdida de capacidad de disfrutar de la vida. Sin suficientes hormonas adrenales, en especial la DHEA, se pierde la capacidad de hacer frente al estrés normal de la vida, volviéndose uno más ansioso y deprimido. Desde luego, la respuesta es reducir el estrés, pero ¿cómo se pone a punto la función adrenal?

La respuesta puede ser un suplemento de DHEA. Un estudio llevado a cabo en el Departamento de psiquiatría de la Universidad de California en 1997, administró de 30 a 90 mg de DHEA a personas deprimidas de mediana edad y ancianas y obtuvo una clara mejoría en su estado de ánimo.

Nunca recomiendo DHEA, a partir de la cual el cuerpo puede fabricar otras hormonas adrenales (seguir la flecha de la figura 21), sin realizar primero, un análisis de saliva para determinar si se tienen bajos los niveles de la hormona. Si lo son, recomiendo 25 mg diarios a las mujeres y 50 mg a los hombres hasta que sus niveles se normalicen. También un nutricionista clínico puede averiguar los niveles de DHEA y recetar las cantidades necesarias.

En resumen, si padece cambios en el estado de ánimo y depresión, y si los cambios básicos en su dieta, incluidos los suplementos, no han dado ningún resultado, debería comprobar si tiene desequilibrios hormonales. Un simple análisis de la saliva puede medir sus niveles de estrógenos, progesterona, testosterona y DHEA. Un nutricionista le puede recomendar las medidas necesarias para recuperar el equilibrio.

Mientras tanto, hay unas pocas cosas que puede ir haciendo por sí mismo:

- Asegurarse de que con la dieta obtiene los suficientes ácidos grasos esenciales y tomar suplementos de 200 mg GLA.
- Suplementos de 100 mg de vitamina B_6, 20 mg de cinc y 300 mg de magnesio.
- Comer poco y con frecuencia, eligiendo alimentos con carbohidratos de liberación lenta, combinados con proteínas.
- Si todo lo anterior no funciona, probar con 100 mg de 5-HTP.

Capítulo 16
ELIMINAR LA ANSIEDAD
CON RELAJANTES NATURALES

Es estupendo sentirse tranquilo y centrado, aunque la gran mayoría nos encontramos acongojados: el estrés y la ansiedad, por triste que resulte reconocerlo, son las marcas características de la vida en el siglo XXI. Un estudio realizado en Gran Bretaña entre 22.000 personas reveló que una de cada dos experimentaba ansiedad con frecuencia. Usted no está solo. Las sensaciones y los síntomas del estrés nos afectan a la mayoría. Entre ellos se incluyen dolores de cabeza, tensión muscular, sequedad de boca, exceso de transpiración, fuertes latidos en el corazón, insomnio y fatiga.

A largo plazo, el estrés y la ansiedad le envejecen a uno. Eso se debe a que ponen al cuerpo en situación de emergencia, en una situación en la que las energías del cuerpo se canalizan para hacer frente, mediante una reacción física, al suceso estresante y se retiran de las labores de mantenimiento y reparación. Comienza a bombearse adrenalina y cortisol, aumentan los niveles de azúcar en sangre, las pupilas se dilatan para recibir más luz, respiramos más profundamente para obtener más oxígeno, pero a diferencia de nuestros ancestros, (a menudo) no combatimos ni emprendemos la huida. Lo máximo que hacemos es salir sin hacer demasiado ruido, levantamos la voz o nos callamos. Al enfrentarse a una sensación intensa o constante de ansiedad, la mayoría de la gente se «automedica» con alcohol o marihuana o bien acuden al médico, para que probablemente les recete un tranquilizante. En Gran Bretaña, en una semana nos tragamos 10 millones de tranquilizantes, nos fumamos 10 millones de porros y bebemos 120 millones de bebidas alcohólicas.

GABA: el antídoto de la ansiedad

La elección de estas tres drogas –el alcohol, la marihuna y los tranquilizantes– no es pura coincidencia. Todos ellos estimulan el neurotransmisor GABA, que es el tranquilizante cerebral que ayuda a eliminar el exceso de adrenalina y le calma a uno.

Este es el motivo de que la cerveza o la copa de vino le haga sentirse sociable, relajado, feliz y menos serio, al menos durante las horas en que aumentan los niveles de GABA. Pero al cabo de más o menos una hora, GABA comienza a disminuir y entonces usted se siente irritable y desconectado, por lo que toma una más y después otra, y así sucesivamente. El problema es que después de una sesión de bebida, desaparecen los niveles de GABA y usted se siente malhumorado e irritable. Por eso, la mayoría lo evitamos bebiendo por la noche y acostándonos bajo esa influencia. No nos damos cuenta de que el alcohol también perturba el ciclo normal de soñar, y son los sueños los que regeneran la mente. Por tanto, al despertarse por la mañana se encuentra mentalmente cansado, malhumorado e irritable debido al bajo nivel de GABA, deshidratado y perezoso, mientras que su cuerpo se desintoxica del alcohol de la noche anterior. El efecto neto es que, a largo plazo, el alcohol le vuelve a usted más ansioso. Lo mismo sucede esencialmente con la marihuana, que si se fuma con regularidad reduce la motivación.

1,5 millones de británicos son adictos a los tranquilizantes

El fármaco antiansiedad más corriente son los tranquilizantes de benzodiazepina tales como Valium, Librium y Ativan. Son muy eficaces para reducir la ansiedad a corto plazo, pero muy adictivos al cabo de tan sólo cuatro semanas. Por esta razón se recomienda con insistencia a los médicos que no lo receten durante un periodo superior a ese. A pesar de ello, una encuesta llevada a cabo por *Panorama* encontró que el 3 por ciento de los encuestados, equivalentes a millón y medio de personas en todo el país, habían tomado tranquilizantes durante más de cuatro semanas. De ellos, el 28 por ciento los consumieron durante más de diez años.

Estos tranquilizantes son más adictivos que la heroína. Su supresión puede conducir a trastornos como: insomnio, ansiedad, irritabilidad, sudoración, visión borrosa, diarrea, temblores, problemas mentales y dolores de cabeza. Una retirada brusca de dosis elevadas puede provocar ataques e incluso la muerte.

La triste verdad es que los tranquilizantes, lo mismo que el alcohol, aumentan la ansiedad y la depresión a largo plazo y son, además, adictivos. Lo que hacen es abrir los lugares receptores del cerebro para GABA, haciendo que ese órgano sea más sensible a sus efectos. Por tanto, usted se siente más relajado y menos ansioso. Al día siguiente, no obstante, puede sentirse roto. Cuanto más a menudo los tome, tanta mayor cantidad necesitará para conseguir el mismo efecto y, sin ellos, la ansiedad y el insomnio se le echarán encima. Sabiendo todo esto, resulta estremecedor que se sigan recetando fuera de los casos de traumas a corto plazo. En especial cuando conocemos alternativas naturales, no adictivas y más eficaces.

Relajantes naturales

Los estados de ansiedad van asociados a las hormonas del estrés adrenalina y cortisol. En los capítulos 3, 9 y 10 hemos tratado de cómo los niveles de azúcar en sangre aumentan y disminuyen, y cómo el abuso de los estimulantes como la cafeína y la nicotina pueden estresarnos. Por tanto, el paso para reducir la ansiedad es equilibrar su nivel de azúcar en sangre comiendo carbohidratos de desintegración lenta y evitando, o al menos reduciendo considerablemente, el uso de estimulantes.

Existen los estimulantes naturales de GABA que le garantizan producir y liberar GABA cuando necesite una respuesta de relajación sana. Entre ellos se incluyen los aminoácidos, los minerales y las hierbas medicinales, siendo los más eficaces:

- GABA.
- Taurina.
- Kava.
- Valeriana.
- Lúpulo.
- Flor de la pasión.
- Magnesio.

Veamos cómo pueden reducir su nivel de ansiedad.

GABA, el antídoto del estrés

Como hemos visto anteriormente, el GABA (ácido gamma-aminobutírico) es el principal neurotransmisor inhibidor o calmante. No sólo reduce el exceso de adrenalina, noradrenalina y dopamina, sino que también afecta a la serotonina, y así influye sobre el estado de ánimo. Por estas razones, teniendo suficiente GABA en el cerebro se está relajado y feliz, mientras que su carencia va asociada a ansiedad, tensión, depresión e insomnio. El GABA no sólo es un neurotransmisor, sino también un aminoácido. Esto significa que es un nutriente y, tomándolo en suplementos, que puede ayudar a mantener unos niveles normales y sanos de GABA en el cerebro. Los suplementos de 500 a 1.000 mg una o dos veces al día son un relajante natural muy eficaz. Aunque no sea adictivo, eso no significa que no tenga efectos secundarios en cantidades grandes. Aunque hasta 2 g diarios no parecen provocar problemas, los suplementos de 10 g al día pueden provocar náuseas e incluso vómitos y un aumento de la tensión arterial. Por tanto, el GABA deberá usarse de modo razonable, en especial si se tiene la presión alta, comenzando con no más de 1 g al día y sin exceder los 3 g.

Taurina, el mejor amigo del GABA

La taurina es otro aminoácido relajante, de estructura y efecto similares a los del GABA. Mucha gente cree que es un estimulante porque se utiliza en las llamadas «bebidas energéticas», pero no lo es. Ayuda a relajar y a que disminuya el exceso de adrenalina, como el GABA. La taurina tiene también otros muchas indicaciones, que incluyen el insomnio, la depresión e incluso la manía, la fase alta de la depresión maniaca, tal como se trata en el capítulo 23.

La taurina aparece en altas concentraciones en alimentos de origen animal tales como el pescado, los huevos y la carne. Por consiguiente, los vegetarianos tienen más probabilidades de padecer una deficiencia en esta sustancia. Aunque el cuerpo puede sintetizar taurina a partir de los aminoácidos L-cisteína y L-metionina (siempre que disponga de suficiente vitamina B_6), si es usted proclive a sufrir altos niveles de ansiedad, le resultará beneficioso tomar suplementos de este aminoácido relajante. Pruebe con 500 a 1.000 mg dos veces al día. No se conocen factores de precaución ni efectos adversos a dosis razonables.

Kava kava, una planta pacífica

Kava es una planta polinésica que los isleños del Pacífico han estado consumiendo desde hace más de 3.000 años como bebida no alcohólica de tipo social y ceremonial. La primera descripción de esta especie de la familia de las piperáceas llegó a Occidente en boca del capitán Cook, en su famoso viaje por los mares del sur. La raíz se utiliza para preparar la bebida y, una vez seca, para obtener el suplemento nutricional que se utiliza en Occidente en medida creciente para combatir el estrés, la ansiedad y el insomnio.

Es excelente para reducir la ansiedad. Un estudio de cuatro semanas realizado en pacientes con diagnóstico de ansiedad halló que experimentaban una notable mejoría en los síntomas al cabo de tan sólo una semana. En el estudio más largo realizado hasta la fecha (seis meses), el doctor H. P. Volz, en Alemania, encontró que la planta proporcionaba un considerable alivio de la ansiedad en comparación con un placebo, y con unos efectos secundarios mínimos. Numerosos estudios han comparado la efectividad de la kava con placebos, aunque también con los principales tranquilizantes, y han encontrado que es tan eficaz como éstos pero sin los efectos secundarios que son frecuentes en estos fármacos. Relaja tanto las emociones como los músculos, lo que hace que resulte de gran utilidad para las cefaleas, los dolores de espalda y otros síntomas causados por la tensión muscular. Reduce también las charlas mentales con uno mismo y aumenta la concentración. Pero, lo más importante de todo, no es adictiva.

La razón por la que la kava funciona es que contiene una resina exclusiva formada por kavalactonas y otros compuestos que actúan sobre el sistema límbico, que es el centro emocional del cerebro (probablemente debido a una acción indirecta sobre los receptores de GABA), y directamente sobre los músculos, facilitando de este modo la relajación por dos vías diferentes, mientras que no provoca habituación, tolerancia, adicción o dependencia como sucede con el alcohol. Se necesitan de 60 a 75 mg de kavalactonas, administrados en dos o tres tomas al día, para conseguir el efecto antiansiedad. Como sedante, ayuda a dormir al tomar de 120 a 200 mg antes de acostarse. Las diferentes presentaciones de kava contienen concentraciones distintas de kavalactonas, por lo que es mejor referirse a la dosis de estas últimas en lugar de a la cantidad total de la planta en polvo, cápsula o tintura. Por desgracia, la kava ha sido retirada de España y Alemania, no así en el resto de Europa.

La valeriana es el Valium de la naturaleza

Otra excelente planta contra la ansiedad es la valeriana (*Valeriana officinalis*). Los principios activos se obtienen de las raíces y los rizomas secos de una atractiva planta perenne de bonitas flores rosadas, que crece en los suelos húmedos de toda Europa. Como relajante natural es útil para diversos trastornos, tales como intranquilidad, nerviosismo,

> **¿Puede ser tóxica la kava para el hígado?**
>
> En dosis normales no se conocen efectos secundarios para la kava, excepto algunos casos raros de exantema cutáneo en personas sensibles, dolores de cabeza o ligero malestar de estómago. Recientes investigaciones en Alemania se han centrado sobre los potenciales efectos hepatotóxicos de los extractos con excesiva concentración, que dificultarían al hígado procesar las kavalactonas, similares a las grasas. Esto significa que este órgano tiene que «biotransformar» los residuos de kavalactona para eliminarlos del cuerpo. Esta tranformación se hace con una serie de enzimas del hígado que dependen de un nutriente llamado glutatión. La raíz de la planta contiene kavalactonas y glutatión, pero algunos extractos (en especial los que dan un 60 por ciento o más de kavalactonas) concentran la kavalactona y eliminan el glutatión. En condiciones normales esto no constituye ningún problema, pero el alcohol y muchos medicamentos recetados, por ejemplo el paracetamol, utilizan los mismos enzimas desintoxicantes. Por tanto, si bebe mucho alcohol y toma medicamentos hepatotóxicos, incluidos los tranquilizantes de benzopiacepina, la kava ayuda a depurar su hígado. Se han dado varios casos de estos en Alemania. Por este motivo, no recomiendo utilizar los extractos de esta planta si bebe mucho o si está bajo medicación, sin la autorización de su médico.

insomnio e histeria, y se ha utilizado también como sedante para el «nerviosismo» de estómago. La valeriana actúa sobre los receptores de GABA del cerebro, realzando su actividad y brindando así una acción tranquilizante similar a la de los fármacos de tipo Valium, pero sin los mismos efectos secundarios. Como relajante se necesitan de 50 a 100 mg dos veces al día, y el doble de esta cantidad 45 minutos antes de irse a dormir para tener un buen sueño.

Puesto que la valeriana potencia los fármacos sedantes, incluidos los miorrelajantes y los antihistamínicos, no deberá tomarse sin el permiso del médico si uno está siendo medicado con estas sustancias. La valeriana también puede interactuar con el alcohol, así como con ciertos fármacos psicotrópicos y narcóticos.

El lúpulo y la flor de la pasión, favorita de los aztecas

El lúpulo (*Humulus lupulus*) es un antiguo remedio para dormir bien y probablemente se introdujo en la cerveza por esa razón. Ayuda a calmar los nervios actuando directamente sobre el sistema nervioso central, en lugar de afectando a los receptores de GABA. Se necesitan unos 200 mg diarios, pero el efecto es mucho menor que el de la kava o el de la valeriana, y mejora cuando se toma junto con estas hierbas u otras, como la flor de la pasión.

La flor de la pasión (*Passiflora incarnata*) fue muy apreciada por los aztecas, que la utilizaron para preparar bebidas relajantes. Tiene un efecto sedante suave y favorece el sueño, lo mismo que el lúpulo, sin que se conozcan efectos secundarios en dosis normales. Es también útil para los niños hiperactivos. Se necesitan alrededor de 100 a 200 mg diarios.

Las combinaciones de estas plantas resultan particularmente efectivas para aliviar la ansiedad, y pueden ayudar realmente a romper las pautas de una reacción estresada frente a los retos de la vida.

El magnesio relaja la mente y la musculatura

El magnesio es otro nutriente importante que ayuda a relajar. Por lo general también solemos ser deficitarios. No sólo relaja la mente, sino también los músculos. Por consiguiente, los síntomas de su carencia incluyen dolores musculares, calambres y espasmos, así como ansiedad e insomnio. En las personas ansiosas suelen encontrarse niveles bajos de magnesio, y los suplementos de este mineral pueden ser una buena ayuda. Se necesitan unos 500 mg diarios. Las semillas y las nueces son ricas en él, lo mismo que las hortalizas y la fruta, aunque en especial las hortalizas de hoja verde, tales como la col rizada y la espinaca. Recomiendo tomar todos los días estos alimentos ricos en magnesio y un suplemento adicional de 300 mg. Pero si sufre mucha ansiedad y no puede dormir, añada 500 mg por la noche.

¡Basta ya de culpables!

Los suplementos para aliviar la ansiedad son esenciales, pero también tenemos que buscar sustancias del cuerpo que habrá que controlar para poder calmarnos.

La conexión entre la histamina y el cobre

Aunque los problemas de azúcar en sangre y bajos niveles de magnesio sean razones comunes para reaccionar con estrés, no son los únicos desequilibrios bioquímicos que pueden conducir a ansiedad. El doctor Carl Pfeiffer encontró que muchos de sus pacientes que experimentaban temores extremos, fobias y paranoia presentaban niveles de histamina muy bajos. Muchos tenían también niveles de cobre altos, un elemento que es tóxico en exceso y que puede reducir los niveles de histamina.

El doctor Pfeiffer encontró que los pacientes bajos en histamina eran lo contrario a los del tipo alto en histamina descritos más adelante en el capítulo 22. Incluían más vellosidad corporal, mayores probabilidades de padecer sobrepeso, raras cefaleas o alergias, un umbral del dolor alto y un carácter suspicaz. Observó que les sentaban bien las cantidades grandes de niacina, ácido fólico y B$_{12}$, además de vitamina C, cinc y manganeso, que ayudan a reducir los niveles altos de cobre.

Si le suenan estos síntomas, vale la pena que analice sus niveles y si son altos para el cobre u otro mineral tóxico, tome los pasos necesarios que se han descrito en el capítulo 10 para reducirlos. Si tiene grandes miedos y ansiedad es posible que le ayuden los suplementos con cantidades grandes de niacina, ácido fólico y vitamina B$_{12}$. Sin embargo, sólo deberá hacerse bajo el control de un nutricionista clínico.

El ácido láctico aprieta el botón del pánico

Algunas personas experimentan ataques de pánico, caracterizados por unas sensaciones extremas de miedo. No son nada infrecuentes. Entre los síntomas se encuentran las palpitaciones, respiración acelerada, vértigo, inseguridad y sensación de muerte inmediata. Los que padecen agorafobia, miedo a estar solos o en lugares públicos, saben a menudo que pueden salir o estar solos, pero tienen miedo de sufrir un ataque de pánico.

Por muy «psicológico» que suene esto, hay detrás un desequilibrio bioquímico, aparte de cualquier factor psicológico. Se trata de un exceso de ácido láctico. Cuando los músculos no reciben el suficiente oxígeno, obtienen sin él la energía a partir de la glucosa. El problema es que existe un subproducto llamado ácido láctico. Por extraño que nos parezca, la administración de ácido láctico a estas personas puede desencadenar un ataque de pánico.

Una manera de aumentar los niveles de ácido láctico es con la hiperventilación. Mucha gente lo hace cuando están experimentando ataques de pánico. La hiperventilación cambia el nivel ácido de la sangre y altera el equilibrio del dióxido de carbono. El cuerpo responde produciendo más ácido láctico. La solución es respirar en una bolsa de papel durante el ataque y concentrarse en hacerlo en profundidad durante un minuto. Esto ayuda a restaurar el equilibrio. Los saltos del azúcar en sangre también pueden provocar hiperventilación y aumentar el ácido láctico. Por tanto conviene mantener el nivel de azúcar en sangre uniforme, comiendo pocas cantidades pero con frecuencia. Por último, la deficiencia en vitamina B$_1$ impide que el cuerpo aproveche de manera adecuada la glucosa y facilite la producción de ácido láctico. Asegúrese, por tanto, de tomar un buen suplemento del complejo B o multivitamínico. Hágase también un análisis por si tuviera alergia a algún alimento. Este es el desequilibrio bioquímico más común que desencadena un ataque de pánico.

Lo que mejor funciona es una combinación de plantas medicinales y nutrientes

La combinación de aminoácidos relajantes y plantas medicinales es lo más eficaz para reducir los niveles altos de ansiedad. La acción sinérgica de los nutrientes como GABA, taurina y las plantas, tales como la valeriana, lúpulo y flor de la pasión, significa también que cada uno de ellos por separado puede ser menos eficaz.

Aunque las causas de los niveles de ansiedad altos suelen ser psicológicas, equilibrando el azúcar en sangre, reduciendo los estimulantes, garantizando una nutrición óptima y usando plantas medicinales y nutrientes se puede romper el hábito de reaccionar con miedo y ansiedad ante el inevitable estrés de la vida.

En resumen, para combatir el estrés y reducir la ansiedad:

- Mantenga uniforme su nivel de azúcar en sangre comiendo carbohidratos de degradación lenta y evitando los estimulantes y el azúcar.
- Trate las causas subyacentes al estrés y la ansiedad, quizás con ayuda de un psicoterapeuta.
- Tome suplementos de kava o valeriana, los aminoácidos GABA o taurina o una combinación de estas hierbas relajantes y aminoácidos más magnesio.

Capítulo 17
SOLUCIÓN PARA LOS PROBLEMAS DE INSOMNIO

Ninguno de nosotros puede vivir sin él. Lo necesitamos cada día, y la mayoría somos deficitarios. No es una vitamina ni un mineral, es el sueño. Un alarmante 47 por ciento de la gente tiene dificultades en conciliarlo o de dormir durante toda la noche, pero, muchos más, simplemente no duermen lo suficiente para una salud óptima.

Antes de que la bombilla eléctrica ampliara la duración de nuestros días, la mayor parte de la gente dormía hasta diez horas por la noche. Esta cifra se sitúa hoy alrededor de siete, y continúa descendiendo. No sólo dormimos menos en el siglo XXI porque sepamos cómo alargar el día, sino que dormimos menos para hacer más cosas. No obstante, las investigaciones demuestran con claridad que son raras las personas que pueden sobrevivir a largo plazo durmiendo menos de siete u ocho horas.

Uno de los grandes misterios es por qué necesitamos dormir. Sin el sueño, incluso durante una noche, el cuerpo muestra signos de estrés, disminuye el estado de ánimo y la concentración, bajan las defensas, se reducen los niveles de nutrientes vitales tales como el cinc y el magnesio, y la vitamina C se consume a una velocidad alarmante. El sueño rejuvenece el cuerpo y la mente. Durante las tres primeras horas, el cuerpo pasa por una rápida fase de reparación. Esta es una de las razones por las que si está herido o enfermo no hay nada mejor que dormir bien por la noche.

La importancia de soñar

Después de un par de horas entramos en el estado de los sueños, conocido como del movimiento rápido de los ojos, o REM fase 1. El sueño REM suele producirse 90 minutos después de comenzar a dormir, pero si estamos faltos de sueño se puede producir a los 30 minutos.

Los sueños se tienen durante la fase REM y la mayoría tenemos cuatro o más periodos REM en el curso de la noche, incluso las personas que tienen dificultades para recordar lo que han soñado. Además de proporcionar un descanso físico, dormir brinda la oportunidad de «rebobinar» los sucesos del día en nuestro gran ordenador, el cerebro. Aunque los occidentales prestan poca atención a los sueños, una tribu africana cree que la «vida real» se vive en los sueños y que el tiempo diurno es la ilusión. El filósofo boliviano Oscar Ichazo describe la realidad del sueño como las estrellas de la noche: están brillando todo el tiempo, pero el resplandor del sol durante el día impide verlas. Muchos científicos creen que la deficiencia nutricional es una de las razones por la que los sueños se recuerdan poco o nada.

En un estudio del Institute for Optimum Nutrition encontramos que más del 40 por ciento de las personas no recuerda sus sueños o con muy poca frecuencia. Al investigar los signos y síntomas de la deficiencia en vitamina B_6 y cinc, hallamos una alarmante proporción de gente que no podía acordarse lo que había soñado. Tras administrarles suplementos de estas sustancias, volvieron a recordarlos y afirmaban además, que sus sueños eran más vívidos.

Por tanto, si cree que no sueña vale la pena tomar suplementos de B_6 y cinc, aumentando gradualmente la dosis hasta 200 mg de B_6 y 30 mg de cinc (es mejor no superar estas cantidades sin el control de un nutricionista). Las combinaciones de plantas medicinales que favorecen el sueño y aminoácidos, que se tratan más adelante, son también excelentes para facilitar un sueño de buena calidad y poder soñar.

Una mujer me contó que durante los diez últimos años no había dormido más de cinco horas por la noche. Después de tomar un suplemento de kava, lúpulo, flor de la pasión, GABA y taurina, durmió 12 horas de un tirón y se despertó encontrándose estupendamente. Otra mujer relataba que esa misma combinación le sentaba muy bien, aunque no la ayudaba a dormir. Su problema era el despertar. Después de tomar suplementos de esas sustancias comenzó a despertarse a las 8 llena de energía, en lugar de a las 10, pero cansada. Otra dijo que después de tomar una combinación de kava y 5-HTP comenzó a soñar en colores por primera vez en su vida. Muchas otras personas hablan de tener sueños más lúcidos y de recordarlos mejor, así como el hecho de dormir más profundamente sin despertarse.

¿Tiene falta de sueño?

Los especialistas en el sueño de la Loughborough University han llevado a cabo una serie de pruebas sobre cómo funciona el cerebro cuando se le priva del sueño. Los resultados son muy claros: la gente somnolienta tiene problemas para encontrar la palabra justa, tener ideas y reaccionar con rapidez a las situaciones cambiantes. Por tanto, recortando el sueño usted se vuelve menos eficiente, no más.

Incluso si su trabajo no implica demasiada actividad mental, la falta de sueño bajará su estado de ánimo y su capacidad general para hacer frente a los retos habituales de la vida. ¿No es mucho más sencillo resolver un error con el banco o un retraso del tren si se encuentra bien alerta, en lugar de medio despierto? La falta de sueño le vuelve a uno malhumorado e irritable y a largo plazo, incluso deprimido. Los científicos han medido la capacidad del cuerpo para luchar contra las infecciones cuando se está cansado y han hallado que las personas con falta de sueño presentan menos células asesinas, un tipo de células inmunológicas necesarias para la resistencia contra los invasores.

Los seis pasos para el supersueño

Si tiene problemas para conciliar el sueño, se mantiene despierto o le falta sueño, estos son seis pasos que le ayudarán a resolverlo:

- Ir al fondo de los factores que lo provocan.
- Manejar los niveles de estrés.
- Mantener uniformes los niveles de azúcar en sangre durante el día.
- Equilibrar sus minerales, tomando suplementos de magnesio.
- Equilibrar sus neurotransmisores del sueño, la serotonina y la melatonina.
- Si es necesario, usar un somnífero natural tal como kava kava o valeriana.

Siempre hay alguna razón, emocional o física, para todos estos problemas del sueño. El primer paso debe ser averiguar las causas antes de recurrir a las tabletas somníferas, aunque sean de productos naturales. Así que eche un vistazo al cuadro siguiente, y vea si algunos de esos factores causantes es aplicable para usted.

Los factores que perpetúan el insomnio: ¿cuáles le son aplicables?

- Estrés.
- Ruido.
- Calor o frío.
- Horas de dormir irregulares.
- Trabajo por turnos.
- Efectos secundarios de la medicación (por ej. algunos broncodilatadores para el asma, algunos antidepresivos).
- Cenar poco antes de irse a dormir.
- Consumo de cafeína excesivo/demasiado tarde.
- Consumo de alcohol excesivo/demasiado tarde.
- Fumar tarde.
- Indigestión.
- Dolor.
- Depresión.
- Niveles de azúcar en sangre muy fluctuantes.
- Problemas respiratorios.
- Drogas «de pasatiempo».
- Siesta excesiva por la tarde.
- Cama incómoda o vieja.
- Esperar que se van a tener problemas para dormir.

La mayoría de la gente ha experimentado alguna vez en su vida la frustración, intranquilidad y agotamiento de no poder dormir lo suficiente o despertarse demasiado pronto y no poder volver a conciliar el sueño. Aunque suele relacionarse con alguna etapa de ansiedad o los factores antes reseñados, también influye mucho lo que uno come.

El estrés, el azúcar y los estimulantes favorecen el insomnio

Muchos de los ritmos diarios del cuerpo, incluidos los de energía y somnolencia, son mecanismos finamente ajustados que dependen de ciertas pautas hormonales, sustancias químicas del cuerpo y nutrientes. Por la noche, los niveles de la hormona del estrés, cortisol, deben disminuir, calmando el cuerpo y preparándolo para el descanso. Sin embargo, si se mantienen descontrolados por alguna razón (por lo general estrés o una dieta rica en estimulantes o azúcar), es probable que se deteriore la capacidad de conciliar el sueño, dormir durante toda la noche y despertarse descansado. Si los niveles de cortisol son altos durante la noche, esto suprime la liberación de la hormona del crecimiento, que es esencial para el desarrollo y la reparación diaria de los tejidos. Esto hace que el cuerpo acelere su envejecimiento. Por supuesto que es muy importante tratar las causas que subyacen al estrés. También lo es mantener equilibrados los niveles de azúcar en sangre comiendo de manera regular durante el día e incluyendo algunos alimentos ricos en proteínas en cada comida (por ejemplo pescado, huevos, carne o productos de soja), evitando los alimentos refinados, el café, los productos y bebidas azucarados y reduciendo el alcohol.

Sobre cómo la serotonina y la melanotonina ayudan a dormir

Durante el día, los niveles de adrenalina son más altos y le estimulan a uno. Cuando comienza usted a relajarse, los niveles de serotonina aumentan y disminuyen los de adrenalina. Al oscurecer entra en juego un nuevo neurotransmisor, la melatonina. La melatonina es una molécula casi idéntica a la serotonina, a partir de la cual esta es sintetizada, y ambas están hechas del aminoácido triptófano. El principal papel de la melatonina en el cerebro es regular los ciclos de sueño/vigilia. Es interesante el hecho de que la melatonina se produce en la glándula pineal, sensible a la luz y situada en el centro del cerebro, a la que se conoce también como el tercer ojo y que René Descartes consideraba que era la sede del alma. ¿Ha pensado alguna vez de dónde procede la luz cuando sueña?

Tal como vimos anteriormente, mucha gente, en especial las mujeres, son deficientes en serotonina. Sin una cantidad suficiente de esta sustancia no se fabrica suficiente melatonina. Sin esta, es difícil conciliar el sueño y permanecer dormidos. Despertarse demasiado temprano y no poder volver a dormir es un síntoma clásico de la deficiencia de estas sustancias esenciales en el cerebro.

Para dormirse se necesitan cantidades adecuadas de B_6 y triptófano. Alimentos muy ricos en éste son el pollo, el queso, el atún, el tofu, los huevos, las nueces, las semillas y la leche. Como suele suceder, un remedio casero como es tomar un vaso de leche caliente antes de irse a la cama tiene así el respaldo de la ciencia. Otros alimentos que favorecen el sueño son la lechuga y la avena. Lo más eficaz de todo son los suplementos de 5-HTP o de melatonina. El 5-HTP (hidroxitriptófano) es el precursor directo de la serotonina y si se administra en suplementos puede elevar los niveles de melatonina y serotonina. 5-HTP se presenta muy concentrado en semillas de griffonia, una planta africana. Los suplementos de 100 mg a 200 mg de 5-HTP media hora antes de acostarse ayudan a tener un buen sueño.

La melatonina, que es un neurotransmisor, no un nutriente, también puede ser útil, pero hay que emplearla con mucha mayor precaución. Se debe a que en cantidades excesivas tiene efectos secundarios tales como diarrea, estreñimiento, náusea, vértigo, reducción de la líbido, dolores de cabeza, depresión y pesadillas. Sin embargo, si duerme mal puede intentar con 3 mg antes de acostarse.

A veces, los suplementos de 5-HTP o melatonina durante un mes ayudan a equilibrarse de nuevo y restablecer las pautas adecuadas de sueño, tras lo cual ya no es necesario tomarlo. Esta es una buena manera de abandonar otros somníferos más perjudiciales.

La melatonina es muy útil para los trastornos por cambio de hora, el *jetlag*, cuando el cuerpo pierde su sincronización con el planeta. La mejor manera de recuperar el equilibrio es tomando 1 mg de melatonina por cada hora de diferencia horaria antes del nuevo momento de irse a dormir. Así, si viaja de Londres a Los Ángeles, que va ocho horas atrasada, tome 8 mg la primera noche, reduciéndolo a 4 mg la segunda, 2 mg la tercera e interrumpiéndolo después. Hay que tomarlo siempre en el momento de acostarse y reduciendo a la mitad la dosis cada noche.

Minerales que calman

La falta de los minerales calcio y magnesio puede provocar o exacerbar los problemas de sueño, porque actúan conjuntamente para calmar el cuerpo y ayudar a relajar nervios y músculos. Los niveles de magnesio pueden ser muy bajos si se está muy estresado o se consume demasiado azúcar. Tomar algo de magnesio por la noche, aunque sea en un suplemento, puede ser de utilidad. Es más probable que la dieta sea baja en magnesio que en calcio, así que hay que procurar tomar suficientes alimentos ricos en este mineral tales como semillas, nueces, verduras, cereales integrales y marisco. Los productos lácteos, verduras, nueces, marisco y melazas son una excelente fuente de calcio. Para algunas personas es útil tomar 600 mg de calcio y 400 mg de magnesio al acostarse. Un aporte suficiente de vitaminas B cada día ayuda a mantener el cuerpo en muchos aspectos, incluida la capacidad de hacer frente al estrés. Las vitaminas del complejo B deben tomarse al comienzo del día en lugar de por la noche, puesto que también están implicadas en la producción de energía y mantienen despejadas a muchas personas.

Las hierbas para dormir

Realmente, lo mejor es acudir a las ayudas para dormir, naturales o farmacéuticas, sólo como último recurso. Los sedantes médicos suelen ser adictivos y la tolerancia aumenta, haciendo necesarias cantidades cada vez mayores para conseguir el mismo efecto. Presentan una amplia gama de efectos secundarios, tales como somnolencia, problemas de memoria, confusión, depresión, sequedad de boca y todo tipo de síntomas desagradables. Son también sustancias químicas fuertes que el cuerpo tiene que eliminar, imponiendo un esfuerzo adicional al hígado.

Hay muchas sustancias naturales que ayudan a dormir, aunque también deberán emplearse sólo cuando se hayan agotado otras vías y, aun así, sólo de modo ocasional. Muchas de ellas, en especial las plantas medicinales, se venden en formulaciones mixtas.

Valeriana, llamada a veces el «Valium natural». Como tal puede interactuar con el alcohol y otros sedantes, por lo que se tomará en combinación con ellos sólo bajo control médico.

Dosificación: 150 a 300 mg unos 45 minutos antes de acostarse.

Flor de la pasión, cuyo suave efecto sedante ha quedado demostrado en numerosos estudios con animales y seres humanos. Esta hierba proporciona un sueño profundo, ininterrumpido y reparador, sin efectos secundarios.

Dosificación: varía según la formulación, por lo general 100 a 200 mg de un extracto estándar.

Kava kava, relajante para la mente y el cuerpo. Se toma 20 minutos antes de acostarse y puede facilitar un sueño profundo sin sopor al despertar. Véanse las precauciones de la página 174.

Dosificación: 250 mg una hora antes de acostarse (normalizado al 30 por ciento de kavalactonas).

Hipérico, tiene efectos que aumentan la serotonina y la melatonina, por lo que es un excelente regulador del sueño.

Dosificación: 300 mg (normalizado al 0,3 por ciento de hipericina).

Lúpulo, usado durante siglos como sedante suave y somnífero. Su acción sedativa actúa directamente sobre el sistema nervioso central.

Dosificación: varía, pero alrededor de 200 mg diarios.

Las combinaciones de estas plantas, junto con 5-HTP, son los somníferos naturales más efectivos.

> «Sufría de insomnio crónico desde hacía año y medio y no quería tomar somníferos. Decidí probar con una combinación de hierbas relajantes y nutrientes al ver que eran 100 por cien naturales. Lo tomé una hora antes de irme a la cama y realmente funcionó. Durante las dos últimas semanas he dormido de un tirón y me siento descansado al levantarme.
>
> "¡Mi problema no es conciliar el sueño, sino despertarme!" Tengo dos despertadores pero los dejo sonar y no me levanto antes de las 11. ¡Tengo un humor de diablos por las mañanas. Probé a tomar una combinación de kava-kava, GABA, taurina y lúpulo antes de acostarme y al día siguiente me desperté a las 8.30, feliz y despejada. Lo he hecho varias veces y siempre ha funcionado.»

El sueño no es el único periodo de relajación y recarga. Hacer gimnasia con regularidad, hacer ejercicios de relajación como yoga, tai-chi, meditación o respiración controlada, disfrutar un rato pintando o tocando un instrumento, dedicar algún tiempo a la pareja, a los hijos o a un animal de compañía: todo esto son cosas que pueden ayudar a desviar nuestra atención del trabajo y las preocupaciones, dejando la noche para dormir y, quizás, practicar el sexo, si no está cansado.

En resumen, si quiere dormir bien y soñar un poco:

- Evite el azúcar y los estimulantes, especialmente después de las 4 de la tarde.
- Busque maneras de relajarse y perder el estrés por la noche.
- Asegúrese de que sus suplementos incluyan 100 mg de vitamina B_6 y 10 mg de cinc (hasta 30 mg si no recuerda lo soñado).
- Tome suplementos de 400 mg de calcio y 300 mg de magnesio por la noche y consuma alimentos ricos en estos minerales, tales como semillas y hortalizas verdes.
- Si padece insomnio, tome 200 mg de 5-HTP o dos cápsulas de 2.000 mg de l-triptófano antes de acostarse, o bien plantas medicinales como kava o valeriana o una combinación de estas plantas y nutrientes.

Parte 4

¿Qué es la enfermedad mental?

La enfermedad mental, más que ninguna otra afección, es un estigma de la sociedad moderna. Como sucede con otras enfermedades, sabemos mucho de lo que causa, evita y alivia los problemas, desde la depresión a la esquizofrenia. Normalmente la razón suele ser bioquímica, por tanto, con una nutrición apropiada mucha gente se recupera por completo. En esta parte descubrirá lo que significa la enfermedad mental, cómo obtener el diagnóstico correcto, por qué la farmacoterapia a largo plazo rara vez da resultados, y todo acerca de otras alternativas más eficaces.

Capítulo 18
LA COMPRENSIÓN DE LA ENFERMEDAD MENTAL

Antes de tratar lo que hay que hacer para aliviar ciertos tipos de enfermedad mental, es importante comprender lo que significa este término. Tanto el profano como el especialista lo utilizan a menudo como elemento identificativo, sin una definición clara y sin comprenderlo. De hecho, la ley sobre salud mental del Reino Unido de 1983 no contiene ninguna definición. En lugar de ello afirma:

> «En la práctica, la decisión de si una persona está mentalmente enferma es una decisión clínica y su expresión debe definirse invariablemente mediante referencia a lo que el médico afirma que significa en un caso particular, más que un criterio legal preciso.»

Dicho con otras palabras, depende del médico o el psiquiatra.

Lo que comúnmente se entiende por «enfermedad mental» es un estado que se aleja de lo que se considera normal o aceptable. Todos lo hemos experimentado en cierta medida. En un extremo del espectro nos sentimos infelices sin motivo aparente o reaccionamos de manera explosiva al menor estrés u ofensa. En el otro extremo, escuchamos voces que no se han pronunciado o nos sentimos incapaces de continuar. En la práctica, lo que tiende a suceder es que a una persona que sufre continuamente de estados mentales menos normales se le etiqueta de depresiva, maniacodepresiva, esquizofrénica o afectada de cualquier otro trastorno. Puede entonces ir arrastrando esa etiqueta de por vida y se le considerará un ser humano que no es normal. Estas etiquetas no benefician en nada a la persona, de modo que para definir lo que significa para nosotros enfermedad mental es importante evitar una etiqueta que en sí misma podría contribuir a una mayor confusión mental.

Por tanto, sería más útil definir nuestros términos con referencia al concepto de bienestar mental. Un buen estado de salud mental se refiere a sentirse uno estable, feliz y satisfecho con hacer frente de manera adecuada a los inevitables problemas de la vida cotidiana, y entonces un problema de salud mental sería el no poder hacer frente a todo eso, sentirse infeliz la mayor parte del tiempo, sin ánimos y con temores frecuentes y no naturales.

Recordando esto, lo que yo llamo enfermedad mental es un estado de la mente en que uno es incapaz de abordar algunos aspectos de la vida hasta el punto de que perjudica seriamente su capacidad de llevar una vida satisfactoria.

El cuerpo y la mente: una jungla que se organiza a sí misma

Cualquier pensamiento o sentimiento que tengamos puede alterarse, y se altera, por efecto de la química del cuerpo. La mente y el cuerpo están completamente interconectados. El uno no existe sin el otro. El concepto occidental de que somos nuestras mentes (pienso, luego existo) y que nuestro cuerpo es una máquina, ha creado la falsa idea de la separación entre ambos. Esta idea generó la noción de que la enfermedad mental es el resultado de que la parte de la máquina responsable del pensamiento y de los sentimientos, el cerebro, funciona mal. Eso llevó al concepto de enfermedad mental como algo que debe ser destruido mediante medicamentos o procedimientos quirúrgicos como las lobotomías o el electroshock, cosas ambas que dañan al cerebro. La otra vía que emergió de este concepto de separación fue la fe ciega en el psicoanálisis y la idea de que la enfermedad mental es simplemente el resultado de los problemas de la mente abstracta, no del cerebro físico. Esta errónea separación continúa en nuestros días.

En lugar de la idea de intentar fijar si la parte que no funciona está en el cerebro físico o en la psique abstracta, prefiero concebir a los seres humanos como «complejos sistemas adaptativos», más parecidos a una jungla que se organiza a sí misma

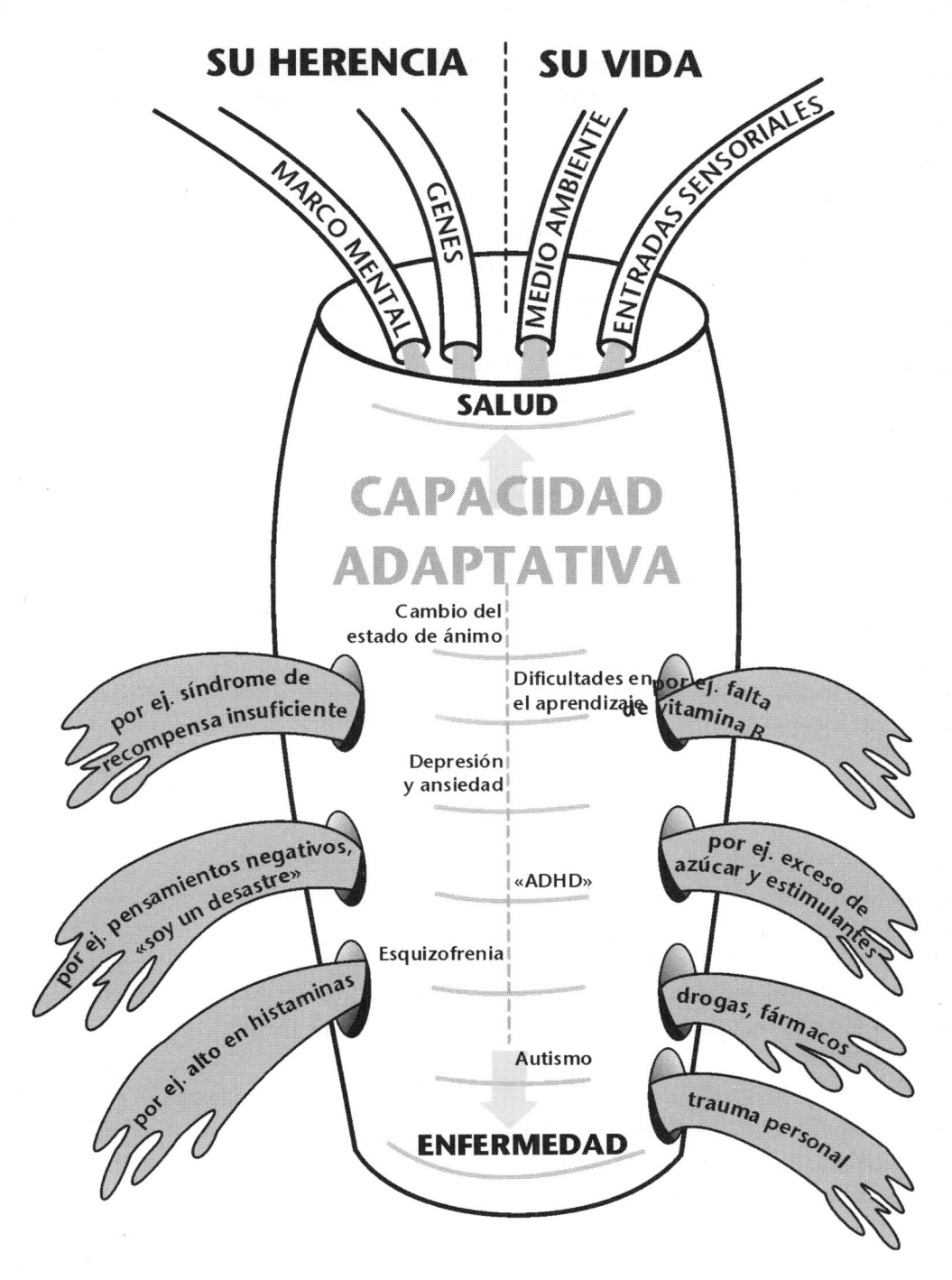

Figura 23. El nuevo modelo de salud mental.

que a un complicado ordenador. En lugar de intentar «controlar» la salud de una persona jugando a Dios con medicina de alta tecnología, hay una nueva vía de ver la salud que considera al ser humano como un todo, con una mente interconectada y un cuerpo diseñado para adaptarse a la salud si las circunstancias son favorables. Tenemos un sorprendente impulso que nos dirige hacia la salud y la felicidad, y una extraordinaria capacidad de restaurar el equilibrio cuando la salud se pierde.

Por supuesto que esta «capacidad adaptativa» no es la misma para todos. Todos tenemos diferentes puntos débiles o fuertes. Por eso, a partir de este nuevo modelo, nuestra salud es el resultado de la interacción entre nuestra capacidad adaptativa heredada y nuestras circunstancias. Por ejemplo, a nivel fisicoquímico, que sería entre nuestros genes y nuestro medio ambiente (véase la figura 23). Si nuestro entorno es suficientemente hostil (mala dieta, contaminación, alergenos, etc.), excedemos nuestra capacidad de adaptación y enfermamos.

Podemos aplicar el mismo modelo al nivel psicológico. Nuestro «entorno» psicológico es literalmente todo lo que vemos, oímos, olemos, tocamos y saboreamos, la suma total de nuestras entradas sensoriales. Nuestros «genes» psicológicos son nuestra estructura mental, el marco que interpreta lo que atraviesa los sentidos a fin de dar sentido a nuestro mundo. No vemos la realidad tal como es realmente, interpretamos todo lo que vemos basándonos en nuestras estructuras mentales, que son el resultado de las reacciones que hemos tenido en el pasado ante experiencias similares y que constituyen la base de nuestro condicionamiento en la infancia. De esta manera definimos lo que nos gusta y lo que no, las atracciones y las aversiones, etc.

En este nuevo modelo de salud hay cuatro aspectos que contribuyen a la salud mental y otros cuatro, a la enfermedad mental:

Medio ambiente. Incluye todos los nutrientes y antinutrientes que tomamos. Como vimos en las partes 1 y 2, las deficiencias en ciertas vitaminas, minerales, ácidos grasos esenciales, fosfolípidos y aminoácidos pueden causar problemas de salud mental, lo mismo que los excesos en nutrientes. Esto puede corregirse mejorando nuestra nutrición y cambiando nuestro estilo de vida para minimizar los efectos de los antinutrientes.

Genes. En algunas afecciones, incluidos el síndrome de Down y la esquizofrenia, hay pruebas claras de diferencias genéticas que indican que, en un aspecto particular, la química cerebral de una persona se encuentra en un estado de desequilibrio. También esto puede mejorarse mucho mediante una estrategia nutricional específica. Es la razón por la que muchas personas necesitan más que otras de un nutriente determinado. Todos somos únicos.

Entradas sensoriales. En muchos casos, los problemas de salud mental se desarrollan en épocas de alto estrés, cuando hay mucho más de lo que la persona puede abordar. El ajuste de la propia vida para minimizar el estrés es parte de la ecuación. La otra es cambiar el modo de interpretar lo que significa felicidad. Aunque sea menos importante en esta parte de la ecuación, de nuevo la nutrición marca las diferencias. Por ejemplo, la deficiencia en cinc altera las percepciones en cuanto al tamaño del cuerpo y el apetito, lo que puede contribuir a los trastornos con la comida (véase capítulo 32).

Marco mental. Es importante darse cuenta de que no percibimos la realidad tal como es. Todos interpretamos lo que nos sucede en nuestra vida. «No cambies el mundo, cambia las dioptrías de tus gafas» afirma Swami Muktananda, un maestro de la meditación. La mayoría de las formas de psicoterapia no son nada más o nada menos que técnicas que ayudan a la persona a desarrollar la observación de sí misma y a ser consciente de las pautas mentales negativas que conducen a comportamientos autodestructivos. El desarrollo de un marco mental más amplio y positivo favorece el bienestar mental.

Aunque parezca que la nutrición tenga poco que ver con su marco mental, ambos están relacionados. Cuando no podemos hacer frente a nuestra interpretación de la realidad tenemos que «soltar vapor» para disipar los miedos, la ansiedad y el dolor, lo que a menudo hacemos comiendo en exceso o consumiendo sustancias tóxicas tales como azúcar, alcohol y tabaco, o incluso drogas más perjudiciales como la heroína o la cocaína. Estos comportamientos compensatorios nos dejan desprovistos de energía y nutrientes, lo que empeora las cosas. Para abordar el cansancio usamos estimulantes, que agotan más esas reservas y provocan una adicción creciente.

Imaginemos la escena. Pedro tiene problemas con el azúcar en sangre, le faltan vitaminas B y padece el síndrome de la predisposición genética a producir menos dopamina de la necesaria, que es un neurotransmisor motivador. Todos estos factores le hacen sentirse cansado y desmotivado. Entonces se hincha a estimulantes, como azúcar y cafeína, para sentirse mejor. Por desgracia, esto le vuelve más hiperactivo mentalmente, con un exceso de pensamientos. No puede desconectarse. Comienza entonces a beber alcohol cada día. Esto le vuelve más depresivo. Su médico le receta antidepresivos. Su mujer le abandona y pierde su trabajo. Se siente inútil, sin valor y sin esperanzas. No puede hacer frente a lo que le está sucediendo y escapa en su propio mundo. Tiene un derrumbamiento. Se le recetan tranquilizantes y, aunque «estable», o al menos no dañino para los demás, está sufriendo claramente una enfermedad mental.

Este ejemplo muestra el complejo juego entre genes, medio ambiente, entradas sensoriales y cuadro mental representado en la figura 23. Los fármacos por sí solos no restauran la salud. Necesita reequilibrar la química de su cerebro con una nutrición óptima y su psique con un buen apoyo y asesoramiento psicológico y, lo más importante de todo, necesita voluntad para cambiar la dieta, el estilo de vida y su cuadro mental. Este enfoque global es probablemente mucho más efectivo que sólo fármacos, psicoterapia y tratamiento nutricional.

Un problema común y en aumento

Cualquiera que sea la causa, los problemas de salud mental son increíblemente corrientes y muchos van en aumento. En la actualidad, el diagnóstico de problema de salud mental es tan común como el de enfermedad cardíaca, y tres veces más que el de cáncer. Las cifras oficiales indican que en Gran Bretaña hay 6 millones de personas, una de cada diez, que lo sufren en algún momento de su vida. Cada cinco años se duplica el número de niños de hasta 14 años que acuden a los servicios psiquiátricos. De hecho, de cada 100 personas que usted conozca, 20 estarán afectadas en algún momento.

Por muy desagradable que sea la idea, todos somos pacientes potenciales de algún problema de salud mental. Todos estamos sujetos en mayor o menor grado al estrés de la vida cotidiana, que para muchas personas se suma a una fuente mucho más intensa de estrés o infelicidad que resulta de una experiencia pasada o presente particularmente difícil. La gran mayoría (el 80 por ciento) de los trastornos se presentan en forma de estados de ansiedad, depresión o estados relacionados con el estrés, y el 20 por ciento restante lo constituye el alcoholismo y la drogodependencia, la demencia y los trastornos psicóticos y de personalidad tales como la esquizofrenia.

No hay duda que los problemas de salud mental son más comunes en las personas socialmente marginadas. Las tasas de suicidio son 11 veces superiores entre los desempleados, y entre las personas procedentes de áreas deprimidas, 53 de cada mil ingresan en los hospitales psiquiátricos frente a las 19 de cada mil que son la media nacional. Sin embargo, queda la cuestión de por qué algunas personas resuelven razonablemente bien una situación dada, mientras que otros comienzan a presentar síntomas de enfermedad mental.

Capítulo 19
EL DIAGNÓSTICO CORRECTO

Hay un viejo dicho que afirma que «los neuróticos construyen castillos, los psicóticos viven en ellos y los psiquiatras recogen las rentas». Neurótico es el término usado para designar a los que padecen ansiedad o depresión, mientras que psicótico se refiere a quien ha perdido el contacto con la realidad.

En la actualidad, el diagnóstico de los problemas de salud mental es mucho más complejo, aunque sigue basándose en buena medida en juicios subjetivos del estado de la persona, más que en pruebas objetivas. Algunas de las principales categorías son las siguientes:

- Trastornos que se diagnostican en la infancia y la adolescencia: retraso, trastornos en el aprendizaje, déficit de atención, autismo, etc.
- Delirio, demencia, amnesia y otros trastornos cognitivos: como el Alzheimer, etc.
- Trastornos relacionados con sustancias: alcohol, anfetaminas, cafeína, cocaína, etc.
- Esquizofrenia y otros trastornos psicóticos: esquizofrenia, varios subtipos.
- Trastornos en el estado de ánimo: depresión maniaca, depresión.

- Trastornos de ansiedad: fobias, ansiedad, etc.
- Trastornos de la personalidad: paranoicos, histriónicos, etc.
- Trastornos con la comida: anorexia, bulimia, etc.
- Trastornos del sueño: insomnio, etc.

El problema de los diagnósticos

El problema de esta categorización es que ignora por completo los muchos factores físico-químicos que provocan la enfermedad mental. Un estudio pionero de 1980 descubrió que el 46 por ciento de las personas a las que se había diagnosticado algunos trastornos psiquiátricos tenían un problema físico como puede ser una deficiencia nutricional. Muy pocos psiquiatras hacen un análisis a sus pacientes en busca de deficiencias nutricionales, adicciones a estimulantes o desequilibrios hormonales, todo lo cual puede provocar síntomas de enfermedad mental.

Por tanto, no todo el mundo hace el mismo diagnóstico como demuestra con toda claridad este estudio del doctor Rosenhan, profesor de derecho y psicología en la Universidad de Satnford.

El doctor Rosenhan y otros investigadores, incluidos tres psicólogos y un psiquiatra, consiguieron que se les ingresara en 12 hospitales de la costa este y oeste de los Estados Unidos fingiendo una enfermedad mental (11 de los hospitales estaban financiados totalmente con fondos públicos). La historia que contaban para que se les ingresara era que «oían voces». Al preguntárseles por esas voces, contestaban que a menudo eran poco claras pero que les parecía entender que sonaban a «vacío», «hueco» y «golpe seco». Sin embargo, una vez ingresados se comportaron como personas normales. En el tratamiento contestaron con la verdad a todas las preguntas, incluidas las referentes a su infancia y sus áreas actuales de interés. Participaron en las actividades normales de los hospitales y poco antes de revelar sus verdaderos propósitos, hicieron todo lo posible para que se les diera el alta. Aun así, sólo los otros pacientes fueron capaces de decir que estos «pseudopacientes» estaban sanos. Los tres primeros pseudopacientes hospitalizados tomaron notas cuidadosas. En ellas se muestra que 35 de un total de 118 pacientes regulares sospechaban de ellos. Refiriéndose a verles tomando constantemente notas, esos pacientes señalaban: «usted no está loco. Es un periodista o un profesor. Está examinando al hospital».

El personal del hospital, sin embargo, no fue capaz de detectar a los pseudopacientes. Una enfermera veía la toma de notas como síntoma de una compulsión enfermiza: «Se ocupa de escribir comportamientos» anotó en la hoja clínica. Esto hizo al doctor Rosenhan llegar a la conclusión de que «una vez que se ha designado a un paciente como anormal, todos los restantes comportamientos y características se etiquetan de la misma manera». Sea cierta o no esta generalización, la incapacidad de los hospitales de diagnosticar adecuadamente, o incluso de sospechar algo, demuestra lo borrosa que es la línea de separación entre estar sanos y no estarlo. El uso apropiado de un modelo médico supone un cuidadoso diagnóstico diferencial que traza firmemente esta línea para el personal y el paciente. A ninguno de los pseudopacientes se les dio el alta por estar curados: todos quedaron con la etiqueta de «esquizofrenia en remisión». Con otras palabras: parecía que seguían sin estar «sanos». Con la palabra esquizofrenia en su expediente llevarían este estigma e incluso se esperaría que volvieran a comportarse como tales, fue la conclusión del doctor Rosenhan.

La simple falsa percepción que los pseudopacientes señalaban en su primera entrevista en el hospital fue la única «prueba» de esquizofrenia, un ejemplo de diagnóstico rutinario a modo de «cajón de sastre». Los psiquiatras suponen que nadie hablaría de una percepción de ese tipo si realmente no la tuviera. El error está en la falta de pruebas adecuadas. En una prueba de este tipo, la EWI (Experimental World Inventory «Invención del Mundo Experimental»), el paciente puede hablar de esas percepciones sin temor a recriminación, pues es muy difícil mentir en más de 200 preguntas. Una observación que hizo el doctor Rosenhan como resultado de este estudio es que la enfermedad mental lleva una connotación totalmente diferente a un trastorno físico. En el manual de trastornos mentales usado por los psiquiatras de habla inglesa para sus diagnósticos, uno podría creer que al sano se le distingue siempre con total claridad del que no lo está y que la «esquizofrenia» se trata siempre de manera tan objetiva como una pierna rota. Rosenhan encontró que en la práctica real no era así. Por ejemplo, las cuestiones importantes respondidas por los pseudopacientes se ignoraron con frecuencia. Un paciente paró a un médico y le preguntó: «Perdone doctor..., ¿podría decirme cuándo tendré un lavabo cerrado?» El médico respondió «Buenos días, Dave. ¿Cómo se encuentra hoy?» y se fue sin esperar respuesta ni responder al paciente. No sólo se perjudicaba la credibilidad del paciente (debido probablemente a su etiqueta diagnóstica), sino que se le negaba privacidad en cuestiones de higiene personal. Informaron que se sentían despersonalizados, aun cuando sabían que no pertenecían al hospital mental.

¿Está realmente enfermo?

Además, el doctor Rosenham se preguntaba si los pésimos resultados en los diagnósticos del equipo del hospital simplemente reflejaban su cautela profesional. Al ser informados de que un paciente estaba oyendo voces, los psiquiatras se vieron quizás obligados a alertar a los médicos sobre la posibilidad de que se produjeran problemas. Así, Rosenham se preguntó si sus resultados se debían más bien a una inclinación de los psiquiatras a decir que una persona sana está enferma, que, a que una persona enferma se hubiera curado. Para comprobarlo, dio a uno de los hospitales psiquiátricos implicados en el primer estudio la posibilidad de recuperar su reputación. Se comunicó al personal que en algún momento, durante los tres meses siguientes, uno o más pseudopacientes intentarían ingresar en su hospital. Se les pidió que comprobaran a cada persona que se presentaba para ver la posibilidad de que fuera un falso paciente. De los 193 pacientes admitidos, al menos algún miembro del equipo consideró que 41 de ellos (o el 21 por ciento), con toda probabilidad, eran falsos pacientes. No se envió a ningún pseudopaciente al centro.

El estudio demostró básicamente que se puede fingir la enfermedad ante profesionales que no utilizan herramientas diagnósticas objetivas tales como evaluaciones psicométricas y pruebas bioquímicas. Aunque creo que el diagnóstico ha mejorado de manera sustancial desde que se realizó este estudio, llevado a cabo en 1973, podemos llegar a la conclusión de que los diagnósticos psiquiátricos, sin unos análisis de laboratorio objetivos y unas pruebas psicométricas, son frecuentemente erróneos, y que sin un método de diagnóstico preciso no debería aplicarse ninguna etiqueta. Después de todo, estos sambenitos no dicen nada sobre las causas subyacentes al problema que padece la persona. Necesitamos un nuevo enfoque del diagnóstico y el tratamiento psiquiátricos.

¿Qué separa el comportamiento anormal de la enfermedad mental?

Un punto de debate válido es el de saber si ciertos comportamientos anormales son indicativos de enfermedad mental. Los pacientes con ciertos síntomas mentales después de haber sufrido un ataque o una infección en el cerebro no presentan problemas para que se les considere enfermos. Por el contrario, hay un grupo de alteraciones etiquetadas como «trastornos de la personalidad». No hay nada en este término que sugiera algún desarreglo orgánico o fisiológico, por lo que denominarlo enfermedad mental es muy discutible. De una manera similar ¿a cuántos niños se les ha diagnosticado THDA equivocadamente? El diagnóstico tan frecuente de hiperactividad es otro de los diagnósticos tipo «cajón de sastre», que se utiliza para clasificar y tratar a niños que muestran una gran variedad de síntomas y conductas. En una conferencia organizada por los National Institutes of Health de los EE. UU. en 1988, no se pudo encontrar ninguna prueba sustancial de que existiera una única afección a la que denominar THDA. Algunos son simplemente niños superdotados que tienen un déficit de estímulos, exacerbado por una mala dieta. Otros, probablemente, sufren una depresión maníaca, un diagnóstico que no se aplica en los niños.

Lo peor que se puede hacer es darles fármacos estimulantes como Ritalin. Otros son disléxicos, dispráxicos e incapaces de concentrarse, a menudo debido a una deficiencia en ácidos grasos esenciales.

El diagnóstico de la depresión maniaca y de la esquizofrenia

Más allá del comportamiento excéntrico están los pacientes con dos psicosis importantes: las esquizofrenias y las psicosis maniacodepresivas. Existe la creencia general de considerar que estas últimas son «mejores» que las primeras. Hace mucho que se ha demostrado que en la psicosis maniacodepresiva no existe una base bioquímica y, aun así, los médicos dicen que «se trata sólo de un trastorno de las emociones, el paciente realmente no está loco». Quizás sea así debido en parte a que las funciones intelectuales se ven menos afectadas que en el caso de la esquizofrenia.

Esquizofrenia se ha vuelto una palabra maldita, un diagnóstico que se dice entre cuchicheos y que a menudo, es ocultado por la familia y los amigos del paciente. Una pierna rota o incluso la ceguera serían más llevaderos, pues se trata de algo visible, explicable y que, al ser plenamente físico, resulta más fácil de vivir con ello. La esquizofrenia, sobre la que algunas personas tienen unas ideas totalmente irracionales (debido sin duda a sus propios temores u otras reacciones emocionales), hiere en todas las partes del mundo. Esto ha conducido a algunos investigadores a creer que puede haber una causa genética que provoca una debilidad bioquímica en muchos de los pacientes, y que la aparición en los genes se produjo en una etapa muy temprana de la evolución humana, que se remonta a los orígenes en África. A partir de allí se extendió por todas las culturas, algo que no sucede con la mayoría de las restantes enfermedades.

La tasa de incidencia estimada, de la esquizofrenia por lo general en el 1 por ciento, podría estar muy lejos de las cifras reales. Habría que añadir aquí aquellos otros a los que nunca ha visto un médico, pues sólo un tercio de los afectados necesita hospitalización. Hemos de añadir igualmente los adolescentes que se suicidan antes de que se les haga un diagnóstico preciso. Por tanto, el problema es importante desde el punto de vista numérico, así como lo es en la desgracia individual. Las enfermedades del corazón pueden provocar más muertes, pero las esquizofrenias causan más sufrimientos.

Existen muchas descripciones y explicaciones contradictorias de la esquizofrenia, pero a nivel básico no es muy difícil hacer un diagnóstico preliminar; los médicos están también generalmente de acuerdo al hacer el diagnóstico, aunque puedan disentir sobre las posibles causas y el resultado final para cada paciente en concreto. Puesto que puede variar desde unas simples (aunque anormales) percepciones erróneas o de sensaciones de persecución hasta la pérdida completa de contacto con la realidad, el médico titubea a la hora de aplicar el término de esquizofrenia a las formas leves de la enfermedad. En su lugar utiliza el término de «personalidad esquizoide», «reacciones esquizofrénicas» u otras palabras similares. Lo que en realidad quiere decir es que no sabe qué hacer y que mejor espera a ver qué sucede en los meses o años siguientes con el paciente al que se administra o no medicación.

Indicadores de desequilibrios bioquímicos

Una manera de diferenciar entre la afección «psicótica» y un simple trastorno en el estado de ánimo es la prueba diagnóstica de Hoffer-Osmond. Es un test desarrollado para identificar a aquellas personas con trastornos de percepción. A continuación, se indican algunos de sus elementos que pueden aplicarse con facilidad:

- El rostro de la gente a veces late cuando lo miro.
- La gente me mira todo el tiempo.
- A veces, cuando me miro a un espejo mi cara cambia y parece diferente.
- En ocasiones, al leer, las palabras parecen volverse locas, porque se mueven o crecen.
- A veces los objetos laten cuando los miro.
- Mis manos y mis pies me parecen demasiado grandes.
- A veces me parece que he abandonado mi cuerpo.
- A menudo escucho o he escuchado voces.
- No puedo decir cuánto tiempo ha pasado.
- A menudo escucho pensamientos dentro de mi cabeza.
- El pasado, el presente y el futuro se confunden.

La presencia de estos síntomas indica que algo no va bien en el modo en que el cerebro procesa la información, lo cual es un buen indicador de que la persona tiene un desequilibrio bioquímico, no un simple desequilibrio psicológico.

Una nueva clasificación de los problemas de salud mental

La clasificación moderna de los problemas de salud mental debería hacerse a partir de los síntomas, medidos de manera objetiva con tests de cuestionarios, y a partir de análisis físicos y bioquímicos que ayuden a determinar si alguno de los numerosos tipos de desequilibrio bioquímico está causando o contribuyendo a los problemas de la persona. Estos son algunos de los desequilibrios bioquímicos más comunes que pueden provocar síntomas de enfermedad mental.

- Intoxicaciones con estimulantes, fármacos y drogas.
- Disglucemia, problemas con el azúcar en sangre.
- Alergia, en especial al gluten de trigo.
- Exceso o falta de actividad del tiroides.
- Deficiencia en niacina/ácido fólico/B_{12}.
- Deficiencia o desequilibrio en ácidos grasos esenciales y prostaglandinas.
- Toxicidad por metales pesados: cobre, plomo, cadmio, etc.
- Piroluria y porfiria, resultante de una deficiencia en cinc.
- Desequilibrio de histamina, en exceso o por deficiencia.
- Desequilibrio de serotonina, en exceso o por deficiencia.
- Desequilibrio de dopamina/adrenalina, en exceso o por deficiencia.
- Deficiencia en acetilcolina.
- Valores altos de hemocisteína.
- Sobrecarga de desintoxicación que causa inflamación.

Lo bueno de todo esto es que podemos analizarlo y, en consecuencia, obtener una estimación más precisa de su contribución a los problemas de salud mental de la persona afectada. El enfoque moderno de la enfermedad mental implica tener la mente abierta a todas las posibles causas contribuyentes y entender que, en la mayoría de los casos, pueden ser más de una. Los diagnósticos se elaboran basándose en los análisis bioquímicos objetivos y en la evaluación subjetiva de los síntomas. El tratamiento es, con mayor frecuencia, de tipo nutricional, unido a una psicoterapia.

Una vez desaparecidos los síntomas y normalizados los resultados de los análisis, puede declararse mejorado al paciente. El doctor Abram Hoffer, un psiquiatra pionero en este enfoque desde los años 1950, afirma haber conseguido un 90 por ciento de éxito en la esquizofrenia aguda en los miles de casos tratados. Esta definición de curación es triple: libre de síntomas, capaz de socializarse con la familia y la comunidad y que pague sus impuestos. Por supuesto, es un enorme avance en el más debilitante de los problemas de salud mental, para el que muchos psiquiatras siguen creyendo todavía que no hay cura.

El siguiente capítulo explica las causas bioquímicas más comunes de los problemas de salud mental, cómo identificar a una persona que los tiene y qué hacer.

Capítulo 20
¿CUÁL ES SU PROBLEMA?

Si tiene una serie rara de síntomas físicos, lo más probable es que su médico le envíe a hacerse un análisis bioquímico de sangre para ver simplemente si aparece algo anormal. Eso mismo, sin embargo, rara vez se hace si alguien tiene problemas de salud mental: se cree que los desequilibrios bioquímicos no se manifiestan en síntomas psicológicos. Desde luego, lo cierto es lo contrario. El cerebro es mucho más sensible a los desequilibrios bioquímicos que cualquier otro órgano del cuerpo. El simple hecho, de que la mayoría de los tratamientos de la enfermedad mental implique fármacos químicos, demuestra la relación indirecta entre el estado bioquímico de una persona y su estado psicológico.

Por tanto, si tiene problemas de salud mental vale la pena comprobar los desequilibrios bioquímicos más comunes que pueden causar enfermedad mental. Cada uno tiene una serie clara de síntomas. Si tiene una puntuación alta de estos últimos, el análisis podrá demostrar si existe o no desequilibrio. Una estrategia nutricional puede ayudarle a recuperar el equilibrio.

La manera más sencilla de averiguar si hay una probabilidad alta de que uno o más de ellos estén contribuyendo a sus problemas es rellenar el cuestionario que aparece en algunas páginas web al respecto.

Desequilibrios bioquímicos: 13 causas comunes de problemas de salud mental

Problemas con el azúcar en sangre

El desequilibrio más común que subyace a muchos tipos de problemas de salud mental son los niveles fluctuantes de azúcar en sangre, la llamada disglucemia. Si la tiene, lo más probable es que siempre esté deseando alimentos dulces o estimulantes como el té, el café o el tabaco, todos los cuales afectan a esos niveles. Estos son algunos de los síntomas más frecuentes:

- Dificultad para concentrarse.
- Palpitaciones o desmayos.
- Debilidad, vértigo o temblores.
- Sudoración excesiva o nocturna.
- Sed excesiva.
- Fatiga crónica.
- Cambios frecuentes en el estado de ánimo.
- Olvidos y confusión.
- Tendencia a la depresión.
- Ansiedad e irritabilidad.
- Sentimiento de debilidad.
- Explosiones de agresividad o de llanto.
- Necesidad imperiosa de dulces o estimulantes.
- Somnolencia después de las comidas.

Si tiene cinco o más de estos síntomas, es muy probable que padezca disglucemia. La mejor manera de confirmarlo es con un análisis que mida la «hemoglobina glucosilada». La hemoglobina está en los glóbulos rojos, o eritrocitos. Glucosilado significa simplemente «recubierto de azúcar». Si su nivel de azúcar en sangre sube y baja lo mismo que un yo-yo, junto con su estado de ánimo, los eritrocitos se recubren de azúcar. Antes se solían medir estos niveles en sangre cada media hora durante cinco horas (el test de tolerancia a la glucosa de las cinco horas). Ahora existe este sencillo test, que es mucho más preciso y simple que medir los niveles de glucosa en sangre, que pueden variar de un instante a otro.

Mientras tanto, siga las directrices del capítulo 3 para estabilizar sus niveles de azúcar en sangre.

Dependencia de los estimulantes y drogodependencia

Si ha leído hasta este punto, es muy probable que ya sepa si sufre de una intoxicación con estimulantes, drogas o fármacos. Pero mucha gente no lo sabe porque suponen que beber una gran cantidad de té, café, bebidas con cafeína o alcohol, comer azúcar y fumar, aunque no esea bueno para su salud, difícilmente les volverá locos. Algo muy lejos de la verdad. La intoxicación con estimulantes o drogas (anfetaminas, cocaína y crack, heroína, marihuana en exceso, éxtasis) puede provocar síntomas de enfermedad mental, y de hecho lo hace. Los síntomas son muy similares a los de la disglucemia, unido al deseo irrefrenable hacia esas sustancias. Además, puede experimentar falsas percepciones, ansiedad extrema, paranoia y depresión por el abuso de algunas de esas sustancias.

Complete durante una semana el «inventario de estimulantes» siguiente:

	Unidad	Dom	Lun	Mar	Mie	Jue	Vie	Sab
Té verde	2 tazas							
Té	1 taza							
Café	1 taza							
Cola o bebidas con cafeína	1 lata							
Pastillas con cafeína (por ej.: Excedrin, Dexatrim)	1 pastilla							
Chocolate	1 tableta							
Alcohol (unidades) vaso de vino es 1 botella de cerveza es 1/2 copa de licor es 1	1 unidad							
Azúcar añadido	1 cucharadita							
Azúcar oculto (véase el contenido de azúcar de la lista de ingredientes)	1 cucharadita							
Tabaco	1 cigarrillo							
Marihuana	1/2 dosis							
Anfetaminas	1 pastilla							
Éxtasis	1/2 pastilla							
Cocaína	1/2 raya							
Heroína	1/2 dosis							

Sume el número total de «unidades». Lo ideal es cinco o menos a la semana. Si toma más de diez unidades de estimulantes a la semana, esto puede afectar a su bienestar mental. Si su puntuación es de 30 o más, estará contribuyendo a padecer problemas de salud mental. Recomiendo vehementemente que prescinda de todas estas sustancias durante al menos un mes (véase el capítulo 10) y vea cómo eso contribuye a su salud mental. Si está tomando medicamentos recetados, lea con cuidado el siguiente capítulo, ya que muchos de los efectos secundarios de esas sustancias se confunden con síntomas de una persona que tiene problemas de salud mental.

Alergias e intolerancias a los alimentos y los productos químicos

Si padece cambios de humor diarios o está bien unas veces y otras no sin razón aparente, una posibilidad es que tenga una reacción a algo que ha comido. El alimento que con mayor frecuencia se relaciona con los problemas de salud mental es el trigo, rico en gluten. La alergia a esta sustancia puede volver locas a algunas personas. Otros alimentos que provocan reacciones alérgicas son los productos lácteos, las naranjas, los huevos, otros cereales distintos al trigo, los alimentos con levadura, el lenguado, las nueces, la carne de vacuno, el cerdo y las cebollas. Los colorantes alimentarios como la tartrazina y otros aditivos químicos pueden causar asimismo problemas. Algunas personas desarrollan intolerancia al té y al café mientras que el alcohol, que por lo general irrita las paredes del intestino y las vuelve más permeables, aumenta la sensibilidad alérgica a todo lo que se consuma. Compruebe usted mismo si presenta algunos de estos síntomas:

- Historia infantil de cólicos, eccema, asma, erupciones cutáneas o infecciones de oído.
- Cambios diarios en el estado de ánimo.
- Depresiones profundas sin razón aparente.
- Enfriamientos o taponamiento de nariz rápidos y frecuentes.
- Dificultades para dormir.
- Hinchamiento del rostro, círculos o decoloración alrededor de los ojos.
- Hiperactividad.
- Dislexia o dificultades de aprendizaje.
- Explosiones de agresividad o de llanto.

Si tiene cinco o más de estos síntomas o se siente mejor prescindiendo de ciertos alimentos, puede que una alergia a ellos o a sustancias químicas estén contribuyendo a su problema. Consulte a un nutricionista, que le podrá mostrar cómo hacer una o dos semanas de «renuncia» y después un test para descubrir los alimentos sospechosos. Una alternativa es un test de IgE ELISA, que implica tomar una única muestra de sangre y analizar su potencial alérgico a 50 alimentos y sustancias químicas diferentes. Para más detalles, lea el capítulo 11.

Exceso y defecto de actividad del tiroides

Si su mente y su cuerpo se sienten perezosos la mayor parte del tiempo, puede que la actividad de su tiroides sea insuficiente, algo que se designa como hipotiroidismo. Si esta glándula está clínicamente hipoactiva el médico puede que le recete hormonas tiroideas para tomar directamente. Sin embargo, los análisis de sangre a menudo son incapaces de detectar el hipotiroidismo subclínico, entonces es mejor ir a los síntomas. Usted mismo puede comprobar el funcionamiento de su tiroides con el test de la temperatura de Broda Barnes. Si su temperatura antes de levantarse por las mañanas se encuentra de modo constante por debajo de los 36,5 °C, esto indica que el tiroides podría tener una actividad inferior a la normal. Compruébelo con los síntomas siguientes:

- Letargo o fatiga física o mental.
- Depresión o irritabilidad.
- Piel y/o pelo seco.
- Intolerancia al frío o pies y manos frías.
- Estreñimiento, gases, hinchazón o indigestión.
- Ganancia de peso con facilidad.
- Periodos dolorosos.
- Dolor muscular.
- Mala memoria.
- Dolor de garganta o congestión nasal.

Si tiene cinco o más de estos síntomas, puede que un tiroides hipoactivo esté contribuyendo a su problema. Haga que el médico le analice y acuda también a un nutricionista clínico que podrá decirle los alimentos que puede comer y los que debe evitar para apoyar su tiroides. El estrés crónico puede agotar el funcionamiento tiroidal ya que la hormona del estrés, el cortisol, lo inhibe. La salud del tiroides depende también de nutrientes específicos de la dieta, sobre todo del yodo, que abunda en el marisco y las algas, y de la tirosina, un aminoácido que se encuentra en todos los alimentos ricos en proteínas, además del cinc y el selenio.

Deficiencia en niacina, piridoxina, ácido fólico o B$_{12}$

Estas cuatro vitaminas del complejo B son los mejores amigos del cerebro. Son el «aceite de las ruedas» de los neurotransmisores de este órgano, en especial la dopamina, la adrenalina, la noradrenalina y la serotonina. Sin una cantidad suficiente de estas vitaminas B el cerebro puede producir sustancias químicas que le vuelven a uno loco. Ayudan a controlar la «metilación», que es como el cerebro mantiene todo en equilibrio. Hacen también que el cuerpo deje de producir homocisteína. Esto provoca inflamaciones en el cerebro y en el cuerpo, y se cree hoy que es una causa potencial que subyace a una gran variedad de problemas de salud mental. Algunas personas necesitan muchísimas más vitaminas B que otras, por lo que es mejor guiarse por los síntomas que por los análisis de sangre. Los síntomas más comunes son estos:

- Sensación de «irrealidad».
- Escuchar los propios pensamientos.
- Ansiedad y tensión interior.
- Incapacidad de pensar de manera continua.
- Sospechar de la gente.
- Buena tolerancia al dolor.
- Ver o escuchar cosas anormales.
- Tener falsas ilusiones.
- Diarrea o problemas cutáneos al comienzo de los problemas de salud mental.
- Dificultad del orgasmo con el sexo.
- Tendencia al sobrepeso.
- Cambios frecuentes de humor.

Si tiene cinco o más de estos síntomas, puede que valga la pena aumentar su ingesta de estos nutrientes durante dos meses. Véase el capítulo 25 para más detalles y tener una guía acerca de las cantidades a tomar.

Deficiencias o desequilibrios en ácidos grasos esenciales

Los ácidos grasos esenciales están íntimamente relacionados con la función cerebral y se sabe hoy que sus desequilibrios van asociados con estados que van de la dislexia, la hiperactividad y la depresión a la esquizofrenia y la depresión maniaca. Los cambios en nuestra ingesta de ácidos esenciales, en especial durante el embarazo, podrían explicar el rápido aumento de los problemas de salud mental. En resumen, es esencial evaluar sus necesidades de estas grasas si tiene algún problema de salud mental. Son síntomas comunes los siguientes:

- Excesiva sed.
- Fatiga crónica.
- Piel seca o rugosa.
- Cabellos secos, pérdida del pelo o caspa.
- Síndrome premenstrual o dolor en los pechos.
- Eccema, asma o dolores articulares.
- Dislexia o dificultades en el aprendizaje.
- Hiperactividad.
- Depresión o depresión maniaca.
- Esquizofrenia.

Si tiene cinco o más de estos síntomas y tiene un problema de salud mental, valdría la pena hacerse un análisis de sangre para determinar su estado en ácidos grasos esenciales. Su nutricionista, o posiblemente su médico, podrán ayudarle.

Toxicidad por metales pesados

Aunque los niveles altos de plomo son menos frecuentes desde la llegada de la gasolina sin plomo, hay gente que tiene niveles de cobre muy elevados, debido sobre todo a las cañerías de este metal en áreas de agua blanda. El cobre suprime la histamina, y en exceso puede exacerbar la ansiedad, los temores y la paranoia. Es también un antagonista del cinc, lo que empeora la deficiencia en este último. Los niveles altos de cadmio se encuentran a menudo entre los fumadores, pues el tabaco es relativamente rico en él. Compruebe usted mismo si presenta los síntomas siguientes:

- Ansiedad, temores extremos o paranoia.
- Fobias.

- Falta de concentración o confusión.
- Mala memoria.
- Sentimiento coléricos o agresivos.
- Hiperactividad.
- Inestabilidad emocional.
- Cefaleas o migrañas.
- Dolor de las articulaciones.
- Nerviosismo.

Si tiene cinco o más de estos síntomas, le recomendaría un análisis de sus cabellos para comprobar si presentan un exceso de minerales tóxicos. Esta prueba económica y no invasiva puede mostrar también deficiencias en minerales importantes tales como cinc, magnesio y manganeso. Su nutricionista puede preparar la prueba para usted.

Piroluria y porfiria

Algunas personas producen más criptopiroles y porfirinas, sustancias químicas parecidas a las proteínas, que proteínas sanas. Un exceso de ellas va ligado a la enfermedad mental. La demencia del rey Jorge III de Inglaterra, por ejemplo, estaba causada con casi total seguridad por una porfiria. Esto, y probablemente la piroluria, son tendencias heredadas genéticamente que aumentan las necesidades de cinc de la persona. El estrés elimina también este mineral. Por tanto, si sus problemas de salud mental están fuertemente relacionados con el estrés y los síntomas siguientes pueden aplicársele, puede que sea pirolúrico, o incluso porfírico, aunque esto último es mucho menos común.

- Náuseas o estreñimiento.
- Manchas blancas en las uñas de los dedos de las manos.
- Piel pálida que escuece con facilidad.
- Enfriamiento e infecciones frecuentes.
- Marcas de estiramiento.
- Menstruación irregular.
- Impotencia.
- Dientes superiores frontales agrupados.
- Poca tolerancia al alcohol o las drogas.
- Dificultad de conciliar el sueño.

Si tiene cinco o más de estos síntomas, puede ser pirolúrico. Puede probarlo con un análisis de orina en busca de criptopiroles. Si son altos, necesita más cinc y B_6.

Desequilibrio de histamina

La histamina es un neurotransmisor que suele pasarse por alto. Hay personas genéticamente preprogramadas para producir una cantidad excesiva de histamina, lo que se conoce como histadelia, que puede hacer que la persona sea excesivamente compulsiva u obsesiva. Los tipos con histamina alta tienen un metabolismo más rápido y, por consiguiente, usan los nutrientes a mayor velocidad. Sin una buena nutrición padecen con frecuencia deficiencia, lo cual puede precipitar la aparición por momentos de una profunda depresión. Estos son algunos de los síntomas asociados al exceso de histamina:

- Cefaleas y migrañas.
- Estornudos al sol.
- Llanto, salivación o facilidad de sentir náuseas.
- Facilidad de orgasmo con el sexo.
- Temores anormales, compulsiones, rituales.
- Sueño fácil.
- Metabolismo rápido.
- Depresión o pensamientos suicidas.
- Produce mucho calor corporal.
- Poco vello corporal y constitución delgada.
- Orejas grandes y dedos largos en pies y manos.
- Buena tolerancia al alcohol.
- Tensión interna.
- Timidez o hipersensibilidad cuando niños.
- Alergias estacionales (por ej. fiebre del heno).
- Tendencias obsesivas o compulsivas.

Si tiene cinco o más de estos síntomas, quizás tenga niveles altos de histamina. Puede averiguarlo mediante un análisis de sangre. Si son altos los valores le convienen los suplementos de vitamina C más el aminoácido metionina, junto con calcio. Pero no tome grandes cantidades de ácido fólico. Para más detalles sobre la histadelia, véase el capítulo 22.

Los niveles bajos de histamina van asociados al mismo tipo de síntomas que la deficiencia en B$_3$/B$_{12}$ y ácido fólico, y responden bien a los suplementos de estos nutrientes.

Los niveles de histamina también pueden determinarse como parte de un test de control de neurotransmisores. Véase más adelante.

Desequilibrio de serotonina

La deficiencia en serotonina es uno de los hallazgos más comunes en la gente con problemas de salud mental. Va asociada a problemas de sueño, perturbaciones en el estado de ánimo y comportamiento agresivo y compulsivo. Compruébelo con los síntomas siguientes:

- Depresión, especialmente postmenopáusica.
- Ansiedad.
- Pensamientos agresivos o suicidas.
- Comportamiento violento o impulsivo.
- Cambios de humor, incluido síndrome premenstrual.
- Tendencias obsesivas o compulsivas.
- Abuso de alcohol o drogas.
- Sensibilidad al dolor (bajo umbral del dolor).
- Afán por los alimentos dulces.
- Problemas de sueño.

Si tiene cinco o más de estos síntomas, puede estar bajo en serotonina. Un test de control de neurotransmisores puede ayudar a confirmarlo. Si tiene niveles bajos hay nutrientes específicos, entre los que se incluyen los aminoácidos triptófano o 5-hidroxitriptófano (5-HTP), que pueden ayudarle a restaurar la salud mental normal.

Desequilibrio adrenal

Las glándulas adrenales y el cerebro producen tres neurotransmisores motivadores llamados dopamina, adrenalina y noradrenalina. Las glándulas adrenales también producen cortisol. Los excesos de adrenalina pueden dar como resultado estados de gran estrés y ansiedad, mientras que la deficiencia provoca lo contrario: poca energía, poca motivación y falta de concentración. Hay pruebas de que algunas personas pueden transformar anormalmente cantidades excesivas de adrenalina en toxinas, que inducen fallos de percepción e incluso alucinaciones. Compruébelo usted mismo con los síntomas siguientes:

- Dificultad de conciliar el sueño.
- Sueños poco frecuentes.
- Dificultad de visualización.
- Boca seca.
- Mala memoria u olvidos.
- Agotamiento mental.
- Poca capacidad de concentración.
- Dificultad de aprender nuevas cosas.

Si tiene cinco o más de estos síntomas, lo probable es que esté bajo en acetilcolina. Un test de control de neurotransmisores puede ayudarle a confirmarlo. Una alternativa es un sencillo suplemento con sustancias estimulantes del cerebro, como se explica en el capítulo 13.

Sobrecarga de desintoxicación e inflamación

La inflamación, que se caracteriza externamente en dolor, rojez o hinchazón, es la señal de alarma del cuerpo de que algo va mal. Es una respuesta natural a las excesivas agresiones y a la insuficiencia en nutrientes. Los ácidos grasos omega-3, uno de los nutrientes que más nos faltan, son especialmente importantes para prevenir la inflamación.

Están acumulándose pruebas de que muchos problemas de salud mental, así como enfermedades cardíacas, cáncer y diabetes, tienen una excesiva inflamación como parte de la causa raíz. El Alzheimer es, ciertamente, una enfermedad inflamatoria, pero lo mismo sucede con el autismo, la depresión, el Parkinson y, probablemente, la esquizofrenia. Estamos comenzando a entender que la inflamación puede trastornar tanto al cerebro como al cuerpo. La causa más común de inflamación es una digestión defectuosa, que conduce a una sobrecarga de sustancias que tiene que desintoxicar el hígado. También producimos toxinas, tales como homocisteína, en ausencia de los nutrientes adecuados. Compruébelo con los íntomas siguientes:

- Cefalea o migraña.
- Ojos pruritosos y húmedos, párpados enrojecidos o círculos oscuros debajo de los ojos.

- Oídos pruritosos, frecuentes infecciones de oído o pitidos.
- Mucosidad excesiva, nariz abotargada o problemas de sinusitis.
- Exceso de sudoración y fuerte olor corporal.
- Indigestión o hinchazón.
- Estreñimiento o diarrea.
- Historial de eccema, asma.
- Dolores articulares o musculares o artritis.
- Los síntomas de salud mental suelen empeorar después de comer.

Si tiene cinco o más de estos síntomas, quizás tenga problemas de desintoxicación y esté «inflamado». Su médico lo comprobará con un análisis de sangre, midiendo la velocidad de sedimentación de los eritrocitos. Si es alta, tiene una inflamación excesiva. Un nutricionista clínico puede valorar también si padece usted de problemas digestivos y de desintoxicación. El antídoto son más ácidos grasos omega-3, más antioxidantes y menos oxidantes (en especial grasas saturadas, procesadas y fritas) y resolver los problemas digestivos.

En resumen, hay 13 desequilibrios bioquímicos razonablemente comunes que pueden conducir a multitud de problemas de salud mental, tanto mayores como menores. Sin embargo, la mayoría se deben a cierto número de factores. La siguiente parte de este libro trata de manera específica los problemas de salud mental más comunes y lo que sabemos acerca de sus causas y tratamiento, usando los principios de la nutrición óptima.

Capítulo 21
LOS PELIGROS DE LOS FÁRMACOS Y CÓMO LIBRARSE DE ELLOS

Desde los años cincuenta, el tratamiento de la enfermedad mental con fármacos se ha convertido en la principal arma terapéutica de los psiquiatras en todo el mundo. Hay tres tipos principales de estos productos: antidepresivos (como el Prozac), estimulantes (como Ritalin) y tranquilizantes (como Valium). Estos últimos pueden dividirse a su vez en los suaves para el tratamiento de la ansiedad y los problemas de insomnio, y fuertes (como la cloropromazina, comercializada como Thorazine) para el tratamiento de las afecciones psicóticas, incluida la esquizofrenia.

Recetas peligrosas

Antidepresivos: funcionan, pero los efectos secundarios son depresivos

Los fármacos antidepresivos pueden funcionar, pero no están exentos de un riesgo considerable. Los antidepresivos tricíclicos como amitriptilina, Anfranil y Prothiadin tienen una lista de más de 20 efectos secundarios en la guía farmacológica para médicos *British National Formulary*, entre los que se incluyen sequedad de boca, visión borrosa, náuseas, confusión, problemas cardiovasculares, sudoración, temores y trastornos en la conducta. Los inhibidores de la monoamina oxidasa (MAOI) tales como Nardil y Tarstelin, tienen efectos secundarios aún peores y resulta muy difícil prescindir de ellos, pues son muy adictivos. Algunos pacientes han fallecido después de tomar MAOI y no haber evitado el alcohol o ciertos alimentos como el queso y la levadura, que se encuentran ocultos en muchos productos.

Los inhibidores de la reabsorción de serotonina (SSRI), la nueva clase de antidepresivos que actúan manteniendo relativamente altos los niveles de serotonina, tienen, según se dice, menos efectos secundarios en la mayoría de la gente. Pero pueden causar profundos problemas en una minoría significativa. Prozac, el líder del mercado, que se receta a más de 38 millones de personas en todo el mundo, tiene una lista de 45 efectos secundarios según el *British National Formulary*. Según el psiquiatra David Richman, entre el 10 y el 25 por ciento de la gente experimentó lo siguiente: náuseas, nerviosismo, insomnio, dolores de cabeza, temblores, ansiedad, somnolencia, sequedad de boca, exceso de sudoración y diarrea. Estos fármacos tienden también a adormecer el estado de ánimo hasta el punto de que a veces la persona se queda en un estado carente de emociones, como un zombi, y reducen la líbido y el rendimiento sexual.

Prozac y Seroxat, dos de los antidepresivos que se recetan con mayor frecuencia, muestran claras evidencias de provocar una agitación que conduce a una conducta potencialmente agresiva y suicida en la cuarta parte de los pacientes, según se ha observado en varios ensayos clínicos. Hasta la fecha ha habido 90 acciones legales contra la empresa farmacéutica. «Calculo que alrededor de una persona al día se ha suicidado como resultado directo de tomar Prozac desde que se introdujo», declara el doctor David Healy, del North Wales Department of Psychological Medicine, de Bangor, que ha solicitado a la Medicine Control Agency del gobierno que emprenda acciones para avisar a los consumidores sobre estas reacciones potencialmente adversas. En el Reino Unido esto significa aproximadamente 1.000 suicidios y 10.000 intentos. Los antidepresivos SSRI son también adictivos. Existen hoy muchas pruebas de que un 50 por ciento de quienes intentan dejarlos experimentan alarmantes síntomas del síndrome de abstinencia. Un estudio realizado al respecto demostró que el 85 por ciento de los voluntarios, personas que no habían mostrado con anterioridad síntomas de depresión, sufrieron agitación, tuvieron sueños anormales, padecieron insomnio y otros efectos secundarios. Los antidepresivos únicamente deberían utilizarse como último recurso e incluso entonces, sólo durante un breve periodo de tiempo, en especial porque existen otras alternativas igualmente eficaces y mucho más seguras (véase los capítulos 14 y 22).

Si está tomando actualmente antidepresivos y quiere prescindir de ellos, la mejor estrategia es ir retirándolos paulatinamente, al tiempo que introduce los nutrientes y hierbas que estimulan el buen estado de ánimo, pero sin efectos secundarios. Le recomiendo que lo haga sólo bajo el control de un nutricionista.

Estimulantes: hay 10 millones de niños tomando Ritalin

Por desgracia, a muchos niños hiperactivos no se les evalúa por si presentaran factores químicos, nutricionales o alérgicos, ni se les trata desde el punto de vista nutricional. En lugar de ello, se les recetan fármacos tales como Ritalin, una anfetamina que crea hábito y con propiedades similares a las de la cocaína. El diagnóstico de hiperactividad y THDA ha aumentado más de quince veces en la última década, y las prescripciones de Ritalin y otros fármacos estimulantes no van muy por detrás. En la actualidad, se administra a cerca del 10 por ciento de los chicos en las escuelas estadounidenses, y los investigadores que estudian su eficacia han constatado que pueden empeorar, más que mejorar el comportamiento de los niños.

Según la US Drug Enforcement Agency, entre los efectos secundarios perjudiciales del consumo de Ritalin están: el aumento de la presión sanguínea, del ritmo cardiaco, de la respiración y la temperatura, una supresión del apetito, dolores de estómago, pérdida de peso, retrasos en el crecimiento, tics faciales, contracciones musculares, insomnio, euforia, nerviosismo, irritabilidad, agitación, episodios psicóticos, comportamiento violento, paranoia, alucinaciones, conducta extraña, arritmias cardíacas y palpitaciones, dependencia psicológica e incluso la muerte. Algunos de estos síntomas no desaparecen al dejar de tomar los fármacos.

Estructural y farmacológicamente similar a la cocaína, Ritalin presenta un perfil de dependencia parecido, e incluso puede llegar a ser más potente. Los investigadores han descubierto que en estudios de preferencia de autoadministración realizados en primates no humanos, se elige por delante de la cocaína. Empleando técnicas de obtención de imágenes del cerebro, la doctora Nora Volkow, del Brookhaven National Laboratory en Upton, Nueva York, ha demostrado que Ritalin ocupa más transportadores neuronales responsables de los «tirones» experimentados por los adictos que la cocaína fumada o inyectada. La única razón por la que Ritalin no ha producido un ejército de escolares drogodependientes es, según su conclusión, que en forma de píldora Ritalin tarda más de una hora en elevar los niveles de dopamina en el cerebro, mientras que la cocaína fumada o inyectada lo hace en cuestión de segundos. Hay cada vez mayor número de informes sobre adolescentes y otras personas que abusan de Ritalin esnifándolo o inyectándose para conseguir un efecto más rápido.

Pero la cosa no acaba aquí. La doctora Joan Baizer, profesora de fisiología y biofísica en la Universidad de Buffalo, ha demostrado que Ritalin, que los médicos consideran que hace efecto sólo a corto plazo, puede iniciar cambios en la estructura y el funcionamiento del cerebro que perduran mucho después de haber desaparecido los efectos terapéuticos. Esto puede conducir a una mayor susceptibilidad a la drogodependencia en etapas posteriores de la vida.

Tal como verá en el capítulo 27, los enfoques nutricionales a la multitud de problemas englobados bajo las siglas THDA han demostrado ser más efectivos que estos fármacos. Sin embargo, como sucede con cualquier estimulante, la retirada del Ritalin da como resultado síntomas del síndrome de abstinencia. Esto puede minimizarse manteniendo estables los niveles de azúcar en sangre. Siga la estrategia indicada en los capítulos 3 y 9.

Tranquilizantes: la falsa calma

Tal como he mencionado con anterioridad, cada semana se consumen en Gran Bretaña 10 millones de tranquilizantes. Suelen recetarse por problemas con el sueño y la ansiedad. Los más fuertes se prescriben a las personas con esquizofrenia.

Los tranquilizantes que se recetan con mayor frecuencia son las benzodiazepinas como diazepam (Valium), clordiazepóxido (Librium), clonazapine (Klonopini) y alprazolam (Xanax) o temazepam (Restoril), los dos últimos con una acción más breve. En el Reino Unido se firman cerca de 18 millones de recetas cada año para tratar la ansiedad y el insomnio. Funcionan porque abren los lugares receptores para GABA, el neurotransmisor inhibidor que actúa como un calmante del cerebro. Aumentando la actividad de GABA, las benzodiazepinas reducen la vigilia y el funcionamiento general del cerebro, calmando la ansiedad pero adormilando también la mente. El gran problema es que son muy adictivas. De hecho, lo son en el mismo grado que la heroína y la dependencia de ellas puede producirse en el plazo de dos semanas de uso. A los médicos se les indica específicamente que no receten para un administración de más de cuatro semanas, pero una encuesta realizada en los años ochenta indica que más del 35 por ciento de los que las tomaban por prescripción médica las venían usando no durante cuatro semanas, sino incluso durante cuatro meses. La encuesta calculaba que 1,5 millones de personas en Gran Bretaña son adictas a los tranquilizantes.

A finales de la década de 1980, miles de adictos a los tranquilizantes demandaron a las empresas farmacéuticas. No obstante, el caso se abandonó en 1994 por falta de pruebas.

Figura 24. «Doctor, me parece que me he vuelto adicto a los medicamentos recetados.»

Los tranquilizantes son muy adictivos, y su empleo a largo plazo puede hacer que usted se vuelva más olvidadizo, adormilado, proclive a los accidentes y antisocial. La abstinencia le puede volver ansioso, irritable, confuso e incapaz de conciliar el sueño. Estos síntomas pueden perdurar meses, aunque con un apoyo nutricional apropiado se puede reducir ese tiempo de manera considerable. La historia de Mary, del libro *Natural Nights* (facilitada amablemente por la doctora coautora Hyla Cass), es un buen ejemplo:

> Cuando Mary contaba treinta años se sentía inmersa en un matrimonio desgraciado y con un hijo pequeño. No viendo escapatoria, tomaba grandes dosis de Valium para amortiguar la pena. Un día, mientras preparaba la receta, el farmacéutico le dijo: «Por si no lo sabe, usted es adicta. Avíseme cuando esté preparada para dejarlo». Esto fue una llamada de atención para Mary.
> Como respuesta inmediata simplemente dejó de tomar el fármaco. Estaba demasiado avergonzada como para dirigirse al farmacéutico, que le habría podido aconsejar un programa de retirada paulatina bajo supervisión médica. Después, sin saber que estaba sufriendo los síntomas del síndrome de abstinencia, según sus palabras «sencillamente se volvió loca» durante los dos meses siguientes. Ese tiempo fue lo que tardó su cerebro en reajustarse.
> Lo que le sucedió fue que el Valium le provocó una desregulación en el cerebro. Se había ajustado al efecto relajante del medicamento. Esto provocó una agitación extrema (abstinencia) cuando dejó de tomarlo,

hasta el momento en que el cerebro volvió a ajustarse. «Cuando recuperé la cordura, decidí dejar a mi marido. No volví a mirar atrás y no volví nunca a tomar un tranquilizante», declara hoy Mary, a los 48 años, cuando es una escritora de éxito y una abuela orgullosa.

Si se ha vuelto dependiente y desea dejarlo, lo esencial es que busque un apoyo y un guía profesionales. Se recomienda también acudir a un psicoterapeuta que ayude a tratar las cuestiones subyacentes a la ansiedad. Si sigue también los consejos de las partes 1 y 2, con la valeriana y el kava, dos hierbas relajantes, puede ir sustituyendo poco a poco a los medicamentos, aunque sólo bajo el control de un nutricionista y del médico.

Fármacos antipsicóticos: una camisa de fuerza química

El primer fármaco antipsicótico, la reserpina, se introdujo en la práctica psiquiátrica en 1952, seguido al poco tiempo por la clorpromazine en 1954. La perfección de este tipo de drogas antipsicóticas se consiguió en los años sesenta, con la introducción de flufenazina (Prolixin) y haloperidol (Haldol). La mayoría de los restantes fármacos introducidos a partir de 1970 apenas aportan ventajas sobre esas otras, que hoy son genéricos y resultan más baratas.

Para las personas que no toman estos medicamentos por vía oral, hay disponibles sales liposolubles para inyección intramuscular. Estas inyecciones semanales, por ejemplo de Depixol, no dan un resultado tan bueno como el uso del fármaco por vía oral. La mayoría de los pacientes obtienen la dosis diaria que necesitan tomando al irse a dormir las píldoras con defenidramina (Benadryl). Si tienen tirones musculares, se les administra por la mañana una pequeña dosis de Cogentin, Artane o Kemadrin (véase más adelante). Los tranquilizantes más fuertes sólo se tomarán en consideración como un remedio transitorio hasta que los desequilibrios bioquímicos se hayan corregido lentamente mediante una terapia nutricional. Según el doctor Abram Hoffer, psiquiatra con 50 años de experiencia en el tratamiento de la enfermedad mental, los tranquilizantes nunca curan, simplemente sustituyen una psicosis por otra. Ninguna persona normal puede funcionar bajo la influencia de tranquilizantes. Todavía hoy, una desgraciada consecuencia de la falta de personal en los hospitales psiquiátricos públicos es que se recetan habitualmente dosis excesivas de clorpromazina para tranquilizar a los pacientes difíciles.

Cuando un columnista del *San Francisco Examiner*, Bill Mandel, probó 50 mg de Thorazine, escribió:

«Dicho de manera simple, me volvió estúpido. Ya que a Thorazine y a otros fármacos similares se les apoda "lobotomía líquida" en el negocio de la salud mental, esperaba que descendiera una gran nube gris sobre mis facultades. Pero no fue una nube gris, sino pequeñas manchas de niebla. Mis engranajes mentales resbalaba, carecía de tracción intelectual. Me resultaba difícil, por ejemplo, recordar palabras sencillas.»

A la mayoría de los pacientes se les receta de 2 a 16 veces la cantidad tomada por Mandel. Los tranquilizantes de este tipo deberán tomarse sólo como último recurso e, incluso entonces, retirarse cuando el paciente mejore con la dieta adecuada y un tratamiento correcto con nutrientes específicos, basado en un diagnóstico apropiado.

Efectos secundarios de los fármacos antipsicóticos

Un gran problema del tratamiento de los trastornos mentales con productos farmacéuticos es la enorme incomodidad provocada por algunos de sus efectos secundarios. Algunos fármacos, como la clorpromazina (Thorazine o Largactil), ahora anticuados, tienen unos efectos secundarios molestos y a veces graves. Los pacientes que los toman pueden sentirse incapaces de mantener firmes sus manos. Sus músculos faciales pueden contraerse involuntariamente. Intentan leer, pero su vista es demasiado borrosa como para descifrar las líneas impresas. Los ojos pueden dirigirse hacia arriba y se niegan a bajar. El paciente está intranquilo y frota el suelo hasta que le salen llagas en los pies. Incluso después de una breve exposición al sol puede desarrollar una reacción cutánea severa, por lo que ha de permanecer la mayor parte del tiempo en el interior. Después de una quimioterapia prolongada, si el paciente se mira por la mañana en un espejo puede ver que su piel ha adquirido una tonalidad púrpura grisácea, algo reversible con gran lentitud. Este pigmento puede acumularse en el músculo cardíaco y provocar una muerte súbita, como han demostrado varios estudios. Imagine la agonía del hombre o mujer jóvenes e inteligentes, en particular un artista o intelectual, que se ve forzado a tomar esta medicación para acabar descubriendo que sus capacidades imaginativas simplemente han desaparecido. ¿Es ético, después de 25 años de la introducción de la clorpromazina, aumentar la agonía del esquizofrénico administrándole este fármaco cuando hay disponibles medicamentos y tratamientos más seguros?

Si es necesario, un fármaco como el haloperidol o la flufenazina pueden sustituir a la clorpromazina. Producen menos efectos secundarios, pero deberán tomarse sólo como ayuda hasta que los nutrientes comiencen a hacer su efecto. Una «lobotomía farmacológica» no es en absoluto necesaria ni tampoco la frustrante pérdida de recursos intelectuales de los pacientes.

Estos fármacos antipsicóticos, administrados a dosis elevadas durante varios meses, pueden provocar discinecia, una perturbación que hace que los movimientos voluntarios resulten incompletos o parciales. El riesgo de que se produzca este efecto secundario después de un uso prolongado es de aproximadamente el 75 por ciento, según el doctor William Glazer, experto en esta enfermedad.

Puesto que se ha descubierto que los fármacos llamados fenotiazinas atacan al manganeso y hacen que quede menos disponible para el cerebro, un investigador ha aventurado la hipótesis de que este mineral podría ser útil para evitar los efectos secundarios causados por estos medicamentos. De 15 personas a las que se les administraron suplementos de manganeso, siete se curaron de sus tirones musculares involuntarios, tres mejoraron mucho y cuatro mejoraron. Sólo una persona no dio respuesta. El manganeso, tomado diariamente en dosis de 25 mg, es útil, lo mismo que la administración a diario de fosfatidilcolina o DMAE, que fabrica acetilcolina, el neurotransmisor implicado en las funciones cerebral y muscular. La vitamina E también puede ser útil a un nivel de 800 UI al día.

El «síndrome neuroléptico maligno» es otro efecto secundario, a veces letal, de la medicación antiesquizofrénica. Más de 20 publicaciones han descrito los efectos negativos del uso prolongado de estos fármacos. Los pacientes pueden tener temperatura elevada, sudoración, pulso rápido, jadeo, defecación involuntaria, rigidez, mutismo, estupor y coma. Si no se retira la medicación, la muerte puede sobrevenir en 24 horas.

Los problemas con el uso de los fármacos múltiples

Otro problema son las interacciones entre varios fármacos. Muchos pacientes psiquiátricos toman cada día al mismo tiempo dosis de uno o más antipsicóticos, antidepresivos, tranquilizantes suaves y un producto hipnótico que les hace dormir por la noche. Además, debido a ciertos efectos secundarios de estos fármacos, parecidos a los del Parkinson, a la mayoría de los pacientes se les administran también medicamentos usados para esta enfermedad, tal como Cogentin o Kemadrin. Esto hace que la lectura de todo ello resulte mucho más difícil, pues hay fármacos para otras enfermedades coexistentes recetadas por otros médicos, así como la automedicación. Toda esta combinación constituye una peligrosa gama de interacciones farmacológicas y negligencia personal de los pacientes, que puede prolongar el sufrimiento y retrasar la rehabilitación.

Aunque los fármacos antipsicóticos puedan tener efectos beneficiosos a corto plazo, el comportamiento letárgico, asocial y extraño de algunos pacientes, que suele atribuirse a la enfermedad, con más frecuencia no es más que el resultado de la medicación. Cada vía de tratamiento, incluida la nutrición, deberá explorarse en profundidad antes de sentenciar a una persona a la camisa de fuerza de tipo químico que supone el uso a largo plazo de tranquilizantes.

En resumen, en la mayoría de los casos, con una buena guía, el programa nutricional correcto y el apoyo suficiente es posible prescindir de la medicación. Esto es deseable, ya que casi todos los fármacos usados en la actualidad para tratar los problemas de enfermedad mental tienen efectos secundarios no deseados, en especial a largo plazo.

Sin embargo, prescindir de la medicación es algo que no debe hacerse nunca con excesiva rapidez y sin el total apoyo del médico y el nutricionista u otro profesional de la salud que puedan ayudarle, a través de un enfoque nutricional menos tóxico, a mantener su mente en buen estado.

Parte 5

Resolver la depresión, la depresión maniaca y la esquizofrenia

De entre los problemas de salud mental, los más frecuentes son la depresión y la esquizofrenia. En Gran Bretaña, a una persona de cada 20, o alrededor de 3 millones de personas, se les diagnostica depresión. A uno de 40, esquizofrenia. Ambos estados pueden convertirse en un infierno. Pero no necesariamente ha de ser así, puesto que ambos son en su mayor parte curables con una nutrición correcta, además de psicoterapia. Con mucha frecuencia, el único tratamiento administrado son fármacos, mucho menos eficaces. En esta parte verá los desequilibrios químicos que causan estas afecciones y el modo de resolverlos.

Capítulo 22
VENCER LA DEPRESIÓN

En el capítulo 14 exploramos como los desequilibrios del azúcar en sangre, las alergias y las deficiencias en vitaminas, minerales, ácidos grasos esenciales y aminoácidos se han relacionado con el bajo estado de ánimo. Si sufre depresiones, es mejor que comience corrigiendo esos problemas. Pero hay muchas más cosas que puede hacer y que es lo que vamos a ver aquí en mayor profundidad.

No hay duda de que hace falta combatir la depresión: actualmente es diez veces más común que en los años cincuenta. Es también la principal causa de suicidio, responsable de 3.000 muertes al año, y hoy, la segunda causa de fallecimiento entre los jóvenes de 15 a 24 años. Por muy deprimente que pueda sonar todo esto, hay mucho que puede hacerse tanto en nutrición como con un adecuado asesoramiento.

Entre los síntomas clásicos de depresión están:

- Sentimientos de culpabilidad o infravalor.
- Falta de concentración.
- Pérdida de energía y fatiga.
- Ideas de suicidio o preocupación por la muerte.
- Pérdida o aumento del apetito y el peso.

- Trastornos del sueño.
- Relantización (física y mental).
- Agitación (intranquilidad y ansiedad).

Si experimenta cuatro o más de estos signos, este capítulo es para usted. Es importante darse cuenta de que rara vez hay una sola causa para el conjunto de síntomas de lo que denominamos depresión, lo mismo que no hay una sola cura.

Sin embargo, como regla general es una buena idea tener equilibrados los neurotransmisores esenciales. Seguramente recordará del capítulo 14 que los niveles bajos de serotonina van asociados a estados de depresión, mientras que los niveles bajos de dopamina, adrenalina o noradrenalina lo están con la falta de motivación. La mayoría de los fármacos recetados buscan corregir estos desequilibrios, pero tienen efectos secundarios indeseables. En lugar de eso, lo que recomiendo es tomar suplementos del aminoácido 5-hidroxitriptófano (5-HTP) a razón de 100 mg hasta 300 mg dos veces al día hasta normalizar los niveles de serotonina. Los suplementos de 500 mg a 1.000 mg de tirosina dos veces al día sirven para estimular la motivación. La tirosina se toma mejor con el estómago vacío.

Los métodos naturales para alejar los nubarrones

Hipérico, la hierba de la felicidad

Otro remedio natural muy eficaz es el hipérico (*Hypericum perforatum*). Es uno de los remedios naturales más estudiado.

Actúa lo mismo que los antidepresivos tricíclicos, aunque tiene menos efectos secundarios. Los antidepresivos tricíclicos tales como la imipramina se recetan con mucha frecuencia, pero tienen a menudo efectos secundarios no deseados. Por ejemplo, según un reciente estudio publicado en el *British Medical Journal* se distribuyeron 324 pacientes al azar entre un grupo tratado con hipérico y otro con imipramina. Ambos dieron la misma eficacia en los pacientes con depresión leve a moderada, pero la hierba la toleraron mejor que el fármaco y también fueron menos los que se retiraron de la prueba a causa de efectos adversos.

Un análisis de 23 de estos ensayos clínicos «randomizados» que comparaban hipérico con placebos y que incluían un total de 1.757 personas, demuestra que la hierba es muy eficaz con unos mínimos efectos secundarios. En un estudio realizado en Alemania que usaban 300 mg de hipérico, el 66 por ciento de los pacientes con depresión leve a moderadamente severa mejoraron, con menos depresiones y quejas de trastornos en el sueño, dolores de cabeza y fatiga, en comparación con el 26 por ciento de los que recibían un placebo. Sin embargo, no resulta tan eficaz para la depresión severa. Lo mismo puede decirse en relación con los antidepresivos SSRI.

Una dosis de 300 mg de hipérico (que contiene un 0,3 por ciento de hipericina) dos o tres veces al día ayuda a la mayoría de las personas con depresión leve, mientras que el doble de esta cantidad es útil para los que la padecen más grave. Pero no deben esperarse resultados instantáneos. A menudo tarda un par de semanas en tener efecto.

El encanto de unos efectos secundarios mínimos

Uno de los hallazgos constantes en estos estudios y en mi experiencia clínica es que el hipérico tiene unos efectos secundarios mínimos. Es mucho más suave que los fármacos antidepresivos. Es decir, que sí hay algunos efectos secundarios. Aproximadamente el 2 por ciento de los pacientes los describen, como síntomas gastrointestinales, reacciones alérgicas, ansiedad y vértigos. Los medios de comunicación lo han exagerado muchas veces, posiblemente porque cada vez hay más personas que optan por el hipérico en lugar de por los medicamentos antidepresivos, y las compañías farmacéuticas contraatacan con historias de miedo en la prensa populista.

La preocupación de que provoque fotosensibilidad no deberá alarmar ya que sólo se ha producido en caso de dosis muy elevadas, en lugar de los 600 a 900 mg diarios que se recomiendan.

El hipérico «regula» ciertos enzimas hepáticos. Esto significa que el hígado trabaja algo más. Lo mismo sucede con casi todos los fármacos y sustancias extrañas al cuerpo, pues este órgano intenta desintoxicarlo.

La reputada psiquiatra doctora Hyla Caas es una de las mayores expertas mundiales en esta planta. En su excelente libro *St John's Wort: Natures's Blues Buster* da las diez razones por las que prefiere el hipérico a los fármacos antidepresivos:

1. Sus efectos secundarios no son con mucho ni tan graves ni tan frecuentes.
2. Mezclado con alcohol no conduce a reacciones adversas como sucede con los otros antidepresivos.
3. No es adictivo.
4. No produce síntomas de abstinencia cuando se deja de tomar.
5. No produce hábito ni necesidad de elevar la dosis para mantener sus efectos.
6. Fácilmente puede dejar de tomarse y repetirlo más tarde sin necesidad de un periodo de adaptación.

7. Facilita dormir y soñar.
8. No inhibe el impulso sexual como hacen los SSRI en algunas personas, y en realidad puede estimularlo en algunas.
9. No le deja somnoliento a uno durante el día. Se ha demostrado en los experimentos que eleva el estado de vigilia y acorta el tiempo de reacción al conducir.
10. Según un informe, la tasa anual de fallecimientos por sobredosis de antidepresivos es de 30,1 por un millón de recetas. Nadie ha muerto por una sobredosis de hipérico. De hecho, no sabemos de nadie que haya intentado suicidarse con él.

El modo exacto en que actúa el hipérico sigue siendo un poco misterioso. No obstante, es probable que gracias a unas recientes becas de investigación pronto sepamos más al respecto. Los últimos estudios indican que la hipericina, que se cree que es uno de los principales ingredientes activos de la hierba, puede actuar inhibiendo la reabsorción de serotonina y dopamina. Esto puede explicar algunas de sus ventajas, aunque no todas. En otro estudio, donde se retiró la hipericina, el hipérico siguió elevando los niveles de las sustancias químicas cerebrales. Hemos llegado así a la conclusión de que todavía no sabemos lo suficiente sobre las actividades y capacidades sinérgicas de la mayoría de los compuestos encontrados en esta y otras hierbas.

Aumente su ácido fólico

Si está deprimido puede que esté bajo en ácido fólico. En un estudio con 213 pacientes deprimidos realizado en el Depression and Clinical Research Program del Massachusetts General Hospital, en Boston, las personas con niveles más bajos de ácido fólico presentaban más depresión «melancólica» y sus probabilidades de mejorar con la administración de antidepresivos SSRI eran menores. Las personas muy deprimidas, y también los esquizofrénicos, suelen presentar carencia de ácido fólico. Un estudio sobre los pacientes del departamento de psiquiatría del Kings College Hospital de Londres halló que uno de cada tres presentaba una deficiencia límite o completa en folato.

Estos pacientes participaron después en una prueba de doble ciego controlada por placebo, de seis meses de duración, sobre la administración de ácido fólico como suplemento de su medicación estándar. Cuanto más tiempo tomaron ácido fólico, tanto mejor actuaba. Sin embargo, estaban tomando 15.000 mcg (la CRD es de 300 mcg). Si sufre depresión crónica o severa, recomiendo comenzar con 1.200 mcg, junto con 100 mg de vitamina B_6. El ácido fólico se vende sólo con receta en suplementos de hasta 400 mcg, lo que significa que deben tomarse tres al día. El ácido fólico y la vitamina B_6 «entonan» al cerebro y aumentan la producción de SAMe, otro nutriente inteligente que ayuda al cerebro a funcionar. SAMe (o TMG, de lo que está hecho) es en sí un antidepresivo natural y vale la pena tomarlo en suplementos de 200 mg diarios. Todos estos nutrientes no sólo ayudan al cerebro a producir más serotonina, sino que son los maestros de la «metilación».

La metilación y el estado de ánimo

Se habrá preguntado por qué cantidades tan grandes de nutrientes como el ácido fólico, mucho más de lo que puede tomar uno con una dieta bien equilibrada, parecen ser eficaces. La respuesta es que somos bioquímicamente únicos; cada vez se dan más pruebas de que algunas personas, quizás las que son propensas a la depresión severa y la esquizofrenia, que no «metilan» de un modo correcto. La metilación es un proceso químico que tiene lugar en todo el cuerpo y en el cerebro, que ayuda a transformar unos neurotransmisores en otros. Por ejemplo, la noradrenalina se convierte en adrenalina al añadírsele un grupo metilo. Los nutrientes que pueden ceder o recibir grupos metilo ayudan a que el cerebro funcione mejor. El ácido fólico y el SAMe, por ejemplo, contribuyen a la cesión de estos grupos. Los pacientes deprimidos puede que tengan una debilidad particular en esta área y que, por consiguiente, se beneficien mucho más de estos nutrientes clave.

Más adelante, en el capítulo 25, podrá ver como las megadosis de vitamina B_3, que recibe grupos metilo, resultan particularmente útiles para algunas personas diagnosticadas de esquizofrenia. El SAMe, aunque a menudo es muy útil para la depresión, puede agravar los síntomas «maníacos» tanto en la esquizofrenia como en la depresión maniaca. Se trata de un acto de equilibrio que ayuda a la química del cerebro a sincronizarse.

Las grasas adecuadas para mantenerle a uno feliz

Hablando de equilibrios, B_3, B_6 y ácido fólico desempeñan un papel crucial en el modo en que el cerebro fabrica sus ácidos grasos esenciales. En todo este libro hemos alabado las virtudes de los ácidos grasos esenciales procedentes del pescado y las semillas. Sin embargo, para transformar estas grasas esenciales en materiales de construcción para el cerebro, por ejemplo formando los lugares receptores de los neurotransmisores, también necesitamos vitaminas B. Ello es debido a que impulsan los enzimas que transforman un ácido graso esencial en otro. También se convierten en prostaglandinas similares a hormonas bajo la acción de los enzimas dependientes de la vitamina B. Estos últimos, junto con las propias prostaglandinas, estimulan la producción cerebral de serotonina y otros neurotransmisores clave. Es una afortunada serie de reacciones químicas. Lo único que tiene usted que hacer es procurar que su cerebro reciba la cantidad suficiente de todas estas piezas de la ecuación. Son:

- Ácidos grasos esenciales, en especial los omega-3.
- Vitaminas B.
- Aminoácidos tales como 5-HTP, tirosina y SAMe o TMG.

De hecho, un reciente estudio publicado en el *American Journal of Psychiatry* ha confirmado que los pacientes tratados con medicación antidepresiva y que siguen teniendo síntomas pronunciados de depresión experimentan una notable mejoría en cuestión de tres semanas si se les administran diariamente suplementos de ácidos grasos omega-3. Cuanto más altos sean sus niveles de grasas omega-3 en la sangre, que ayudan a la fabricación de las neuronas cerebrales, mayor es la cantidad de serotonina que probablemente producirá. Según el doctor Joseph Hibbeln, el cual descubrió que las personas que consumen pescado son menos proclives a las depresiones, «es probable que esté construyendo más fábricas de serotonia, en lugar de aumentar simplemente las eficacia de la que usted ya tiene».

Esto también explica la razón por la que las ingestas muy bajas de grasa o colesterol pueden dar lugar a depresiones. A tenor de un estudio sobre 121 mujeres jóvenes sanas dirigido en la Duke University por el psicólogo Edward Suárez, los niveles bajos de colesterol son un pronosticador potencial de depresión y ansiedad. Un estudio realizado en Finlandia durante ocho años con 29.000 hombres de edades comprendidas entre los 50 y los 69 años, publicado en el *British Journal of Psychiatry*, halló que los que presentaban depresión tenían unos niveles medios de colesterol en sangre más bajos que los que no lo padecían, a pesar de seguir una dieta similar. La mejor manera de garantizar unos niveles adecuados de colesterol y ácidos grasos esenciales es consumir pescado de aguas frías tales como arenques, atún, salmón, sardinas y caballa.

La relación con la histamina

Los suplementos de ácido fólico no funcionan con todo el mundo. El doctor Carl Pfeiffer, fundador del Princeton's Brain Bio Center, descubrió que mientras que muchos pacientes deprimidos mejoraban con cantidades masivas de ácido fólico, algunos empeoraban. Se preguntó el porqué y encontró que aquellos a los que les iba peor tenían niveles altos de histamina en sangre. Genéticamente, están programados para producir un exceso de esta sustancia. Los suplementos adicionales del ácido estimulan la producción de histamina en estas personas y pueden ocasionar una depresión severa, tal como veremos ahora.

El descubrimiento del doctor Pfeiffer es otro ejemplo de la individualidad bioquímica que ilustra cómo cada uno de nosotros es único. Por esta simple razón, diagnosticar una depresión sobre la única base de los síntomas y tratar a todo el mundo con el mismo medicamento es ignorar muchas de las razones potenciales que subyacen a esta afección, tanto bioquímicas como psicológicas.

Sé acerca de las personas con valores de histamina altos porque soy una de ellas. Recuerdo estar sentado en la sala de espera del Brain Bio Center cuando contaba 20 años de edad, esperando la visita del doctor Pfeiffer, este extraordinario pionero en medicina nutricional y salud mental. Me echó un vistazo y, viendo mis uñas con marcas blancas, dijo: «Usted tiene altas las histaminas. Necesita más cinc y B_6. ¿Se despierta temprano, tiene buen apetito, una mente activa, tiende a ser compulsivo y obsesivo, sufre alergias y rara vez gana peso?» Pues sí, era mi imagen.

Y cuando el doctor Pfeiffer habló, todo quedó claro. Todos producimos histamina, pero unos más que otros. Es un rasgo genético llamado histadelia. Dado que la histamina acelera el metabolismo corporal, proporcionando más calor, y la vitamina C es un antihistamínico, creemos que cuando nuestros ancestros perdieron la capacidad de producir vitamina C (característica que compartimos con otros primates, las cobayas y los murciélagos) esto supuso una ventaja en los climas fríos durante y después de las glaciaciones, pero la histamina también provoca reacciones alérgicas, aumentando la producción de mucosidad y saliva, tendencia a la hiperactividad, conducta compulsiva y depresión. Algunos de estos rasgos pueden constituir en ocasiones una ventaja, pero cuando los niveles de la sustancia son excesivamente altos, entonces conducen a depresión crónica e incluso al suicidio. Marilyn Monroe y Judy Garland son ejemplos de personas altas en histamina que se suicidaron. A estas personas a menudo les gusta mucho el alcohol, pues seda su mente hiperactiva. Muchos alcohólicos tienen altos niveles de histamina y con la bebida cometen una especie de suicidio lento. No obstante, no todo es malo. Muchos grandes artistas, escritores y pioneros son personas de este tipo, apasionados que compulsivamente trabajan para conseguir sus logros. Por naturaleza son gente compulsiva y obsesiva. El doctor Carl Pfeiffer, que identificó este rasgo genético, describió este tipo como «construido para el siglo XXI, presto a la autodestrucción». La cuestión es si un metabolismo más rápido significa unas mayores necesidades de nutrientes, y si una nutrición insuficiente conduce a un rápido agotamiento. Sin los nutrientes adecuados, esta persona puede acabar profundamente deprimida. Si todo esto le resulta familiar, analícese con el minicuestionario de las páginas 211-212 o por Internet en: www.mentalhealthproject.com

¿Es usted histadélico?

Los histadélicos presentan ciertos signos físicos y síntomas obvios. La histamina estimula la producción de saliva, por lo que sus dientes no presentan taras. Producen también mucosidad y lágrimas, por lo que lloran con más facilidad. Puesto que Marilyn Monroe probablemente lo era, desde esta perspectiva podemos entender mejor lo que les decía a los fotógrafos: «Tomáis siempre fotos de mi cuerpo, pero mi rasgo más perfecto son los dientes.» Con un buen flujo salivar, los dientes están perfectamente bañados en saliva y estas personas tienen el hábito de quitarse el exceso de la comisura de los labios con los dedos pulgar e índice. Son personas de poca pilosidad y no tienen excesivo vello corporal o en las extremidades. En los hombres, la barba es ligera y tienen poco vello en el pecho. Poseen un metabolismo más rápido y oxidan con mayor celeridad, y la rápida oxidación de los alimentos significa que la persona puede comer mucho y nunca gana peso.

Los histadélicos tienen los dedos de las manos y de los pies relativamente largos, siendo el segundo de los del pie más largo que el dedo gordo. Cuando Monroe encontró por primera vez a su hermana Berniece, a la edad de 25 años, ésta dijo en una entrevista: «Lo más emocionante fue descubrir los dedos de nuestros pies. Mira como el segundo es más largo que el resto. Marilyn también lo tiene.» Su madre, Gladys, pasó muchos años en centros mentales con diagnóstico de esquizofrenia. Abraham Lincoln es otro ejemplo de tipo de altos valores de histamina con sus largos y escuálidos dedos.

Los histadélicos suelen tener orgasmos con facilidad y prolongados, así como un impulso sexual mayor de lo habitual. A menudo padecen también un insomnio muy intenso. Asimismo, es común un historial de alergias o de cefaleas periódicas y sensibilidad al dolor. Con frecuencia le ponen demasiado azúcar al café o al té y lo mismo que con el alcohol y otras drogas, presentan altos niveles de tolerancia.

Pfeiffer analizó a 12 drogodependientes y encontró que todos tenían valores de histamina altos. Si estos son demasiado elevados, es muy probable que la persona esté deprimida, sea compulsiva y tenga pensamientos anormales. Por consiguiente, muchas veces recurren a la heroína, la metadona, los estimulantes, los tranquilizantes, el alcohol y el azúcar para compensar esas sensaciones. El bebedor compulsivo diario de alcohol suele ser histadélico.

La conexión con la depresión, el suicidio y la esquizofrenia

El doctor Pfeiffer descubrió que los histadélicos comprenden aproximadamente el 20 por ciento de los llamados esquizofrénicos y una proporción importante de los pacientes deprimidos. Esta estimación se basa en los miles de pacientes que ha tratado en el Brain Bio Center durante 40 años. Así es como describe a estos pacientes:

> «La persona histadélica es a menudo el paciente problemático de hospitales y clínicas psiquiátricas. Nuestro primer contacto con la histadelia tuvo lugar en un estudio bioquímico y psiquiátrico de pacientes externos de esquizofrenia. Dos de los nueve pacientes crónicos estudiados de los que teníamos abundantes datos y visitas repetidas presentaban una correlación positiva entre histamina en sangre y el Inventario Mundial Experimental EWI), una medida psicológica de estabilidad. En otras palabras, tanto una puntuación de EWI alta como los niveles elevados de histamina disminuyeron cuando el paciente mejoró.
>
> La histadelia suele ser hereditaria, y se inicia a eso de los 20 años de edad. Unos antecedentes de suicidio, depresión y alergia de parientes próximos o lejanos son un fuerte indicativo de una posible histadelia. Este trastorno se denominó probablemente en el pasado depresión psicótica hereditaria. Al paciente no diagnosticado se le trata como esquizofrénico, pero no responde a ninguno de los tratamientos habituales con fármacos, electrochoque o coma inducido por insulina. Hemos tratado a más de un millar de estos pacientes y nuestra experiencia nos proporciona muchos signos importantes que ayudan a un diagnóstico precoz.
>
> Los síntomas clásicos son percepciones erróneas, obsesiones, compulsiones, trastornos del pensamiento, miedos anormales, constante depresión suicida, facilidad para el llanto y mente en blanco. Este último síntoma se averigua preguntando al paciente si puede visualizar la cara de su madre o si puede visualizar por qué gira a la izquierda en una carretera si realmente quiere ir a la derecha. A menudo no puede visualizarlo. El mayor problema del histadélico fuertemente deprimido es la constante amenaza de suicidio. Nunca podremos hacer frente a este grado de extrema alerta mental con una buena nutrición. Podemos hacer que el paciente se sienta normal, pero no detener la mente hiperactiva. Para algunos de estos pacientes compulsivos, la normalidad no es suficiente.»

La nutrición óptima para los histadélicos

Si sospecha que tiene la histamina alta y experimenta síntomas indeseables, lo mejor que puede hacer es ir a un nutricionista que le recomiende un análisis de sangre para determinar su índice en esta sustancia. Si ya se ha hecho un análisis normal y el recuento de basófilos fue alto, esto es indicativo de un nivel de histamina elevado.

La nutrición óptima ideal para usted depende de su estado histamínico. Para quienes lo tienen alto lo mejor es consumir una dieta relativamente pobre en proteínas y rica en carbohidratos complejos, que ponga especial énfasis en la fruta y las hortalizas. Proteínas como la carne contienen aminoácidos que elevan todavía más los niveles de histamina. La vitamina C es un antihistamínico natural y es conveniente tomar un suplemento de 2 g diarios. Igualmente importante es tener suficiente cinc, manganeso y B_6. Asegúrese de tomar suplementos de 15 mg de cinc, 5 mg de manganeso y al menos 50 mg de B_6. Algunas personas necesitan el doble de estas cantidades.

Si experimenta síntomas no deseables o tiene un nivel alto de histamina en la sangre, aumente los suplementos y añada 500 mg de calcio y 500 mg del aminoácido metionina, por las mañanas y a la noche, más un programa básico de suplementos. El calcio libera algunas de las reservas de histamina del cuerpo y el aminoácido natural metionina ayuda a desintoxicarse de la histamina añadiéndole grupos metilo, que es el modo usual como lo hace el cuerpo humano. La fenitoína, el fármaco anti-epilepsia, en una dosis de 100 mg por las mañanas y por la tarde, alivia algo a los pacientes compulsivos o muy deprimidos. Sin embargo, la metionina más el calcio combinados con cinc y manganeso suelen ser suficientes. Conviene también evitar las dosis de ácido fólico superiores a 200 mcg hasta que tenga bajo control los niveles de histamina, puesto que una cantidad grande del mismo puede incrementarlos. El mismo régimen de cinc, manganeso, calcio y metionina proporciona un tratamiento de éxito con muchos pacientes alérgicos que no están deprimidos.

¿Qué tal va de tiroides?

Otra causa clásica de depresión es la baja actividad del tiroides. En los Estados Unidos, la medicación para esta glándula es el cuarto fármaco más recetado. El tiroides se encuentra situado en la base de la garganta y fabrica la hormona tiroxina, que estimula las células del cerebro y del cuerpo para que se mantengan activas. A menudo, como consecuencia a largo plazo del estrés y de una nutrición inferior a la óptima, la glándula tiroides puede comenzar a producir menos tiroxina de lo debido. Esto es una causa clásica de depresión y letargo, aunque en personas con niveles bajos de tiroxina se han observado también síntomas de irritabilidad, ansiedad y ataques de pánico. Los signos de hipotiroidismo son letargo, depresión, indigestión o estreñimiento, falta de memoria y ganancia de peso. Dado que la tiroxina acelera el metabolismo, el síntoma definitivo es un descenso de la temperatura corporal. Esto es algo que usted mismo puede comprobar con un termómetro. Así es como se hace: agite el termómetro y déjelo al lado de la cama. Cuando se despierte por la mañana, y antes de levantarse, colóqueselo bajo el brazo y manténgalo allí diez minutos. Su temperatura basal deberá ser de 36,5 a 36,7 °C. Hágalo durante al menos dos días, (las mujeres deberán hacerlo en los días dos o tres del periodo, puesto que la temperatura corporal fluctúa durante el ciclo). Si la lectura da por debajo de 36,5 °C, repítalo durante un periodo más prolongado, digamos una semana. Si sigue siendo inferior a 36,5 °C, probablemente su tiroides funciona por debajo de lo normal.

Si sospecha que tiene un problema de tiroides, su médico pedirá un análisis de sangre para seguir investigando esa posibilidad. Sin embargo, un nivel de tiroxina aparentemente normal, si se encuentra en el extremo inferior de la normalidad, reforzado con esos síntomas y una menor temperatura corporal, hace que valga la pena seguir tratándolo.

Aunque el enfoque médico es administrarle tiroxina, esta hormona está hecha a partir de iodotiroxina, por lo que el yodo es necesario para trasformarla en tiroxina. Las investigaciones más recientes indican que también son importantes el cinc y el selenio. Pruebe entonces con 1.000 mg de yodotirosina al despertar y por la noche, tomándolo con el estómago vacío, junto con un compuesto multimineral que contenga yodo, cinc y selenio. El ejercicio también estimula el tiroides.

Crear un estilo de vida feliz

Hay muchas cosas que puede hacer, aparte de la nutrición, para mejorar su estado de ánimo. El ejercicio suave es un buen modo de comenzar. Un reciente estudio realizado en Alemania ha mostrado que un régimen de paseos diarios de 30 minutos puede reducir de modo significativo la depresión en diez días. Esto confirma resultados anteriores de la Duke University, que muestran que un paseo de 30 minutos o hacer *jogging* tres veces a la semana son tan efectivos como los antidepresivos y mucho más eficaces que ellos contra las recaídas. Sin embargo, es necesario continuar haciéndolo para estar felices. En un estudio de seguimiento durante ocho años de personas con tendencia a la depresión se encontró que ésta regresaba si dejaban de hacer ejercicio.

También ayuda la exposición a la luz diurna natural y el uso de bombillas de luz de espectro completo para la iluminación interior. La luz tiene un efecto directo sobre la glándula pineal, que produce melatonina, un pariente cercano de la serotonina. No se sabe exactamente cuánta luz eleva el estado de ánimo, pero todos sabemos que es cierto. En el capítulo 14 se da un ejercicio de luz muy sencillo para animarse, aunque también es buena idea tomarse unas vacaciones al sol durante el invierno y exponerse uno mismo a la luz diurna. Para interiores, use las bombillas de espectro completo.

Permanecer en el exterior, en la naturaleza puede resultar mucho más beneficioso que la luz y el ejercicio. El aire cerca de cascadas, montañas, playas y bosques, sitios frecuentemente asociados a los sentimientos de tranquilidad, son algunos de los lugares donde se encuentran los iones que más favorecen la salud (son los iones negativos los buenos, no los positivos). Después de una tormenta con rayos, la mayoría nos sentimos vigorizados y refrescados. Esto se debe a que la tormenta eléctrica ha generado trillones de iones negativos, que relajan las tensiones y nos proporcionan energía. Los investigadores creen que la depresión invernal puede deberse, al menos en parte, al agotamiento de los iones negativos en el aire a causa de los vientos. Los investigadores del departamento de psiquiatría de la Universidad de Columbia, al medir el efecto antidepresivo de los iones negativos del aire ambiental, encontraron que el 58 por ciento de los pacientes tratados con iones negativos de alta densidad mejoraban considerablemente de sus síntomas, casi igual al número de los que lo hacían con fármacos, pero sin efectos secundarios.

La música apropiada puede, efectivamente, elevar su estado de ánimo, lo mismo que los aceites esenciales. Particularmente eficaces son los de bergamota, geranio o azahar. El libro *Natural Highs*, del que soy coautor con el doctor Hyla Cass, incluye muchas maneras de estimular el estado de ánimo.

Por último, acuda a un consejero o psicoterapeuta. Tan complejo como la bioquímica de la salud mental lo es también la naturaleza de la psiquis. Los psicoterapeutas están para ayudarle a eliminar los bloqueos internos y a llevar una vida feliz y satisfactoria.

En resumen, si padece depresión crónica o grave:

- Acuda a un nutricionista clínico que analice si hay algún desequilibrio bioquímico y trace un programa nutricional para mejorar su estado de ánimo. Esto puede incluir suplementos de hipérico, 5-HTP, tirosina, SAMe, ácido fólico, B_6,

cinc y manganeso, además de una dieta para estabilizar sus niveles de azúcar en sangre y garantizar los suficientes ácidos grasos omega-3.
- Si tiene los signos de estar alto en histamina, hágase un análisis.
- Cambie su estilo de vida para usar conscientemente la luz, el color, el sonido y los sabores para elevar su estado de ánimo.
- Considere acudir a un consejero o un psicoterapeuta.

Capítulo 23
LOS CAMBIOS DE HUMOR Y LA DEPRESIÓN MANIACA

No es tan infrecuente tener cambios de humor. De hecho, una de cada dos personas de Gran Bretaña los padece, a tenor de una encuesta realizada entre 22.000 personas en 2001. Estas oscilaciones pueden generarse a causa de numerosos factores, incluidos un exceso de café, demasiado estrés, desequilibrios hormonales, alergias alimentarias y deficiencias nutricionales.

La mayoría de la gente que experimenta cambios de humor puede caer en depresiones con síntomas tales como un bajo estado de ánimo, pérdida de apetito, sensación de cansancio, dormir mal, falta de interés hacia las aficiones o el sexo, evitar a la gente, irritabilidad, falta de concentración, sentimientos de culpa o incluso tendencias suicidas. Por supuesto que existen distintos grados de cambios de humor. Casi 1 de cada 100 personas oscila entre una notable depresión por un lado y manía o hipomanía por el otro. Se dice que los que tienen síntomas notables padecen depresión maniaca, aunque los psiquiatras prefieren hablar hoy de trastorno bipolar.

Los maniacodepresivos con síntomas leves, aunque no tengan un derrumbe completo que les incapacite para resolverlo fuera de un hospital o sin apoyo permanente, pueden verse gravemente afectados por la enfermedad. Por ejemplo, pueden tener una excitante vida sexual que les conduzca a una gran variedad de problemas y después volverse súbitamente incapaces y necesitar tiempo para recuperarse. Por otro lado, algunos se han convertido en políticos de éxito o millonarios. Resulta irónico que estas personas puedan sufrir la máxima disrupción en sus vidas por la depresión maniaca, y que debido a su estatus o a sus oscilaciones menos obvias, puedan evitar por completo la ayuda médica o de otro tipo y descarguen en otras personas su irritabilidad u otras excentricidades. Sin medicación, su comportamiento puede conducir a divorcio, pérdida de amigos, prisión o peores consecuencias.

La forma más severa de depresión lleva el riesgo de derrumbamiento, que puede conducir a la pérdida del trabajo o del hogar. Por lo general, estos pacientes pasan mucho tiempo viviendo en la calle, en la cárcel o en un hospital. A menudo les conoce bien la policía local por los problemas que causan cuando pierden pie con la realidad. Por fortuna, el grado de comportamiento disruptivo hace que a menudo se les administre alguna medicación, aunque esto pueda causar también problemas.

En la práctica, los diagnósticos psiquiátricos cambian frecuentemente con el tiempo. A menudo los esquizofrénicos parecen a primera vista maniacodepresivos. Los dos diagnósticos muchas veces se superponen y cambian en el transcurso de la enfermedad. Algunos psiquiatras especulan con la posibilidad de que los dos diagnósticos sean variantes de una misma enfermedad. Los pacientes que muestran signos de ambas afecciones pueden ser etiquetados de esquizoafectivos (un cruce entre ambas enfermedades).

Algunos de los que muestran un trastorno del estado de ánimo puramente bipolar tienen muchas probabilidades de tener deficiencia en cinc y vitamina B_6, con desequilibrios del azúcar en sangre o, alergias cerebrales o una combinación de las tres cosas. Sin embargo, estos cambios de humor son problemas de percepción (tales como poder escuchar o ver cosas que no existen o experimentar extrañas sensaciones en el cuerpo) o una confusión de ideas (más allá de una simple depresión), y los afectados pueden sufrir una amplia gama de trastornos químicos, a menudo cercanos a los desequilibrios que se encuentran en la esquizofrenia. Se exploran por completo en el siguiente capítulo.

Comprender la depresión maniaca

La mayoría de las personas con depresión maniaca pasan la mayor parte de su tiempo en un estado de ánimo normal o ligeramente deprimido, aunque algunos presentan un nivel medio en todo momento. Esto dificulta mucho evaluar su ánimo. Sus amigos más cercanos pueden estar acostumbrados a esas variaciones y considerarlo normal. Pero, peor aún, ¡puede que las bajadas y las subidas sean simultáneas!

Esto hace que las opciones de tratamiento para intentar sacarles de esos estados sean potencialmente peligrosas, porque les llevan de un extremo a otro. Varias de esas opciones, incluidas algunas terapias complementarias, pueden provocarlo y deberán aplicarse sólo bajo la guía de un profesional experimentado y con buenos conocimientos.

Los psiquiatras deben ser muy cautos a la hora de recetar antidepresivos a los maniacodepresivos, aunque tengan tendencias suicidas, por miedo a que las lleven a cabo. Afortunadamente, la mayoría de los tratamientos nutricionales no caen en esta trampa potencial, ya que al mismo tiempo tratan y previenen ambos tipos de oscilaciones.

Tres maneras de conseguir el equilibrio

Hay tres maneras de ayudar a una persona con depresión maniaca (o bipolar) que pueden minimizar el riesgo de un ánimo disruptivo. Lo primero es tomar nutrientes que ayuden a estabilizarlo. Lo segundo es tomar nutrientes y hierbas que ayuden a reducir la ansiedad y faciliten la relajación, ya que muchos coinciden con la aparición del estrés. Por último, existen nutrientes que estimulan unas sanas pautas de sueño. El insomnio es una fuente principal de estrés que no hace más que empeorar las cosas.

El estado de ánimo, la comida y las alergias

Muchas oscilaciones del estado de ánimo se deben a desequilibrios del azúcar en sangre a alergias alimenticias. El cerebro depende totalmente de la glucosa para su suministro de energía, por lo que mantener un nivel estable de glucosa es importante para mejorar la salud mental. Las personas con niveles elevados de azúcar en sangre pueden estar exultantes, mientras que si tienen déficit de azucar caen en la depresión. Este equilibrio se perturba con un exceso de azúcar, de estrés y de estimulantes, incluido el tabaco. Fumar es muy perjudicial para los maniacodepresivos. Un estudio, realizado por Aidan Corvin y sus colaboradores en el St. James' Hospital de Dublín, analizó a 92 enfermos. El 53 por ciento eran fumadores, de los cuales el 70 por ciento presentaban síntomas psicóticos frente al 32 por ciento de los no fumadores. Según el pionero en nutrición doctor Carl Pfeiffer, las oscilaciones diarias o semanales en el estado de ánimo pueden venir causadas por el estrés o el consumo regular de alimentos que contengan ingredientes que provocan una reacción alérgica. Describió a un paciente que tenía sus días malos los lunes, porque en su familia se comía pollo todos los domingos. Cuando evitó el pollo ese día, los lunes volvieron a ser productivos. Incluso una oscilación repentina e irregular puede ser inducida por alergias. Por ejemplo, el consumo de gluten entre los celíacos produce una mala absorción de los nutrientes, que puede dar pie a una crisis en la que son posibles oscilaciones del estado de ánimo, (véase el capítulo 25 para más detalles de cómo el gluten afecta al cerebro).

Explorar las posibilidades de las alergias alimentarias puede ser de enorme utilidad, como lo muestra la historia de Janet:

> A Janet le diagnosticaron depresión maniaca a la edad de 15 años. A veces era totalmente hiperactiva y maniaca, y otras se volvía por completo deprimida. Le recetaron tres fármacos: litio, Tegretol y Zirtek. Contribuyeron a controlar la gravedad de sus fases maniacas, pero a menudo se encontraba deprimida y ansiosa. Dos años después, consultó a un nutricionista que descubrió que padecía deficiencias en muchos nutrientes, especialmente en cinc, y que era alérgica al trigo. En cuanto se corrigieron esas deficiencias y dejó de comer trigo, su salud mejoró con rapidez. Pudo dejar la medicación y, en tanto que no consumía trigo, no volvió a estar deprimida. Ahora está preparando sus exámenes finales de graduación y continúa sintiéndose bien. Sin embargo, si toma algo de trigo, aunque sea sin darse cuenta en una salsa, se vuelve deprimida, confusa, olvidadiza y ansiosa durante tres o cuatro días. Sus fases maniacas, sin embargo, no han vuelto a reproducirse.

Las alergias pueden aparecer también a causa de cambios estacionales. Las de inhalación son comunes en primavera con el polen de los árboles y de las gramíneas, y en otoño con el de otras plantas. Véase el capítulo 11 al respecto.

¿Es esencial el litio?

Uno de los fármacos de más éxito en psiquiatría es el litio, que suele recetarse a razón de 300 a 1.200 mg diarios. Aunque algunos experimentan efectos secundarios significativos o simplemente no lo toleran, para otros mejora de modo sensible sus vidas. El litio se receta hoy con mayor frecuencia para los pacientes de esquizofrenia y depresión. Comparado con otros fármacos psiquiátricos, es realmente un «medicamento milagroso».

El litio no es en sí un medicamento estricto, pues es también un mineral esencial. Lo es para las cabras y algunas especies de cerdos. Su cantidad es inhabitualmente baja en los suministros de agua de Gran Bretaña. Gerard Schrauzer y sus colaboradores, analizando muestras de pelo en busca de minerales en 2.648 personas, encontraron que cerca del 20 por ciento de los estadounidenses tienen contenidos en litio extremadamente bajos, y lo mismo sucede en muestras de Alemania y Austria.

Sin embargo, el exceso de litio tiene el efecto secundario de amortiguar en exceso la expresión emocional, que es una queja frecuente contra el tratamiento estándar con este mineral. Las dosis elevadas fuerzan una estabilización del estado de ánimo en lugar de restaurar unas emociones sanas. Los psiquiatras de orientación nutricional tienden a usar el litio de muy diversos modos. Es muy efectivo en dosis superiores a los 300 mg diarios, ya que a menudo permite reducir la cantidad de otros medicamentos. El doctor Abram Hoffer ha obtenido buenos resultados usando 300 mg diarios para mejorar los niveles de energía de los pacientes, eliminar la depresión y estabilizar el estado de ánimo. El litio disminuye los niveles de ácido fólico en la sangre, y los suplementos de este último pueden aumentar la capacidad del litio para estabilizar el estado de ánimo. No obstante, las personas con valores altos de histaminas deberían evitar un aumento en los niveles de ácido fólico (véase el capítulo anterior). Los pacientes deprimidos suelen presentar niveles bajos de litio en el pelo, por lo que vale la pena probar con suplementos de dosis reducidas.

Niveles bajos de litio (hasta 5 mg) pueden ayudarnos a todos, estemos o no deprimidos. Este mineral se encuentra en las algas y el marisco, y hay numerosos preparados comerciales que pueden adquirirse en los establecimientos especializados.

Los ácidos grasos omega-3: milagrosos para el estado de ánimo

Los ácidos grasos omega-3 se están investigando intensamente para averiguar sus propiedades estabilizadoras del estado de ánimo. El Instituto de Psiquiatría de Londres está llevando a cabo en la actualidad un ensayo de doble ciego con aceites de pescado.

Las virtudes de estas grasas para una salud mental óptima han quedado manifiestas a lo largo de todo este libro. Gracias al doctor Anfrew Stoll y sus colaboradores del Harvard Medical School, sabemos que resultan también extremadamente útiles para aquellos afectados de depresión maniaca. Llevaron a cabo una prueba de doble ciego controlada con placebo de los ácidos grasos omega-3, administrando a 14 adultos maniacodepresivos aceites de pescado EPA (ácido eicosapentanoico) y DHA (ácido deocosahexanoico), y lo compararon con los de otros 14 pacientes que tomaban un placebo de aceite de oliva. Ambos grupos recibieron el suplemento junto con su medicación normal. Los que tomaron los ácidos grasos omega-3 tuvieron un periodo de remisión sustancialmente más prolongado que los del grupo de placebo. El grupo que recibía aceite de pescado dio también mejores resultados que los otros en casi todos los síntomas medidos.

En su libro *The Omega-3 Connection*, Stoll cita a la madre de una mujer maniacodepresiva que ahora está tomando aceite de pescado.

> «Ha estado siete días sin antidepresivos. Nunca creí que esto fuera posible. Constituye sin duda todo un récord para mi hija. Ha podido prescindir de ellos ese mismo tiempo, pero a lo largo de seis años y, de hecho, un día que no los tomó antes de comenzar con el aceite de pescado, tuvo ideas de suicidio, pidiéndome a gritos que la matara... Por primera vez en toda su vida está relajada y su memoria y sus capacidades cognitivas han vuelto. No puedo decirlo lo afortunada que me siento.»

Desde que se publicaron su libro y sus investigaciones, el doctor Stoll ha estado recibiendo diariamente correos electrónicos de todo el mundo describiéndole respuestas «milagrosas» al aceite de pescado.

No se han realizado estudios suficientes para determinar con exactitud cuál es la cantidad óptima, pero en aquel se usaron 6,2 g de EPA y 3,4 g de DHA, lo que es una buena guía. No obstante, se cree que el ingrediente activo en las cápsulas es el EPA, y el doctor Stoll considera que en general de 1,5 a 4 g de EPA son suficientes para mejorar el estado de ánimo en los pacientes con trastornos de este tipo.

Los aceites de pescado tienen escasos o nulos efectos secundarios, salvo que se ingieran en enormes cantidades. Los efectos secundarios gastrointestinales pueden convertirse en un problema, pero una reducción en la dosis, distribuyéndola a lo largo del día, o bien tomándola sólo con una comida, puede resolverlo. Las altas dosis de EPA necesarias para tratar los trastornos del estado de ánimo hace que resulten insustituibles los aceites de hígado de pescado. Sin embargo, contienen demasiada vitamina A y, si se toman en exceso pueden resultar tóxicos. Los vegetarianos pueden sustituirlo por una fuente de ácido alfalinoleico (como el de linaza), siempre que tomen las cantidades óptimas de magnesio, cinc y vitamina B_3, B_6, biotina y C, ya que se necesitan para convertir la linaza en EPA y DHA. No obstante, van mejor los concentrados de aceite de pescado con EPA y DHA, puesto que la cantidad que el cuerpo puede obtener del lino es muy baja en algunas personas. También se necesitan antioxidantes para proteger estas grasas. El doctor Stoll sugiere 1.000 mg de vitamina E y un buen complejo multivitamínico y mineral general que incluya coenzima Q10. Para más información sobre los ácidos grasos esenciales, véase el capítulo 4.

Magnesio: buscar el propio equilibrio

Antes de la Segunda Guerra Mundial, el magnesio solía utilizarse para estabilizar el estado de ánimo. Desde la introducción del litio (véase anteriormente) ha dejado de hacerse, aunque el interés al respecto ha aumentado en los últimos tiempos. En un estudio sobre nueve personas maniacodepresivas caracterizadas por rápidos cambios en el estado de ánimo, se encontró que a la mitad de ellos se les estabilizaba con magnesio al menos tan bien como se esperaba conseguir estabilizarlos con el litio. El sulfato magnésico intravenoso se ha usado también con cierto éxito para calmar a pacientes maníacos.

Aunque estos estudios fueron pequeños, el magnesio tiene una excelente reputación como tranquilizante. La mayoría de nosotros tenemos deficiencia en este mineral. Las dietas proporcionan cerca de 200 mg de media, mientras que la CRD es de 300 mg. Los siguientes síntomas pueden indicar una deficiencia: temblores o espasmos musculares, debilidad muscular, insomnio o nerviosismo, hipertensión, latidos irregulares, estreñimiento, convulsiones, hiperactividad, depresión, confusión y falta de apetito. Usted puede incrementar los niveles de magnesio en su dieta aumentando la cantidad de hortalizas, fruta, nueces y semillas.

Más minerales y también más vitaminas

Aunque ningún nutriente específico ha demostrado causar o curar la depresión maniaca, hay muchos que pueden modificarla. El doctor Carl Pfeiffer observó que muchos maniacodepresivos que acudían a su Brain Bio Center en New Jersey tenían deficiencias en cinc y vitamina B_6 debido a la *piroluria* inducida por estrés (véase el próximo capítulo). Sus seguían a menudo una pauta semanal pues solían ser obsesos del trabajo («workaholic» en inglés) que no podían relajarse de manera adecuada los fines de semana.

La niacina (vitamina B_3) es un nutriente clave en muchas afecciones de la salud mental, incluyendo la manía, como demuestra la historia de Sonia:

Sonia fue ingresada en el hospital con manía; anteriormente ya había estado deprimida, por lo que se le había recetado el antidepresivo paroxetine. El examen médico no registró que padecía diarrea grave y vómitos, y que sus manos se estaban volviendo rojas. Recetaron el antipsicótico droperidol y el tranquilizante diazepam. Seguía estando grave y fue ingresada en un hospital psiquiátrico. Consiguió «robar» algunas pastillas de su propia vitamina B (niacina), y se tragó 12 de ellas. Se recuperó casi por completo, y a las 24 horas siguientes al ingreso se le dio de alta. Pero no pudo conseguir más vitaminas, y experimentó una recaída. La ingresaron de nuevo y se le diagnosticó una depresión maniaca. Transcurrieron más de dos meses y numerosas dosis de fármacos, incluidos depixol y litio, antes de que volviera a la normalidad. Hoy su estado de ánimo está estabilizado y ha desaparecido la depresión crónica que padecía desde la infancia. Toma 3 g de niacina al día, sigue una dieta baja en azúcar y libre de gluten y está estudiando para consultora nutricional. Su psiquiatra acepta que la deficiencia en niacina es una explicación creíble para sus síntomas y le ha reducido la dosis de litio.

Un estudio sobre 885 pacientes psiquiátricos encontró que casi un tercio tenían niveles de vitamina C en sangre por debajo del umbral y que esto iba asociado a problemas de comportamiento. Otro estudio amplio de pacientes psiquiátricos internos halló que más de un 10 por ciento mostraban signos de escorbuto. Ambas cosas podían explicarse por la dieta, más que por el efecto directo de la afección. Sin embargo, la ansiedad o la excitación aceleran la degradación de la vitamina C. Un ensayo de doble ciego con 40 pacientes psiquiátricos varones (incluidos cuatro con depresión maniaca) confirmó que muchos pacientes psiquiátricos padecen escorbuto. Los suplementos con sólo 1 g de vitamina C al día eliminan esta posibilidad.

El elemento vestigial vanadio es, casi con total seguridad, un mineral esencial. Un estudio de Grahan Naylor, de la Universidad de Dundee, y sus colaboradores demostró que en el pelo de los pacientes maníacos había altos niveles de vanadio, y que regresaban a valores normales cuando la persona se recuperaba. Otros estudios confirmaron que los niveles de vanadio en diversos tejidos se alteran a causa de la manía o la depresión. Existe un mecanismo factible, pero lejos aún de estar probado, por el que una forma particular de vanadio puede perturbar el estado de ánimo. Sin embargo, no está claro que exista suficiente cantidad de este metal en el cuerpo para provocar una diferencia tan enorme en el ánimo. Tampoco lo está si los cambios en el vanadio son la causa, más que el efecto, de esas alteraciones. La vitamina C desarma al metal transformándolo en una forma que tiene muchas menos posibilidades, si es que alguna, de alterar el estado de ánimo. No obstante, los suplementos de vanadio son probablemente poco aconsejables para quienes sufren de depresión maniaca.

Lo mejor es comenzar con un suplemento multivitamínico y mineral debido a que los nutrientes no actúan por sí solos sino en conjunción con otros. Un estudio dirigido por Bonnie Kaplan, de la Universidad de Calgary, Canadá, ha demostrado de manera específica lo eficaz que esto puede ser para la depresión maniaca. En este estudio, se administró a 11 adultos maniacodepresivos vitaminas y minerales vestigiales, además de la medicación recetada. En los seis meses siguientes, por término medio, disminuyeron sus necesidades de medicación y cada uno de los pacientes experimentó una reducción del 55 al 66 por ciento en los síntomas.

Aminoácidos: hay que usarlos con precaución

Los aminoácidos, a partir de los cuales el cuerpo fabrica neurotransmisores, pueden ayudar en la depresión maniaca, pero deberán administrarse bajo el control de un profesional. El doctor Abram Hoffer receta el aminoácido L-triptófano para ayudar a sus pacientes cuando se encuentran en su fase normal, y ha descubierto que reduce la frecuencia de las fases maniacas. Sin embargo, previene en contra de administrarlo durante las fases maniacas. El L-triptófano se absorbe mejor con una pequeña cantidad de carbohidratos. En algunos países, el L-triptófano o el 5-hidroxitriptófano son nutrientes restringidos. La cantidad recomendada de L-triptófano es de 1 g dos veces al día o de 5-HTP 100 mg dos veces al día. Salvo bajo control de un profesional, no deben tomarse estos aminoácidos junto con medicación antidepresiva.

La fase deprimida que viene después de un periodo de manía puede eliminarse virtualmente con una nutrición óptima. El doctor Abram Hoffer cree que la L-tirosina, el aminoácido a partir del cual sintetizamos la dopamina, la adrenalina y la noradrenalina, es particularmente eficaz durante estas fases de depresión. Sin embargo, deberá usarse con precaución, porque a niveles altos puede provocar en algunas personas la fase de manía. Sin embargo, muchos de los que padecen trastorno bipolar tienen niveles bajos de tiroxina en la fase deprimida, y entonces salen beneficiados por la tirosina.

La taurina, que sirve para que el cuerpo fabrique GABA, el neurotransmisor relajante, ayuda a reducir la manía. Tiene otros muchos usos tales como el tratamiento de migrañas, insomnio, agitación, intranquilidad, irritabilidad, alcoholismo, obsesiones y depresión.

Hierbas útiles

Pueden producirse interacciones hierbas-medicamentos y que, lo mismo que las producidas entre distintos medicamentos, no han sido todavía plenamente reconocidas. También pueden causar problemas con afecciones específicas. El hipérico es un ejemplo. Aunque tenga un gran efecto antidepresivo, ha habido casos en que ha inducido manía en personas con depresión maniaca.

Una hierba que puede ser útil si se usa bajo control es la kava. Es un excelente relajante de los músculos y de las emociones. Reduce la agitación mental, aumenta el enfoque mental y facilita el sueño. Sin embargo, no deberá utilizarse con diazepam (Valium) ni ninguno de los otros tranquilizantes a base de benzodiazepina, salvo bajo control profesional, ya que los dos se potencian entre sí. Puede aprovecharse para retirar de estos fármacos adictivos. Véase el capítulo 17 para más detalles sobre la kava.

El sueño y la vigilia

Durante las fases maniacas, los afectados duermen cada vez menos, lo que constituye un gran estrés para el cuerpo y la mente, que consume con rapidez los nutrientes tales como magnesio, cinc y vitamina C. La kava puede ayudar para dormir. Durante las fases depresivas, los afectados tienden a dormir demasiado, probablemente debido al desgaste adrenal y a la deficiencia nutricional. Seguir unas pautas regulares de siete horas de sueño ininterrumpido puede servir para suavizar esas curvas.

La UK Manic Depression Fellowship (MDF) ha lanzando un curso pionero de autoentrenamiento para personas maniacodepresivas en Inglaterra y Gales. Anima a los participantes a detectar los signos de alarma previos a las oscilaciones del estado de ánimo, incluidos la pérdida de sueño, irritabilidad o cambios en el estilo de vida, además de tomar todos los pasos que eviten que suceda. Se les invita a que registren el estado de ánimo, el sueño y la medicación. Esto puede dar una indicación temprana de una oscilación. Estos registros resultan también útiles al acudir a la consulta del médico para un cambio en el tratamiento. El control puede combinarse fácilmente con un diario de comidas que ayude a detectar las alergias. Uno de los participantes afirma:

> *«El programa ha cambiado mi vida. Ahora estoy mejor equipado para hacer frente a la mayoría de mis cambios de humor.»*

Otros tratamientos que animan a la autoobservación y a cambiar las pautas de conducta negativas pueden resultar de gran utilidad para los maniacodepresivos. La terapia cognitiva de comportamiento busca mejorar el estado de ánimo y el comportamiento investigando y eliminando las pautas de pensamiento perjudiciales. Intenta crear un «círculo virtuoso» donde las creencias beneficiosas, aplicadas a situaciones de la vida real, producen buenos pensamientos y conductas positivas que refuerzan esas creencias. Ha tenido éxito con la depresión, y en la actualidad se está investigando su eficacia con la depresión maniaca. Un buen libro sobre el tema es *Think Your Way to Happiness,* de Windy Dryden y Jack Gordon.

En resumen, aquí está lo que puede hacer para estabilizar las oscilaciones de su estado de ánimo:

- Evitar el azúcar, estimulantes, tabaco y exceso de estrés.
- Aumentar la ingesta de magnesio consumiendo gran cantidad de verduras, fruta, nueces y semillas, y teniendo en cuenta la posibilidad de tomar suplementos de 200 mg diarios, que se encuentran en las fórmulas multivitamínicas/minerales buenas.
- Tomar suplementos de aceite de pescado que proporcionen entre 1,5 y 4 g de EPA.
- Tomar un buen suplemento multivitamínico y mineral cada día, al que hay que añadir 1.000 mg de vitamina C.
- Ser más conscientes de los factores que disparan los cambios de humor y aprender a controlar los pensamientos para mejorar la estabilidad.
- Consultar a un nutricionista que nos pueda asesorar sobre nutrientes y hierbas que ayuden a equilibrarnos, así como a explorar las potenciales alergias alimentarias o intolerancias.

Capítulo 24
DESMITIFICAR LA ESQUIZOFRENIA

La esquizofrenia es una palabra con mucha carga, temida por igual por pacientes y público en general. Conjura la imagen de personas peligrosas y enloquecidas. En realidad, la mayoría de la gente no tiene ni idea de lo que significa esta palabra, y cree a menudo que los pacientes tienen una doble personalidad, como Jekyll y Hyde.

De hecho, el diagnóstico de la esquizofrenia es una especie de «cajón de sastre» para una serie de síntomas, la mayoría de los cuales ya los hemos visto. Se incluyen:

- Depresión.
- Ansiedad.
- Temores, fobias y paranoia.
- Dispercepciones y trastornos del pensamiento.
- Ilusiones y desilusiones.
- Alucinaciones acústicas y ópticas.
- Comportamiento antisocial.

Una persona tachada de esquizofrénica puede presentar uno o más de todos estos signos, pero a unos niveles de severidad que les dificultan soportar a otros o, que los demás les soporten. La ausencia de unos síntomas firmes y objetivos es quizás el quid de la eterna cuestión de si la esquizofrenia tiene una base fisiológica o química, o si está simplemente «en la mente». Sin embargo, hay cada vez más pruebas de que la mayoría de la gente con este diagnóstico tiene predisposiciones o desequilibrios bioquímicos, provocados a veces por acontecimientos traumáticos en su vida.

La mayoría hemos experimentando en algún momento u otro un cierto nivel de psicosis, una pérdida temporal de contacto con la realidad tal como la conocemos colectivamente. Las experiencias de los esquizofrénicos se reproducen en ciertos estados tóxicos o febriles. La persona normal que se recupera de las ilusiones creadas mentalmente por una fiebre elevada puede experimentar un gran alivio al saber que esa experiencia era sólo temporal. La persona sometida a la influencia del LSD, una droga alucinógena, puede confiar en el reloj, pues al menos esa esquizofrenia inducida desaparece con el tiempo. La experiencia de la llamada esquizofrenia sufrida por algunas personas puede relacionarse con un estado de pesadilla del que pueden despertar intermitentemente. Para algunos, la esquizofrenia es como vivir en una pesadilla sin cesar.

¿Qué tipo de problema es?

Los síntomas que caracterizan a las personas con esquizofrenia pueden dividirse en dos clases: los que les molestan a ellos y los que molestan a la gente que hay a su alrededor. Puede que los dos no sean lo mismo y a menudo hay un considerable roce entre el paciente y quienes le rodean.

Consideremos el caso de un hombre que afirma tener visiones y que escucha la voz de Jesucristo. Los médicos consideran que las alucinaciones son síntoma de psicosis, pero ¿qué sucede si este hombre es un predicador de cualquier iglesia que va enseñando que, si se tiene la fe suficiente Cristo, éste se aparecerá en persona? Para él, la gente que dice que está mentalmente enfermo son simplemente no creyentes. Gran parte del estrés y de las frustraciones de la vida cotidiana podrían aliviarse si uno tuviera la firme convicción de ser el hijo elegido o discípulo de Dios (mucha gente lo cree y no se desilucionan por ello, desde luego).

Este tipo de disonancia crea ciertas dificultades prácticas. Tomemos una mujer joven. La llamaremos Kate. Está insistiendo a su familia de que lleva en su vientre al nuevo Jesucristo, ya que no ha tenido el periodo durante tres meses. Esta falta de menstruación se debe realmente a la ausencia de cinc en su cuerpo, debido al estrés y a consumir una dieta deficiente en este mineral y rica en azúcar refinado. Su familia está enfadada por sus continuas ideas y el desaliño, la falta de cooperación y el malestar que reina en toda la casa. Se quejan entonces al médico de cabecera. Kate se niega a hablar con el doctor insistiendo en que se encuentra bien de salud: «Lo que pasa es que mi familia no me entiende a mí ni a mi nuevo papel en la sociedad.» Este tipo de situación puede crearle un dilema al médico.

Aunque el diagnóstico sea razonablemente claro, ¿deberá insistir el médico para tratar a una paciente que no ha pedido ayuda? Desde luego, si la paciente solicita un tratamiento, entonces no hay problema. Si presenta alguna prueba clara de que podría lesionar a alguien, la intervención estaría perfectamente justificada. Sin embargo, aparte de la falta de ética de un tratamiento no solicitado, el objetivo principal debería ser mantener al paciente fuera del hospital siempre que sea posible. A veces, esto solo es ya una victoria, porque con los actuales centros psiquiátricos de este tipo hay muchas probabilidades de que el paciente esté mejor que adentro. Una situación que provoca grandes dificultades es cuando el médico sospecha que el paciente puede tener tendencias suicidas u homicidas. Ya que la conservación de la vida humana es una alta prioridad, el doctor deberá tratar al paciente. Por su condición humana, y actuando en base a unos tests insuficientes, el médico se equivoca a veces, independientemente de su habilidad. Los pacientes, después de una falsa alarma de este tipo suelen mostrarse enfadados e implacables.

¿Crisis espiritual o despertar?

Algunas de las llamadas crisis esquizofrénicas son despertares espirituales. Pueden y toman la forma de visiones, voces interiores, descargas de «electricidad» por la columna vertebral, clarividencias, júbilo, etc. Por la razón que sea, hay gente que tienen esas experiencias que se describen en las tradiciones místicas de todo el mundo. Pero a menudo carecen de comprensión o apoyo que den base a esas experiencias, y acaban en las clínicas mentales. Para quien no esté preparado, estas experiencias pueden hacer añicos sus creencias sobre la naturaleza de la realidad y provocarles temores.

Ya sea una esquizofrenia real u otra cosa, a mucha gente se les acaba dando tranquilizantes, voluntaria o involuntariamente. Estos fármacos no curan la esquizofrenia, aunque pueden hacer soportables los síntomas extremos. La mayoría de los medicamentos «psicotrópicos», como se les clasifica con frecuencia, dejan al paciente aturdido y «drogado» y tienen desagradables efectos secundarios (contra los cuales hay que administrar nuevos fármacos), además del riesgo a largo plazo de lesiones cerebrales que suponen.

El camino hacia la curación

Con un 1 por ciento de la población diagnosticada de esquizofrenia y muchos más que sufren depresión, ansiedad, temores extremos y fobias, se necesita urgentemente una ayuda, pero ¿qué tratamientos hay disponibles? Para el enfermo mental grave esto significa ayuda psiquiátrica. Algunos psiquiatras siguen considerando la enfermedad mental como una afección psicológica, una pesadilla causante de perplejidad mezclada a veces con sospechosas interacciones familiares. El tratamiento puede ser un psicoanálisis sin fin y un enorme drenaje de los recursos financieros, con poco más que unas escasas probabilidades de ayuda (como dijo un paciente después de varios años de psicoanálisis: «Puede que ahora me conozca a mi mismo muchísimo más, pero sigo estando mentalmente enfermo»).

Otros psiquiatras confían más en el tratamiento farmacológico, pero tampoco tienen muchas posibilidades de poder ayudar realmente. Lo máximo que hacen es proporcionar un alivio parcial, pero prácticamente nadie que tome tranquilizantes fuertes está en condiciones de asumir un trabajo. Por fortuna, entendiendo los desequilibrios químicos que pueden dar lugar a los síntomas, y corrigiéndolos con nutrientes específicos en lugar de con medicamentos, existen muchas razones para esperar que las personas que sufren de estos síntomas extremos de enfermedad mental puedan recuperarse y llevar una vida productiva.

El punto de partida es el reconocimiento de que la «esquizofrenia» como enfermedad específica no existe. Cada persona debe ser considerada como un individuo con su propia gama de síntomas y desequilibrios bioquímicos, que se determinan mediantes tests objetivos. Estos síntomas no son incurables. El enfoque nutricional de las llamadas esquizofrenias, especialmente si comienzan antes de un tratamiento medicamentoso a largo plazo, da a los pacientes un 80 por ciento de posibilidades de lograr una gran recuperación. Tal como afirma el doctor Abram Hoffer, que ha tratado con éxito a más de 5.000 pacientes desde 1950 con una nutrición óptima, esto significa ¡estar libre de síntomas, capaz de socializarse con la familia y los amigos y, pagar impuestos! Echemos un vistazo en el siguiente capítulo al enfoque utilizado por Hoffer.

Capítulo 25
LA ESQUIZOFRENIA SE PUEDE CURAR

La esquizofrenia no es una enfermedad única, y es probable que no tenga una única cura. Es más preciso hablar de «las esquizofrenias», ya que hay muchas maneras de acabar con los síntomas y comportamientos que llevan este sello.

Tal como hemos visto, aproximadamente 1 de cada 100 personas desarrolla la llamada esquizofrenia, que afecta por igual a hombres y mujeres. Es notable que esto resulte relativamente cierto en todo el mundo. Ya que la mayoría de las enfermedades varían de un lugar a otro, una teoría es que la esquizofrenia tiene un origen genético que comenzó antes de que la humanidad emigrara desde de África. Sucede también de manera mucho más común en las familias de «genios». Hay un viejo dicho que se pregunta en qué se diferencia el genio del loco, y responde con que el genio tiene límites. Una teoría sobre el salto a la inteligencia que se produjo sólo entre nosotros, los seres humanos, es que en algún momento de la evolución de nuestra especie se produjo un cambio biológico en el modo como el cerebro utiliza las grasas, casi como un nuevo microchip, por así decirlo. De hecho, una de las grandes diferencias en nuestro cerebro, comparado con los mamíferos menos inteligentes, es la gran cantidad de ácidos grasos esenciales que son especiales. Aquellos que se adaptaron a esta evolución se volvieron superinteligentes, mientras que otros, con una leve variación en la química cerebral, viraron hacia la esquizofrenia. Esta fascinante teoría se explica entera en *The Madness of Adam and Eve*, de David Horrobin.

Aunque seguro que hay casos en los que la gente se vuelve loca por razones puramente psicológicas, existe hoy la evidencia aplastante de que en la mayoría de las personas a las que se les diagnostica esquizofrenia hay algo que no va bien en el cerebro. Los investigadores del Instituto de Psiquiatría de Londres han confirmado que la corteza frontal del cerebro está involucrada en la esquizofrenia. Utilizando imágenes de resonancia magnética funcionales, han podido demostrar también que el deterioro en el funcionamiento cerebral de la esquizofrenia no es irreversible.

Los mejores resultados que he visto para ayudar a estos enfermos son los conseguidos investigando posibles vías, la mayoría de las cuales ya las hemos tratado en otros capítulos. Se incluyen:

- Problemas de azúcar en sangre.
- Desequilibrios en los ácidos grasos esenciales.
- Exceso de oxidantes y falta de antioxidantes.
- Tratamiento con niacina, B_{12} y ácido fólico.
- Piroluria y necesidad de cinc.
- Trigo y otras alergias.
- Histadelia/histapenia.

No estoy diciendo que la llamada esquizofrenia sea simplemente el resultado de una deficiencia nutricional, aunque sabemos que ciertos nutrientes pueden causar estos síntomas en el cuerpo si faltan. Lo que estoy diciendo más bien es que el conjunto de desequilibrios bioquímicos que hacen que un individuo tenga una experiencia distorsionada de la vida puede minimizarse y, en muchos casos, corregirse completamente proporcionándole una ingesta correcta de nutrientes. Estos «afinan» diferentes aspectos de nuestro cerebro, y es probable que los fármacos utilizados hoy día empleen mecanismos similares pero con muchos más efectos secundarios indeseables. Son como un mazazo y, aunque eficaces a corto plazo, sería mejor evitarlos a largo plazo.

Digo esto porque los mejores y más consistentes resultados positivos en el tratamiento de esta afección debilitante han sido los descritos por el fallecido doctor Carl Pfeiffer y el doctor Abram Hoffer, que fue director de investigación psiquiátrica en Saskatchewan. Ambos señalan una serie de potenciales anomalías bioquímicas y diseñan después un régimen personalizado de dieta y suplementos. Pfeiffer indica que más del 95 por ciento de sus pacientes presentaba al menos un trastorno bioquímico, y que el 90 por ciento de aquellos en los que se había identificado el biotipo mostraron una enorme mejoría, incluso una recuperación completa, al seguir un programa basado en una nutrición apropiada. Hoffer afirma alcanzar un 90 por ciento de curaciones de la esquizofrenia aguda, indicando que se trata de pacientes recientemente diagnosticados con no más de dos años de enfermedad, mientras que aquellos otros que habían recibido medicación durante mucho tiempo mostraron avances mucho menos espectaculares. Cada uno de ellos ha tratado a miles de pacientes esquizofrénicos. Usando sus métodos he observado recuperaciones extraordinarias, a menudo completas.

Veamos ahora los diversos desequilibrios bioquímicos que pueden ser los verdaderos culpables de la esquizofrenia.

Los problemas con los ácidos grasos esenciales

Una de las áreas más activas de la investigación sobre la esquizofrenia es la de las grasas cerebrales. Fabricamos nuestro cerebro a partir de ácidos grasos esenciales especializados. Desde luego, no es un proceso estático. Estamos construyendo constantemente membranas, para destruir después y producir otras nuevas. La destrucción, o degradación, de las grasas esenciales de las membranas cerebrales la realiza una enzima llamada fosfolipasa A2 (PLA2). Suele ser hiperactiva en la esquizofrenia, lo que provoca una gran necesidad de estas grasas, que el cerebro pierde con rapidez. Esto explica los primeros hallazgos que indicaban que, generalmente, los pacientes esquizofrénicos tenían niveles muy bajos de ácidos grasos en la corteza frontal del cerebro.

Esto explica también otra anomalía. Si una persona toma niacina o vitamina B_3 sufre una reacción que le hace ponerse colorado durante unos pocos minutos. Lo mismo sucede si se coloca un parche de niacina en la piel, pero no así en muchos esquizofrénicos. Craig Hudson y sus colaboradores del Stratford General Hospital de Ontario, Canadá, han descubierto que esta reacción la causan las mismas grasas que los parches de la enzima PLA2. Han desarrollado un test cutáneo de niacina para determinar los pacientes que responderán al tratamiento con grasas esenciales.

¿Entonces cuáles son las pruebas de que es importante para la persona aumentar la ingesta de grasas esenciales?

La Organización Mundial de la Salud realizó un estudio sobre la incidencia y el resultado de la esquizofrenia en ocho países de África, Asia, Europa y América. Encontraron que, aunque la incidencia era muy similar en todos los países, los resultados eran muy diferentes. En algunos, la enfermedad parece ser relativamente leve y limitada, mientras que en otros es una afección grave y duradera toda la vida. De todos los factores considerados que pudieran explicarlo, la correlación más clara es la del contenido de grasas en la dieta. Los países con una ingesta alta de ácidos grasos procedentes del pescado y las hortalizas, a diferencia de la carne, tienen unos resultados mucho menos graves.

El doctor Ian Glen, del departamento de salud mental de la Universidad de Aberdeen, encontró que el 80 por ciento de los esquizofrénicos tenían deficiencia en ácidos grasos esenciales. Administró a 50 pacientes suplementos de ácidos grasos esenciales y observó resultados espectaculares. Un estudio de doble ciego controlado por placebo y de diez meses de duración sobre los efectos de estos suplementos en los esquizofrénicos, que incluía también suplementos de cinc, B_6, B_3 y vitamina C junto con ácidos grasos esenciales omega-6, produjo también mejoras significativas de los síntomas.

Pero no todos los resultados son positivos. Un ensayo que usaba sólo grasas omega-3 frente a un placebo no obtuvo mejoras significativas en la salud mental.

Hasta la fecha, las pruebas indican que algunas personas con diagnóstico de esquizofrenia necesitan, y responden bien a ello, cantidades mayores de ácidos grasos omega-6 y omega-3 junto con el «cofactor» de los nutrientes (cinc, B_6, B_3 y vitamina C) que ayudan a convertirlos en grasas esenciales para el cerebro. La cuestión es ¿quién tiene probabilidades de responder?

Hay tres pruebas prometedoras: una es un análisis de sangre que busque esos ácidos en los glóbulos rojos; otra es la prueba cutánea con la niacina, y la tercera, un ingenioso «test respiratorio» que mida la liberación de gas etano, un producto de la degradación de ese enzima PLA2. Cuanto más etano se libere con la respiración, mayor será la cantidad de ácidos grasos esenciales que necesita usted. Estas pruebas pueden usarse para determinar si una persona tiene suficientes probabilidades de responder a un tratamiento de este tipo.

Exceso de oxidantes y falta de antioxidantes

Existe otra parte en el asunto de los ácidos grasos esenciales. Estos ácidos son proclives también a destruirse en el cerebro y en la dieta a causa de los oxidantes (véase el capítulo 8). De hecho, hay pruebas de que la corteza frontal de los esquizofrénicos presenta una mayor oxidación. Por tanto, además de aumentar la ingesta de estos ácidos, tiene sentido dar a la persona una dieta (y un estilo de vida) que minimice los oxidantes y maximice los nutrientes antioxidantes tales como las vitaminas A, C y E. Se ha demostrado que son útiles y que además la C es también antiestresante y puede contrarrestar el exceso de adrenalina, que a menudo se encuentra en estos pacientes.

La deficiencia en vitamina C es mucho más común de lo que se cree entre las personas con enfermedades mentales, a menudo porque no se cuidan lo suficiente y comen mal. Una deficiencia muy pronunciada en vitamina C puede volverle loco a uno, tal como indica la profesora Derri Shtasel del departamento de Psiquiatría de la University of Pennsylvania School of Medicine, en Philadelphia. Describe el caso de una mujer confusa y que escuchaba voces, además de otros síntomas físicos. Un análisis reveló que era deficiente en vitamina C. Después de administrársela, disminuyeron las alucinaciones, mejoró su habla y se volvió más motivada y sociable. Se ha demostrado que la vitamina C reduce los síntomas de esquizofrenia en los ensayos realizados, y que varios estudios han mostrado que personas con diagnóstico de enfermedad mental pueden tener mayores necesidades de esta vitamina (en ocasiones hasta diez veces más), y que a menudo son deficientes en ella.

La conexión de la niacina

Una de las enfermedades clásicas de carencia de vitaminas es la pelagra. Se dice que a principios del siglo XX había 25.000 casos anuales en los Estados Unidos, sobre todo en los estados sureños donde el maíz, que carece de triptófano, es un alimento importante. La falta de triptófano y de niacina en la dieta puede provocar pelagra. Sus síntomas clásicos son las «3 D»: dermatitis, diarrea y demencia. En un listado más amplio de síntomas se pueden incluir dolores de cabeza, trastornos del sueño, alucinaciones, perturbaciones del pensamiento, ansiedad y depresión.

Oficialmente, ya no existe en los países occidentales debido a la mejora de la nutrición y a la adición de niacina en muchos alimentos. No obstante, todos los años me encuentro con personas que cumplen esa descripción. Por ejemplo, vino a mi consulta una chica con diagnóstico de esquizofrenia. Siempre pregunto qué otros síntomas recuerda la persona en el momento en que comenzó a sentirse mal mentalmente. Recordaba diarrea y eccema, síntomas clásicos de la pelagra. En ese momento, es evidente que los médicos y psiquiatras no lo relacionaron. Dudo que haya muchos médicos o especialistas que incluyan en sus listas de causas la posibilidad de una deficiencia en nutrientes. Después de los análisis de sangre resultó que era deficiente en B_3 y mejoró de manera considerable cuando comenzó a tomar niacina, además de otros nutrientes.

Otros dos casos ilustran un aspecto importante. Dos adolescentes con diagnóstico de esquizofrenia y hospitalizados, no presentaban los síntomas asociados de diarrea y dermatitis. Respondieron tan bien a la administración de 1.000 a 2.000 mg de niacina (100 veces la CRD), que en pocos días recuperaron la lucidez y se les dio el alta.

Han seguido mejorando y ya no necesitan medicación, o sólo muy poca. De sus dietas, uno sospecharía que habían padecido una deficiencia crónica en vitamina B_3, pero lo cierto es que la química de su cuerpo respondía a una cantidad 100 veces superior a la normalmente necesaria. Algunos médicos hablan de una «dependencia de vitaminas», pero todos la tenemos. Simplemente es que algunas personas necesitan más que otras, quizás por razones genéticas.

Los doctores Humphrey Osmond y Abram Hoffer fueron los primeros que ensayaron en 1951 el uso de «megadosis» de niacina. Les impresionaron tanto los resultados con esquizofrénicos agudos que, en 1953, llevaron a cabo el primer ensayo terapéutico de doble ciego en la historia de la psiquiatría. Las dos primeras pruebas mostraron una mejora notable con la administración de al menos 3 g (3.000 mg) diarios, comparado con placebos. Encontraron también que los esquizofrénicos crónicos, pacientes de larga duración, mejoraban poco. Los resultados de seis ensayos de doble ciego controlados demostraron que la tasa de recuperación natural se duplicaba. Más tarde hallaron que, incluso los pacientes crónicos, que habían sido tratados durante varios años con niacina combinada con otros nutrientes, mostraban una tasa de recuperación del 60 por ciento.

¿Por qué perdió interés el tratamiento con niacina?

En los 20 años siguientes, más de una docena de ensayos estudiaron los efectos del tratamiento de niacina, a menudo con resultados negativos, de modo que este tratamiento quedó abandonado. La razón principal por la que a menudo los investigadores no corroboraron la idea de Hoffer del tratamiento con megadosis de vitaminas es que el tratamiento que había tenido éxito no fue correctamente seguido en las pruebas posteriores. Por ejemplo, empleaban sustancias equivocadas o dosis muy bajas, o bien durante un periodo demasiado corto o interrumpieron con excesiva rapidez la medicación con tranquilizantes.

En 1973, un informe de la American Psychiatric Association examinó la teoría de Hoffer repasando varios estudios, entre ellos los del propio Hoffer y de Osmond, y encontró que en algunos de los ensayos posteriores no se diferenciaba entre pacientes agudos y crónicos. Por ejemplo, el doctor Richard Wittenborn, consultor de la American Psychiatric Association, afirmaba en un estudio de 86 pacientes: «A pesar de las tranquilizantes observaciones clínicas de Hoffer y otros autores, los presentes resultados ponen en duda la presunta eficacia general de un régimen de dos años con suplementos de niacina en el tratamiento de la esquizofrenia.» Sin embargo, Wittenborn había incluido en su estudio pacientes agudos (recientemente diagnosticados) y crónicos (de larga duración). Cuando separó ambos grupos según indicaba Hoffer, volvió a mirar sus resultados y entonces sí confirmaban las afirmaciones que habían realizado Hoffer y Osmond sobre las ventajas de un tratamiento con niacina. En un segundo artículo, llegó a la conclusión de que los pacientes agudos «podrían responder bien a dosis elevadas de niacina como complemento a otra medicación y tratamiento», y señalaba también que «las personas cuya historia premórbida indica un estilo de vida participativo, tienden a recuperarlo después de recibir dosis elevadas de niacina durante un año o más. Esa tendencia no se observaba en los pacientes del control». Aunque cinco de nueve pacientes agudos sometidos al tratamiento convencional experimentaron una reducción de los síntomas esquizofrénicos después de dos años, este resultado positivo se observó en ocho de los nueve pacientes que recibieron también el suplemento de niacina. Si bien puede parecer sólo una mejora moderada, la puntuación global de importantes marcadores sociales (felicidad, amigos, trabajo, aficiones, etc.) empeoró en el grupo que recibía únicamente el tratamiento convencional y mejoró de modo significativo en los del grupo de niacina.

Wittenborn envió una copia de este segundo artículo al doctor Hoffer con disculpas por su publicación anterior. Hoffer señala que «cuando apareció el primer informe de Wittenborn, nuestros críticos lo aceptaron como la Biblia, mientras que el segundo artículo fue totalmente ignorado».

Desde entonces, el doctor Hoffer ha publicado el seguimiento durante diez años de esquizofrénicos tratados con niacina, comparados con los que no la recibían. Entre los primeros hubo una notable reducción de los ingresos hospitalarios, su permanencia allí y los suicidios. Continúa tratando a los pacientes agudos con niacina más otros nutrientes, que incluyen vitamina C, ácido fólico y ácidos grasos esenciales, y describe una tasa de curación del 90 por ciento en los esquizofrénicos agudos que siguen su programa nutricional.

Este es un caso típico del doctor Hoffer.

> En octubre de 1990 llegó a mi consulta una mujer de 24 años. Seis meses antes había comenzado a tener alucinaciones y se había vuelto paranoica. Durante tres semanas que estuvo en el hospital comenzó a tomar un tranquilizante. Varios meses después de una alta precipitada, casi muere de hambre hasta que un médico retirado la tomó bajo su cuidado para alimentarla. Cuando la vi todavía sufría alucinaciones visuales, pero ya no escuchaba voces. Comencé a administrarle diariamente 3 g de niacina y 3 g de vitamina C. Tres días después se encontraba mucho mejor. En febrero de 1995 dejó de necesitar fármacos. Sigue estando bien y vive con su hermana.

Ahora, en la octava década de su vida y todavía en activo en Vancuver, Canadá, el doctor Hoffer ha registrado 4.000 casos y ha publicado ensayos de doble ciego. Está convencido de que su enfoque es un avance importante en el tratamiento de la enfermedad mental.

Cinco razones por las que la niacina funciona

El modo en que funciona la niacina sigue siendo en parte un misterio. Sabiendo que los esquizofrénicos tienen alucinaciones, la explicación del doctor Hoffer es que la niacina hace que el cerebro deje de producir adenocromo, una sustancia química que produce alucinaciones, a partir de la adrenalina. Actuando junto con la vitamina B_{12} y el ácido fólico, en ocasiones la niacina ayuda a mantener equilibrados los niveles de adrenalina y noradrenalina, y evita la producción anormal de adenocromo en el cerebro. Estos nutrientes son donantes y receptores de «metilo», y actúan inteligentemente en el cerebro para mantener todo bajo control (véase la figura 25). De nuevo, hay algunas personas que simplemente necesitan más de una sustancias que otras para estar sanas. La niacina, junto con la vitamina B_{12} y el ácido fólico, ayuda también a aumentar los niveles anormalmente bajos de histamina, un desequilibrio asociado a las alucinaciones (sucede así porque impide que la histamina se «desmetile» y quede desactivada. Esta es la razón por la que las personas con niveles altos de histamina a veces se sienten peor con dosis altas de ácido fólico, que puede aumentar más los niveles de histamina).

La niacina también ayuda a eliminar el cobre y otros elementos tóxicos que aparecen asociados a la enfermedad mental y mejora el suministro de oxígeno al cerebro. Este órgano también la necesita para aprovechar los ácidos grasos esenciales. El neurotransmisor «feliz», la serotonina, también necesita niacina. La serotonina se sintetiza a partir del aminoácido triptófano, pero sólo en presencia de suficiente niacina. Por tanto, hay muchas posibles vías por las que esta vitamina podría afectar al funcionamiento cerebral.

Hoffer ha descubierto también que los pacientes con análisis positivo de piroluria tienen más probabilidades de responder bien al aumento en la ingesta de niacina. Por eso, las grandes dosis tienen más posibilidades de ser efectivas para los esquizofrénicos agudos, no los crónicos, que son pirolúricos y presentan alguno de los síntomas clásicos de deficiencia en histamina como son alucinaciones, ansiedad y trastornos en el pensamiento.

NORADRENALINA

⬇ + grupo metilo

B₁₂ ácido fólico y
niacina detienen el exceso ⬇

ADRENALINA

⬇ se oxida a

niacina detiene
el exceso ⬇

ADRENOCROMO

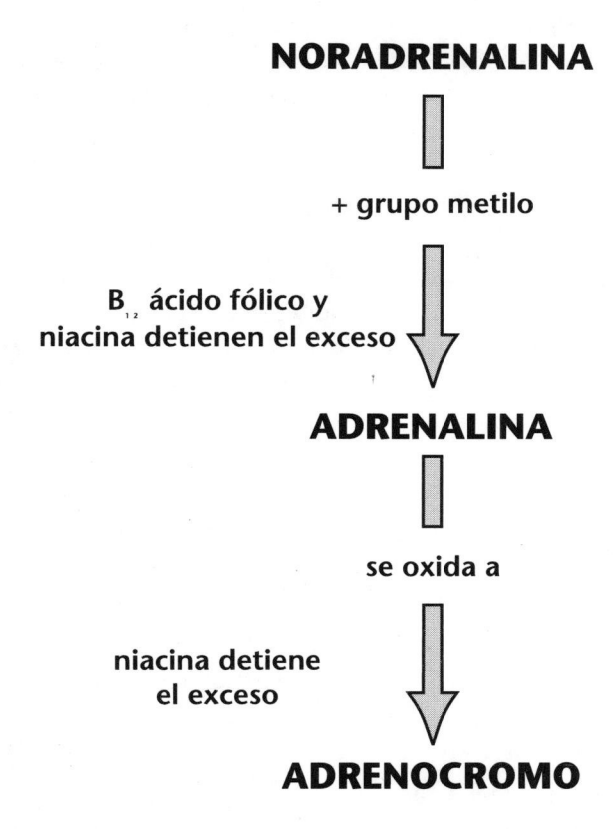

Figura 25. Manera en que la niacina, la B₁₂ y el ácido fólico mantienen sano su cerebro.

Una dosis segura y eficaz

La cantidad de niacina necesaria es de alrededor de 1 a 6 g al día. Un nivel terapéutico mínimo es de 1 g diario. Estos niveles son del orden de 100 veces la DDR. Superiores a esos, particularmente en tabletas de liberación continua, pueden resultar tóxicos para el hígado. De quizás 100.000 personas que han tomado megadosis de niacina a nivel de varios gramos durante los últimos 40 años, ha habido dos fallecimientos debido a insuficiencia hepática. En un tercer caso, un preparado de liberación lenta provocó ictericia. Cuando se volvió a administrar al mismo paciente la niacina estándar, se recuperó. En cualquier caso, siempre que sea por encima de 1g deberá hacerse bajo vigilancia médica. Si siente náuseas, es indicio de que debe interrumpir los suplementos de esta sustancia y reanudarlos tres días después con una cantidad inferior.

La niacina está disponible en distintas formas. Conocida antes como ácido nicotínico, causa una sensación inofensiva de rubor, acompañada de un aumento de la temperatura cutánea y un ligero picor. Este efecto puede ser muy intenso durante hasta 30 minutos. Sin embargo, si se toman 500 o 1.000 mg de niacina dos veces al día a intervalos regulares, el rubor desaparece. Algunas empresas producen una niacina sin este efecto de rubor al combinarla con el inositol. Funciona y es quizás la mejor presentación, aunque resulta más cara. Existe también en forma de niacinamida, que no provoca rubor. Hay que decir, no obstante, que estas dos presentaciones parecen ser un poco menos eficaces que la niacina. Puede deberse a que el efecto rubor se debe a una mejora del flujo sanguíneo y, con ello, del suministro de nutrientes al cerebro.

La combinación de niacina, ácido fólico y B_{12} da mejores resultados

Los mejores resultados se consiguen no con suplementos de únicamente niacina, sino combinándola con ácido fólico y B_{12}. Estas dos sustancias suelen ser deficitarias en las personas a las que se ha diagnosticado esquizofrenia y se ha demostrado que ambas ayudan a reducir los síntomas, aunque sólo a dosis altas.

Investigaciones realizadas en el departamento de psiquiatría del Kings College Hospital, de Londres, han hallado que las dosis elevadas de ácido fólico son muy eficaces en los pacientes esquizofrénicos. Usaban 15 mg diarios, que son 75 veces la DDR. El ácido fólico no es tóxico a este nivel. Por lo general, yo recomiendo comenzar con 5 mg al día e ir aumentando la dosis hasta 10 mg y después hasta 15 mg si no se observa mejoría en el plazo de dos meses.

Se ha demostrado también que la vitamina B_{12}, que lo mismo que el ácido fólico está implicada en la metilación, ayuda a estos pacientes. La vitamina B_{12} resulta difícil de absorber, especialmente en cantidades grandes, y algunos médicos han descrito buenos resultados administrado una o dos veces a la semana inyecciones de 1 mg de esta vitamina. Algunos suplementos la proporcionan por vía sublingual, que se absorbe en la boca. Resulta difícil la absorción por esta vía, pero se evita una de las principales razones de la deficiencia en vitamina B_{12}, la falta de un «factor intrínseco» en el intestino que es necesario para absorberla. Los suplementos líquidos sublinguales de B_{12} de 50 mcg diarios pueden ayudar a normalizar su deficiencia. La administración de grandes cantidades a la semana, al menos al comienzo, tiende a producir una mejoría mucho más rápida.

¿Es usted pirolúrico? La conexión del cinc

Posiblemente, uno de los descubrimientos «sin descubrir» más significativos en el tratamiento nutricional de la enfermedad mental sea que muchas personas que la padecen presentan deficiencia en vitamina B_6 y cinc. Pero no se trata de una deficiencia corriente: no se la puede corregir simplemente comiendo más alimentos que sean ricos en estas sustancias. Está relacionada con la producción anormal de un grupo de sustancias químicas llamadas «piroles». Alguien con altos niveles de piroles en la orina necesita más B_6 y cinc de lo habitual, pues los piroles roban al cuerpo estos nutrientes esenciales de modo que aumentan las necesidades de estas sustancias para mantenerse sano. Más del 50 por ciento de los pacientes con diagnóstico de esquizofrenia tienen «piroluria». El test de la piroluria es muy sencillo y barato. Si añade a la orina una sustancia química conocida como reactivo de Ehrlich, si esta contiene criptopiroles se vuelve de color malva. El «factor malva» se encontró en los años sesenta en el 11 por ciento de las personas normales, en el 24 por ciento de los niños con alteraciones, en el 42 por ciento de los pacientes psiquiátricos y en el 52 por ciento de los esquizofrénicos. El doctor Carl Pfeiffer y el doctor Arthur Sohler, del Brain Bio Center de Princeton, supusieron que estas sustancias químicas anormales se fijarían a la B_6 y al cinc e inducián su deficiencia. Sabiéndolo, el tratamiento era evidente. Desde 1971, gracias al trabajo pionero del doctor Pfeiffer, miles de pacientes pirolúricos ha sido tratados con éxito con B_6 y cinc, tanto en el Brain Bio Center como, más recientemente, en el Institute for Optimum Nutrition de Londres. Un caso típico del doctor Pfeiffer es el siguiente:

> Desde que contaba 11 años, la vida de Sara había sido una pesadilla de sufrimientos mentales y físicos. Su historial incluía insomnio crónico, pérdida episódica de la realidad, intento de suicidio por ahorcamiento, ataques parciales, náuseas, vómitos y pérdida del periodo . Le dolían las rodillas (las radiografías mostraban unos cartílagos insuficientes) y su mente era tan poco hábil que caminaba lentamente con los pies muy separados, como un campesino detrás de un arado tirado por bueyes. Los psiquiatras de tres hospitales la etiquetaron de diversas formas: «esquizofrenia», «esquizofrenia paranoica» y «esquizofrenia con trastornos convulsivos». A veces sufría espasmos en el lado izquierdo del cuerpo con los pies crispados y los puños doblados, moviendo violentamente el brazo y la pierna izquierdos. En estas ocasiones era necesario sujetarla. La psicoterapia no dio ningún resultado, y la mayoría de los tranquilizantes acentuaban los síntomas musculares.

En un análisis, Sara dio positivo en piroluria y se le administró B_6 y cinc. Sus niveles de criptopiroles eran a veces de hasta 1.000 mcg por ciento, mientras que lo normal son 15. Se le diagnosticó deficiencia en B_6 y cinc y se inició el tratamiento. Al cabo de tres meses sus rodillas se habían normalizado, habían disminuido la depresión y los ataques, le volvió el periodo, desaparecieron las náuseas y también los dolores abdominales. No ha sufrido recaídas de su grave enfermedad, finalizó sus estudios y ahora trabaja en Nueva York. Toma cinc y B_6 todos los días. Cuando se encuentra bajo estrés, del tipo que sea, aumenta su ingesta de vitamina B_6.

Signos y síntomas de la piroluria

Es una enfermedad relacionada a menudo con el estrés, con síntomas que suelen comenzar en la adolescencia después de un acontecimiento estresante como pueden ser los exámenes o el final de una relación. Quienes presentan piroluria suelen mantenerse recluidos y socialmente apartados, dependen de la familia y evitan cualquier situación de estrés.

Los pirolúricos tienen con frecuencia sistemas inmunológicos débiles y pueden sufrir frecuentes infecciones de oído cuando son niños, enfriamiento, fiebre y constipados. Otros síntomas son fatiga, cansancio nervioso, insomnio, mala memoria, hiperactividad, ataques, escasa capacidad de aprendizaje, confusión e incapacidad de pensar con claridad, depresión y cambios de humor. En las chicas se producen menstruaciones irregulares y en los chicos, una impotencia relativa. El paciente pirolúrico tiene mal aliento y un extraño olor corporal, mala tolerancia al alcohol y las drogas, se despierta con náuseas, tiene los pies y las manos frías y padece dolores abdominales. Es muy corriente que no recuerden lo que han soñado. Es normal acordarse de los sueños y mucha gente, con o sin problemas de salud mental, afirma que se acuerda mucho mejor después de haber comenzado a tomar suplementos con cantidades óptimas de vitamina B_6 y cinc. Otros signos son la piel pálida, las marcas blancas en las uñas y, en casos extremos, un escaso crecimiento del cabello y pérdida de su colorido. La persona con piroluria padece muchas veces problemas cutáneos tales como acné o eccema.

No todos estos síntomas se presentan en los pirolúricos, pero si ha padecido usted varios de ellos, vale la pena que se analice. Tal como hemos visto, un sencillo análisis de orina mide el nivel de criptopiroles que hay en ella, que no deberá ser superior a 15 mcg%. También puede determinar la probabilidad de padecer piroluria, basándose en los síntomas, usando los cuestionarios que aparecen en Internet en algunas páginas especializadas.

Mark Vonnegut, hijo del novelista estadounidense Kurt Vonnegut, es otro ejemplo de alguien que se ha recuperado rápidamente después de habérsele diagnosticado piroluria en el Brain Bio Center. Tenía un insomnio que le volvía «loco» cuando estudiaba enseñanza media, y no podía acordarse de lo que soñaba. Experimentó una mejoría inusualmente rápida cuando se le administraron todos los días suficiente B_6 y cinc, y comenzó a tener de nuevo sueños. Después de recuperarse de la piroluria, Mark escribió *Eden Express*. Hay que leer su libro para entender las dificultades que tiene un enfermo en un hospital psiquiátrico.

¿Sólo una deficiencia en cinc?

Muchos de estos síntomas se reconocen hoy como signos clásicos de deficiencia en cinc, pero esta posibilidad rara vez se comprueba o se corrige con suplementos. Supone un enorme descuido en psiquiatría: después de todo, el cinc es probablemente el mineral que falta con más frecuencia. La ingesta media en Gran Bretaña es de 7,6 mg diarios, mientras que la DDR es de 15 mg, por lo que casi la mitad de la población ingiere la mitad de lo recomendado. Las semillas, las nueces, la carne, el pescado y los alimentos integrales son ricos en él.

Pero hay más en este asunto. La gente con piroluria procede a menudo de familias con historial de problemas de salud mental. El doctor Pfeiffer observó también que es más común en las familias que sólo tienen hijas. Aunque no hay nada demostrado, es probable que la piroluria sea una predisposición genética que hace que un individuo necesite más vitamina B_6 y cinc para sentirse bien. Lo mismo que otros muchos desequilibrios tratados en este libro, nos muestra que todos somos bioquímicamente únicos y necesitamos descubrir nuestra propia nutrición óptima para sentirnos mentalmente bien y sanos.

Para las personas con piroluria esto significa consumir una dieta sana y tomar suplementos con cantidades relativamente grandes de cinc, partiendo de 25 mg e ir subiendo hasta 50 mg diarios, lo mismo pasa con la vitamina B_6, se ha de comenzar por 100 mg y llegando hasta los 500 mg. Parece que a los que presentan piroluria les sientan mejor las dietas bajas en proteínas, o al menos no muy ricas en ellas. Algunos pacientes reaccionan mal a los alimentos muy proteínicos. Esto se debe a que se necesitan cantidades adecuadas de B_6 y cinc para digerir, absorber y aprovechar las proteínas.

¿Alérgico al trigo o a la leche?

Mucha gente con problemas de salud mental son sensibles al gluten, en particular al de trigo, que puede provocarles todo tipo de síntomas de enfermedad. Es algo que se sabe desde la década de 1950, cuando la doctora Lauretta Bender observó que algunos niños esquizofrénicos padecían con extraordinaria virulencia la enfermedad celíaca (alergia severa al gluten). En 1966 había registrado 20 casos de este tipo entre cerca de 2.000 niños esquizofrénicos. En 1961, los doctores Graff y Handford publicaron datos que demostraban que cuatro de 37 adultos varones afectados de esquizofrenia e ingresados en el University of Pennsylvania Hospital, en Filadelfia, presentaban un historial de haber padecido enfermedad celíaca en la infancia.

Estas primeras observaciones interesaron al doctor Custris Dohan, de la Universidad de Pennsylvania. Sospechaba que ambas cosas estaban relacionadas y se decidió a comprobar su teoría, asignando a todos los hombres ingresados en la sección psiquiátrica de un hospital para veteranos de Coastville, Pennsylvania, a una dieta desprovista de leche y cereales o a una relativamente rica en estos últimos (se eliminó la leche de la dieta porque algunas personas no mejoran cuando sólo se elimina el gluten). Todos los restantes tratamientos continuaron igual. A mitad del experimento, el 62 por ciento del grupo que no consumía leche ni cereales fue enviado a un pabellón «de privilegio». Sólo el 36 por ciento de los pacientes con la dieta que incluía cereal pudieron pasar a ese pabellón de mayor libertad. Cuando se reincorporó secretamente el gluten a la dieta, los pacientes que habían mejorado experimentaron una recaída. Otros estudios de doble ciego controlados con placebo han confirmado desde entonces estos resultados. En uno de ellos, publicado en el *Journal of Biological Psychiatry*, 30 pacientes que sufrían ansiedad, depresión, confusión o dificultades de concentración fueron sometidos a una prueba utilizando un control de placebo, con objeto de averiguar si las alergias alimentarias individuales podían provocar realmente síntomas mentales en estas personas. Los resultados demostraron que las alergias por si solas, ni los placebos, eran capaces de producir los siguientes síntomas: depresión severa, nerviosismo, sensación de miedo sin un motivo particular, pérdida de motivación y completa flata de recuerdos. Los alimentos/sustancias químicas que producían las reacciones más graves fueron trigo, leche, azúcar de caña, humo de tabaco y huevos.

En la década de 1980, cuando se dispuso de métodos de ensayo para la alergia más precisos, el doctor William Philpott, un experto en alergias estadounidense, siguió la teoría del doctor Dohan, analizó a 53 pacientes con esquizofrenia. El 64 por ciento reaccionaba de manera adversa al trigo, el 50 por ciento a la leche de vaca, el 75 por ciento al tabaco y el 30 por ciento a los hidrocarburos petroquímicos. Los síntomas emocionales causados por la intolerancia alérgica iban desde vértigos, visión borrosa, ansiedad, depresión, tensión, hiperactividad y dificultades en el habla hasta síntomas psicóticos. Esas personas experimentaron al mismo tiempo síntomas físicos adversos tales como dolores de cabeza, sensación de inestabilidad, debilidad, palpitaciones y dolores musculares.

¿Por qué hay gente que no lo tolera?

El cuerpo fabrica una clase de péptidos, llamados endorfinas y encefalinas, que son sustancias analgésicas extremadamente potentes. Para eliminar la percepción del dolor, actúan bloqueando los receptores del cerebro. Estos receptores se concentran sobre todo en los lóbulos frontales y en las regiones límbicas inferiores del cerebro, donde se han observado anomalías en las personas que sufren esquizofrenia. El gluten, que es una proteína del trigo que simula las endorfinas y encefalinas, es capaz de reaccionar con los receptores cerebrales de la endorfina de manera estimulante o supresora, de modo muy similar a como hacen ciertas drogas que provocan en los pacientes síntomas similares a la psicosis. Se cree que las proteínas de la caseína que hay en los productos lácteos tienen secuencias de aminoácidos similares a las de las encefalinas, por lo que podrían ser capaces de interactuar con los receptores cerebrales. El término «exorfinas» (una contracción de «endorfinas externas») se ha acuñado para designar estas sustancias en relación a sus efectos farmacológicos.

Las correlaciones históricas y culturales sustentarían la opinión de que el gluten tiene algún tipo de efectos patológicos en ciertos individuos con esquizofrenia. Esta enfermedad era extremadamente rara en los países del Pacífico sur antes de la introducción de los cereales, aunque los niveles son ahora similares a los de Europa.

Existen hoy pruebas más que suficientes para investigar la posibilidad de sensibilidad a los alimentos y sustancias químicas en personas a las que se ha diagnosticado esta enfermedad. Al menos vale la pena hacer la prueba con un periodo de dos semanas sin trigo o productos lácteos. Para leer más acerca de los mejores test para alergias y cómo seguir una dieta de eliminación, véase el capítulo 11.

¿Y qué más?

Los desequilibrios en las histaminas son otro rasgo presente en la esquizofrenia. En el capítulo 22 exploramos la «histadelia», cómo niveles muy altos de histamina pueden conducir a un comportamiento compulsivo y obsesivo, así como momentos de depresión. En el capítulo 16 exploramos cómo los niveles muy bajos de histamina están asociados a sentimientos de ansiedad, paranoia y alucinaciones.

Más allá de la histamina ¿a dónde vamos? En este capítulo hemos explorado sólo siete de las numerosas vías posibles que pueden inducir síntomas graves de enfermedad mental asociados a un diagnóstico de esquizofrenia. Lo mismo que otras muchas enfermedades complejas, desde el síndrome de fatiga crónica al autismo, existen también pruebas de debilidad del sistema inmunológico, de relaciones con infecciones víricas, evidencias de problemas relacionados con el intestino, problemas de desintoxicación hepática e incluso conexiones con partos difíciles y cesáreas. Un recién llegado a este campo de la ciencia quedaría confuso y no sabría por dónde comenzar. Tengo dos respuestas. La primera está al comienzo de este libro. Trabajando con las partes 1 y 2 además de cambiar su dieta y su estilo de vida, tendrá más posibilidades de ajustar mejor su cerebro y su cuerpo. Mi segunda respuesta es acudir a un nutricionista, preferentemente formado en el Institute for Optimum Nutrition, que esté cualificado para ayudarle a desenmarañar los muchos hilos que pueden conducir a la enfermedad mental.

Desde mi punto de vista, la gente a la que se les haya diagnosticado esquizofrenia son como un canario en una mina de carbón (si usted recuerda, en muchas minas se bajaba a estos pájaros para saber si el aire era adecuado para respirar). Más sensibles que el resto de nosotros a los ataques de la vida y la comida modernas, a la nutrición deficiente a la que todos estamos expuestos, las personas con esquizofrenia diagnosticada necesitan toda la ayuda que podamos proporcionarles por medio de un programa personalizado de nutrición óptima. Con esto y el correcto nivel de apoyo personal y social, a muchos se les puede liberar de los terribles síntomas de la esquizofrenia y de la camisa de fuerza química de la mayoría de los tranquilizantes para que lleven una vida feliz y productiva.

En resumen, el punto de partida para afrontar un diagnóstico de esquizofrenia es:

- Equilibrar el azúcar en sangre.
- Comprobar y corregir los desequilibrios en ácidos grasos esenciales.
- Aumentar su ingesta de antioxidantes, y en especial de la vitamina C a 3 g diarios.
- Considerar el uso de dosis altas de suplementos de niacina, B_{12} y ácido fólico.
- Analícese por si padece piroluria y, en tal caso, tome suplementos de cinc y B_6.
- Hágase un análisis de sensibilidad al trigo y otras alergias.
- Compruebe su nivel de histaminas. Si es bajo, pruebe con dosis altas de niacina, B_{12} y ácido fólico. Si es alto, no tome grandes cantidades de ácido fólico y B_{12}.

Parte 6

La salud mental en la juventud

¿Se están convirtiendo hoy los niños en «hijos de la crisis»? Los problemas de salud mental están aumentando mucho entre ellos, desde el autismo a las dificultades en el aprendizaje, la hiperactividad y la depresión. Una de las principales razones de este aumento es a menudo la nutrición, por debajo de lo óptimo. Aquí aprenderá cómo puede usted maximizar el potencial de sus hijos y ayudarles a mantenerse mental y emocionalmente sanos.

Capítulo 26
DIFICULTADES EN EL APRENDIZAJE, DISLEXIA Y DISPRAXIA

A los niños con problemas de aprendizaje y de conducta se tiende hoy a clasificarlos en varios tipos. ¿Son disléxicos, con problemas con las palabras y la escritura? ¿Son dispráxicos, con problemas de coordinación? ¿Padecen «trastorno de hiperactividad con déficit de atención» (THDA), que es el término oficial para designar la hiperactividad con falta de atención, poca concentración y una conducta hiperactiva?

Esté bien o no, el tratamiento depende del tipo en que se les haya clasificado. Si le han diagnosticado THDA a su hijo, lo más probable es que le administren el fármaco Ritalin, pero no si el diagnóstico es dislexia. ¿Pero existe realmente el THDA? ¡Un grupo de psicólogos y psiquiatras infantiles de primera línea convocados por el Instituto Nacional de Salud de los Estados Unidos en 1988, no logró encontrar una prueba definitiva de que hubiera un diagnóstico llamado THDA! El THDA es puramente un sello descriptivo aplicado a niños con diversas dificultades de comportamiento y aprendizaje, y el diagnóstico no nos dice nada acerca de la causa o del tratamiento. Dicho con otras palabras, casi todos los niños son diferentes, presentan sus propias pautas de dificultades en el aprendizaje, la coordinación y el comportamiento y, como verá, con una nutrición óptima muchas de estas dificultades se superan sin recurrir a los medicamentos.

La verdad es que existen solapamientos clínicos importantes entre las dificultades en el aprendizaje, la dislexia, la dispraxia y el THDA. Aunque haya una minoría de niños que son puramente disléxicos, lo más frecuente es que el mismo individuo presente características de dos o tres de estos trastornos, con diversos grados de intensidad. Aproximadamente la mitad de la población disléxica es, con toda probabilidad, dispráxica, y viceversa, y el solapamiento mutuo entre THDA y dislexia/dispraxia es de alrededor del 50 por ciento.

Por desgracia, no suele existir demasiado solapamiento en los diagnósticos o el tratamiento. El THDA cae dentro de la esfera de la psiquiatría, y es la medicación con estimulantes la medida que con mayor probabilidad se tomará (véase el capítulo 27). Las pruebas existentes hoy indican que aproximadamente el 20 por ciento de la población puede verse afectada en cierta medida por una o más de estas afeccio-

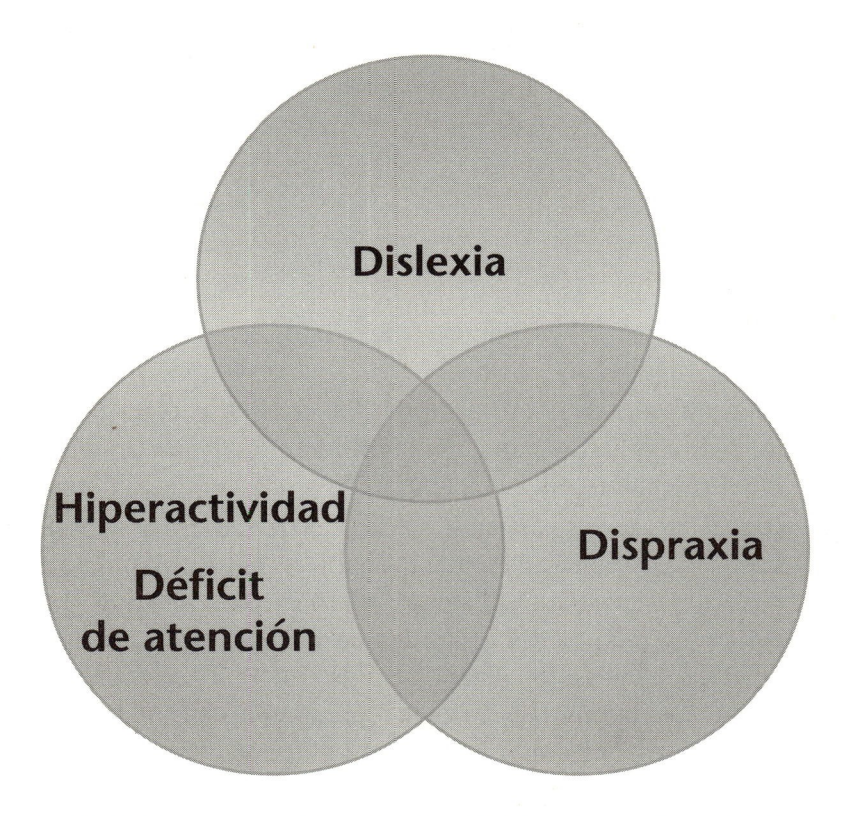

Figura 26. La dislexia, la dispraxia y el trastorno hiperactivo con déficit de atención se solapan.

nes, y que las dificultades que llevan asociadas suelen persistir en la edad adulta y causar serios problemas no sólo a los afectados, sino a la sociedad en su conjunto.

La dislexia se caracteriza por dificultades específicas en el aprendizaje de la lectura y la escritura debido a problemas muy sutiles en la percepción visual. También son comunes los problemas con la aritmética y la lectura de la notación musical, así como una mala memoria de trabajo, las dificultades con los sonidos de las palabras y un mal sentido de la dirección. La dislexia afecta de manera severa a cerca del 5 por ciento de la población, pero a muchos más si se incluyen también las formas más leves. Si sospecha que su hijo puede ser disléxico, hay muchos colegios que disponen de maestros especializados para estas necesidades. Si no es así en la escuela a la que asiste, póngase en contacto con alguna de las asociaciones de dislexia, que le podrán dirigir hacia un psicólogo educacional que llevará a cabo las pruebas necesarias. Esto puede ayudar a su hijo de muchas maneras: en primer lugar, siendo consciente de que tiene una dificultad, trabajar con un maestro especial que le ayude a minimizarla, con privilegios especiales en el momento de los exámenes y, en muchos lugares, con los ordenadores preparados de manera específica para estos niños.

La dispraxia es menos conocida, pero su frecuencia es similar a la de la dislexia. Se caracteriza por torpeza y problemas para llevar a cabo acciones secuenciales complejas. La mala coordinación da como resultado dificultades en acciones tales como agarrar un balón, atarse los cordones de los zapatos o cerrar los botones, pero también resultados más serios como son una mala escritura y dificultades de organización, atención y concentración.

Donde la nutrición interviene en el aprendizaje

La conexión entre una nutrición óptima y la inteligencia se inicia de manera muy temprana, durante el embarazo y después en las primeras etapas de la vida. El estudio llevado a cabo durante 16 años por el doctor Alan Lucas en el Medical Research Council ha demostrado lo esencial que es una alimentación óptima durante los primeros años. En este estudio, a más de 400 bebés prematuros se les alimentó con una fórmula de leche estándar o con una de leche enriquecida que contenía proteínas, vitaminas y minerales adicionales. Al cabo de 18 meses, a los que habían recibido la leche estándar «les iba significativamente menos bien» que a los otros y a los ocho años tenían un CI hasta 14 puntos inferior.

Un gran número de estudios que utilizan suplementos nutricionales han demostrado considerables mejoras en el CI y en el rendimiento mental también en fases posteriores de la infancia, en especial entre los niños con dislexia y otras dificultades en el aprendizaje, incluso en los afectados con el síndrome de Down (tratado en el capítulo 29). Los numerosos estudios que se han visto en el capítulo 12 proporcionan una amplia evidencia de que los suplementos con nutrientes pueden producir una mejora significativa en las capacidades mentales, en especial en los niños con dificultades en el aprendizaje.

Ya en los años 1960, los investigadores observaron que un nivel vitamínico alto aparecía asociado a un aumento de la inteligencia. De manera similar, los investigadores del MIT hallaron que cuantos menos alimentos refinados comen los niños tanto más listos son, y que con dietas ricas en carbohidratos refinados (tales como azúcar, cereales de marcas comerciales, pan blanco y dulces) su CI disminuía hasta en 25 puntos. Stephen Schoenthaler, de la Universidad estatal de California, confirmó más tarde que el principal efecto de las dietas ricas en azúcar y en carbohidratos refinados es que reducen los niveles de nutrientes de la dieta.

Para seguir investigando los efectos sobre la inteligencia y las capacidades de aprendizaje de un ingesta pobre en nutrientes, Schoenthaler y sus colaboradores administraron, diariamente, durante tres meses a 245 escolares, de edades comprendidas entre los seis y los 12 años, un complejo multivitamínico/mineral que contenía exactamente el 50 por ciento de la DDR (cantidad recomendada en la dieta) o bien un placebo. Las formulaciones se diseñaron de modo que elevaran la ingesta de nutrientes hasta el equivalente a una «dieta bien equilibrada» y confirmaron que los suplementos de vitaminas y minerales pueden incrementar de modo considerable la inteligencia no verbal de algunos escolares hasta en 16 puntos, si su nutrición era deficiente antes del suplemento para optimizar el funcionamiento cerebral.

Para averiguar lo que esto significa para los niños con dificultades de aprendizaje, el doctor Richard Carlton y sus colaboradores de la Stony Brook University Medical School, de la ciudad de Nueva York, administraron suplementos nutricionales individualizados a 19 niños con déficits de aprendizaje. Todos ellos mostraron una mejoría académica y de comportamiento significativa en el plazo de unas pocas semanas o meses, y algunos avanzaron durante el primer año de tratamiento de tres a cinco años en comprensión de lectura. Lo más importante es que todos los niños de las clases de educación especial fueron capaces de asistir a los cursos normales y que sus notas aumentaron de forma significativa.

En otro estudio realizado, esta vez entre 32 niños con dificultades de aprendizaje y de comportamiento, el doctor Michael Colgan administró suplementos a la mitad de ellos, conforme a sus necesidades nutricionales individuales, y redujo los azúcares y los alimentos refinados de su dieta. A los otros se les dio un suplemento multivitamínico/mineral estándar, aunque no se introdujeron cambios en su dieta. Todos ellos asistían a un curso de ayuda destinado a mejorar su edad de lectura en un año, y a lo largo de 22 semanas los maestros controlaron cuidadosamente su edad de lectura, el CI y su comportamiento. Los que tomaron el suplemento multivitamínico presentaron un incremento medio del CI de 8,4 puntos y de 1,1 en la edad de lectura. Sin embargo, el grupo con suplementos individualizados y menos azúcares y carbohidratos refinados tuvo una mejora del CI de 17,9 puntos y en la edad de lectura de 1,8 años, lo cual indica que hay sutiles variables nutricionales que ejercen una influencia muy importante sobre el aprendizaje y el comportamiento.

Si su hijo tiene problemas con las tareas escolares, vale la pena visitar a un nutricionista clínico que pueda ajustar la nutrición para maximizar el rendimiento intelectual.

Una teoría de cómo ciertos nutrientes pueden mejorar la inteligencia es su actividad antioxidante en la protección de las grasas esenciales que se necesitan para un funcionamiento óptimo del cerebro (véase el capítulo 8), aunque otra es que ayudan en el metabolismo de la energía, no sólo en el cuerpo, sino también en el cerebro. Un nutriente clave usado como combustible para este último es el aminoácido L-glutamina, ya que se ha demostrado que mejora de modo significativo el CI de niños con déficits intelectuales, en comparación con los controles. La glutamina es también importante para la salud y la integridad del sistema digestivo, lo cual es una consideración relevante en el caso del autismo, que se trata en el capítulo 28.

Las grasas son esenciales para el desarrollo del cerebro

Tratamos ya en el capítulo 4 la importancia de las grasas esenciales para el adecuado funcionamiento del cerebro. Los niños con dislexia, dispraxia y dificultades en el aprendizaje presentan muy a menudo deficiencia en estas grasas esenciales o en los nutrientes necesarios para utilizarlas de manera apropiada, y numerosos estudios han documentado perfectamente las ventajas de aumentar la ingesta de estas grasas.

Un estudio en 97 niños disléxicos llevado a cabo por el doctor Alex Richardson y sus colaboradores en el Hammersmith Hospital de Londres, reveló que la deficiencia en ácidos grasos contribuye de manera clara a la intensidad de los problemas disléxicos. Los que presentaban las mayores deficiencias mostraban unas capacidades de lectura significativamente inferiores y unas capacidades generales bastante inferiores a las de los niños sin esa carencia.

¿Cómo sabe usted si su hijo está bajo en ácidos grasos? Podría comenzar con la lista de comprobación del capítulo 4. Un indicador clave es la piel seca o los eccemas. En un estudio sobre 60 niños llevado a cabo en el Royal London Hospital, la doctora Christine Absolon y sus colaboradores encontraron una tasa doble de trastornos psicológicos entre los que padecían un eczema en comparación con los que no tenían. Por consiguiente, los síntomas visibles de la deficiencia en ácidos grasos –zonas secas y rugosas en la piel, labios agrietados, pelo mate o seco, uñas blandas o frágiles y sed excesiva– pueden ser indicadores importantes sobre una posible causa subyacente a las dificultades de aprendizaje, los problemas de concentración, las dificultades visuales, los cambios de humor, los trastornos en el sueño y, en algunos casos, los problemas de comportamiento. Se debe a que las afecciones de la dislexia, la dispraxia, las dificultades en el aprendizaje y el THDA son consecuencia de una mala comunicación de las neuronas cerebrales, y que los ácidos grasos influyen de modo decisivo sobre la manera en que las células del cerebro hablan entre sí.

Para verificar el valor que tienen los suplementos de ácidos grasos en la dispraxia la doctora Jacqueline Stordy, de la universidad de Surrey, administró suplementos de grasas esenciales (que contenían DHA, EPA, AA y DGLA) a 15 niños cuyas capacidades, medidas de modo normalizado por sus habilidades motoras y de coordinación, les situaba en el 1 por ciento inferior de la población. Después de 12 semanas de tratamiento, todos ellos mostraron mejoras significativas en destreza manual, habilidades con un balón, equilibrio así como en la calificación que les concedían sus padres en los síntomas dispráxicos.

Stordy evaluó también las ventajas de los complementos de EPA en la dislexia y halló que, después de cuatro semanas justas de administrarles los ácidos grasos omega-3 EPA y DHA, la visión nocturna y la adaptación a la oscuridad (por lo general muy bajas en los disléxicos) se habían normalizado por completo.

La contaminación del cerebro

Otra posible explicación de las mejorías en la inteligencia producidas a consecuencia de unas mayores ingestas de nutrientes, es que contribuyen a eliminar los metales tóxicos como el plomo, bien conocido por sus efectos perjudiciales sobre la inteligencia. Diversos estudios han demostrado la conexión existente entre los niveles elevados de plomo y la baja inteligencia. Un investigador, el doctor Herbert Needleman, que ha analizado a miles de niños, no ha encontrado ni uno sólo con niveles altos de plomo que tuviera un CI superior a 125. Por lo general, el 5 por ciento de la población se sitúa por encima de este valor. Se calcula que en Gran Bretaña, los niveles de plomo del 50 por ciento de todos los niños fue lo suficientemente alto en los años 1980 como para afectar en la actualidad a su inteligencia. Afortunadamente, desde la introducción de la gasolina sin plomo, los niveles de este metal en sangre han ido disminuyendo.

El cobre es otro elemento tóxico que se ha encontrado en cantidades elevadas en los niños disléxicos. Ya que el cinc y la vitamina C son antagonistas del cobre, esta es otra posible explicación de las mejorías que se han observado tras su administración.

En resumen, para todo aquel que trate con las dificultades de aprendizaje, la dislexia o la dispraxia recomiendo lo siguiente:

- Garantice una ingesta óptima de nutrientes en la dieta y un suplemento multivitamínico/mineral de buena calidad.
- Minimice sus ingestas de azúcares y alimentos refinados o procesados, que proporcionan muchas calorías pero muy pocos nutrientes y le impiden comer más alimentos ricos en nutrientes.
- Asegúrese de una ingesta óptima de grasas esenciales provenientes de semillas, sus aceites prensados en frío y el pescado graso, o azul, además de suficientes antioxidantes, en especial vitamina E, para protegerlos de un mal aprovechamiento.
- Minimice sus ingestas de alimentos fritos o procesados y de grasas saturadas procedentes de la carne y de los productos lácteos.
- Hágase un análisis de los minerales de los cabellos para comprobar si presentan toxicidad por metales pesados.

Esto es un buen comienzo. Pero compruebe también los factores adicionales que se presentan en los dos capítulos siguientes, así como las directrices al final de cada uno de ellos.

Capítulo 27
EL DESASTRE DE LA FALTA DE ATENCIÓN

Hay niños que son incapaces de permanecer sentados ni un minuto. Prestando apenas atención y con un humor muy variable, se pelean y perturban a toda la clase en la escuela. Estos son los signos clásicos del síndrome cada vez más frecuentemente conocido como THDA, o trastorno de hiperactividad con déficit de atención. Estos niños viven momentos difíciles tanto en la escuela como en casa, tienen malos resultados escolares y a menudo van de una escuela a otra. Sin tratar, un niño de seis años hiperactivo puede convertirse en un adolescente delincuente, desviándose a menudo hacia el círculo de las drogas y el alcohol. Se calcula que en la actualidad afecta a uno de cada diez chicos del Reino Unido, y a menudo se achaca a unos malos padres o una mala escolarización. Pero existen otros factores causantes potenciales como son la herencia, el tabaco, el alcohol o el consumo de drogas durante el embarazo, falta de oxígeno en el momento del parto, traumatismos prenatales y contaminación medioambiental.

Pero lo bueno dentro de lo malo es que, con mucha frecuencia, lo que les pasa a los niños afectados de THDA es que tienen un desequilibrio nutricional más o menos acusado que, una vez identificado y corregido, puede mejorar de un modo considerable sus energías, intereses, capacidad de concentración y conducta.

El ascenso del Ritalin

Por desgracia, a muchos de los niños hiperactivos no se les analiza por si presentan factores químicos, nutricionales o alérgicos, ni se les trata mediante una dieta. En lugar de ello se les administran enseguida medicamentos como Ritalin que, como vimos anteriormente en el capítulo 21, es una anfetamina que provoca hábito y con muchas propiedades similares a las de la cocaína. Utilizando técnicas de obtención de imágenes del cerebro, la doctora Nora Volkow, del Brookhaven National Laboratory, en Upton, Nueva York, ha demostrado que Ritalin es en realidad más potente que esa droga y que la única razón por la que no ha producido un ejército de escolares adictos es que tarda una hora en afectar al cerebro cuando se toma en forma de píldora, mientras que la cocaína fumada o inyectada actúa en cuestión de segundos. A pesar de estos hechos, Ritalin se receta cada vez con mayor frecuencia. En los Estados Unidos hay 8 millones de niños a los que se les administra, es decir, al diez por ciento de los chicos comprendidos entre los 6 y los 14 años de edad.

Se cree que el efecto calmante de estimulantes como Ritalin sobre niños hiperactivos se debe a que corrige la insuficiente cantidad del neurotransmisor noradrenalina en la parte del cerebro que se supone es la que filtra los estímulos de poca importancia. La doctora Joan Baizer, de la Universidad de Buffalo, en los Estados Unidos, ha demostrado que aunque se pensaba que tenía sólo efectos a corto plazo, Ritalin inicia cambios en la estructura y el funcionamiento del cerebro que se mantienen mucho tiempo después de que hayan desaparecido los efectos terapéuticos.

Esto no es una buena noticia si tenemos en cuenta que la US Drug Enforcement Agency, de los Estados Unidos, incluye en su lista los efectos secundarios de este medicamento. En primera línea están el aumento de la tensión arterial, del ritmo cardíaco, del ritmo respiratorio y de la temperatura; además, quienes toman Ritalin pueden experimentar pérdida de apetito, dolores de estómago, pérdida de peso, retraso en el crecimiento, tics faciales, nerviosismo, euforia, irritabilidad, agitación, insomnio, episodios psicóticos, comportamiento violento, ilusiones paranoicas, alucinaciones, conductas estrafalarias, arritmias y palpitaciones cardíacas, dependencia psicológica e incluso muerte. Por tanto, Ritalin no funciona. El Instituto Nacional de la Salud llegó a la conclusión de que no hay pruebas de una mejoría a largo plazo en los rendimientos escolares tomando este medicamento. Pero hay más todavía, a un niño al que se le administre Ritalin u otro estimulante tiene más probabilidades de volverse adicto al tabaco y al abuso de otros estimulantes, como la cocaína, en etapas posteriores de su vida. Resumiendo, es mejor que no dé estos fármacos a su hijo.

El uso de fármacos estimulantes para controlar la conducta de los niños ha aumentado de manera notable durante la pasada década. En algunas escuelas estadounidenses se administra Ritalin al 20 por ciento de los alumnos y los investigadores que están estudiando sus efectos secundarios han encontrado que, más que ayudar, empeoran el comportamiento de muchos de ellos.

Por el contrario, se ha demostrado que el tratamiento nutricional es muy útil para muchos niños hiperactivos y que tiene muy pocos efectos secundarios, si es que alguno. Dado el solapamiento que existe entre las dificultades en el aprendizaje, la dislexia, la dispraxia y el THDA, comenzaría reiterando la importancia que tiene una ingesta óptima en nutrientes y ácidos grasos esenciales y comprobar si existen contaminantes cerebrales, tal como vimos en el capítulo anterior, antes de considerar otros factores potenciales de este trastorno agotador por igual para los niños, los padres y los maestros.

¿Es hiperactivo su hijo?

Puede resultar difícil trazar la línea que separa el comportamiento de un niño dentro de los límites normales y el de otro anormalmente activo. ¿Puede aplicársele estas características?

- ❏ Demasiado activo
- ❏ Se agita inquieto
- ❏ No se mantiene quieto en las comidas
- ❏ Habla demasiado
- ❏ Desmañado
- ❏ Impredecible
- ❏ No responde a la disciplina
- ❏ Problemas del habla
- ❏ No escucha todo el cuento
- ❏ Es difícil meterle en la cama
- ❏ Imprudente
- ❏ Impaciente
- ❏ Proclive a sufrir accidentes
- ❏ Destructivo
- ❏ No acaba lo que comienza
- ❏ Rompe juguetes, muebles, etc.
- ❏ No sigue los juegos
- ❏ No sigue las instrucciones
- ❏ Se pega con otros niños
- ❏ Incordia
- ❏ Se inmiscuye en los asuntos
- ❏ Tiene rabietas
- ❏ Desafiante
- ❏ Irritable
- ❏ Impopular entre sus compañeros de edad
- ❏ Miente
- ❏ Orina en la cama

Anote 2 si un síntoma es grave, 1 si es moderado y 0 si no aparece.
Una puntuación inferior a 12 es normal. Si es más elevada, su hijo puede beneficiarse de seguir una estrategia nutricional especial.

Comer para calmarse

Tal como hemos podido ver a menudo a lo largo de estas páginas, los estudios llevados a cabo han demostrado que los rendimientos escolares mejoran y los problemas de conducta se reducen de manera notable si a los niños se les administran suplementos nutricionales. Aunque sea poco probable, basándose en los estudios realizados hasta la fecha, que el THDA sea simplemente una enfermedad carencial de nutrientes, hay niños con deficiencias que responden muy bien a esos suplementos.

En un estudio del doctor Abram Hoffer, un pionero de la medicina ortomolecular, grandes cantidades de vitamina C (3 g) y B_3 (niacinamida 1,5 g o más) produjeron una considerable mejoría en el comportamiento de 32 de 33 niños con THDA. Algunos de ellos podían tener deficiencia en cinc o magnesio, dos minerales capaces de producir síntomas asociados al THDA. Los síntomas de la deficiencia de magnesio, por ejemplo, son exceso de agitación, intranquilidad ansiosa, problemas de coordinación y dificultades en el aprendizaje a pesar de tener un CI normal. Unos investigadores polacos que examinaban el grado de magnesio en 116 niños con esta afección, encontraron que la deficiencia en este elemento aparecía con mayor frecuencia entre ellos que entre niños sanos (el 95 por ciento de los que tenían THDA tenían carencias) y detectaron también una correlación entre los niveles de magnesio y la gravedad de los síntomas. Suplementos de 200 mg de magnesio durante seis meses mejoraron su nivel en el mineral (determinado mediante análisis de cabellos) y redujeron significativamente su hiperactividad, que empeoró en el grupo de control que no recibía esos suplementos.

Dado que un posible efecto de Ritalin es corregir una deficiencia de noradrenalina en la parte del cerebro que se supone que filtra los estímulos carentes de importancia, resulta interesante señalar que el magnesio desempeña un papel clave en favorecer la producción de noradrenalina. El doctor Lendon Smmith informa que alrededor del 80 por ciento de los niños son capaces de dejar de tomar Ritalin después de tres semanas si comienzan a recibir suplementos de 500 mg de magnesio al día. Hay otros nutrientes que también están implicados en la producción de noradrenalina, entre los que se incluyen manganeso, hierro, cobre, cinc, vitamina C y vitamina B_6, y muchos de estos nutrientes participan asimismo en el correcto funcionamiento del metabolismo de los ácidos esenciales (véase más adelante).

B_6 y magnesio

A pesar de los tremendos resultados que arrojan los informes relativos a un enfoque nutricional, es mucho más frecuente recetar Ritalin que suplementos nutricionales. El doctor Bernard Rimpand evaluó la eficacia relativa de diferentes estrategias con nutrientes comparándolo con fármacos como Ritalin, y encontró que los suplementos de B_6 y magnesio eran diez veces más eficaces que este medicamento.

En realidad, el mejor fármaco fue Mellaril, y no Ritalin. No obstante, ninguno de ellos fue tan eficaz como la vitamina B_6 y el magnesio o el nutriente cerebral DME, que en los Estados Unidos se administra bajo el nombre de Deanol, que por cierto era el doble de eficaz que Ritalin (véase la página 134).

El doctor Neil Ward, de la universidad de Surrey, ha descubierto una de las vías por la que los niños se vuelven deficientes en estos nutrientes tan importantes. En un estudio sobre 530 niños hiperactivos, encontró un porcentaje entre los que recibieron varios tratamientos con antibióticos en la infancia significativamente superior al de los que no padecían THDA. Otras investigaciones revelaron que los niños que habían recibido tres o más tratamientos con antibióticos antes de los tres años de edad daban niveles de cinc, calcio, cromo y selenio significativamente inferiores al resto.

Incluso sin suplementos, los cambios en la dieta que supongan un aumento en la ingesta de nutrientes dan como resultado mejoras significativas en el comportamiento. El doctor Stephen Schoenthaler, del Departamento de Justicia Social y Criminal de la Universidad Estatal de California, ha dirigido amplias investigaciones sobre la relación existente entre una dieta pobre, el grado de nutrientes y la mala conducta. En sus muchos estudios controlados mediante placebo y realizados a lo largo de 18 meses en Alabama, Florida y Virginia, que incluían a más de un millar de delincuentes juveniles, las mejoras en la dieta mejoraron su comportamiento entre un 40 y un 60 por ciento. Los análisis de sangre en busca de vitaminas y minerales indicaron que aproximadamente un tercio de los jóvenes implicados presentaban niveles bajos de una o más vitaminas y minerales antes de la prueba, y que aquellos cuyos niveles se normalizaron, al final del estudio mostraron una considerable mejoría de su conducta de entre el 70 y el 90 por ciento.

Los ácidos grasos esenciales

Muchos niños con THDA tienen síntomas conocidos de deficiencia en ácidos grasos esenciales (AGE) tales como sed excesiva, piel seca, eccema y asma. Resulta también interesante el hecho de que los varones, que tienen unos requisitos de AGE mu-

Vitaminas frente a medicamentos: ¿qué funciona mejor?

El doctor Bernard Rimland había estudiado el efecto del enfoque nutricional con respecto al THDA en 191 niños. El doctor Humphrey Osmond decidió compararlo con los resultados obtenidos al utilizar medicamentos. En su informe señaló el número total de los que recibieron cada uno de los fármacos, de los que resultaron beneficiados, el de los que empeoraron y la «proporción de eficacia relativa». Esta última es el número de los que resultaron beneficiados dividido por el de los que empeoraron. Por tanto, si hay el doble de beneficiados que de perjudicados la proporción es 2. Si hay el mismo número de ambos tipos entonces la proporción es 1. Los resultados mostraron que había el mismo número de afectados de THDA que empeoraron con el medicamento que los que resultaron beneficiados por él. Una diferencia considerable son los afectados que resultan beneficiados 18 veces más que perjudicados a base de un tratamiento nutricional, con un 66% que respondieron positivamente.

Medicación	Total	Nº beneficiados	Nº que empeoraron	Proporción de eficacia relativa
Dexedrina	172	44	80	0,55
Ritalin	66	22	27	0,81
Mysolina	10	4	4	1,00
Valium	106	31	31	1,00
Dilantin	204	57	43	1,33
Banedril	151	34	25	1,36
Stelazin	120	40	28	1,43
Deanol	73	17	10	1,70
Mellaril	277	101	55	1,84
Todos los fármacos	**1.591**	**440**	**425**	**1,04**
Vitaminas	**191**	**127**	**7**	**18,14**

cho más altos que las mujeres, resultan más afectados con diferencia: cuatro de cada cinco pacientes de THDA son chicos. Los investigadores han planteado la teoría de que los niños THDA podrían tener carencia en ácidos grasos no precisamente por una dieta inadecuada (aunque esto no resulte infrecuente), sino porque necesitan mayores cantidades, porque los absorben mal o porque no los convierten de manera adecuada en las prostaglandinas que ayudan a que el cerebro se comunique.

Resulta interesante, pues, saber que la conversión de los AGE en prostaglandinas puede verse inhibida por los alimentos que causan los síntomas en niños con THDA, como es el caso del trigo, los productos lácteos y los alimentos que contienen salicilatos. También impiden dicha conversión la deficiencia en las diversas vitaminas y minerales que necesitan los enzimas que potencian esas conversiones, incluida la vitamina B_3 (niacina), B_6, C, biotina, cinc y magnesio. La deficiencia en cinc es corriente entre los afectados de THDA.

Las investigaciones llevadas a cabo en la Purdue University, en los Estados Unidos, confirmaron que los niños con THDA consumían una dieta inadecuada de nutrientes necesarios para la conversión de los AGE en prostaglandinas y que, por consiguiente, presentaban unos niveles de ácidos grasos EPA, DHA y AA (todos ellos producidos en el cuerpo a partir de los AGE) más bajos que los niños sin THDA. Los suplementos con estos ácidos grasos preconvertidos y con GLA redujeron los síntomas de la afección en lo que se refiere a ansiedad, dificultades en la atención y problemas generales de conducta.

Los estudios hechos en la Universidad de Oxford han demostrado el valor de estas grasas esenciales en una prueba de doble ciego que implicaba a 41 niños de edades comprendidas entre los 8 y 12 años, con síntomas de THDA y dificultades de aprendizaje específicas. Los que recibieron suplementos con ácidos grasos esenciales mejoraron al cabo de 12 semanas, tanto en su comportamiento como en su aprendizaje.

La historia de Stephen, cortesía del Grupo de Apoyo a Niños Hiperactivos, es un excelente ejemplo a este respecto.

> Stephen, de seis años de edad, presentaba un historial de hiperactividad con graves trastornos en el sueño y un mal comportamiento tanto en su casa como en la escuela. Amenazado de expulsión por su conducta imposible, se dio a los padres un plazo de dos semanas para que mejorara. Se pusieron en contacto con el Grupo de Apoyo a Niños Hiperactivos, que les sugirió el uso de aceite de primavera. Había que frotarle la piel por las mañanas y las noches con una dosis de 1,5 g. La escuela desconocía este aspecto, pero después de cinco días el maestro telefoneó a la madre para decirle que nunca en sus 30 años de docencia había visto un cambio tan notable en la conducta de un niño. Al cabo de tres semanas se suprimió el uso del aceite y una semana más tarde volvieron las quejas de la escuela. Reanudaron entonces el tratamiento y con buenos resultados.

Hay muchos niños que no comen alimentos ricos en AGE omega 3 y les convendría consumir más pescado graso (salmón, sardinas, atún fresco, caballa) y semillas como las de lino, cáñamo, girasol y calabaza o sus aceites prensados en frío. Es importante también sustituir los alimentos que se sabe que impiden la conversión de los AGE en prostaglandinas mientras se administran suplementos de los nutrientes necesarios para esa conversión, como los que hemos visto anteriormente.

Los otros culpables que hay detrás del THDA

Los tóxicos

Mirando más allá de los niveles bajos de nutrientes esenciales, también el exceso de antinutrientes puede inducir los síntomas de THDA. Exactamente lo mismo que en el caso de las dificultades de aprendizaje (tratado anteriormente), a la cabeza de la lista aparece el plomo, que produce síntomas de agresividad, escaso control de los impulsos y falta de atención. Otro es el exceso de cobre, que se encuentra en algunos niños con THDA. Los estudios realizados han revelado que existe asimismo una relación entre los niveles elevados de aluminio y la hiperactividad. Muchos elementos tóxicos vacían el cuerpo de nutrientes esenciales, como por ejemplo el cinc, y pueden contribuir a las deficiencias nutricionales. Por consiguiente, un análisis de los cabellos en busca de metales pesados es un componente importante de cualquier enfoque global para un tratamiento nutricional.

¿Sólo una alergia?

De todas las vías exploradas hasta este momento, es, sin embargo, la conexión entre hiperactividad y alergia la más establecida, y vale la pena seguirla si un niño presenta los signos de este síndrome.

Los fabricantes utilizan hoy un número extraordinario de aditivos artificiales en los alimentos, y cada uno de nosotros podemos acabar por estar tomando hasta 5 kg de estas sustancias cada año. Es evidente que hay algunos niños que no pueden ser capaces de superar esta embestida química. Un estudio preliminar del doctor Joseph Bellanti, de la Universidad de Georgetown, en Washington DC, encontró que los niños afectados de THDA tienen siete veces más probabilidades de padecer alergias alimentarias que otros. Según este estudio, el 56 por ciento de los niños con THDA de edades comprendidas entre los siete y los diez años dieron positivo en alergias de este tipo, frente a menos del 8 por ciento producido entre los niños de control. Una investigación distinta, realizada por el Grupo de Apoyo a Niños Hiperactivos, encontró que el 89 por ciento de los afectados por el síndrome reaccionaban a los colorantes alimentarios, el 72 por ciento a los aromatizantes, el 60 por ciento a MSG (ácido glutámico libre procesado), el 45 por ciento a todos los aditivos sintéticos, el 50 por ciento a la leche de vaca, el 60 por ciento al chocolate y el 40 por ciento a las naranjas.

La tartrazina (E-102), el colorante amarillo para los alimentos, es el más conocido de los muchos aditivos químicos que están relacionados con las reacciones alérgicas y el THDA. En un estudio de doble ciego controlado por placebo, el doctor Neil Ward encontró cambios emocionales y de comportamiento en todos los niños que consumían tartrazina, y observó que el aditivo disminuía los niveles de cinc en sangre al tiempo que aumentada la cantidad de este elemento excretado con la orina. Cuatro de cada diez niños del estudio presentaron reacciones intensas, y tres desarrollaron eccema y asma en los 45 minutos siguientes a la ingestión.

Otras sustancias encontradas que a menudo provocan cambios en la conducta son el trigo, los productos lácteos, el maíz, la levadura, la soja, los cítricos, el chocolate, los cacahuetes y los huevos. Entre los síntomas asociados que guardan una estrecha relación con la alergia se incluyen los problemas nasales y el exceso de mucosidad, las infecciones de oído, la tumefacción facial y la decoloración alrededor de los ojos, la amigdalitis, los problemas digestivos, el mal aliento, el eccema, el asma, los dolores de cabeza y la enuresis nocturna. Resulta relativamente sencillo identificar los alimentos que pueden provocar o agravar los síntomas, excluyéndolos de la dieta durante dos semanas antes de observar con cuidado su reintroducción. No obstante, las pruebas de este tipo no siempre son concluyentes, por lo que vale la pena considerar la posibilidad de un test completo de alergias usando el método de IgG ELISA. Una prueba de este tipo puede identificar los alimentos a los que reacciona una persona tomando una simple muestra de sangre, y su coste dependerá del número de alimentos analizados y del laboratorio elegido (véase «Direcciones útiles» y el capítulo 11). Aunque la mayoría de las intolerancias vienen medidas por el IgG, en algunas también interviene el IgE, así que lo mejor es hacer la prueba para ambos anticuerpos.

Hasta el 90 por ciento de los niños que padecen hiperactividad se benefician con la eliminación de los alimentos que contienen colorantes, y aromatizantes artificiales, conservantes y alimentos procesados o fabricados, así como a los «culpables» identificados mediante una dieta de exclusión o con análisis de sangre. Hay algunos informes que hablan del éxito conseguido con la dieta Feingold, que no sólo elimina todos los aditivos artificiales, sino también los alimentos que de modo natural contienen los compuestos conocidos como salicilatos. Aunque se han llevado a cabo pocos estudios de doble ciego sobre esta dieta, los investigadores de la Universidad de Sidney, en Australia, encontraron que de 86 niños con THDA, el 75 por ciento reaccionaron de modo adverso a una prueba de doble ciego con salicilatos. Los alimentos ricos en salicilatos incluyen ciruelas pasas, pasas de Corinto, frambuesas, almendras, albaricoques, cerezas de lata, grosellas negras, naranjas, fresas, uvas, salsa de tomate, ciruelas, pepinos y manzanas de la variedad Granny Smith. Puesto que la lista es muy larga y contiene otros muchos alimentos, por lo demás nutritivos, esto ha de considerarse sólo como una vía de acción secundaria y debe planificarse y controlarse con sumo cuidado a manos de un nutricionista para garantizar una ingesta de nutrientes adecuada.

Saber el modo en que una dieta pobre en salicilatos ayuda a los niños con THDA nos brinda una alternativa. Los salicilatos inhiben la conversión y utilización de los ácidos grasos esenciales, que, como sabemos por lo dicho anteriormente, son imprescindibles para el adecuado funcionamiento del cerebro y que a menudo se encuentran también a niveles bajos en los niños con THDA. Así, en lugar de evitar el inhibidor (salicilatos), puede ser suficiente con incrementar el suministro de AGE que, como se ha demostrado, sirve de ayuda.

Los problemas con el azúcar

Una dieta rica en carbohidratos refinados no es buena para nadie, y muchos padres creen que comer dulces favorece la hiperactividad y la agresividad entre sus hijos. Por el contrario, algunas investigaciones recientes han señalado que el azúcar en sí mismo no es el culpable de la hiperactividad, y que incluso puede tener algunos efectos calmantes sobre ciertos individuos. No obstante, los estudios de dietética revelan de manera casi constante que los niños hiperactivos comen más dulces que otros, y se ha encontrado que la reducción del azúcar en la dieta tiene unos efectos disciplinarios sobre los jóvenes delincuentes. Parece que las reacciones al azúcar no se deben a una alergia como tal, sino a un deseo vehemente causado por los niveles bajos de azúcar en sangre.

Otra investigación ha confirmado que el problema no es el propio azúcar, sino la forma en que se presenta, la ausencia de una dieta global bien equilibrada y un metabolismo anormal de la glucosa. Un estudio llevado a cabo con 265 niños hiperactivos halló que más de las tres cuartas partes presentaban una tolerancia anormal a la glucosa. Al ser el principal combustible para el cerebro y para el cuerpo, cuando sus niveles en sangre fluctúan mucho durante todo el día a causa de los carbohidratos refinados, estimulantes, dulces, chocolates, bebidas efervescentes y zumos, así como a la ausencia de fibra para ralentizar la absorción de la glucosa, no resulta sorprendente que los niveles de actividad, concentración, atención y comportamiento también muestren grandes fluctuaciones, tal como se ve en los niños con THDA. El efecto calmante observado a veces después del consumo de azúcar puede ser muy bien la normalización inicial de sus niveles en sangre a partir de un estado hipoglucémico, durante el cual el cerebro y las funciones cognitivas que controlan el comportamiento carecían de combustible. El consejo, pues, es eliminar de la dieta todas las formas de azúcar refinado y cualquier alimento que lo contenga, y sustituirlos por alimentos integrales y carbohidratos complejos (arroz sin pulir y otros cereales integrales, avena, lentejas, judías, quinoa y hortalizas), que deberán consumirse durante todo el día. Los carbohidratos deberán equilibrarse siempre con proteínas (la mitad de proteínas que de carbohidratos en cada comida o tentempié) para mejorar la tolerancia a la glucosa. Dos ejemplos sencillos son comer nueces con fruta o pescado con arroz. Los suplementos de 200 mcg de cadmio ayudan a estabilizar el nivel de azúcar en sangre.

Los niños bipolares

Algunos niños a los que se les ha diagnosticado THDA tienen un trastorno bipolar, lo que antes se conocía como el síndrome maniacodepresivo. Pueden oscilar entre un estado de manía e hiperactividad y otro de llanto y depresión. El problema radica en que el trastorno bipolar no se diagnostica en la infancia, sencillamente. De hecho, se suele creer que no comienza hasta la edad de 20 años, pero eso no es más que un mito. El trastorno bipolar puede presentarse, y de hecho lo hace, en la infancia, pero a la mayoría de estos niños se les clasifica erróneamente dentro de los que padecen un THDA. La doctora Janet Wozniak y el doctor Joseph Biederman, del Harvard Medical School, encontraron que el 94 por ciento de los niños con manía satisfacían los criterios de un diagnóstico de THDA.

Es una mala noticia, puesto que lo último que necesita un niño bipolar es un fármaco estimulante como el Ritalin. El doctor Demitri Papalos, catedrático adjunto de psiquiatría en el Albert Einstein College of Medicine, de la ciudad de Nueva York, estudió los efectos de los fármacos estimulantes sobre 73 niños con diagnóstico bipolar y encontró que 47 de ellos habían sido empujados hacia estados de manía o psicosis a causa de una medicación estimulante. En su excelente libro *The Bipolar Child* (no publicado en español), del que es coautora su mujer Janice Papalos, ayuda a diferenciar entre los que sufren de trastorno bipolar (véase el capítulo 23) y los que presentan THDA. Estas son las diferencias que han observado:

- Los niños con trastorno bipolar tienen esencialmente un trastorno de su estado de ánimo y pasan de estados extremos de manía, rabietas y cólera a otros de humor bajo. Algunos experimentan cuatro ciclos al año, mientras que en otros estos ciclos pueden producirse en el curso de una misma semana. Este rápido cambio de los ciclos rara vez se observa en adultos.
- Los niños bipolares presentan también diferentes modalidades de accesos de cólera. Aunque la mayoría de los niños se calman una vez transcurridos 20 o 30 minutos, en los bipolares pueden durar horas, acompañados a menudo de una agresividad destructiva, incluso sádica. Pueden manifestar también unas ideas, un lenguaje y unas posturas corporales desorganizadas durante estos ataques de rabia.
- Los niños bipolares tienen momentos de depresión, que no es una pauta usual en el THDA. A menudo muestran talento, quizás en las habilidades verbales o artísticas, con frecuencia a edad temprana. Su mal comportamiento es muchas veces más intencionado, mientras que en el niño con THDA clásico esa conducta surge sin que él lo quiera. Un niño bipolar puede ser, por ejemplo, el matón del recreo.

El enfoque nutricional esbozado al final de este capítulo tiene más posibilidades de resultar útil, junto con lo señalado en el capítulo 23. Ritalin y otros fármacos estimulantes pueden ser un auténtico desastre.

El síndrome de la deficiencia de recompensa

Algunos niños con problemas del tipo del THDA sufren del llamado «síndrome de deficiencia de recompensa», que se caracteriza por una constante necesidad de estímulo. Se cree que sucede porque no producen la suficiente cantidad del neurotransmisor motivador, la dopamina (a partir de la cual se sintetizan la adrenalina y la noradrenalina), o no responden con la intensidad necesaria a su propia dopamina. Sustancias como la cocaína o el Ritalin aumentan la producción de dopamina y la sensibilidad hacia ella, al menos a corto plazo. Para estos niños, el Ritalin puede considerarse como una cura milagrosa, pero a largo plazo puede provocar «desregulaciones», por lo que necesitarán cada vez más estímulo. Esta es probablemente la razón por la que los niños a los que se administra Ritalin tienen más probabilidades de abusar de otros fármacos favorecedores de la dopamina y a volverse más adelante en su vida en dependientes de estas sustancias. Para estos niños, el nutriente DMAE (dimetiletanolamina), que estimula el cerebro, es muy efectivo. El investigador y psiquiatra doctor Charles Grant descubrió que, además de aumentar la acetilcolina, en dosis elevadas el DMAE puede bloquear realmente el receptor de acetilcolina, lo permite al organismo liberar más dopamina, que a su vez estimula el cerebro. Esta acción podría explicar el demostrado éxito del DMAE contra el síndrome de deficiencia de recompensa y el THDA. A diferencia del Ritalin, el DMAE no incrementa la necesidad de estimulación procedente del exterior y no presenta todos los efectos secundarios indeseables de aquel.

El enfoque de una nutrición óptima para el THDA implica una combinación de todos los factores anteriores, y los médicos han informado acerca de mejorías significativas en al menos dos tercios de los niños. Esto es sustancialmente mejor que lo que producen los medicamentos que suelen recetarse para el THDA. El Ritalin, el que se prescribe con mayor frecuencia, ayuda a mejorar a un tercio de los niños, pero hace que otro tercio empeore.

En resumen, para todo el que padezca THDA recomiendo:

- Seguir las directrices del final del capítulo 26 con respecto a los nutrientes, el azúcar, las grasas esenciales y los metales pesados.
- Eliminar los aditivos químicos de los alimentos y verificar si hay otros potenciales alergenos tales como trigo, productos lácteos, chocolate, naranjas y huevos.
- Administrar un suplemento de DMAE.

Una última nota. El THDA es una afección compleja que requiere la supervisión y el tratamiento en manos de un profesional cualificado que pueda diseñar una estrategia nutricional correcta para su hijo. La evaluación individual de los suplementos necesarios es esencial, y estos deberán ir siempre acompañados de una dieta sana. Antes de que observe resultados sustanciales han de transcurrir como mínimo de tres a seis meses, pero ya en el plazo de unas pocas semanas podrá observarse una ralentización general de la hiperactividad y un aumento en la capacidad de concentración. A medida que el niño comience a sentirse y comportarse mejor, la respuesta positiva que reciba de sus padres y sus maestros puede animarle a cumplir el programa y con rapidez pueden producirse unas mejoras considerables. Los problemas intestinales, las alergias y la insuficiente desintoxicación por parte del hígado son aspectos que también vale la pena tener en cuenta en los casos de THDA; se tratan en el siguiente capítulo, dedicado al autismo.

Capítulo 28
RESPUESTAS PARA EL AUTISMO

Pocas alteraciones de la conducta son tan misteriosas como el autismo. Todas las que se solapan y que hemos visto en anteriores capítulos, la dislexia, la dispraxia y el THDA, están a menudo presentes en el autismo, pero hay otros síntomas más que conducen al diagnóstico de esta afección. Entre ellos se incluyen las dificultades en el habla, las anomalías posturales o gestuales, la incomprensión de los sentimientos de los demás, las alteraciones en las percepciones sensoriales y visuales, los temores y ansiedades y las anomalías de la conducta tales como un comportamiento compulsivo/obsesivo y los movimientos ritualizados.

El departamento estadounidense de Servicios de Desarrollo ha encontrado que la incidencia del autismo se ha más que triplicado entre 1987 y 1999. Las cifras para el Reino Unido van de tres a diez veces más casos en la última década. Aunque el autismo suele producirse en principio «de nacimiento», o al menos se detecta dentro de los seis primeros meses, en el curso de los diez últimos años ha habido un notable incremento en el autismo «de inicio tardío», que con mayor frecuencia se diagnostica durante el segundo año de vida, tanto en los Estados Unidos como en el Reino Unido. Según la National Autistic Society, la incidencia puede ser ahora incluso superior a 1 de cada 100 niños. Esto indica que hay algo nuevo que está disparándolo de

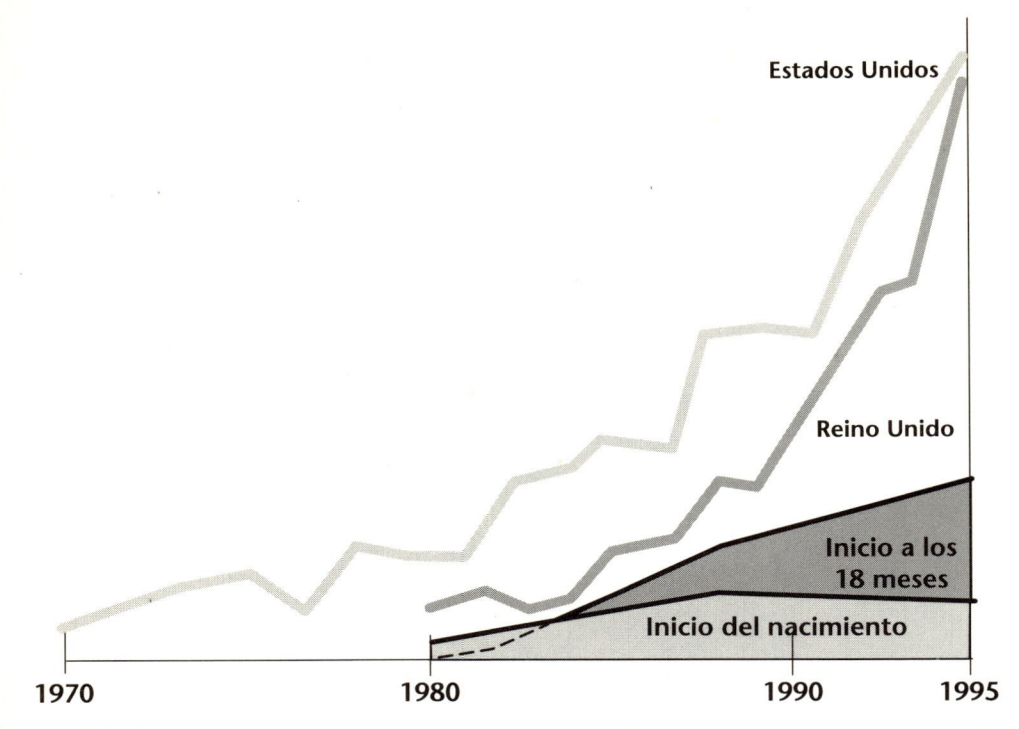

Figura 27. El autismo está aumentando en los Estados Unidos y en el Reino Unido, y se da también un cambio en relación con el momento de su inicio.

modo epidémico. Entre los posibles culpables están la dieta, las vacunaciones y los problemas intestinales, que están aumentando entre los niños.

Desenmarañando el autismo

Lo mismo que sucede con todas las afecciones, está la cuestión de si es «hereditario» o si viene causado por la dieta o el medio ambiente. El autismo es cuatro veces más frecuente en chicos que en chicas. Los padres y los hermanos de niños autistas tienen muchas más probabilidades de sufrir alergia a la leche o al gluten, padecer trastornos digestivos tales como el síndrome del intestino irritable, presentar niveles de colesterol elevados, mostrar ceguera nocturna o fotosensibilidad, tener problemas de tiroides y padecer cáncer. La lactancia materna aumenta también el riesgo. A primera vista uno podría suponer que los niños autistas heredaban ciertos desequilibrios. Sin embargo, una explicación alternativa podría ser que otros miembros de la familia comen los mismos alimentos y tendrían la misma falta de nutrientes.

Dado el solapamiento con la dislexia, la dispraxia y el THDA, todos los factores tratados en los dos capítulos anteriores son igualmente importantes cuando se buscan las causas del autismo. En especial tendrá que observar el equilibrio del azúcar en sangre, comprobar si hay metales pesados que contaminen el cerebro, excluir los aditivos alimentarios, corregir las posibles deficiencias en nutrientes y garantizar una ingesta óptima de ácidos grasos esenciales. Hay cada vez más pruebas de que estos enfoques pueden significar una enorme diferencia para el niño autista. De hecho, probablemente sea mejor tener en cuenta todas estas afecciones como parte del «espectro autista» de enfermedades, con la dislexia y la hiperactividad en un extremo y el autismo en el otro.

Las deficiencias de nutrientes

Sabemos desde la década de 1970 que los nutrientes pueden constituir una enorme diferencia para los niños autistas gracias a los trabajos pioneros del doctor Bernard Rimland, del Institute for Child Behaviour Research de San Diego, California. Demostró que los suplementos de las vitaminas B_6 y C y de magnesio mejoran de manera significativa los síntomas de estos pacientes. En uno de sus primeros estudios, allá por 1978, 12 de 16 niños autistas mejoraron con suplementos y después experimentaron una recaída cuando se sustituyeron las vitaminas por placebos. En la década siguiente a las investigaciones pioneras del doctor Rimland, otros investigadores han presentado también resultados positivos con este enfoque.

No obstante, otros muchos no consiguieron confirmar esos resultados positivos con ciertos nutrientes. Por ejemplo, un estudio en Francia sobre 60 niños autistas encontró que una combinación de vitamina B_6 y magnesio daba como resultado unas mejorías significativas, pero no cuando se administraba cada uno de estos nutrientes por separado. Este estudio demuestra lo importante que es conseguir el equilibrio correcto de los nutrientes. Además, es probable que sea diferente de un niño a otro.

La vitamina B_6, en particular, puede ayudar en parte porque muchos niños afectados de autismo o con dificultades en el aprendizaje presentan una afección conocida como piroluria (véase el capítulo 25, página 267) y que, por razones genéticas, con la orina se excretan grandes cantidades de unos compuestos llamados piroles, que causan una deficiencia en cinc y en vitamina B_6. En los niños con tumefacción facial y un historial de frecuentes resfriados e infecciones del oído medio, debería sospecharse la existencia de una piroluria, que podría verificarse mediante un sencillo análisis de orina.

La falta de las grasas adecuadas

Ya hemos hablado de lo importantes que son los ácidos grasos esenciales para el funcionamiento del cerebro y de que sus deficiencias son comunes entre los pacientes de autismo. Las investigaciones del doctor Gordon Bell en la Stirling University han demostrado que algunos niños autistas tienen un defecto encimático que elimina los ácidos grasos esenciales de la membrana de las células cerebrales con una celeridad superior a la debida. En consecuencia, los suplementos de ácidos grasos omega-3, que pueden ralentizar la actividad de esta encima, han producido mejoras clínicas en el comportamiento, el estado de ánimo, la imaginación, el habla espontánea, las pautas del sueño y la atención de los niños autistas.

Los problemas visuales y la deficiencia en vitamina A

La pediatra Mary Megson, de Richmond, Virginia, cree que muchos niños autistas tienen falta de vitamina A. Conocida también como retinol, es esencial para la visión. También es imprescindible para la producción de células sanas en el intestino y en el cerebro. No hay duda de que algo raro está pasando en el tracto digestivo de estos niños. Se pregunta si podría estar relacionado con una deficiencia en vitamina A.

Las mejores fuentes de vitamina A son la leche materna, las vísceras, la grasa de la leche, el pescado y el aceite de hígado de bacalao, ninguno de los cuales forman parte importante en nuestra dieta. En su lugar tenemos leches artificiales, alimentos preparados y multivitaminas, muchas de las cuales poseen formas alteradas de retinol como retinilpalmitato, que no actúa tan bien como el retinol de origen animal. ¿Qué sucedería, se pregunta la doctora Megson, si estos niños no estuvieran recibiendo la suficiente vitamina A natural? No sólo esto afectaría a la integridad del tracto digestivo, y daría lugar potencialmente a alergias, sino que afectaría también al desarrollo del cerebros y perturbaría la visión. En los niños autistas se han detectado diferencias cerebrales lo mismo que defectos visuales. Llega a la conclusión de que estos últimos serían un indicio importante, ya que la falta de vitamina A significaría una mala visión en blanco y negro, síntoma que se observa a menudo entre los parientes de estos enfermos.

Si no puede ver en blanco y negro, está perdiendo las sombras. Sin sombras se pierde la capacidad de percibir la tridimensionalidad y, en consecuencia, no se puede detectar las expresiones de la gente. Esto podría explicar el por qué los niños autistas tienden a no mirarle a uno directamente. Lo hacen de lado. Durante mucho tiempo se ha considerado que era un signo de escasa socialización, pero quizás sea la mejor manera como ellos pueden ver las expresiones de la gente, ya que en los bordes del campo visual hay más receptores de blanco y negro que en el centro. Todo su mundo visual se convertiría en instantáneas fragmentadas.

Por supuesto, habría que comprobarlo. La doctora Megson ha descrito una rápida y notable mejoría en el autismo simplemente administrando aceite de hígado de bacalao que contiene vitamina A natural, no adulterada. Con frecuencia ha visto resultados en la misma semana de inicio del tratamiento. Algunos de los comentarios de sus pacientes después de tomar los suplementos de hígado de bacalao son del estilo de «Ahora veo dónde están mis dedos», «Ahora puedo verme los brazos al mismo tiempo que mis dedos», «Mi televisor es cada día más grande, ahora puedo ver las emociones en las caras».

La relación con la alergia

Además de estas probables deficiencias, el factor más significativo que contribuye al autismo parecen ser los productos químicos y alimentos no deseables, que suelen llegar al cerebro a través de la corriente sanguínea debido a una digestión y absorción defectuosas. Gran parte del convencimiento de reconocer la importancia de las intervenciones dietéticas procede de los padres, que han percibido la mejoría de sus hijos después de cambiar de dieta. Parece que ciertos alimentos y sustancias tienen una influencia adversa sobre muchos niños. Entre ellas se incluyen:

- Trigo y otros cereales que contienen gluten.
- Leche y otros productos lácteos que contienen caseína.
- Cítricos.
- Chocolate.
- Colorantes alimentarios artificiales.
- Paracetamol.
- Salicilatos (véase capítulo 27, página 291).
- Alimentos de la familia de las solanáceas (patatas, tomates, berenjenas).

La prueba directa más fuerte de los alimentos relacionados con el autismo implica al trigo, y a los productos lácteos y a las proteínas específicas que contienen, en concreto el gluten y la caseína. Son difíciles de digerir y, en especial si se introducen en una fase demasiado temprana de la vida, pueden provocar alergias. Los fragmentos de estas proteínas, llamados también péptidos, pueden simular unas sustancias químicas del cerebro llamadas endorfinas, por lo que a menudo se les denomina «exorfinas». Estos péptidos tienen efectos perjudiciales similares a los de los opiáceos sobre el cerebro, y dan lugar a los numerosos síntomas que denominamos autismo. Los investigadores de la Unidad de Investigación del Autismo de la Sunderland University han encontrado un aumento en los niveles de estos péptidos en la sangre y en la orina de los niños con autismo.

¿Qué está pasando en el intestino?

Para entender cómo estos alimentos corrientes pueden ser tan perjudiciales para individuos sensibles a ellos, tenemos que ver de que manera entran en el cuerpo a través del intestino. Los péptidos opioideos proceden de la digestión incompleta de las proteínas, en particular de los alimentos que contienen gluten y caseína. Uno de ellos, el IAG, que deriva del gluten de trigo, se detecta en el 80 por ciento de los pacientes autistas, mientras que otro, la gliadorfina-7, ha aparecido en grandes cantidades en el 54 por ciento, aunque en cantidades muy pequeñas en el 32 por ciento. Por tanto, el primer problema es la mala digestión de las proteínas. Vimos al comienzo de este capítulo que el cinc y la vitamina B_6 pueden ayudar a estos niños, por lo que conviene aquí que señalemos que estos dos nutrientes son esenciales para una correcta producción de ácido gástrico y, por consiguiente, para la digestión de las proteínas. Pero incluso entonces, estos fragmentos de proteína parcialmente digeridos no deberían entrar a la corriente sanguínea. ¿Cómo lo hacen? La deficiencia en vitamina A es desde luego uno de los culpables, pero puede haber más.

Una gran proporción de padres con niños autistas relata que a su hijo le administraron tratamientos con antibióticos prolongados o en varias ocasiones para tratar cada infección de oídos o respiratoria durante su primer año de vida, antes de que se le diagnosticara autismo. Los antibióticos de amplio espectro matan tanto a las bacterias del intestino malas como a las buenas, y debilitan sus membranas. Esto puede dar lugar a lo que se conoce como el síndrome del intestino con fugas, en el que atraviesan sus membranas moléculas grandes que no deberían ser absorbidas. El doctor Andrew Wakefield del Royal Free Hospital, de Londres, en un estudio sobre 60 niños autistas con síntomas gastrointestinales, encontró una incidencia de lesiones intestinales mucho mayor que entre los niños no autistas con problemas digestivos similares. Más del 90 por ciento presentaban evidencias clínicas de inflamación crónica de los intestinos delgado y grueso como resultado de una infección, a un nivel al menos seis veces superior al de los niños no autistas con inflamación intestinal.

Por tanto, es muy importante restaurar el intestino en estos niños. Se sabe que los suplementos de enzimas digestivas y probióticas dan resultados clínicos positivos, puesto que estos nutrientes ayudan a curar el intestino y a restaurar una absorción normal. Una mejoría en el equilibrio de la flora intestinal, a lo que puede contribuirse mediante la toma de suplementos de elementos probióticos, puede ayudar también a digerir las exorfinas en el intestino antes de que sean absorbidas de modo inapropiado. El aminoácido L-glutamina es especialmente importante en la restauración de la integridad intestinal. La toma de 5 g disueltos en agua justo antes de irse a dormir puede sanarlo.

Exclusión del trigo y de los productos lácteos

Es evidente la importancia de excluir de la dieta aquellos alimentos sospechosos, y hay numerosos relatos de padres que hablan de mejorías considerables al retirar de la dieta de sus hijos autistas la caseína y el gluten. Puede tardarse algún tiempo en eliminar estos péptidos dañinos de la sangre y del cerebro, razón por la que los resultados irán apareciendo poco a poco. El doctor Robert Cade, catedrático de medicina y fisiología en la Universidad de Florida, observó que cuando disminuyen los niveles de péptidos en la sangre también lo hacen los síntomas del autismo: «Si pudiéramos reducirlos a valores normales», afirma, «la mayoría de los pacientes mejoraría de forma espectacular o se volverían totalmente normales» (véase el gráfico de la página siguiente). Pero para conseguirlo deberá seguir estrictamente una dieta libre de gluten/caseína. La Autism Research Unit de la Sunderland University recomienda una retirada gradual de estos alimentos de la dieta, esperando tres semanas después de quitar la caseína (productos lácteos) para hacerlo con el gluten (trigo, avena, cebada, centeno). Lleve un diario de los alimentos y vaya anotando los comportamientos y los síntomas. Esto puede ayudar a identificar otros alimentos problemáticos, entre los que suelen incluirse los cítricos, el chocolate, los colorantes artificiales, los salicilatos, los huevos, los tomates, los aguacates, las berenjenas, los pimientos rojos, la soja y el maíz. Ya que tiene que asegurarse de sustituirlo en lugar de sólo eliminarlos, y de saber cuáles son los que contienen gluten y/o caseína, lo mejor es hacerlo dirigido por un nutricionista profesional.

La necesidad de desintoxicación

Otros péptidos que pueden dañar al niño autista implican al hígado. La tarea de este órgano es eliminar las sustancias químicas perjudiciales y degradar las hormonas y los neurotransmisores para evitar excesos, manteniendo de este modo bajo control la

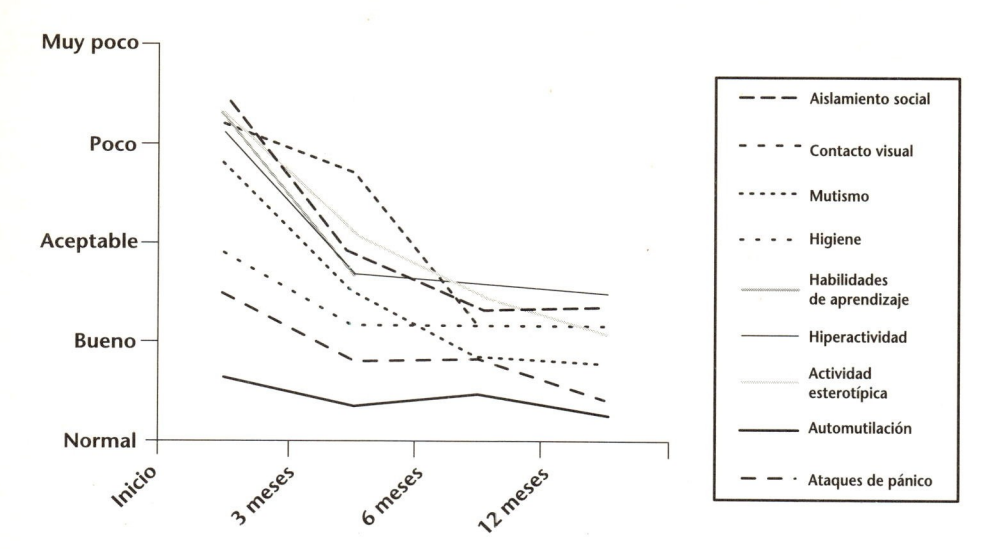

Figura 28. Mejoría de los síntomas observada en 70 niños autistas durante doce meses con una dieta libre de gluten/caseína.

química cerebral. Por medio de un proceso conocido como sulfatación, el hígado inactiva las cantidades de neurotransmisores que haya en exceso en el cerebro y que modulan los estados de ánimo y el comportamiento, manteniéndolo así bien equilibrado. Por tanto, cualquier reducción en la sulfatación le perjudicará. El noventa y cinco por ciento de los niños autistas presentan unos niveles de sulfatos bajos en comparación con el 15 por ciento aparecido en los controles, lo cual puede dar como resultado una inactivación inadecuada de estos neurotransmisores. Pero no sólo eso: la reducción en la sulfatación también afecta a las proteínas de la mucina que reviste el tracto gastrointestinal, de manera que aumenta la permeabilidad del intestino y las enfermedades inflamatorias que le puedan afectar. Y aquí es donde intervienen los péptidos, que se presentan en altos niveles en los niños autistas, cuyo efecto es reducir la producción de sulfato y provocar así un círculo vicioso.

La producción de sulfato depende también de los niveles de la enzima sulfito oxidasa, que a menudo son también bajos en los niños autistas, tal como indican los altos niveles de sulfito en su sangre. La sulfito oxidasa depende de que sean adecuados los niveles de molibdeno, por lo que los suplementos de este mineral pueden ser de gran utilidad. Aproximadamente el 20 por ciento de los niños autistas responden bien a los suplementos de este tipo. Por consiguiente, en potencia es útil administrar una forma aprovechable de azufre llamada MSM (abreviatura de metilsulfonilmetano). Los niños autistas padecen con frecuencia disbiosis, es decir, la presencia de microorganismos no deseados en el intestino, ya sean bacterias, levaduras, hongos o

> **Los cereales que contienen gluten** incluyen trigo, avena, cebada y centeno. Esto hace que sean inadecuados la mayoría de los panes, galletas, biscotes, pasteles, pasta, cereales para el desayuno, cuscus, pizzas, pitas, chapatas, tallarines al huevo, pastelería, empanadas, salchichas, comidas preparadas y alimentos procesados. Compruebe con cuidado la lista de ingredientes y evite harina, copos malteados y almidón de trigo. La mayoría de las alternativas se basan en arroz o maíz y variedades libres de gluten de pan, pasta, cereales, bizcochos, galletitas y similares que pueden adquirirse en establecimientos de alimentos biológicos y en algunos supermercados.
>
> **La caseína está en todos los productos lácteos** incluyendo leche de vaca, mantequilla, queso, yogurt, helado y chocolate con leche. A veces se toleran mejor la leche de cabra o de oveja, aunque una alternativa más adecuada es utilizar los productos de soja disponibles en la actualidad entre los que se cuentan leche, yogurt, queso y helado. Si la soja resulta también sospechosa, se dispone de alternativas a base de arroz.

parásitos. El tratamiento con antimicóticos tales como la nistatina puede producir una mejoría considerable, pero con frecuencia empeoran después de un avance inicial. Esto se debe a que los hongos del tipo candida producen todo tipo de toxinas al morir. Otros antimicóticos menos agresivos como el ácido caprílico, que se obtiene del cocotero, el carbón vegetal y la levadura *Saccharomyces boulardi*, pueden ser igual de efectivos pero causan reacciones menos intensas.

La conexión con la metalotioneína

La idea de que los niños autistas tienen problemas para desintoxicarse condujo al doctor William Wash, del Pfeiffer Treatment Center de Naperville, Illinois, en Estados Unidos, a buscar diferencias en elementos vestigiales y tóxicos entre niños autistas y los que no lo son. Encontró que los primeros, de manera casi invariable, tienen una proporción de cobre/cinc en sangre alta y unos niveles elevados de cobre. Este descubrimiento condujo a la teoría de que un tipo de proteína llamada metalotioneína podría ser defectuosa en los niños autistas, lo que daría lugar a la incapacidad del cuerpo para eliminar metales tóxicos tales como cobre, mercurio, cadmio, etc. (véase el capítulo 10). Esto podría suceder debido a que el niño presenta un defecto genético que conduce a la pérdida de la metalotioneína, o bien a una sobreexposición a esos metales tóxicos, unida posiblemente a una deficiencia en cinc. Esto último se debe a que la metalotioneína contiene cinc, que se pierde o se une a un elemento indeseado como puede ser el cobre o el mercurio. En cualquier caso, el niño acaba con una sobrecarga de metales tóxicos que, como bien se sabe, inducen muchos de los síntomas asociados al autismo.

Por supuesto, aunque esta teoría suene muy convincente, ¿funciona realmente? La respuesta es un rotundo sí. Administrando a niños autistas los nutrientes específicos que ayudan a desintoxicar el cuerpo y a que la metalotioneína actúe correctamente, el Pfeiffer Treatment Center ya ha descrito varios casos de una considerable recuperación. Algunos de ellos se muestran en la página: www.hriptc.org.

El debate sobre la vacuna triple vírica

La línea oficial es que no hay pruebas de que la vacuna triple vírica (contra sarampión, rubéola y paperas) pueda causar autismo en los niños. Hay cierta verdad en esto; además, las investigaciones del doctor Andrew Wakefield en el Royal Free Hospital, aunque importantes, son un primer enfoque del problema y es demasiado pronto para poder sacar conclusiones. Por supuesto que lo último que desea la profesión médica es un montón de niños sin vacunar, puesto que entonces aumenta el riesgo de epidemias. Lo que dice Wakefield es lo siguiente: «Aunque en modo alguno puede imputarse a la vacuna triple vírica como causa del autismo, para un niño genéticamente predispuesto a sufrir asma, eccema, alergia o intolerancia alimentaria, que tenga quizás un posible trastorno en su flora intestinal o un exceso de hongos, y sea deficiente en vitaminas, minerales y ácidos esenciales, esta vacuna podría suponer un riesgo para él. Podría decirse que la vacuna triple vírica sería la gota que colma el vaso, haciendo que el equilibrio en el desarrollo normal de la infancia se convierta en un estado de retroceso.»

Para la mayoría de los niños es poco probable que la vacuna triple vírica sea un problema aunque, una vez dicho esto, nadie sabe realmente cuáles son todas las consecuencias de administrarle a un niño este triple ataque inmunológico (sarampión, rubéola y paperas) al mismo tiempo. La presencia de estas tres enfermedades a la vez simplemente no se produce nunca en la naturaleza, por lo que es lógico el argumento de que unos padres puedan elegir las vacunaciones simples, en especial para los niños que tienen debilitado el sistema inmunológico. Quizás para ellos, con deficiencias en nutrientes, falta de ácidos grasos esenciales, susceptibles a las alergias alimentarias, a las infecciones o a los problemas intestinales, esa triple vacuna sea la gota que colma el vaso. ¿Cuáles son entonces las pruebas en contra de la vacuna triple vírica? En primer lugar, los estudios llevados a cabo demuestran una elevada incidencia de autismo entre niños cuyas madres recibieron vacunas vivas (en particular la triple vírica o la de la rubéola) inmediatamente antes de la concepción, durante el embarazo o inmediatamente después del parto. En segundo lugar, hay dos clases de autismo: la primera es la que los síntomas se perciben desde el nacimiento, y la segunda, es cuando se observan a partir de los 18 meses de edad. Esto último fue muy poco común hasta mediados de la década de 1980, que es cuando comenzó a utilizarse la vacuna triple vírica. Desde entonces la incidencia ha ido aumentando.

Según el doctor Bernard Rimland, el problema puede que no radique en las vacunas en sí mismas, sino en un conservante usado hasta hace poco tiempo en los viales múltiples de muchas vacunas infantiles. Thimerosal es un conservante que contiene altos niveles de mercurio y que se usó en muchas vacunas hasta el año 2001. Antes de esta fecha, cada inyección de vacuna exponía al niño a niveles de este metal superiores a las propias directrices de seguridad del gobierno federal de los Estados Unidos, y un niño que hubiera recibido todas ellas podría haber acumulado 187,5 mcg de mercurio, suficiente para provocarle una intoxicación. Se sabe que el mercurio inhibe la enzima que digiere el gluten y la caseína, y así aumenta posiblemente la susceptibilidad del niño a la alergia al trigo y la leche.

Hay otro hecho que refuerza la conexión entre autismo y vacuna triple vírica. Se ha encontrado que muchos niños autistas tienen anticuerpos del sarampión en el intestino. Es algo así como padecer una infección crónica. Parece que esta triple vacunación hace resistente al virus. El antídoto para la enfermedad es la vitamina A, que es uno de los enemigos más importantes de este virus. Aunque sea demasiado temprano para poder llegar a una conclusión, es muy posible que el inicio tardío del autismo lo provoquen las vacunaciones múltiples, alergias, sobrecargas tóxicas o deficiencias nutricionales, y en especial combinaciones de cualquiera de estos factores, que provocan un estrés al intestino y el cerebro del niño.

Abordar el autismo con naturalidad

El enfoque de una nutrición óptima para el autismo implica sanar el tubo digestivo, evitar las fuentes de caseína y gluten, así como de cualquier otro alergeno identificado, comer alimentos sanos y administrar suplementos de nutrientes que ayuden a la digestión, la absorción, la desintoxicación, al sistema inmunológico y al cerebro.

Este enfoque, aunque difícil de llevar a cabo, es mucho más eficaz que los medicamentos convencionales. Una encuesta a 8.700 padres que planteaba preguntas para evaluar el grado de eficacia de los medicamentos y otras intervenciones, señaló que Ritalin era lo que se recetaba con mayor frecuencia. Sólo el 26 por ciento de los padres declaraba haber observado una mejoría, mientras que el 46 por ciento afirmaba que les iba peor con ese medicamento. El fármaco más eficaz en este estudio, la nistatina, que es un antimicótico, ayudaba al 49 por ciento de los niños que lo tomaban, según indicaban los padres. Merece la pena reseñar la secretina, una enzima digestiva humana, patentado como un medicamento y que parece producir mejoras en el funcionamiento del cerebro de muchos niños autistas.

Véase la página: www.autism.com/ari para ver los detalles a este respecto.

Con este programa de nutrición óptima pueden producirse enormes mejoras, como nos muestra el caso de Habbo:

> A Habbo se le diagnosticó autismo a los 4 años de edad. Tenía graves problemas con el habla y el lenguaje, estaba muy retrasado en cuanto al desarrollo social y emocional y asistía a un centro educativo especial para niños con retrasos en el desarrollo. Antes de acudir a la clínica, asociada al Laboratorio Europeo de Nutrientes, había experimentado una ligera mejoría con el uso de complejos multivitamínicos especiales, minerales y dimetilglicina. Se le realizó entonces un análisis bioquímico completo en busca de deficiencias y desequilibrios. La clínica encontró niveles bajos de vitaminas (A, betacaroteno, B_3, B_5 y biotina) y de tres minerales (magnesio, cinc y selenio). Presentaba también niveles bajos de ácidos grasos omega-3 y de GLA, un omega-6, así como de los aminoácidos taurina y carnitina. Su digestión era mala, la flora intestinal era anormal y presentaba indicio de una infección por levaduras. Las pruebas de alergia alimentaria revelaron sensibilidad a los productos lácteos y hacia algunos otros alimentos.
>
> Se le recetó una dieta especial exenta de leche y de caseína, un programa personalizado de suplementos y más tarde nistatina, el fármaco antimicótico. Comenzó también un programa de análisis aplicado de la conducta bajo la dirección de un terapeuta.
>
> Su mejoría fue constante hasta que fue capaz de asistir a la escuela primaria local a partir de los seis años.
>
> Según la evaluación del Autism Research Institute, sus mejoras fueron:
>
> | | |
> |---|---|
> | Habla/lenguaje | del 36% al 89% |
> | Sociabilidad | del 13% al 68% |
> | Conciencia sensorial/cognitiva | del 22% al 97% |
> | Salud/comportamiento físico | del 64% al 96% |

Donde el 100% significa que no hay autismo.

> En el momento de su quinto cumpleaños, Habbo mostraba un interés absoluto hacia los presentes o los visitantes. Un año después de la evaluación, exactamente antes de su octavo cumpleaños, preparó una lista de ocho regalos que le gustaría recibir, incluyendo un ordenador. Sus padres le dijeron la noche antes que les despertara a la 7.30 del día de su cumpleaños y fue lo que hizo exactamente. Durante aquel día, apenas pudo esperar a que sus amigos llegaran y celebraran ese día especial.

Caso facilitado amablemente por Emar Vogelaar, del Laboratorio Europeo de Nutrientes en Holanda.

Dadas las prometedoras investigaciones sobre los principales factores tratados en esta parte del libro, la estrategia nutricional siguiente, además de las recomendaciones al final de los capítulos 26 y 27, es una alternativa muy real al enfoque basado en medicamentos:

- Eliminar completamente de la dieta el trigo y los productos lácteos, sustituyéndolos por alternativas que hoy pueden adquirirse con facilidad, mientras que se estudia bajo la dirección de un experto nutricional la posibilidad de que exista sensibilidad hacia otros alimentos.
- Dar suplementos de aceite de hígado de bacalao, vitamina B_6, magnesio, cinc, vitamina C, molibdeno, L-glutamina (antes de acostarse) y probióticos potentes (como mínimo 4.000 millones de microorganismos) diariamente.
- Comprobar la existencia de piroluria y, en caso afirmativo, administrar un régimen de suplementos que incluya cinc y vitamina B_6.
- Al considerar una posible administración de la vacuna triple vírica, si su hijo tiene debilitado el sistema inmunológico o sospecha usted que tiene deficiencias de nutrientes, niveles bajos de ácidos grasos esenciales, susceptibilidad a las alergias alimentarias, infecciones o problemas intestinales, considere el administrarle vacunas simples si están disponibles. Una alternativa es acudir a un nutricionista clínico con todos estos datos antes de la triple vacunación.

Las cantidades recomendadas de los suplementos que se indican dependen de la edad del niño, aunque lo mejor es acudir a un nutricionista que podrá elaborar un plan nutricional ideal para él.

Capítulo 29
LA SALIDA DEL SÍNDROME DE DOWN

Muchos de los análisis prenatales que se ofrecen a las embarazadas intentan averiguar si el embrión padece el síndrome de Down. Esta afección preocupa tanto a los futuros padres que, en el Reino Unido, se interrumpen al menos el 90 por ciento de los embarazos con un embrión afectado.

La típica descripción de la enfermedad hace que la lectura sea poco grata. Aunque la mayoría de los afectados viven de 40 a 60 años, están al menos 15 años por debajo de la media en Gran Bretaña, que es de 75 años. Cuatro de cada diez tendrán problemas cardíacos, y la mitad necesitarán cirugía. Son comunes también los problemas de tiroides. Tienen retrasos en el desarrollo de la capacidad de andar y de decir sus primeras palabras, así como problemas con el aprendizaje. Además de todo ello, presentan un mayor riesgo de sufrir Alzheimer, que puede comenzar a la edad de 30 años. A menudo ven y oyen mal. Presentan también diversos problemas menores, entre los que se incluyen una piel seca y más tos y resfriados.

Una persona con síndrome de Down nace con 47 cromosomas en lugar de los 46 normales. Los cromosomas son los portadores de la información genética que hace de nosotros lo que somos. En la mayoría de la gente, 23 proceden de cada uno de los padres. Los afectados de la enfermedad tienen un cromosoma 21 (o parte de él) adicional procedente de uno de sus progenitores. Cada cromosoma contiene la información necesaria para sintetizar un conjunto determinado de proteínas. El cromosoma adicional conduce a una producción en exceso de las proteínas codificadas en el cromosoma 21. El síndrome es claramente genético, pero porque precisamente tenga ahí sus raíces no significa que no pueda tratarse cambiando el entorno químico en el que se encuentran los genes. En la gran mayoría de los casos puede hacerse algo para prevenir, detener o incluso invertir un trastorno genético modificando el ambiente en que trabajan los genes. Esto supone averiguar cuál es la nutrición óptima para esta enfermedad: hay una salida para el síndrome de Down.

El tratamiento megavitamínico

El tratamiento del síndrome de Down por medio de la nutrición se inició con la obra pionera del doctor Henry Turkel, de Michigan, durante la década de 1930, aplicando tratamientos que incluían grandes cantidades de antioxidantes (para proteger contra los daños causados por los oxidantes, que gozan de una gran capacidad de reacción; véase el capítulo 8), enzimas y otros nutrientes. En la década de 1960 consiguió notables resultados en niños con un retraso severo, como lo demuestra el caso de Wendy.

> Wendy contaba cuatro años pero su edad mental era de 21 meses. Obtuvo un CI de 44 y se la clasificó de retrasada. Cuando inició el tratamiento megavitamínico, su capacidad de prestar atención oscilaba entre los 10 y 15 segundos hasta 10 minutos. En el plazo de tres meses comenzó a hablar y expresar frases completas. Después de seis meses de tratamiento su CI saltó a 72. A la edad de ocho años presentaba un CI de 85, por lo que ya no se la clasificó de retrasada sino de normal con unas aptitudes inferiores a la media. Esto significa un avance de 40 puntos en cuatro años.

La notable transformación de Wendy, que condujo a que se la dejara de clasificar como subnormal desde el punto de vista educativo, fue verificada por un psicólogo independiente. Cuando la investigadora doctora Ruth Harrel tuvo noticia de los espectaculares resultados de Turkel, decidió explorar la hipótesis de que muchos niños con retraso mental podrían haber nacido con una mayor necesidad de ciertas vitaminas y minerales. En su primer estudio, dividió a 22 niños con retraso mental en dos grupos. Uno recibió suplementos de vitaminas y minerales, y el otro placebos. Al cabo de cuatro meses, el CI del grupo que tomaban los suplementos había aumentado entre 5 y 9,6 puntos, minetras que no se observaron modificaciones en el que había recibido los placebos. Durante los cuatro meses siguientes se administraron los suplementos a ambos grupos, y la mejoría media ascendió a 10,2 puntos. Tres de cada cuatro de los niños que tomaban suplementos ganaron entre 10 y 25 puntos en el CI y experimentaron asimismo cambios faciales y esqueléticos positivos.

Estos resultados parecían demasiado buenos para ser verdad. Después de todo, el síndrome de Down es una enfermedad genética. ¿Cómo pudieron entonces aumentar los suplementos de vitaminas de manera tan sorprendente la inteligencia de seis de los niños? Este tipo de mejora de la inteligencia permitiría que la mayoría de nuestros niños educativamente subnormales pudieran reincorporarse a la educación general. Desde entonces, otros tres investigadores han confirmado estos resultados, mientras que otros tres los han refutado.

¿Por qué esta aparente contradicción? El investigador doctor Alex Schauss cree que puede haber encontrado la maldita variable: parece que sólo mejoraron los niños que recibieron un tratamiento de tiroides, que suelen necesitarlo los afectados del síndrome de Down, más los suplementos. Ni estos últimos ni el tratamiento de tiroides por sí solo mejoran la inteligencia de estos pacientes. Además, se necesita el tipo adecuado de suplementos, que probablemente varía de un niño a otro.

Planificación de los nutrientes correctos

La Trisomy 21 Research Foundation se creó justamente para eso, para investigar y averiguar cuál era la nutrición óptima para el síndrome de Down («Trisomía 21» es otro nombre dado a esta enfermedad). Su enfoque no implica grandes cantidades de nutrientes concretos, sino unos pocos muy específicos para tratar las dificultades bioquímicas particulares que sufren las personas afectadas del síndrome.

Un error muy extendido es que los bebés afectados nacen con un cerebro anormal. Sin embargo, en el momento de venir al mundo su cerebro parece normal. En el plazo de los primeros cuatro a seis meses se producen la mayor parte de los daños que pueden hacérsele al cerebro. El tratamiento nutricional puede ayudar a evitarlo. Ahora se sabe mucho más acerca de los efectos de ese cromosoma adicional. Uno de los mayores problemas es que conduce a un exceso de producción de una enzima clave conocido como superóxido dimutasa (SOD).

La SOD es una parte esencial de la cadena de reacciones enzimáticas que nos protegen de los oxidantes, así que un exceso puede parecer ventajoso. Pero no es así, porque es sólo parte de una secuencia. Su papel es producir peróxido de hidrógeno

(H_2O_2), una sustancia peligrosa que otras dos enzimas de esta serie suelen desactivar. Sin embargo, estas dos enzimas no se encuentran en el cromosoma 21. Por consiguiente, únicamente una parte del peróxido de hidrógeno producido por los afectados queda desactivado. El resto comienza a dañar al cuerpo y al cerebro.

Parece ser ahora que es posible reducir la extensión de los daños mediante una ingesta óptima de nutrientes que ayude a desactivar el peróxido de hidrógeno y que estimule las defensas antioxidantes del cuerpo. Hay varios nutrientes que sirven para ello, incluidos los antioxidantes protectores de las vitaminas C y E, el ácido lipoico, el selenio y los bioflavonoides. Los ácidos grasos esenciales también son importantes, puesto que se destruyen por oxidación.

Los problemas con el SAMe y el triptófano

Otro problema causado por el síndrome de Down es la interrupción de la vía química clave del cerebro que implica al aminoácido s-adenilmetionina (SAMe). Provoca varios problemas bioquímicos tales como la conversión hacia una forma no aprovechable de ácido fólico, que es esencial para el funcionamiento del cerebro y de los nervios. Esta dificultad puede minimizarse aportando ácido fólico adicional y vitaminas B_6 y B_{12}. Una investigación realizada recientemente demostró que es posible corregir en el tubo de ensayo los problemas relacionados con el SAMe de las células afectadas del síndrome, utilizando para ello variantes químicas del ácido fólico y de la vitamina B_{12}. Muchos padres han relatado que sus hijos mejoraban después de administrarles suplementos de donantes metílicos (DMAE, colina, DMG y TMG) y de catalizadores de metilación (ácido fólico, B_6 y B_{12}). El propio SAMe se ha utilizado también para tratar a niños con trastornos de falta de atención, lo mismo que MSM, una forma muy absorbible de azufre, que es un mineral esencial que el cuerpo necesita para sintetizar el SAMe. Todo esto se explica en el capítulo 7.

Las personas con síndrome de Down sufren también un exceso de producción de colágeno, desorganización hormonal, deficiencia en factores de crecimiento clave, acumulación de amoníaco tóxico y deficiencia en el aminoácido triptófano (necesario para la producción de un neurotransmisor imprescindible, la serotonina). Estos problemas se tratan mediante una gran variedad de nutrientes incluidos en la fórmula NuTriVene recomendada por la Trisomy 21 Research Foundation, que no sólo contiene vitaminas y minerales, sino también aminoácidos específicos y algunos otros nutrientes.

El doctor Lawrence Leichtman, genetista y pediatra, es miembro fundador del American College of Medical Genetics y miembro del comité asesor científico de la

Trisomy 21 Research Foundation. Hasta la fecha ha tratado a más de 700 pacientes en su Genetics and Disabilities Diagnostic Care Centre de Virginia Beach, Virginia, en los Estados Unidos. En un ensayo de seguimiento durante tres años de niños afectados de síndrome de Down, 113 de los cuales (de edades comprendidas entre 1 mes y 12 años) utilizaban la fórmula NuTriVene-D y 32 (de edades comprendidas entre los 4 meses y los 12 años) recibían un complejo multivitamínico, ambos grupos experimentaron mejoras, pero fueron más notables en el primero de ellos. Aumentó su tasa de crecimiento. Padecían menos infecciones y sus recuentos de leucocitos y niveles de inmunoglobulina A, que son un indicador del vigor inmunológico, mejoraron notablemente. Avanzaron también en las capacidades del habla, la coordinación y el aprendizaje. Madison, hija de Dixie Lawrence, que dirige la agencia de adopciones de Louisiana, es un caso esclarecedor.

> Se le administró a Madison la fórmula TNI (un programa de suplementos específico) y alrededor de los 33 meses de edad comenzó a recibir piracetam con colina y vitamina B_5. Cinco días después utilizaba por sí sola el orinal. Al quinto o sexto día comenzó a decir palabras sueltas y pronto dio el paso a frases breves. Desarrolló la imaginación, algo inaudito en niños de su edad con síndrome de Down. Ya juega a la pelota con brazo firme.

Hasta la fecha los resultados son prometedores, aunque falta todavía por llevar a cabo ensayos de doble ciego adecuados para verificar esta fórmula. En uno de ellos, en que se administraron a 19 niños grandes cantidades de vitaminas y minerales durante tres meses, no se observó ningún beneficio.

Piracetam y colina

El piracetam no forma parte de la fórmula NuTriVene-D, pero muchos padres los administran conjuntamente a sus hijos afectados del síndrome de Down, a veces junto con colina. El piracetam es un potenciador de la inteligencia y estimulante general (véase capítulo 37). Sus efectos y su seguridad son tan impresionantes que ha facilitado la creación de una nueva categoría de productos farmacéuticos llamada «nootrópicos», destinados a impulsar la inteligencia.

Existe un considerable interés entre los medios de comunicación, que no siempre resulta positivo, acerca del uso en los Estados Unidos del piracetam en los niños con síndrome de Down. Un estudio de doble ciego que administraba este fármaco y un placebo, dirigido por Nancy Lobaugh y sus colaboradores en el Sunnybook and Women's College Health Centre, de la Universidad de Toronto, establecía que el tratamiento con piracetam no mejoraba las capacidades cognitivas ni el comportamiento, sino que va asociado a efectos adversos.

Sin embargo, este estudio ha sido objeto de críticas no por su diseño, sino por la interpretación de los resultados. El doctor Stephen Black, de la Bishop's University de Quebec, señala que se pasaron por alto numerosos efectos positivos. De los 72 resultados medidos, entre los que se incluían atención, capacidad de memoria, función ejecutiva y habilidades motoras finas, 46 puntuaban mejor en el grupo con piracetam comparado con el de placebo. Once de 18 padres informaron que habían observado mejoras cognitivas en los niños que tomaban piracetam comparado con dos de 18 que tomaban placebo, a pesar de ignorar a qué grupo pertenecían en el momento de hacer sus comentarios. Los maestros informaron igualmente de un descenso significativo en los «problemas globales» cuando tomaban piracetam. Los efectos negativos ampliamente publicados fueron, al parecer, comentarios espontáneos de los padres más que respuestas a un cuestionario. Black sugiere que se han producido desvíos en el informe del estudio y afirma que: «una conclusión más justificable habría sido que aunque no se observaron efectos notables, y hubo efectos adversos con algunos niños, eran también evidentes unas pequeñas mejoras en la capacidad cognitiva y el comportamiento».

Ayudar con una nutrición óptima

Existen en la actualidad, en el mercado anglosajón, dos suplementos multinutrientes creados específicamente para el síndrome de Down: NuTriVene-D y MSB Plus Version 4. Ambos productos son muy similares, diferenciándose principalmente por las dosis. Incluyen un suplemento y una enzima para el día y una fórmula para la noche. El suplemento diurno consiste en vitaminas, minerales, aminoácidos y otros nutrientes esenciales. Los enzimas digestivos compensan las deficiencias en los niños con síndrome de Down y sus problemas asociados de mala absorción. La fórmula nocturna está diseñada para proporcionar nutrientes esenciales para aumentar el crecimiento (la noche es el periodo principal en que crecen los niños) y aliviar los trastornos del sueño que suelen encontrarse en estos pacientes. Es posible también obtener una versión personalizada basada en los análisis de sangre y orina del paciente. Cualquier programa de suplementos para tratar el síndrome de Down debe realizarse bajo la dirección de un profesional que lo controle y apoye, y debe seguirse acompañado de una dieta sana. No lo elabore usted utilizando suplementos vitamínicos y minerales adquiridos en farmacias o establecimientos de dietética, porque hay ciertos nutrientes que pueden acelerar el proceso de degeneración y que, por lo general, van incluidos en este tipo de suplementos de tipo generalista.

En resumen, el objetivo de una nutrición óptima es proporcionar a una persona afectada del síndrome de Down el mejor apoyo bioquímico posible dadas sus particularidades genéticas. Esto debe hacerse bajo una dirección profesional. Como dice un místico, los niños con síndrome de Down son aquellos que han dado tanto, que han servido de manera tan completa en una vida anterior, que vuelven a esta vida para ser cuidados. Quien sabe si esto es verdad, pero lo mismo que el resto de nosotros, también se merecen una nutrición óptima.

Capítulo 30
DIETA, CRIMINALIDAD Y DELINCUENCIA

Anne era famosa por sus actitudes antiautoritarias y su violencia. Había vivido bajo custodia desde la edad de diez años y tenía un amplio historial de asaltos y robos, así como accesos de depresión grave y abuso de disolventes como droga. Los análisis realizados mostraron una tolerancia anormal a la glucosa y deficiencias en cinc, magnesio y vitamina B. Su nivel de energía era demasiado bajo por las mañanas y a menudo experimentaba bajones durante el día, que la dejaban deprimida e inquieta. Dentro de las tres semanas siguientes a recibir una dieta baja en azúcar más suplementos nutricionales, se liberó ella misma de esa droga y dejó de estar deprimida, mejoraron sus fuerzas y se describió diciendo que no se había sentido nunca tan relajada.

La criminalidad y la incidencia de comportamientos violentos están aumentando en todo el mundo. ¿Por qué? ¿Podrían desempeñar algún papel los cambios en la dieta? ¿Cuando alguien comete un delito, qué haría usted? ¿Castigarle, retirarle de la socie-

ANTES 3 de noviembre, antes de pasar a una dieta baja en azúcar			DESPUÉS 22 de noviembre, antes de pasar a una dieta baja en azúcar
Al despertar	Cansada	Al despertar	Cansada
Después del desayuno	Poco cansada	Después del desayuno	Bien
A media mañana	Un poco mejor	A media mañana	Bien
Hora de la comida	Bien	Hora de la comida	Muy Bien
Tarde	Deprimido acatarrado	Tarde	Muy Bien
Hora del té	Bien	Hora del té	Muy Bien
Final de la tarde	Me enfermo	Final de la tarde	Bien
Cena	Algo mejor	Cena	Bien
Dormir	Bien	Dormir	Bien

Figura 29. Escritura y estado de ánimo antes y después del azúcar. (Reproducido con la amable autorización de Natural Justice.)

dad para evitar futuros crímenes o intentar comprender las causas de esa conducta desviada a fin de rehabilitar socialmente al delincuente? En el mundo de la rehabilitación, un factor casi completamente ignorado es la nutrición.

Bernard Gesch se encontró con el caso de Anne en el curso de su trabajo. Antiguo inspector de libertad condicional, es hoy director de la organización Natural Justice, con sede en el Reino Unido, que investiga las raíces de la criminalidad. Gesch cree que el sistema de justicia penal aplica erróneamente todo el énfasis en las cuestiones sociales, ignorando factores físicos tales como la nutrición. «Hay muchas sustancias químicas a nuestro alrededor que se sabe que afectan a nuestro comportamiento. Nuestro entorno está cada vez más contaminado. Nuestros suministros de alimentos han experimentado un cambio radical. De la misma manera que no nos damos cuenta de que vamos envejeciendo, ¿por qué habríamos de darnos cuenta de los efectos del cambio gradual en la dieta y en el medio ambiente?» Pero esos efectos están ahí.

El hecho es que todos estos pensamientos y la conducta consiguiente son procesados por el cerebro y el sistema nervioso, que dependen totalmente de la nutrición. Casi la mitad de toda la glucosa en sangre va destinada a proporcionar energía al cerebro, que también depende de un suministro segundo a segundo de micronutrientes como son las vitaminas, los minerales y los ácidos grasos esenciales. Los antinutrientes como el plomo y el cadmio afectan de modo radical el funcionamiento del cerebro. «Lo que estamos intentado hacer» afirma Gesch «es introducir algo nuevo en el sistema judicial, es decir, la existencia del cerebro humano.» Sus investigaciones y las de otros más han identificado factores bioquímicos que influyen sobre el comportamiento: exposición a neurotoxinas, deficiencias en nutrientes, reacciones anormales a determinadas sustancias e hipoglucemia reactiva.

¿Que hay detrás de los delitos?

El despilfarro de azúcar

En un destacable proyecto piloto conocido como SCASO (South Cumbria Alternative Sentencing Options), se exigió a delincuentes juveniles que como parte de su sentencia, participaran en una «rehabilitación nutricional». Se sometió a los participantes a una serie de pruebas para detectar los niveles de vitaminas y minerales, minerales tóxicos y equilibrio de azúcar en sangre para hacer un juicio dietético. Los problemas más comunes fueron la intolerancia a la glucosa y la deficiencia en cinc. Todas aquellas personas a las que se analizó presentaron una tolerancia anormal a la glucosa en un ensayo de cinco horas, según Gesch. La importancia del control de la glucosa en relación con el comportamiento es un hallazgo que se repite entre la población delincuente. En Finlandia, el doctor Matti Virkkunen investigó el equilibrio de glucosa en 60 delincuentes habituales. Todos presentaban hipoglucemia reactiva. Un estudio posterior confirmó una mayor actividad de la insulina durante los test de tolerancia a la glucosa entre los delincuentes violentos habituales.

En los Estados Unidos, el profesor Stephen Schoenthaler, director del Departamento de sociología y de justicia penal de la Universidad estatal de California, ha descrito una reducción del 21 por ciento en el comportamiento antisocial, una reducción del 25 por ciento en los asaltos, una reducción del 75 por ciento en el uso de restricciones y una reducción del 100 por ciento en los suicidios cuando se sometió a 3.000 internos de una prisión a una dieta experimental con reducción en los alimentos refinados y azucarados. Estos resultados se confirmaron en un estudio de doble ciego de 1.382 delincuentes juveniles detenidos, a los que se dio una dieta con reducción de azúcar. El comportamiento antisocial disminuyó en un 44 por ciento, con descensos mucho más llamativos entre los que habían incurrido en delitos más graves. Un rebote conocido como hipoglucemia reactiva, que se produce después de un rápido aumento de los niveles de azúcar en sangre tras consumir azúcar, dulces o estimulantes, va asociado a cansancio extremo, depresión, agresividad e intento de suicidio. Dicho con otras palabras, si usted se siente mal tiene muchas más probabilidades de comportarse mal. Según Gesch, «entre las cuarenta o cincuenta personas con las que trabajábamos en el SCASO, pudimos conseguir resultados en el plazo de una o dos semanas». Su equipo enseñó a los delincuentes juveniles a preparar comidas sencillas y nutritivas y a desarrollar interés hacia la comida.

Los metales pesados

Uno de los efectos más insidiosos sobre el comportamiento es el de la contaminación invisible. Existe unanimidad entre los investigadores de todo el mundo en que los niveles elevados de plomo se corresponden con unos rendimientos intelectuales bajos y una conducta antisocial. R. Freeman y sus colaboradores en Nueva Gales del Sur, Australia, han encontrado en estudios de observación sobre 1.000 niños una correlación entre cantidad de plomo alta y aumento de la conducta antisocial y delictiva; Herbert Needleman y sus colaboradores en los Estados Unidos observaron una correlación en el comportamiento antisocial de 2.146 niños con altos niveles de plomo en los dientes, y G. Thompson y sus colaboradores del Departamento de educación de la Universidad de Edimburgo hallaron que la conducta desviada mantenía una buena correlación con los niveles elevados de plomo en sangre. El profesor Richard Pihl, del departamento de psicología de la McGill University de Montreal, Quebec, en Canadá, descubrió la existencia de una correlación entre cantidades de plomo y de cadmio altas en los cabellos de los internos violentos, en comparación con los no violentos. Otros investigadores han confirmado la asociación entre cantidades elevadas de plomo y cadmio y desvíos de la conducta.

Los niveles de neurotoxinas como el plomo, el cadmio, el cobre y el mercurio necesarios para producir un efecto sobre el comportamiento son de alrededor del 1 por ciento del nivel requerido para causar síntomas físicos. Esto indica lo sensible que es la parte del cerebro implicada en la socialización frente a los cambios medioambientales y nutricionales.

Deficiencias nutricionales

El cinc es un antagonista de los metales pesados, y administrándolo en suplementos ha tenido efectos favorables sobre la conducta. El doctor Alex Schauss encontró unos niveles de plomo, cadmio y cobre significativamente más altos en adultos violentos y antisociales en comparación con personas no delictivas. El efecto del cinc sobre las funciones cerebrales es consecuente con los anteriores estudios que han relacionado la deficiencia en cinc con hiperactividad y trastornos en el aprendizaje y la comida. No es necesario decir que la deficiencia nutricional abunda entre los delincuentes juveniles. El profesor Stephen Schoenthaler encontró varias pruebas de extensas deficiencias en ácido fólico, en tiamina (vitamina B_1) y en vitamina C. Simplemente añadiendo a la dieta de los detenidos zumo de naranja que contuviera estos nutrientes, dio lugar a una reducción del 47 por ciento en el comportamiento antisocial entre los delincuentes juveniles.

Se ha demostrado también la correlación entre las deficiencias en calcio, magnesio, cinc, selenio y ácidos grasos esenciales y el aumento de la violencia. La simple adición de un suplemento multivitamínico y mineral con niveles DDR (cantidad recomendada en la dieta) de nutrientes ha demostrado producir unos efectos extremadamente positivos sobre la conducta de las poblaciones penales de los Estados Unidos, según indica una amplia investigación llevada a cabo por el profesor Schoenthaler. En un reciente estudio comparó el comportamiento de delincuentes juveniles en los tres meses previos a la administración de los suplementos y durante el tratamiento, con el de otros a los que se les daba un placebo; se observó una reducción general en las infracciones del 40 por ciento: los individuos que recibían los suplementos realizaron un 22 por ciento menos de asaltos al personal y un 21 por ciento de reducción en el comportamiento antisocial violento y no violento, frente a los sujetos que recibieron el placebo. Los análisis de sangre para detectar vitaminas y minerales demostraron que alrededor de un tercio de los jóvenes presentaban niveles bajos de una o más vitaminas y minerales antes del ensayo. Aquellos cuyos valores se normalizaron al final del estudio mostraron una mejoría considerable en la conducta de entre el 70 y el 90 por ciento.

Recientemente, se ha comenzado a considerar que las deficiencias en grasas esenciales son un factor real que contribuye a las desviaciones del comportamiento. Los cambios en la dieta moderna han reducido ciertamente nuestra ingesta de estos ácidos grasos esenciales y, si también escasean durante el embarazo, podrían tener efectos de larga duración sobre el desarrollo mental y el comportamiento (véase el capítulo 4). Recientes investigaciones del doctor Tomohito Hamazaki, de la Universidad Toyama, en Japón, indican que los ácidos grasos omega-3 pueden ayudar a controlar la cólera y la hostilidad. Su razonamiento es que bajo condiciones de estrés, y desde un punto de vista evolutivo, cierto nivel de agresión podría haber tenido un valor de supervivencia, pero que un exceso de agresión había tenido el efecto contrario.

Por consiguiente, decidió averiguar qué sucedería en estudiantes sometidos a la tensión de los exámenes si se les administraban ácidos grasos omega-3, en concreto 1,5 gramos de DHA, o un placebo. Midió la hostilidad al comienzo del estudio y de nuevo tres meses después, justo antes de los exámenes. Lo hizo enseñando a los participantes unos cómics con cierta carga emocional potencial, que llevaban vacíos los recuadros correspondientes a los diálogos. Los estudiantes rellenaron estos recuadros. La segunda medición, justo antes de los exámenes, mostró un enorme aumento de las reacciones hostiles, a razón de un 59 por ciento, en aquellos que habían tomado el placebo, pero ningún cambio en todos los otros que habían tomado los ácidos grasos omega-3. Estos últimos parecen ayudarle a uno a mantener la cabeza cuando los demás la están perdiendo a su alrededor.

Alimentos antisociales

El cuarto factor que demuestra ser importante son las reacciones anormales a los alimentos. Menzies encontró en un estudio sobre 23 niños con el síndrome de fatiga por tensión, que todos presentaban trastornos en el sueño, un 84 por ciento mostraban un EEG (que mide las ondas cerebrales) anormal y un 72 por ciento, problemas digestivos. Todos ellos consumían una dieta inusualmente alta en alimentos refinados y aditivos químicos.

Las reacciones alérgicas graves pueden provocar cambios de doble personalidad en la conducta, tal como se ha descrito perfectamente en niños hiperactivos con intolerancia a sustancias químicas o a los alimentos y en delincuentes juveniles. Lo mismo es válido para los adultos, como nos muestra este caso extraordinario descrito por el doctor Alex Schauss.

> El presidente de una gran compañía norteamericana, que no tenía antecedentes de detención, fue a beber algo a su bar habitual. Por alguna razón decidió tomar una copa de vino tinto, algo que no había hecho nunca antes. Diez minutos después sacó un revólver y disparó a un hombre que pasaba por delante de él. Disparó contra todo aquel que intentó ayudar a ese hombre, y al final acabó por dejar 22 heridos. Milagrosamente ninguno murió, pero muchos sufrieron graves heridas en las piernas, los brazos y el torso. Pocas horas después, en la comisaría de policía, pidió un psiquiatra. Cuando éste llegó, preguntó: «¿Qué hago aquí?»
> Por suerte, este hombre pudo recurrir a los mejores psiquiatras, neurólogos y médicos. Pero ninguno de ellos pudo averiguar qué es lo que había desencadenado esa acción. Incluso no recordaba haber cometido un delito, y quedó profundamente horrorizado al enterarse de lo que había hecho. Las pruebas demostraron que tenía un sistema inmunológico muy desequilibrado y los síntomas alérgicos comunes de rinitis y cefalea.

Se sometió a este hombre de negocios a diversas pruebas durante dos meses (mediante inyección, gotas sublinguales e ingestión) para buscar sensibilidad a diversas sustancias, incluido el vino tinto, el probable causante. Pero sin que nadie más lo supiera se le estaban dando simplemente placebos, sustancias inactivas que simulan una activa. Después, también sin que nadie lo supiera, se le dio exactamente el mismo vino tinto que había bebido aquella noche fatídica. En el plazo de diez minutos se volvió por momentos cada vez más violento y agresivo, intentando agredir a la enfermera presente y arrojando cosas en el laboratorio. Literalmente, estaba experimentando una metamorfosis de doble personalidad, como Jekyll y Hyde: los psiquiatras presentes lo clasificaron como un esquizofrénico paranoico agudo.

Doce años antes de este incidente, el hombre se había mudado a un lujoso bloque de pisos en el que se utilizaba un tipo de gas natural para la calefacción y la cocina. Durante los años siguientes, la mayoría de los inquilinos abandonaron sus pisos debido a los efectos perjudiciales para la salud provocados por el gas, a pesar de no poder recuperar su dinero. Se sabía que habían muerto pájaros por la exposición al gas. Este hombre permaneció siete años en el piso, y es probable que el gas debilitara de manera considerable su sistema inmunológico, contribuyendo a la reacción agresiva, que probablemente se debió a una «amina» del vino.

De los pocos estudios realizados hasta la fecha, todos demuestran unas notables reducciones en las tasas de reincidencia entre los delincuentes mantenidos a dietas bajas en azúcar y altas en nutrientes. Aunque mucho más difíciles de identificar (y de eliminar), es muy posible que la introducción de 3.500 nuevas sustancias químicas en los alimentos podría contribuir a desviar las conductas. Entre los alimentos sospechosos están el trigo y la leche, cuyo consumo en exceso se ha descrito en los comportamientos delictivos.

Según Gesch, cuyo proyecto SCASO recomienda los alimentos integrales y el azúcar no refinado, «el 75 por ciento de nuestros casos eran de delincuentes violentos, y muchos de ellos múltiples. De aquellos a los que se mantuvo en un régimen social y nutricional, ninguno reincidió con delitos violentos al final del estudio piloto de 18 meses.» Los suplementos nutricionales usados en el tratamiento costaron sólo entre 6 y 15 euros, frente al coste medio de más de 3.000 euros al mes para mantener a alguien en prisión.

¿Qué hacer con los delincuentes, alimentarles o castigarles?

Por supuesto que hay muchos delincuentes que padecen enfermedades mentales no diagnosticadas o no tratadas tales como la depresión maniaca o la esquizofrenia. Cualquiera de los desequilibrios bioquímicos más comunes (véase el capítulo 20), incluyendo la piroluria, los desequilibrios de neurotransmisores y los desequilibrios hormonales, puede conducir a un comportamiento agresivo y delictivo.

Uno de los tratamientos más prometedores tiene que ver con el papel del triptófano en corregir la deficiencia de serotonina, que da lugar a depresión y, en algunas personas, a un comportamiento agresivo y violento. Los fármacos antidepresivos que bloquean la reabsorción de la serotonina también pueden dar lugar a una conducta agresiva en ciertas personas (véase el Capítulo 21), lo cual demuestra la importancia que tiene este neurotransmisor en relación con la conducta antisocial. Por tanto, muchos de estos desequilibrios bioquímicos podrían tratarse por la vía nutricional simplemente si se les analizara.

Sin embargo, el centro de interés dentro del sistema judicial penal es la culpabilidad, sin comprobar si existen desequilibrios hormonales y procurar corregirlos. Si se cree que el comportamiento es puramente un fenómeno psicológico/social, entonces la culpa recae en el individuo y en su relación con la sociedad. De ahí la estrategia actual de castigo, separación de la sociedad y rehabilitación social. Si se ponen en la ecuación el funcionamiento del cerebro y todos los factores que afectan a las funciones cerebrales, entonces hay que tener en cuenta también las cuestiones referentes a la nutrición y a la contaminación medioambiental.

Esto requerirá el establecimiento de centros de diagnóstico en cada prisión y hospital. La educación es muy a menudo la clave: la creación de clubes de nutrición en las cárceles para fomentar la conciencia de que una buena nutrición entre los pacientes, presos y personal de seguridad, respaldado mediante la disponibilidad de gráficos sobre alimentos y bibliografía, mejoraría mucho esa concienciación que, hoy por hoy desgraciadamente falta, pero quizás más urgente sea la necesidad de una institución de investigación que se dedique a las conductas psicopáticas, violentas o antisociales. Después de años de recaudar fondos y organizar campañas, Natural Justice convenció al Home Office, el ministerio del interior británico, para que llevara a cabo el primer ensayo de doble ciego entre delincuentes juveniles ingresados en una cárcel de máxima seguridad, en Aylesbury, administrándoles un complemento multinutrientes que contenía vitaminas, minerales y ácidos grasos esenciales, o un placebo. Los resultados, publicados en el *British Journal of Psychiatry*, mostraron un descenso del 35 por ciento en los actos de agresión después de sólo dos semanas.

Puesto que las dietas de las prisiones son mejores que las consumidas por la mayoría de los delincuentes juveniles, esto demuestra lo importante que es una nutrición óptima para reducir las conductas violentas y desviadas. Cuando finalizó la prueba y se suprimieron los suplementos, se produjo un aumento del 40 por ciento de las infracciones dentro de la cárcel.

Capítulo 31
VENCER LAS ADICCIONES

Chris, heroinómano, se retiró de la heroína y se le prescribió metadona, temazepam, diazepam y Valium, a los que se volvió adicto. Intentó después un programa de desintoxicación basado en la nutrición que incluía una «fase de purificación», consistente en grandes cantidades de niacina y otros nutrientes, más una sauna diaria. «Es la desintoxicación más sencilla que nunca he hecho. Ahora después de la purificación, comprendo por qué, después de las anteriores desintoxicaciones seguía teniendo deseos de droga. Al comienzo del programa de sauna tuve bajones, pero al cabo de dos semanas me sentía lleno de energía y feliz, algo que he continuado experimentando desde que finalicé. Continúo tomando vitaminas y he cerrado sin dudar todo un capítulo de mi vida.»

En palabras de uno de los primeros pioneros del enfoque de una nutrición óptima, el doctor Roger Williams, «nadie que tenga unas buenas costumbres alimentarias se volverá alcohólico». La adicción, ya sea al alcohol, a los tranquilizantes, al tabaco o a la heroína, tiene menos probabilidades de producirse en aquellos que están bien nutridos, y es así por muchas razones. En primer lugar, el uso de estimulantes como la cafeína, la nicotina o la cocaína resulta más atractivo si usted se siente constantemente cansado. En segundo lugar, el uso de relajantes como el alcohol o los tranquilizantes resulta más atractivo si usted padece ansiedad. Cuanto más desequilibrada esté la química del cerebro, tanto más se desequilibrará si usted mismo se expone a sustancias adictivas en potencia. Desde luego que la adicción no es sólo química. Los factores psicológicos, así como el propio abuso de las drogas, suelen estar presentes en aquellos que se vuelven adictos. Es evidente que los factores psicológicos que predisponen a una persona a la adicción deben tratarse junto con una intervención dietética. Sin embargo, cualquiera que sea la causa por la que una persona se ha vuelto adicta, puede tener efectos químicos y fisiológicos. Usted no puede simplemente eliminar la sustancia adictiva sin inducir los síntomas de abstinencia, a veces lo suficientemente graves como para llegar a provocar la muerte.

Una de cada cuatro personas es adicta

La adicción nos afecta a todos nosotros. El uso de sustancias adictivas, desde la cafeína del té y el café, al alcohol y el tabaco, es parte de la vida cotidiana de la mayoría de la gente. Eche un vistazo a la tabla de más abajo para tener una idea de cuantas personas sufren actualmente de alguna adicción.

Número de personas dependientes/adictas (% de la población británica)		
Nicotina	15 millones	(25%)
Cafeína	12 millones	(20%)
Alcohol	4,6 millones	(8%)
Tranquilizantes	1,5 millones	(2,5%)
Heroína	150.000	(0,25%)
Cocaína	16.000	(0,0003%)

Fuentes: Ash, Drug Scope, Alcohol Concern, Departamento de Salud

Algunas de estas sustancias son legales, otras ilegales. Algunas se las receta el médico y otras son de automedicación. Pero todas son adictivas y dañan en diversos grados la mente y el cuerpo.

Los síntomas clásicos de la adicción incluyen depresión o sensaciones de muerte, nerviosismo y ansiedad, deseos de dulces o alcohol, irritabilidad o rabia, dolores de cabeza, problemas de peso (en cualquier sentido), cansancio extremo o debilidad, vértigo o sensación de mareo, náuseas matinales, visión borrosa, dolores musculares transitorios o dolor en las articulaciones e insomnio y pesadillas. Si presenta varios de estos síntomas puede que sea hora de hacer algo con sus adicciones.

¿Por qué la adicción?

¿Está en los genes?

Hay pruebas a favor de la existencia de un factor genético en algunas personas, que las predispone a las adicciones. Desde los años noventa han ido aumentando las evidencias de que existe una conexión genética con el alcoholismo y, posiblemente, otras adicciones. El gen en cuestión, es el gen receptor de la dopamina D2, que favorece la formación de lugares receptores para la dopamina, el neurotransmisor que proporciona placer. Algunas personas tienen una variación de este gen que se traduce en un menor número de receptores de dopamina y, por consiguiente, menor placer. Por tanto, estos individuos son proclives a los estados de ánimo bajos y a la falta de motivación. Una consecuencia natural es que busquen actividades y sustancias que fomenten la actividad de la dopamina en el cerebro. El doctor Kenneth Blum, uno de los pioneros en estas investigaciones, llama a esto el «síndrome de la deficiencia de recompensa» (véase el capítulo 27, página 294).

Esas personas son especialmente proclives a abusar de los estimulantes (cafeína, nicotina y cocaína), así como del alcohol. Tienen también más probabilidades de buscar actividades estimulantes, desde deportes de riesgo a juegos de azar.

Muchos adictos son también histadélicos, es decir, que están genéticamente pre-programados para producir histamina en exceso. Esto hace que la persona muestre una mayor tendencia hacia una conducta compulsiva y obsesiva. Una vez agotados los nutrientes, este tipo de persona con altos niveles de histamina suele sufrir a menudo una depresión grave, a veces con tendencias suicidas. El abuso del alcohol puede convertirse en una manera de matarse uno mismo lentamente.

Estos dos factores genéticos se transmiten en determinadas familias, por lo que unos antecedentes de adicción, depresión, suicidio y enfermedad mental de naturaleza compulsiva/obsesiva son una buena pista aunque, por supuesto, además de los genes también pueden heredarse conductas.

La falta de calorías conduce a la adicción

Los genes son sólo una cara de la moneda. No determinan la conducta, simplemente predisponen a ella. Proporcionando una nutrición óptima a una persona afectada del síndrome de deficiencia de recompensa o de histadelia, su estado de ánimo, sus fuerzas y su bienestar general pueden mejorar de manera tan sustancial que dejan de ser necesarias las compensaciones en forma de sustancias adictivas.

Un estudio realizado con ratones demuestra lo mucho que una mala alimentación predispone a las adicciones. A los ratones de este estudio se les dividió en dos grupos: a uno de ellos se le proporcionó una dieta sana, al otro una de restos de comida. Ambos tuvieron libre acceso al agua o al alcohol. Los ratones alimentados con restos de comida se volvieron alcohólicos y murieron prematuramente; los del grupo de dieta sana permanecieron abstemios y vivieron hasta una edad avanzada.

A medida que los ratones alcohólicos fueron presentando una deficiencia creciente de nutrientes, fueron perdiendo el interés por la comida y aumentó el que sentían por el alcohol. Este no sólo interrumpe la absorción de nutrientes, sino que a menudo afecta también al apetito. Por consiguiente, no sólo la mala nutrición conduce al alcoholismo sino, que este da lugar a una mala nutrición. Es un círculo vicioso. La misma relación entre la mala comida y la adicción se ha observado también en seres humanos.

Así se produce la adicción

Antes de tratar los tipos específicos de adicción y el modo de romper el hábito, veamos algo más acerca de la propia naturaleza de la adicción. La mayoría de las sustancias que la provocan o bien estimulan a más de un neurotransmisor en particular o bien simulan una sustancia química del cerebro que se acopla en su receptor.

La cafeína, por ejemplo, bloquea la desintegración de la dopamina y de la adrenalina, y eleva de esta manera los niveles en circulación de estos neurotransmisores motivadores. La cocaína también bloquea esa desintegración y provoca un nivel de dopamina más intenso. La heroína, por otro lado, se parece a uno de los opiáceos naturales del cerebro, y hace desaparecer instantáneamente el dolor e induce un estado de euforia.

El papel del azúcar

La mayoría de los alcohólicos y drogodependientes presentan disglucemia. Una manera de elevar los niveles de azúcar en sangre es fumando un cigarrillo, tomando un café, comiendo chocolate, bebiendo alcohol o consumiendo una droga, desde marihuana a cocaína. Un grupo de investigadores decidió comprobar en 1973, mediante un test de tolerancia a la glucosa, qué porcentaje de 200 alcohólicos tenían un equilibrio anormal del azúcar en la sangre. No menos del 97 por ciento dieron positivo. Lo mismo se cumple para la mayoría de los restantes adictos. Mucha gente ha aprendido y conseguido controlar su nivel de azúcar en sangre comiendo, bebiendo o fumando sustancias que alteran su química corporal. Existe también una sinergia de estos agentes farmacéuticos en la comida y la bebida. El consumo abundante de café puede precipitar el alcoholismo debido a que los temblores provocados por el éste pueden controlarse mediante el alcohol. En estudios realizados en animales, administrándoles cafeína se aumentaba el consumo de alcohol, confirmando así una compleja interacción entre estas sustancias psicoactivas adictivas.

¿Alergia o adicción?

Las adicciones tienen muchas cosas en común con las alergias «ocultas». A menudo las sustancias alérgicas se vuelven adictivas y si no se consumen aparecen síntomas de abstinencia, que pueden aliviarse tomando los alergenos. Esta es la razón por la que la gente suele sentirse peor al hacer un ayuno breve, hasta que pasa la fase de abstinencia y entonces se sienten mucho mejor.

A los adictos también se les hace un test de alérgenos en busca de su sustancia adictiva. Mucha gente que consume alcohol con regularidad se vuelve alérgica a él o a alguno de sus componentes. Por ejemplo, muchos bebedores de cerveza son alérgicos a la levadura. Los doctores William Philpott y Dwight Kalita encontraron que el 75 por ciento de los fumadores daban positivo a la nicotina en los test de alergia cutánea. Lo comprobé mientras trabajaba en un centro médico de tratamientos de la alergia, donde no logré encontrar ni un solo fumador que no fuera alérgico al tabaco en pruebas intradérmicas. Este es el motivo por el que, con un consumo regular, la gente a menudo percibe que no se siente tan bien después de que el alcohol, el tabaco, la marihuana u otra sustancia se haya convertido en la droga de su elección. La mayoría de las alergias requieren una privación de la sustancia de cinco a diez días antes de que la persona quede libre de los síntomas. Un periodo similar suele necesitarse también para las adicciones.

El alcohol: el mayor de todos los antinutrientes

Hay costes y beneficios atribuibles a las industrias de las bebidas y del ocio. Por un lado este sector emplea en Gran Bretaña a un millón de personas y en 1996 generó

15.000 millones de euros de ingresos para el gobierno. Por otro lado, se ha calculado que el 60 por ciento de los suicidios frustrados, el 30 por ciento de los divorcios, el 40 por ciento de los casos de violencia doméstica y el 20 por ciento de los casos de abusos contra niños están asociados al consumo de alcohol.

Se han constatado notables deficiencias nutricionales en muchos drogodependientes, pero ninguna tan evidente como en la adicción al alcohol. Éste es el mayor antinutriente de todos. Está demostrado que agota casi todas las vitaminas (A, B_1, B_2, B_6, ácido fólico, B_{12}, C, D y E), minerales (calcio, magnesio, potasio, cinc y selenio), aminoácidos (triptófano, taurina, glutation, etc.) y ácidos grasos esenciales (omega-3 y 6), y que altera el control del azúcar en sangre. La simple lectura de las montañas de investigaciones realizadas sobre cómo el alcohol destruye los nutrientes del cuerpo resulta abrumadora.

Muchos de los síntomas y problemas del abuso del alcohol surgen directamente de estas deficiencias nutricionales. Por ejemplo, la desaparición del triptófano conduce a la depresión, mientras que las deficiencias en vitaminas B le vuelven a uno ansioso, incapaz de concentrarse e incluso chiflado. La deficiencia en B_6 es responsable de las distorsiones de percepción que se producen en la intoxicación etílica y con la retirada del alcohol.

Incluso sin alcohol, estas deficiencias pueden provocar enfermedad mental, tal como nos muestra el caso de una mujer de 61 años de Nueva Zelanda, a la que se diagnosticó esquizofrenia. Rechazó la medicación durante cuatro meses, creía que se estaba muriendo de cáncer y se negó a alimentarse. Fue ingresada en un hospital y entró en coma. Se le administró tiamina y vitamina B_1 y respondió en el plazo de tres horas. Al tiempo que induce deficiencias, el alcohol reduce el apetito y altera la absorción de alimentos. Cuando existe una lesión orgánica tal como pancreatitis, cirrosis o hepatitis, reduce todavía más el apetito y provoca mayores deficiencias aún. Por consiguiente, el primer paso para tratar la adicción es preparar a la persona para la abstinencia corrigiendo estas deficiencias. La administración de todos los nutrientes esenciales en cantidades óptimas reduce notablemente la apetencia hacia el alcohol. En estudios realizados con animales, las ratas a las que se administró vitamina B_1 dejaron de beber en un 80 por ciento. A las que se administró el aminoácido glutamina lo hicieron en el 34 por ciento. Tres gramos diarios del aminoácido taurina reducen los síntomas de abstinencia. Hay numerosos nutrientes que protegen el hígado frente a los daños causados por el alcohol, entre ellos están la taurina, la colina, la glutamina, el glutatión y muchos otros.

Cómo dejarlo

Dejar de beber sin efectos secundarios

No es sorprendente encontrar un gran número de investigadores que describen cómo megadosis de un cóctel de nutrientes, administrados por vía oral como suplementos o por vía intravenosa, pueden eliminar virtualmente los síntomas de abstinencia. Incluso los básicos, la dieta integral más un complemento multivitamínico, mantienen al 81 por ciento de los alcohólicos lejos de la bebida durante seis meses después de dejarla, comparado con el 38 por ciento de los que lo hacen a su aire.

Cantidades elevadas de nutrientes específicos pueden ser de utilidad. En 1974, el doctor Russel Smith, en los Estados Unidos, administró a 507 alcohólicos de 3 a 5 g diarios de niacina/vitamina C durante un año. Al final de ese periodo, el 71 por ciento se mantenía abstemio. Los doctores Hoffer y Osmond han descrito el uso combinado de niacina, B_6 y vitamina C. Señalaron un índice de éxitos del 75 por ciento después de un año de estudios, comparado con el 30 por ciento producido con sólo un asesoramiento. Sin embargo, los mejores resultados se consiguen proporcionando cantidades elevadas de todos los nutrientes clave, en especial las vitaminas del complejo B, la vitamina C, glutamina, taurina, triptófano y los ácidos grasos esenciales. Lo extraordinario y penoso es que la mayoría de los centros de recuperación de alcohólicos no lo hacen, por lo que la gente debe pasar por la larga agonía del síndrome de abstinencia sin un apoyo óptimo de nutrientes, y tienen muchas más probabilidades de recaer en la bebida.

Una manera más sencilla de retirarse de la heroína

Los doctores Alfred Libby e Irwin Stone fueron pioneros en el tratamiento de desintoxicación de drogadictos utilizando megadosis de vitamina C. En un estudio en el que participaban 30 heroinómanos, les administraron entre 30 y 85 g diarios y consiguieron un índice de éxitos del 100 por ciento. Otros autores han descrito resultados positivos similares empleando vitamina C combinada con niacina.

Tanto la adicción a la heroína como el alcoholismo incrementan los niveles ácidos del cuerpo y provocan el agotamiento del calcio y del potasio. El doctor Blackman decidió en el año 1973 comprobar qué sucedería si neutralizaba esta acidez. Administró a 19 heroinómanos bicarbonato sódico, bicarbonato potásico y carbonato de calcio cada media hora por espacio de dos horas, seguido de una interrupción de otras dos horas, repitiendo el ciclo hasta superar el síndrome de la abstinencia.

Todos los voluntarios afirmaron que los síntomas habían desaparecido por completo o se habían reducido de manera considerable. Dieciséis de los 19 señalaron no haber padecido síntomas severos. De los restantes, esos síntomas no duraron más de cuatro horas.

De nuevo, administrando a heroinómanos niveles elevados de un cóctel de vitaminas, minerales, aminoácidos y grasas esenciales se redujo de forma notable el síndrome de abstinencia y aumentaron las posibilidades de curación.

Abandono del tabaco

Una de las adicciones más comunes y aceptables socialmente es a la nicotina del tabaco. Aquí se aplican los mismos principios que con las restantes adicciones. Una dieta alcalina, con gran cantidad de fruta y hortalizas, o el uso de sales alcalinas, reduce considerablemente la apetencia lo mismo que hacen las megadosis de vitamina C y niacina, entre otros nutrientes. La mayoría de los fumadores son hipoglucémicos, por lo que resulta esencial una dieta con carbohidratos de liberación lenta, y sin azúcar, té ni café. Cantidades adicionales de cromo, B_6 y cinc ayudan también a estabilizar el azúcar en sangre. Estos factores nutricionales, además del asesoramiento para hacer frente a los factores psicológicos y de comportamiento, así como una reducción gradual del consumo de nicotina son muy eficaces para quienes desean dejar de fumar. La manera exacta de hacerlo la explico en mi libro *How to Beat Stress and Fatigue*.

El abandono de la adicción a los medicamentos

La triste verdad es que muchos de los medicamentos utilizados para los problemas de salud mental son adictivos. Los antidepresivos recetados con mayor frecuencia, que originalmente se comercializaban con la etiqueta de ser píldoras «de la felicidad» completamente seguras, se dispensaban afirmando que beneficiaban incluso a aquellos que creían no sentirse deprimidos. Pero no hace mucho tiempo que las autoridades estadounidenses descubrieron que la gente que intentaba dejar estos medicamentos, aunque fuera con una reducción gradual, en una proporción de al menos 2 de cada 100 personas sufrían sueños anormales o dolores similares a descargas eléctricas, y que 7 de cada 100 experimentaban vértigos. Insisten ahora en que estos fármacos lleven un aviso pidiendo a los médicos que vigilen a los pacientes, por si aparecen efectos secundarios que pudieran indicar una dependencia física.

Lo que más preocupa es la adicción a los tranquilizantes. Se calcula que existen 1,5 millones de personas adictas a estos fármacos en el Reino Unido. Abandonarlos no sólo es difícil sino que, sin el apoyo adecuado, puede llegar a ser muy peligroso e incluso mortal en algunas circunstancias. Cuanto más tiempo toman estos peligrosos medicamentos, esas personas se vuelven más olvidadizas, soñolientas e introvertidas. Si intentan parar, les viene ansiedad y no pueden dormir. Pueden experimentar temblores, enorme irritabilidad, dolores de cabeza e incluso ataques. Esta es la razón por la que la retirada debe ser gradual y contando con un apoyo adecuado y la ayuda de relajantes naturales como la kava-kava[1] y la valeriana.

¿Es usted adicto a los estimulantes?

La adicción más extendida de todas es a los estimulantes: té, café, bebidas cafeinadas, azúcar, chocolate y tabaco. Para mantenerse con una salud mental óptima también tendrá que abordar este tema. Una taza de té o de café de vez en cuando no es ningún problema, pero si «necesita» estas sustancias cada día o a cada hora, es que sí lo tiene. Si visita una unidad de salud mental verá que la mayoría de las personas afectadas son adictas a los estimulantes. Ya sean drogas legales o ilegales, columpiarse entre tranquilizantes o alcohol y estimulantes desequilibra su cerebro. En el capítulo 9 se explica cómo abandonar los estimulantes y lo que hay que comer y beber en su lugar.

Por qué no son lo mismo la retirada y la desintoxicación

Una nutrición óptima durante la primera semana de retirada de una droga puede significar la gran diferencia, tal como han demostrado los estudios vistos anteriormente. Deberán administrarse cuatro veces al día, bajo supervisión, cantidades muy grandes de vitamina C, vitaminas del complejo B, glutamina y otros aminoácidos. El cadmio y el magnesio tienen especial importancia, puesto que pueden eliminar virtualmente el terrible anhelo y dolor nervioso que van asociados al abandono de los opiáceos. En este periodo es esencial un apoyo psicológico durante las 24 horas del día. Un hecho probado pero ampliamente ignorado es que la retirada de una droga no significa que la persona quede descontaminada. La mayoría de estas sustancias tar-

---

1. N.T. Los productos a base de kava-kava han sido retirados del mercado desde diciembre de 2001 en varios países europeos, como Alemania o España, al producirse casos de grave toxicidad hepática.

dan meses en desaparecer de los sistemas orgánicos, puesto que los residuos se almacenan en las células corporales. Por consiguiente, un apoyo nutricional masivo durante los meses siguientes a la retirada es esencial para conseguir el éxito a largo plazo, hasta que el adicto queda completamente «limpio».

Un método particularmente eficaz de acelerar la desintoxicación de una droga es la combinación de niacina, saunas y agua. La niacina ayuda a eliminar las toxinas de las células. Lo mejor es tomarla unos 30 minutos antes de entrar en la sauna y con el estómago vacío. La sauna debe ajustarse a 27 ºC. El participante permanece dentro de la cabina durante una hora, saliendo de vez en cuando si es necesario, mientras que se mantiene hidratado bebiendo agua. Hay gente que experimenta cierto nivel de «recaídas», por lo que esto debe hacerse bajo supervisión. Hay que repetirlo cada día hasta que la persona se sienta significativamente mejor, algo que tarda entre cinco y 25 días en suceder, dependiendo del nivel de intoxicación que presentara.

Así, pues, hay muchas estrategias que tienen éxito al tratar con la adicción, que se han ensayado y han demostrado sus virtudes. Por desgracia, son pocos los centros de tratamiento de la adicción que las aplican y, por consiguiente, su índice de éxitos es bajo. Muchos ignoran los aspectos bioquímicos de la adicción y se limitan a la retirada de la droga y el asesoramiento. Se necesita de manera perentoria un cambio radical en el modo de enfocar el tratamiento de estas dependencias.

En resumen, si está tratando con una adicción:

- Busque ayuda y guía profesionales.
- Trate los aspectos psicológicos con un psicoterapeuta.
- Aumente su ingesta de nutrientes, incluyendo una dosis alta de vitaminas del complejo B además de 500 mg de niacina, 500 mg de ácido pantoténcio (B_5), 100 mg de vitamina B_6, 1 mg de ácido fólico y de 3 a 10 g de vitamina C al día, distribuidos a lo largo de la jornada.
- Tome L-glutamina en polvo, 5 g por la mañana y otro tanto por la tarde, suficientes ácidos grasos esenciales, incluyendo GLA, EPA y DHA, y minerales, especialmente calcio, magnesio, potasio y cinc.
- Consuma una dieta extremadamente sana que ayude a su cerebro (véase la parte 1).
- Deshabitúese poco a poco, sustituyendo la droga adictiva por relajantes/estimulantes naturales según sea el caso.

Capítulo 32
VENCER LOS TRASTORNOS ALIMENTARIOS

Uno de los mayores defectos de la lógica humana es la incuestionable creencia de que los problemas psicológicos, ya sean de la conducta o de la inteligencia, sólo están sometidos a la influencia de factores psicológicos, y que los problemas físicos sólo responden a factores físicos. Esto presupone que la mente y el cuerpo están separados, que la energía de la mente y la del cuerpo son dos cosas diferentes. Pida a un químico, a un anatomista y a un psicólogo que definan dónde comienza la mente y donde finaliza el cuerpo, y se darán cuenta de que ambos están íntimamente relacionados. Lo mismo es válido en particular para la anorexia y la bulimia, pues son trastornos del comportamiento que implican el hecho de comer, un suceso fisiológico. La anorexia fue identificada por primera vez por el doctor William Gull en 1874. Este es su tratamiento: «El paciente deberá ser alimentado a intervalos regulares y rodeado de personas que puedan tener un control moral sobre él, siendo por lo general los parientes y amigos los peores ayudantes.» El tratamiento hoy es a menudo en esencia el mismo, resumiéndolo como «medícale, aliméntale y déjale que siga con su vida», según decía el diario *The Guardian* en un artículo que describía el tratamiento aplicado en los «hospitales más punteros». El enfoque «moderno» incluye «tratamiento conductual», es decir recompensas y privilegios, y drogas para inducir el cumplimiento. Entre estas drogas se incluyen medicamentos psicotrópicos tales como clorpromazina, sedantes y antidepresivos. La dieta es rica en carbohidratos, a veces de hasta 5.000 kcal, con poca preocupación por la calidad.

La bulimia consiste en comer compulsivamente seguido de un vómito inducido por uno mismo y es, quizás, una afección más común hoy día. Algunos anoréxicos son bulímicos, pero no a la inversa. Sigue siendo un trastorno compulsivo/obsesivo sobre la comida/el peso y se clasifica de la manera siguiente:

- Episodios recurrentes de comida compulsiva (consumo rápido de grandes cantidades de comida en un periodo de tiempo breve).
- Sensación de falta de control sobre el comportamiento al comer de forma compulsiva.
- La persona recurre con regularidad al vómito autoinducido, uso de laxantes, diuréticos, una dieta estricta, ayuno o ejercicios a fin de evitar la ganancia de peso.
- Un mínimo de dos sesiones de comida compulsiva a la semana.
- Constante exceso de preocupación por la línea y el peso.

La conexión con el cinc

La idea de que la nutrición, o la mala nutrición, desempeña un determinado papel en el desarrollo y el tratamiento de este trastorno no apareció en realidad hasta los años ochenta, cuando los científicos comenzaron a darse cuenta de lo similares que eran los síntomas y los factores de riesgo de la anorexia y la deficiencia en cinc (véase la tabla de la página siguiente). Ya en 1973, dos investigadores que estudiaban este metal, K. Hambidge y A. Silverman, llegaron a la conclusión de que «siempre que exista una pérdida de apetito en los niños habría que sospechar de una deficiencia en cinc». Rita Balkan, una investigadora canadiense, observó en 1979 que los síntomas de la anorexia y de la deficiencia en cinc eran similares en muchos aspectos, y propuso llevar a cabo análisis clínicos para comprobar la eficacia de los tratamientos. Mientras tanto, David Horrobin, famoso por sus estudios sobre el aceite de primavera, propuso la hipótesis de que «la anorexia se debería a una deficiencia combinada de cinc y ácidos grasos esenciales». Más recientemente, han salido a la luz pruebas muy consistentes de que las personas que padecen anorexia y bulimia pueden tener una mayor tendencia a la deficiencia en triptófano. Este es el elemento que construye la serotonina, el neurotransmisor «feliz» del cerebro, que también ayuda a controlar el apetito.

Anorexia	Cinc
Síntomas	
Pérdida de peso	Pérdida de peso
Pérdida de apetito	Pérdida de apetito
Amenorrea	Amenorrea
Impotencia en los hombres	Impotencia en los hombres
Náuseas	Náuseas
Lesiones cutáneas	Lesiones cutáneas
Mala absorción	Mala absorción
Percepciones erróneas	Percepciones erróneas
Depresión	Depresión
Ansiedad	Ansiedad
Factores de riesgo	
Mujer de menos de 25 años	Mujer de menos de 25 años
Estrés	Estrés
Pubertad	Pubertad

Confirmada la hipótesis del cinc

En 1980, cuando se describió la relación con el cinc, comenzaron las primeras pruebas en la universidad de Kentucky. Los investigadores encontraron que 10 de 13 pacientes ingresados con anorexia y 8 de 14 con bulimia presentaban una deficiencia en cinc en el momento de ser admitidos. Después de una comida abundante, esa deficiencia aumentó. Puesto que el cinc se necesita para digerir y aprovechar las proteínas de las que están hechos los tejidos del cuerpo, recomendaron administrar una cantidad adicional de cinc, por encima de la necesaria, para corregir esta deficiencia, que fue cuando los anoréxicos comenzaron a comer y ganar peso.

En 1984 se obtuvieron dos importantes hallazgos en la investigación y se tuvo el primer caso de una anoréxica tratada con cinc. El primer estudio, posteriormente confirmado, mostraba que los animales desprovistos de cinc desarrollaban con gran rapidez un comportamiento anoréxico y pérdida de apetito, y que si se forzaba a estos animales a alimentarse con una dieta deficiente en cinc para ganar peso caían gravemente enfermos. El segundo estudio demostró que la deficiencia en cinc daña las paredes intestinales y, por consiguiente, perjudica la absorción de los nutrientes, incluido el cinc, lo cual conduce en potencia a un círculo vicioso.

En 1984 el profesor Derek Bryce-Smith, ahora patrocinador del Institute for Optimum Nutrition, informó sobre el primer caso de anorexia tratado con cinc. La paciente, una chica de 13 años, llorosa y deprimida, pesaba 37 kilos. La habían enviado a un psiquiatra pero, a pesar del asesoramiento, tres meses después su peso era de 31,5 kilos. En el plazo de dos meses de recibir un suplemento de cinc a razón de 45 mg diarios, su peso subió hasta los 44,5 kilos, volvió a estar de buen humor y los análisis en busca de una deficiencia de cinc dieron un resultado normal.

Mientras tanto, se estaba llevando a cabo el primer ensayo de doble ciego con 15 pacientes de anorexia en la Universidad de California. En 1987, los investigadores informaron de lo siguiente: «Tras la administración de los suplementos de cinc disminuyeron la depresión y la ansiedad. Nuestros datos indican que las personas que padecen anorexia pueden presentar riesgo de deficiencia en cinc y que pueden responder favorablemente tras la administración de suplementos de este metal.» En 1990, muchos investigadores habían encontrado que más de la mitad de los pacientes anoréxicos mostraban pruebas claras de deficiencia de cinc. En 1994, el doctor Carl Birmingham y sus colaboradores llevaron a cabo un ensayo de doble ciego controlado administrando 100 mg de gluconato de cinc o un placebo a 35 mujeres con anorexia. Llegaron a la conclusión de que «la tasa de aumento de masa corporal en el grupo que recibía los suplementos de cinc era el doble que la del grupo de placebo, y que esta diferencia era estadísticamente significativa». Por desgracia, muchos centros de tratamiento siguen sin administrar suplementos de cinc a las personas que sufren anorexia.

El cinc: ¿qué fue primero, el huevo o la gallina?

Las pruebas que relacionan el cinc con la anorexia están hoy fuera de toda duda. De hecho, en una reciente revisión de todas las investigaciones realizadas se llega a la conclusión de que «hay evidencias que indican que la deficiencia en cinc puede estar íntimamente relacionada con la anorexia en los seres humanos: si bien no como una causa iniciadora, sí como factor acelerador o exacerbante que puede profundizar la patología de la anorexia». El hecho de que niveles elevados de suplementos de cinc puedan ayudar a tratar la anorexia no significa que la causa de ésta sea una deficiencia en este metal. Los aspectos psicológicos pueden contribuir, y de hecho lo hacen, a modificar los hábitos alimentarios en personas susceptibles.

Evitando comer, una chica joven puede reprimir los signos de su crecimiento. Se detiene la menstruación, disminuye el tamaño de sus senos y el cuerpo se mantiene de pequeño tamaño. La inanición induce una especie de «subida» estimulando cambios en importantes sustancias químicas del cerebro que pueden ayudar a bloquear sentimientos difíciles y cuestiones dolorosas para planteárselas. Muchas anoréxicas también eligen volverse vegetarianas, y la mayoría de las dietas vegetarianas son pobres en cinc, grasas esenciales y proteínas, según un estudio del departamento de ciencias de la salud del British Columbia Institute of Technology, en Burnaby, Canadá, que analizó las dietas de las anoréxicas vegetarianas comparándola con la de las pacientes no vegetarianas.

Vegetarianas o no, una vez elegida y establecida la vía de no comer, la deficiencia en cinc es casi inevitable, debido tanto a las escasas ingestas como a la mala absorción. Con ello aumenta la pérdida de apetito y también la depresión, las percepciones erróneas y la incapacidad de abordar el estrés al que se enfrentan muchos adolescentes, en especial las chicas, que están creciendo en el siglo XXI.

El enfoque de la nutrición óptima para ayudar en la anorexia o la bulimia es mejor llevarlo a cabo junto con un psicoterapeuta experto. Esta opción nutricional pone énfasis en la calidad de los alimentos más que en la cantidad, e incluye suplementos para garantizar unos niveles suficientes de vitaminas y minerales, y desde luego proporcionar 45 mg diarios de cinc, reduciéndose esta dosis a la mitad una vez alcanzado y mantenido el peso.

Poco triptófano: el controlador del apetito

La pérdida de peso y de tejido muscular es una indicación de deficiencia en proteínas. Puede ser el resultado de una ingesta insuficiente o de una digestión, una absorción o un metabolismo inadecuados. Se ha descubierto que los aminoácidos valina, isoleucina y triptófano escasean en los pacientes de anorexia. Los suplementos de valina e isoleucina ayudan a crear y desarrollar masa muscular, mientras que el triptófano es un elemento formador de la serotonina, el neurotransmisor que controla el estado de ánimo y el apetito.

Estudios recientes han encontrado unas diferencias muy llamativas en los niveles en sangre de triptófano de pacientes anoréxicos. Se ha demostrado que la inanición y el exceso de ejercicio influyen sobre la disponibilidad de triptófano en la sangre de estos pacientes. Hasta la fecha, las pruebas indican hacia un problema sobre el modo como las personas con trastornos alimentarios responden a niveles bajos de triptófano. De hecho, la conversión de este último en serotonina depende tanto del cinc como de la B_6. Puede que estos tres nutrientes se necesiten para un correcto control del apetito y para tener un estado de ánimo feliz y equilibrado.

La interrelación entre el cuerpo y la mente, o entre los nutrientes y el comportamiento, ha quedado perfectamente descrita en una reciente investigación llevada a cabo en el Departamento de psiquiatría de la Universidad de Oxford por el doctor Philip Cowen y sus colaboradores, que encontraron, sin que les sorprendiera, que las mujeres con una dieta restringida en calorías desarrollaban niveles más bajos de triptófano y serotonina. Sin embargo, los bulímicos recuperados a los que se suministra una dieta exenta de triptófano rápidamente se vuelven más deprimidos y preocupados por su peso y su línea, así como con un mayor temor de perder el control sobre el modo de alimentarse. En un ensayo similar que privó de triptófano durante un día a mujeres bulímicas y a «controles» sanos, las primeras se deprimieron mucho más y sentían muchos mayores deseos de comer sin freno que los controles.

Todas estas investigaciones indican con claridad que las personas proclives a la anorexia o la bulimia tienen unas necesidades especiales de triptófano, y probablemente de cinc y B_6, y que cuando se las priva de estos nutrientes pueden desarrollar reacciones insanas, entre las que se incluyen la pérdida de control del apetito.

Aunque los suplementos de triptófano o de 5-hidroxitriptófano (5-HTP) más cinc y B_6 son la manera más directa de resolver estos desequilibrios en personas con trastornos alimentarios, el objetivo a largo plazo ha de ser un cambio en la dieta. A menudo, en especial con anoréxicos, los suplementos, entre los que se incluyen los aceites de pescado concentrados, resultan más aceptables al principio porque, a diferencia de los alimentos, no contienen prácticamente calorías. Sin embargo, cuando mejora la nutrición de la persona, sus ansiedades y acciones compulsivas disminuyen y puede ver la lógica de introducir cambios en su dieta.

La dieta ideal deberá incluir alimentos fácilmente asimilables que contengan proteínas de buena calidad tales como quinoa, pescado, soja y espirulina o algas verdiazules. Otros buenos alimentos son semillas, lentejas y judías, además de fruta y hortalizas.

El pescado y las semillas tienen especial importancia, porque contienen ácidos grasos esenciales. Puesto que la mayoría de la gente con trastornos alimentarios prescinden de ellos para evitar la grasa, sus dietas contienen con frecuencia cantidades muy bajas de estos nutrientes tan importantes. Por consiguiente, los ácidos grasos esenciales son imprescindibles para que el cuerpo sintetice serotonina y reciba las señales que ésta envía entre unas neuronas y otras.

El enfoque de la nutrición óptima, pues, implica garantizar que se suministran todos estos nutrientes en cantidades óptimas.

¿Qué sucede con el desenfreno al comer?

En el caso de la bulimia, son muy reveladores la sensibilidad hacia los alimentos o los problemas de azúcar en sangre. Los alimentos más comunes que provocan desenfreno son los dulces, los que contienen trigo y los productos lácteos. Estos dos últimos contienen exorfinas, sustancias químicas que simulan (y por tanto pueden bloquear) las endorfinas del cerebro, que proporcionan placer, y con ello influyen sobre el comportamiento. Los alimentos endulzados, por supuesto, satisfacen cuando se da un estado de bajo nivel de azúcar en sangre y la cura consiste en tomar alimentos que mantengan estable el nivel de azúcar en sangre. He recomendado a menudo a personas con bulimia que comieran cuanto quisieran de lo que más les gustara durante dos semanas, pero no de estos alimentos dulces. A menudo señalan que sus ansias de comer sin freno de todo se reducen de manera considerable. En ciertas personas, estos alimentos pueden provocar un cambio en el estado de ánimo y del comportamiento que les lleva a una pendiente deslizante.

Pero no crea que si una persona tiene deficiencia en algún elemento o muestra alguna particularidad bioquímica que le hace proclive a reaccionar a la falta de un nutriente como el cinc o el triptófano, haya que descartar los problemas psicológicos como parte de «la causa». Mucha gente con anorexia guarda un secreto, un trauma o un problema que debe resolverse, y puede hacerse con la ayuda y el apoyo de un psicoterapeuta.

En resumen, para todo aquel que se enfrente a un trastorno alimentario recomiendo lo siguiente:

- Acudir a un nutricionista clínico que evalúe si hay deficiencias y asesore en consecuencia.
- El asesoramiento incluirá probablemente de 30 a 50 mg de cinc, 100 mg de B_6, 200 mg de 5-HTP además de ácidos grasos esenciales, ya sea en cápsulas o en forma de semillas y pescado.
- Acudir a un psicoterapeuta con experiencia en tratar a personas afectadas de trastornos alimentarios.

Capítulo 33
ATAQUES, CONVULSIONES Y EPILEPSIA

La epilepsia es una afección misteriosa, caracterizada por ataques ocasionales, llamados técnicamente convulsiones. Afecta casi a medio millón de personas en el Reino Unido. Las convulsiones, que duran entre algunos segundos y varios minutos, se cree que se deben a un trastorno temporal en la química cerebral, que hace que las neuronas se comuniquen a mayor velocidad de lo habitual y que provoquen descargas. Las convulsiones pueden producirse a causa de problemas neurológicos tales como una lesión cerebral, una apoplejía, una infección y, con menor frecuencia, un tumor. Los niveles elevados de estrés y los ataques de pánico pueden provocarlas también. Otro tanto sucede con las cardiopatías, en especial los ritmos cardíacos irregulares, y los problemas de azúcar en sangre. Cualquiera que sea el desencadenante, las convulsiones indican que el cerebro ha perdido su equilibrio. Una manera obvia de comenzar a resolverlo es con una ingesta óptima de los mejores amigos de este órgano, los nutrientes. El enfoque de una nutrición óptima puede ser muy eficaz, como nos ilustra la historia de Francis.

> Mientras daba clases en Oxford, Francis tuvo un grave accidente de tráfico. Lo dejó con intensas cefaleas, mala memoria y falta de concentración, una depresión profunda y, sobre todo, epilepsia. Tan grave era esta

que la describía como «tormentas epilépticas» que sucedían varias veces al día. Durante la noche, muchas veces podía tener cinco o seis ataques a pesar de tomar medicamentos contra la enfermedad. Su memoria se había deteriorado tanto que ya no podía dar clases, y al ser epiléptico, tenía dificultades para encontrar un trabajo. Naturalmente, estaba deprimido.

Después de varios años bajo vigilancia médica, decidió probar otras alternativas y me lo enviaron a mí. Prometió evitar el té, el café y el azúcar y estuvimos discutiendo sobre cómo consumir una dieta equilibrada, con abundante fruta, hortalizas y cereales integrales, o sea, la dieta «óptima».

Quise darle cualquier posibilidad que hubiera para cambiar e incluí niveles altos de suplementos de B_3, B_5 y B_6, colina, calcio, cinc, magnesio y manganeso, así como otros nutrientes. Se ha demostrado que tanto el magnesio como el manganeso son útiles contra la epilepsia, mientras que B_5 y la colina ejercen un efecto específico sobre la memoria.

Cuando volvió al cabo de un mes había introducido enormes cambios en su dieta y había recogido multiplicados los resultados de sus esfuerzos. «Estoy asombrado de lo bien que me siento» me comentó, y siguió contándome que no sentía ya ni un sólo temblor muscular ni padecía ataques de pánico. Tres meses después sólo sufrió una «tormenta» epiléptica. Su cerebro funcionaba mejor, su depresión había desaparecido por completo y podía dormir toda la noche de un tirón, sin ataques ni temblores musculares.[2]

Se han demostrado en muchos estudios las diferencias existentes en el estado nutricional entre quienes padecen convulsiones y epilepsia y los que no las sufren. Se ha verificado con frecuencia que los nutrientes deficitarios clave son el ácido fólico, los minerales manganeso y magnesio y los ácidos grasos esenciales.

En busca de ayuda

Las vitaminas del complejo B

El ácido fólico, una vitamina a menudo escasa en las personas afectadas de problemas de salud mental, se agota con las convulsiones. Esto indica que hay cierta impli-

---

2. Caso facilitado por Christopher Scarfe.

cación. Irónicamente los medicamentos anticonvulsivos como fenitoína, primidona y fenobarbital eliminen todavía más el ácido fólico. Combinar un fármaco como la fenitoína con el ácido fólico funciona mejor que si se administra sólo el fármaco. En un estudio con epilépticos a los que se les administraba la droga con ácido fólico o con un placebo, al cabo de un año sólo los primeros informaron de una considerable disminución de los ataques. Sin embargo, el ácido fólico podría ser una espada de doble filo. Algunos estudios realizados sin empleo de controles indican que los suministros de folato pueden provocar ataques epilépticos en una minoría de personas. No obstante, otros estudios realizados empleando controles no han podido confirmar esta observación, lo que sugiere que este efecto podría ser muy raro. Bajo la guía del médico vale la pena probar los suplementos de ácido fólico, aunque no deben esperarse resultados inmediatos. También conviene tomar suplementos de vitamina B_6. A diferencia del ácido fólico, las dosis altas de vitamina B_6 pueden producir unos resultados casi inmediatos. El primer estudio para identificar el papel de la B_6 en el tratamiento de la epilepsia en niños tuvo lugar en Japón en la década de 1980. Más de la mitad de los niños aquejados de «espasmos infantiles» respondieron muy bien a los suplementos de vitamina B_6, aunque la dosis empleada fue muy alta y provocó efectos secundarios en algunos de ellos. En otro estudio reciente de la Universidad de Heidelberg, en Alemania, se les administraron a 17 niños dosis altas de vitamina B_6 (300 mg/kg/día por vía oral). Cinco de los 17 experimentaron una mejoría inmediata en el plazo de dos semanas, mientras que a las cuatro semanas todos los pacientes estaban más o menos libres de ataques. No se observaron reacciones adversas graves. Los efectos secundarios fueron, en la mayoría de los casos, síntomas gastrointestinales que desaparecieron tras reducir la dosis.

Magnesio, manganeso y cinc

El mineral manganeso es totalmente esencial para el correcto funcionamiento del cerebro y, hasta la fecha, cuatro estudios han demostrado la existencia de una correlación entre su escasez y la presencia de epilepsia, indicando que al menos uno de cada tres niños afectados tienen niveles bajos de manganeso. Los suplementos empleados de este mineral ayudaron a reducir los ataques. En un estudio publicado en el *Journal of the American Medical Association*, el caso de un niño que tenía unos niveles de manganeso en sangre a la mitad del valor normal y no respondía a ninguna medicación, pero cuando recibió suplementos de este mineral tuvo una disminución en el número de ataques y mejoró en sus capacidades de habla y de aprendizaje. El doctor Carl Pfeiffer fue el primero en comunicar el éxito de un tratamiento de la epilepsia con manganeso. En el Institute for Optimum Nutrition hemos observado muchas veces que pacientes con convulsiones o ataques son deficitarios en manganeso y que les desaparecen cuando comienzan a tomarlo en suplementos.

El magnesio es otro mineral que vale la pena analizar. Es igualmente vital para el adecuado funcionamiento de los nervios y del cerebro y, también en este caso, numerosos investigadores han encontrado niveles bajos en pacientes con epilepsia y han observado una disminución de los ataques al administrar suplementos. En animales se ha comprobado que las inyecciones de magnesio suprimen siempre las convulsiones de manera instantánea.

Conforme a estudios realizados en Rumania, si un niño tiene niveles bajos de magnesio en el 75 por ciento de los casos responde a su administración una disminución de los ataques. Esto resulta especialmente útil, ya que la gente con este tipo de epilepsia rara vez responde a los medicamentos anticonvulsivos convencionales. También es posible que las mujeres embarazadas, deficientes en manganeso, tengan más probabilidades de tener hijos con esta enfermedad.

Vale igualmente la pena hacer un análisis en busca de cinc. Se ha observado que sus niveles son bajos en niños con epilepsia, y los medicamentos anticonlvulsivos pueden agotar todavía más este mineral esencial. Hay también algunos indicios de que el exceso de cobre y la falta de cinc podrían aumentar las probabilidades de sufrir un ataque. En principio, necesitamos tomar diez veces más cinc que cobre. El cinc es asimismo un buen aliado de la vitamina B_6 (piridoxina), puesto que ayuda a convertirla en la forma activa, conocida como piridoxal fosfato. Es muy probable que los pocos niños que han tenido reacciones adversas a las dosis muy altas de vitamina B_6 no las habrían sufrido si se les hubiera administrado B_6 junto con el cinc.

De hecho, las reacciones más adversas a las vitaminas o los minerales surgen cuando se emplean como si fueran medicamentos y se administran en dosis muy altas sin otros nutrientes, ignorando así por completo el principio de sinergia. Por esta razón, recomiendo encarecidamente que cualquier persona que sufra ataques, convulsiones o epilepsia acuda a un nutricionista para que le elabore un plan completo.

Esto deberá incluir análisis de cabellos y de sangre en busca de magnesio, manganeso y cinc, así como de ácido fólico. Los niveles de magnesio y ácido fólico se analizan mejor en los eritrocitos. Dependiendo de los resultados, un nutricionista puede averiguar cuáles de estos nutrientes vale la pena probar, por lo general en dosis elevadas, junto con los suplementos multivitamínicos básicos. El enfoque de la nutrición óptima con una buena dieta global y un programa de suplementos resulta especialmente importante, ya que se ha demostrado que hay también otros nutrientes que tienen efectos positivos sobre la salud mental de las personas afectadas de epilepsia. Entre ellos se cuentan la B_1, el selnio y la vitamina E.

Absolutamente esenciales: las grasas adecuadas

Los desequilibrios en las grasas esenciales para el cerebro es uno más de los campos que están en el candelero de la investigación. Es muy probable, con tanta gente con deficiencias en ácidos grasos esenciales y en especial los omega-3, que garantizando una ingesta óptima y un equilibrio de estas grasas se pueda reducir la incidencia de los ataques de epilepsia.

Las propiedades anticonvulsivas de los dos ácidos grasos esenciales en la proporción de 1:4, de omega-3 a omega-6, han quedado demostradas en ratas epilépticas. Tres semanas de suplementos de estas grasas dieron como resultado que hasta el 84 por ciento de las ratas tuvieran menos ataques y que hasta en el 97 por ciento se redujera la duración de los mismos. Estos investigadores plantearon la hipótesis de que los efectos anticonvulsivos de estos ácidos grasos podrían estar relacionados con la estabilización de las membranas neuronales en el cerebro.

También funciona en los seres humanos. Los investigadores del Kalanit Institute for the Retarded Child, en Israel, administraron a personas epilépticas 3 g de ácidos grasos omega-3 durante seis meses y encontraron una considerable reducción en el número y la severidad de los ataques.

Aminoácidos y fosfolípidos

Muchos de los nutrientes que son «alimento para el cerebro» que se han visto en la parte 1 pueden resultar asimismo útiles para quienes padecen ataques. Entre esas sustancias se cuentan fosfolípidos como la fosfatidilcolina, y ácidos grasos esenciales. También potencialmente útiles son los sintonizadores cerebrales, SAMe y trimetilglicina (TMG). Un pariente suyo, la dimetilglicina (DMG), produjo resultados notables en un hombre de 22 años con retraso mental prolongado que había tenido una media de 17 ataques a la semana a pesar de la medicación anticonvulsiva. Al cabo de una semana de administrar 90 mg de DMG dos veces al día, los ataques se habían reducido a tres por semana. Dos intentos de interrumpir la medicación con DMG dieron lugar a un aumento importante en la frecuencia de los ataques.

El aminoácido taurina, que ayuda a calmar el sistema nervioso, puede desempeñar también un papel a este respecto. En estudios realizados en animales se han encontrado concentraciones bajas de esta sustancia en el lugar del cerebro de máxima actividad de los ataques, y se ha descubierto que los suplementos de taurina tienen un potente efecto anticolvulsivo, de larga duración y selectivo. Sin embargo, el aminoácido relajante más potente ha resultado ser GABA, el conciliador del cerebro porque actúa directamente como un neurotransmisor. Un posible mecanismo para explicar por qué los fármacos anticonvulsivos actúan es que bloquean la actividad del neurotransmisor estimulante, el ácido glutámico, y por tanto favorecen al neurotransmisor inhibidor, el GABA. No obstante, yo tendría cautela con los suplementos de GABA y posiblemente con las cantidades altas de taurina, excepto bajo supervisión médica. Esto se debe principalmente a que los estudios realizados en animales han mostrado que las ratas con tendencia a la variante de la epilepsia conocida como pequeño mal, tienen a veces demasiada cantidad de estos aminoácidos. Otro nutriente bueno para el cerebro, DMAE, aunque potencialmente útil debería administrarse también con precaución.

La vinpocetina, un extracto de la vincapervinca (*Vinca minor*), puede resultar también de utilidad según indican investigaciones llevadas a cabo en Rusia. Este extracto vegetal hace muchas cosas útiles en el cerebro (véase el Capítulo 13). Mejora la producción de la energía en las células cerebrales y dilata los vasos sanguíneos de este órgano, con lo que mejora el transporte de glucosa y oxígeno hasta el cerebro y también su utilización una vez han llegado. Una teoría afirma que los ataques epilépticos pueden estar causados por fluctuaciones en los suministros de glucosa o de oxígeno al cerebro, lo cual explicaría los efectos positivos de la vinpocetina.

Análisis de alergias

Lo mismo que sucede con muchos problemas de salud mental, vale la pena hacer un análisis en busca de alergias. Una vez se demostró que unos ataques epilépticos estaban inducidos por ciertos alimentos. Sin saber cuáles, se administraron cantidades muy pequeñas de alimentos «desencadenantes» o de placebos, y sólo los primeros los provocaron. El profesor William Rea, de Texas, famoso por la sala especial aislada de su hospital, totalmente libre de alérgenos, contaminantes ambientales y sustancias químicas, diseñada en especial para las personas que padecen múltiples alergias, consiguió que también algunos epilépticos dejaran de sufrir ataques. Uno de sus pacientes, un hombre de 29 años con un historial de cuatro años de padecer la epilepsia del tipo pequeño mal, así como doble visión, taquicardia, vértigos, edema y magulladuras espontáneas, ninguno de los cuales reaccionaba a los fármacos habituales, se curó totalmente después de ayunar durante seis días. Cuando volvió a consumir ciertos alimentos y sustancias químicas, se repitieron los ataques. Para él, los cacahuetes eran el peor de los alimentos. Otra sustancia desencadenante para algunas personas con epilepsia es el olor a romero que se encuentra en muchas mezclas de aceites esenciales.

En resumen, si tiene tendencia a los ataques, convulsiones o epilepsia y no le ha analizado ningún nutricionista, hay mucho espacio para la esperanza.

- Hágase un análisis para conocer los niveles de vitaminas y minerales. Si está bajo en ácido fólico, B_6, magnesio, manganeso o cinc, suplementos de estas sustancias le pueden ayudar.
- Asegúrese de consumir suficientes ácidos grasos esenciales de semillas, pescado y sus aceites.
- Otros nutrientes buenos para el cerebro como son los aminoácidos, colina, DMAE, taurina y vinpocetina pueden ser de utilidad, pero es mejor tomarlos bajo guía profesional.

Parte 7

La salud mental en la vejez

La pérdida de memoria relacionada con la edad no es inevitable. El Parkinson y el Alzheimer pueden prevenirse o incluso detenerse con una nutrición correcta. Esta parte describe sorprendentes descubrimientos en el tratamiento y la prevención de estos problemas de salud respaldados por la ciencia, y notables recuperaciones recurriendo a una terapia nutricional.

Capítulo 34
PONER FRENO AL PARKINSON

La enfermedad de Parkinson no es una afección exclusiva de la edad avanzada. En el Reino Unido la padecen más de 120.000 personas, que van desde adolescentes a ancianos. Cualquiera que sea la edad del afectado, este mal hace muy dura la vida. Los primeros síntomas que se presentan son temblores, rigidez, inestabilidad y movimientos lentos (bradiquinesia). La razón de estos problemas con el funcionamiento y el control de los músculos se ha atribuido a una deficiencia del neurotransmisor dopamina.

El tratamiento convencional se basa en la quimioterapia, administrando L-dopa, el precursor directo de la dopamina, que se sintetiza a partir del aminoácido fenilalanina, que a su vez se encuentra en las proteínas de la dieta (véase la figura 30).

Hay disponibles otros fármacos que pueden incrementar la eficacia de la L-dopa, y existen también algunos procedimientos quirúrgicos para ayudar a controlar los temblores. Se realizan numerosas investigaciones en ambas áreas. Sin embargo, aunque útiles, los medicamentos y la cirugía llevan el riesgo de efectos secundarios. Por eso, muchos enfermos optan por la medicación sólo cuando no pueden funcionar lo suficientemente bien sin ella. Con un apoyo nutricional correcto puede que no se llegue nunca a ese nivel.

PROTEÍNA DE LA DIETA

⬇ Necesita B y Zn

L- FENILALANINA

⬇ Necesita folato, Mg, Mn, Fe, Cu, Zn y C

L-TIROSINA

⬇ Necesita folato, Mg, Mn, Fe, Cu, Zn y C

L-DOPA

⬇

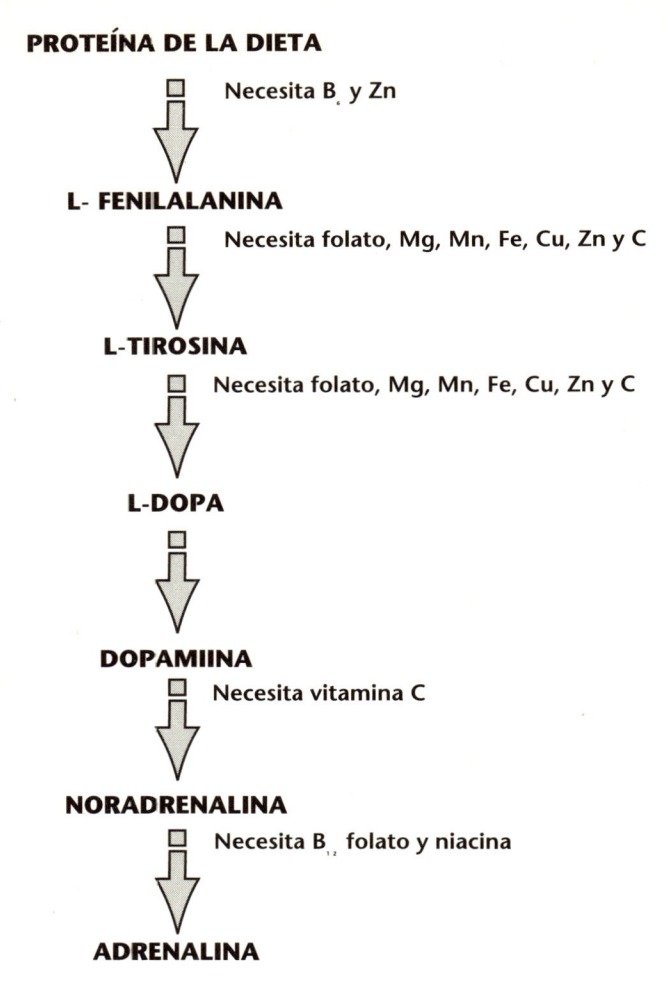

DOPAMIINA

⬇ Necesita vitamina C

NORADRENALINA

⬇ Necesita B$_{12}$ folato y niacina

ADRENALINA

Figura 30. Cómo sintetizamos la dopamina. (Adaptado con el permiso del doctor Geoffrey Leader y la doctora Lucille Leader, *Parkinson's Disease: The Way Forward*).

Gracias a los trabajos pioneros del doctor Geoffrey Leader y de la doctora Lucille Leader, médicos y nutricionistas que viven en Londres, sabemos ahora que la intervención nutricional correcta puede mejorar de modo efectivo los síntomas del Parkinson. El historial de Harry es un caso interesante.

El médico de cabecera de Harry le envió a la clínica de Londres de los doctores Leader. Hacía movimientos repetitivos, tenía temblores (que empeoraban con el estrés), un estreñimiento que no respondía al tratamiento, muy pocas fuerzas y un peso muy inferior a lo normal. Los Leader llevaron a cabo pruebas bioquímicas que demostraron que Harry tenía deficiencia de nutrientes. Encontraron también que consumía alimentos que ponían en peligro la absorción de la medicación de L-dopa.

Recomendaron nutrientes para resolver esas deficiencias halladas, trataron con éxito el estreñimiento, elaboraron una dieta adecuada y un plan de tomas de L-dopa en relación con diferentes alimentos que maximizarían la eficacia de los medicamentos. Esto permitió administrarle dosis más bajas de L-dopa, lo cual redujo por su parte efectos secundarios como la disquinesia estresante. El problema del peso se abordó usando una dieta compatible con su régimen de medicamentos. También ayudaron a Harry a mantener bajos sus niveles de estrés mediante una técnica de relajación especial, llamada relajación total, que sirve asimismo para controlar los síntomas.

En el plazo de unas pocas semanas Harry empezó a sentirse mejor. El funcionamiento de su intestino se normalizó, aumentaron sus fuerzas, la disquinesia quedó como algo del pasado y comenzó a aumentar de peso. También controlaba mejor los movimientos de su cuerpo.

Nota: todos los detalles de esta estrategia nutricional aparecen en el libro de Leader *Parkinson's Disease: The Way Forward.*

Los múltiples caminos que conducen a la deficiencia en dopamina

Apenas hay conocimientos de que la deficiencia en dopamina es la principal causa de los síntomas del Parkinson, y la mayoría de las quimioterapias intentan mejorar la capacidad del cuerpo para sintetizarla a partir de L-dopa. Pero ¿por qué hay algunas personas que no pueden fabricar este neurotransmisor? Hay múltiples respuestas a esta pregunta.

En algunos casos, las neuronas que producen dopamina no funcionan correctamente, a veces a causa de la falta de materias primas o de las enzimas que transforman los elementos estructurales, los aminoácidos, en neurotransmisores. Las neuronas pueden morir o resultar dañadas, por ejemplo, debido a los oxidantes o a toxinas medioambientales tales como pesticidas y herbicidas. Es interesante el hecho de que investigadores de la Universidad de Miami hayan encontrado niveles de estos productos químicos más altos en los cerebros de los enfermos de Parkinson. La incidencia de esta enfermedad es notablemente superior en áreas rurales en las que se rociaban las cosechas con estas sustancias, y se ha demostrado que algunas combinaciones de pesticidas muestran una clara correlación con la incidencia de este mal. La deficiencia en nutrientes como el ácido fólico vuelve también a estas células cerebrales productoras de dopamina más susceptibles a estos daños.

En ocasiones, existen problemas sobre el modo en que el cuerpo se desintoxica, una tarea realizada principalmente por el hígado, lo que deja desprotegidas las neuronas. Hay, además, otros factores como son el estrés prolongado y la probabilidad de padecer una predisposición genética.

Geoffrey y Lucille Leader pensaron que podían mejorarse mucho las piezas de este rompecabezas si los pacientes seguían un programa de nutrición óptima dirigido. Comenzaron a hacer pruebas a afectados de Parkinson y encontraron que el 100 por ciento de ellos presentaban deficiencias nutricionales, basándose en tests que miden lo que está sucediendo en el interior de las células. Hallaron también que mucha gente era deficitaria en jugos gástricos y enzimas digestivas, lo que provocaba una digestión defectuosa, y que tenían una mayor permeabilidad intestinal, lo que daba lugar a que no pudieran digerir correctamente los nutrientes. La permeabilidad intestinal se comprueba bebiendo polietilenglicol (PEG 400), una sustancia que no debería atravesar la pared del intestino, y midiendo después los niveles de PEG 400 en la orina. Empleando este test, los enfermos de Parkinson muestran con mucha frecuencia un aumento en la permeabilidad intestinal o evidencia de una mala absorción. Aunque no existen pruebas concluyentes de que la enfermedad de Parkinson sea provocada por deficiencias nutricionales, los Leader han encontrado que es de gran utilidad corregir esas deficiencias.

Las toxinas cerebrales, los oxidantes y el hígado

Toda esta digestión y absorción deficientes imponen un estrés adicional al hígado, que es la capital de la desintoxicación del cuerpo. Ya que las neuronas del cerebro no pueden protegerse por sí mismas de las toxinas, dependen del hígado. Un ejemplo sencillo de esto es el alcohol; cuando usted bebe más de lo que puede desintoxicar su hígado se emborracha, que es lo que les sucede a las células del cerebro cuando quedan expuestas a esta toxina. Bebiendo en exceso, usted pierde el control sobre sus músculos y entonces los movimientos, incluso el habla, se vuelven más lentos.

Los problemas con la desintoxicación del hígado son a menudo una característica de los enfermos de Parkinson. Uno de los mejores aliados desintoxicadores de ese órgano son los aminoácidos que contienen azufre, que tienen la capacidad de empujar a las toxinas no deseadas hacia un proceso llamado sulfatación. Los investigadores han observado una sulfatación defectuosa en los pacientes de Parkinson, que puede resolverse administrando suplementos de cisteína, metionina y molibdeno, y evitando el vino, el café, ciertos quesos y el chocolate, que son inhibidores conocidos de la sulfatación. Consumiendo alimentos ricos en glucosinolatos, tales como brécol, coles de Bruselas, col, coliflor y repollo se ayuda también a la desintoxicación del hígado.

Las peores toxinas de todas son los oxidantes, o «radicales libres». La administración de antioxidantes ayuda a prevenir los daños causados por estos radicales libres en las células del cerebro y ralentiza el avance de la enfermedad. En un estudio piloto que duró siete años, a 21 pacientes con Parkinson inicial se les administraron 3.000 mg de vitamina C y 3.200 UI de vitamina E cada día. La necesidad de recibir una quimioterapia se retrasó entre dos y tres años en comparación con los que no recibían los antioxidantes.

Estos son algunos de los nutrientes, pero desde luego no todos los que pueden aliarse para reforzar el funcionamiento del hígado, previniendo los daños al cerebro causado por las toxinas. El doctor Jeffrey Bland, de Gig Harbor, Washington, experto en desintoxicación hepática, ha hallado también en los estudios realizados, grandes mejoras cuando se refuerza el funcionamiento del hígado con suplementos nutricionales, lo que ha aumentado la eficacia de los medicamentos, reducido los síntomas y elevado los niveles de energías de las personas que sufren las primeras etapas del Parkinson.

Una nutrición personalizada da mejores resultados

Los mejores resultados obtenidos con el Parkinson proceden de un enfoque de nutrición óptima total. Esto implica tanto una dieta como suplementos nutricionales que ayuden a mejorar la digestión, la absorción, el funcionamiento del hígado y la capacidad de las células para trabajar correctamente y producir dopamina; todo ello optimizará el metabolismo celular y la producción de energía.

Como puede ver en la figura 30, la capacidad de producir dopamina de manera eficaz depende de muchas vitaminas y minerales. Esto incluye nutrientes tales como cinc, magnesio y las vitaminas del grupo B, en especial B_6 y ácido fólico. Los investigadores del National Institute on Ageing de los Estados Unidos descubrieron que ratones a los que se administraba una dieta deficiente en ácido fólico tenían un riesgo significativamente superior de desarrollar síntomas similares al Parkinson. Una razón probable es que sin ácido fólico el cuerpo produce demasiada homocisteína, una sustancia tóxica que daña las células del cerebro y que impide así la producción de dopamina. Los investigadores de la Universidad de Boston han encontrado que un nivel elevado de homocisteína es un factor de riesgo independiente muy fuerte para el desarrollo del Alzheimer. Los ratones que ingerían cantidades adecuadas de ácido fólico eran capaces de reparar el daño en las neuronas productoras de dopamina y de contrarrestar así los efectos de la homocisteína.

Los Leader descubrieron que el mejor enfoque consiste en un programa nutricional de dieta y suplementos hecho a medida, y que esto muy a menudo puede reducir los síntomas y hacer que los medicamentos sean más eficaces, optimizando así la dosificación. Se recomiendan suplementos nutricionales basados en la individualidad del paciente que incluyen vitaminas, minerales, ácidos grasos esenciales, aminoácidos, antioxidantes, fosfolípidos y hierbas favorables para el cerebro, como el ginkgo. Al igual que sucede con muchos problemas de salud mental, controlar el azúcar en sangre y comprobar y corregir las alergias o intolerancias alimentarias puede suponer una enorme diferencia. Los alimentos que provocan alergia más comúnmente son los cereales con gluten (en especial el trigo pero también el centeno, la avena, la cebada y la espelta) y los productos lácteos. Gestionar este estrés es importante, porque respondemos a él produciendo las hormonas del estrés, noradrenalina y adrenalina, que se sintetizan a partir de la dopamina (véase la figura 30). Esta es la razón por la que los síntomas del Parkinson empeoran tan a menudo cuando el paciente está estresado.

Trabajar con la medicación: lo que hay que comer y cuándo comerlo

Una dieta correcta es muy importante en una estrategia de este tipo que ataque todos los puntos flacos del Parkinson. Los problemas de movimiento pueden empeorar si se comen alimentos proteínicos que contengan una elevada proporción de aminoácidos muy cerca del momento de la toma de la medicación con L-dopa. Esto se debe a que L-dopa compite con los aminoácidos para ser absorbida en los lugares receptores del intestino y en la barrera sangre-cerebro, de tal manera que pasa sólo una pequeña cantidad. Para hacer un mejor uso de la L-dopa, los alimentos ricos en proteínas que contienen los otros aminoácidos no deberán consumirse al mismo tiempo que se toma la medicación de L-dopa, según las directrices del cuadro de la página siguiente.

Con otros preparados más antiguos del medicamento L-dopa, la vitamina B_6 provocaba su conversión a dopamina antes de llegar al cerebro. Era algo que resultaba desastroso. Últimamente, los fármacos de L-dopa contienen un inhibidor de la des-

Medicación de L-dopa y dieta: ¿qué hay que comer y cuándo?*
La L-dopamina se ve afectada por los alimentos proteínicos que contienen cantidades significativas de aminoácidos: tirosina, fenilalanina, valina, leucina, isoleuciina, triptófano, metionina e histidina. Entre los alimentos que contienen estos aminoácidos están: huevos, pescado, carne, pollo, productos lácteos (no la mantequilla), legumbres, guisantes, espinacas, soja, cuscús, coco, aguacate, espárragos y cereales que contienen gluten (avena, trigo, cebada, espelta).
➤ Tome la medicación de L-dopa Espere UNA HORA antes de comer cualquiera de los alimentos de la anterior lista.
➤ Después de comer cualquiera de los alimentos de la anterior lista, espere DOS HORAS, si es posible, antes de tomar la medicación de L-dopa.
* Este protocolo dietario ha sido desarrollado por los Drs. Geoffrey y Lucille Leader y ha demostrado su utilidad. Se reproduce aquí con su autorización.

carboxilasa que retrasa la carboxilación de la L-dopa a dopamina. Además, la vitamina B_6, que ayuda a convertir L-dopa en dopamina, puede usarse con seguridad junto con medicamentos para el Parkinson como Sinemet y Madopar.

Selegiline es también un fármaco que se emplea a menudo para la enfermedad de Parkinson. En dosis elevadas (superiores a 30 mg) existe el riesgo de hipertensión si una persona consume alimentos ricos en otro aminoácido, la tiramina. Entre esos alimentos están en el queso cheddar y otros quesos curados, levadura, habas, vino Chianti, higos muy maduros o de lata, vermut, Drambui, extracto de levadura (marmita, etc.), sopa de mijo, pescado (escabechado, salado o ahumado), caviar, chocolate (grandes cantidades) o cafeína (grandes cantidades). Algunas personas son más susceptibles que otras a este efecto secundario dependiendo de la dosis, y algunas reaccionan ya a dosis de 10 mg, que es lo que normalmente se administra para el Parkinson.

Aun siendo cuidadosos para evitar estos alimentos junto a la medicación, es importante obtener las proteínas suficientes en otros momentos. Entre las proteínas integrales de buena calidad están el pescado, los productos de soja y los huevos. Muchos pacientes eligen tomar por la noche la comida más rica en proteínas. Esto se debe a que entonces no necesitan tener tanto control sobre sus movimientos como durante el día, cuando les es necesaria la medicación de L-dopa para realizar todas sus actividades. De lo contrario, es mejor seguir el protocolo de administración de

L-dopa con un comida rica en proteínas tal como se ha indicado anteriormente. También es importante seguir una dieta bien equilibrada a lo largo de todo el día que incluya fruta y hortalizas, cereales integrales sin gluten y gran cantidad de líquido. Un problema corriente en el Parkinson es el estreñimiento. Con una dieta rica en frutas y hortalizas y bebiendo agua en abundancia durante todo el día se resuelve mucho el problema, tomando así ciruelas, higos o albaricoques secos con cada comida, o cápsulas de *Plantago psyllium* entre comidas con algo de agua.

En resumen, con una gestión individualizada de la dieta hay buenas posibilidades de ponerle freno al Parkinson. Se pueden aliviar los síntomas y reducir el ritmo de incremento de las dosis de medicamentos. Recomiendo lo siguiente:

- Acuda a un consultor nutricional que pueda evaluar sus deficiencias, problemas digestivos y funcionamiento del hígado.
- Intente una estrategia personalizada que incluya una dieta específica que maximice los efectos de cualquier medicación.
- Evite las toxinas medioambientales y consuma alimentos orgánicos siempre que pueda.
- Haga todo lo posible para reducir su nivel de estrés.
- Reduzca la autointoxicación producida por el estreñimiento comiendo ocho ciruelas, higos o albaricoques antes de cada comida.

Capítulo 35
PREVENIR LA PÉRDIDA DE MEMORIA RELACIONADA CON LA EDAD

Estamos en el umbral de una nueva enfermedad. No es demencia, senilidad ni Alzheimer, aunque marca el comienzo de un declive. Es la disminución de la memoria o del estado de ánimo relacionados con la edad. Afecta al menos a una de cada cuatro personas de más de 60 años y la mayoría lo aceptan como una consecuencia inevitable pero indeseable del envejecimiento.

Imagine el escenario: «doctor, tengo cincuenta y cinco años y no hay duda que mi memoria no es tan buena como solía serlo. ¿Qué me puede recomendar?» Después le hacen a usted toda una serie de preguntas y se llega a la conclusión de que no es demencia ni Alzheimer, seguido del «es simplemente lo que sucede en una fase avanzada de la vida». Por supuesto, las empresas farmacéuticas están al corriente de esta oportunidad y están presionando para que se clasifique oficialmente como una enfermedad. «La pérdida de memoria relacionada con la edad afecta a más gente que el Alzheimer, aunque, ciertamente, es una afección mucho menos grave» afirma el doctor Paul Williams, de los laboratorios Glaxo Pharmaceuticals, añadiendo a continuación: «creemos que hay al menos 4 millones de personas en el Reino Unido que lo sufren». Glaxo ha estado desarrollando medicamentos para aumentar la memoria y el rendimiento mental. De hecho, ya han patentado los principales y están trabajando con los que se tratan en el capítulo 37 y que pronto se recetarán dentro de este panorama. Según las empresas farmacéuticas, la disminución de la memoria se está convirtiendo en un problema masivo y extenso.

La buena noticia es que hay algo que usted puede hacer, y la manera de comenzar es con una nutrición óptima.

Un estímulo para el cerebro que envejece

Vitalidad propulsada mediante vitaminas

El error de que se obtiene todo lo que se necesita con una dieta bien equilibrada va incrementándose al ir envejeciendo. En primer lugar, para muchas personas disminuye la capacidad de digerir y absorber nutrientes. Un hallazgo común entre personas de edad avanzada es que disminuye la producción de ácido clorhídrico en el estómago, lo que afecta inmediatamente a la capacidad de digerir proteínas, vitaminas y minerales. Además, para la mayoría de nosotros, lo mismo sucede con el ejercicio y la actividad física en general y, en consecuencia, con el apetito. Menos alimento significa menos nutrientes.

La circulación sanguínea, al menos para muchos, empeora con la edad, por lo que llegarán menos nutrientes al cerebro. Una causa subyacente a muchas de las enfermedades producidas en edad avanzada –cáncer, cardiopatías, diabetes y Alzheimer– es la inflamación. El aumento de los procesos inflamatorios en el cerebro, que acaban por dañar las neuronas, puede dejar a este órgano con una enorme necesidad de ciertos nutrientes. Los cinco famosos son:

- Vitaminas B.
- Antioxidantes.
- Elementos vestigiales.
- Ácidos grasos esenciales.
- Fosfolípidos.

Mientras que en la parte 1 se veían los antecedentes sobre su importancia para la salud del cerebro, cuando esta se manifiesta en realidad es en la vejez; entonces se muestra como una evidencia apabullante. Muchos estudios han demostrado que suplementos multivitamínicos que contengan cantidades moderadas de vitaminas y elementos vestigiales pueden ser enormemente útiles. Una de las investigaciones más completas fue la realizada por el doctor Rakesh Chandra, de la Memorial University, de Terranova, en Canadá.

El doctor Chandra decidió comprobar si los suplementos de vitaminas y elementos vestigiales en cantidades moderadas podían mejorar la memoria y el rendimiento intelectual en sujetos ancianos sanos. Administró durante 12 meses a 96 hombres y mujeres de este tipo, todos de más de 65 años, un suplemento diario de elementos vestigiales y vitaminas o un placebo. Al comienzo y al final del estudio se midieron los niveles de nutrientes en sangre, lo mismo que su memoria inmediata y a largo plazo, pensamiento abstracto, capacidad de resolver problemas y atención. De las 86 personas que completaron el año, los que tomaban los suplementos mostraron una mejoría muy significativa en todos los tests cognitivos, excepto en la memoria a largo plazo. Halló también que cuanto menor era el nivel de nutrientes en sangre, peor era el rendimiento intelectual.

Las multivitaminas no sólo mejoran su rendimiento mental, sino que le hacen a usted también más feliz. En otro ensayo de doble ciego controlado con placebo, se administró a personas ancianas un suplemento del complejo de vitaminas B que contenía 10 mg de B_1, B_2 y B_6. Esto es diez veces la CRD. Comparado con los que tomaban placebo, se produjo un gran mejoría en su estado de ánimo.

Protección de los antioxidantes

Las mejores vitaminas para estimular su estado de ánimo y su memoria son los antioxidantes, que incluye las A, C y E, aunque los minerales selenio y cinc y el nutriente semiesencial co-enzima Q poseen también propiedades antioxidantes. Esto no sólo protege al cerebro contra la oxidación, sino que mejora asimismo el suministro de oxígeno, que es el nutriente cerebral más crítico. Lo mismo sucede con la deficiencia en vitaminas B, en especial el ácido fólico y la B_{12}, que provocan anemia y la incapacidad de un adecuado transporte de oxígeno hasta el cerebro, y las vitaminas B_1, B_2 y B_3, que le ayudan a utilizar ese oxígeno y a generar energía en todas sus células.

Cuantos más antioxidantes tenga en la sangre, mejor será su memoria. Esto es lo que han descubierto los investigadores de la Universidad de Berna, en Suiza, que analizaron a 442 personas de 65 a 94 años. Los que tenían mayores niveles de vitamina C y beta-caroteno en su sangre daban las mejores puntuaciones en los test de memoria. Otros investigadores, en los Estados Unidos, hallaron una relación positiva similar entre la vitamina E y el rendimiento de la memoria.

La probable explicación a estas asociaciones es que los antioxidantes mejoran la circulación y reducen el riesgo de enfermedades cardíacas. Cada vez es más evidente que el Alzheimer y las enfermedades del corazón comparten los mismos factores y mecanismos de riesgo. Cuanto más se inflaman y dañan las arterias, también lo hace el cerebro.

Los antioxidantes no sólo protegen al cerebro frente a la oxidación, sino que reducen también la inflamación, que a menudo se caracteriza por dolor e hinchamiento, pero que lo hace de un modo insidiosamente invisible en el cerebro. Cuando el cuerpo excede su capacidad de desintoxicación, por ejemplo si el hígado está sobrecargado de alcohol, la inflamación es el resultado. Mejorando el funcionamiento del hígado mediante el aumento de la ingesta de nutrientes favorables para este órgano tales como antioxidantes, metilsulfonil-metano o MSM, glutatión y cisteína, se ayuda a reducir la carga para el cerebro.

De hecho, existe una conexión directa entre las funciones hepáticas y cognitivas. Al investigar la razón de los problemas de memoria y de concentración en alcohólicos, en un estudio de 280 pacientes con lesiones hepáticas realizado en la John Hopkins University School of Medicine, en Baltimore, Estados Unidos, se encontró que este deterioro cognitivo era resultado del daño sufrido por el hígado, más que directamente por la toma de alcohol, por cuanto que las personas con lesiones hepáticas no relacionadas con el alcohol muestran una reducción similar en su capacidad cognitiva. Ya que la mayoría de los complementos multivitamínicos aportan pequeñas cantidades de estos antioxidantes, vale la pena aumentar su toma a medida que uno envejece. Al aproximarse a la vejez, el doctor Linus Pauling aumentó su ingesta de vitamina C hasta 10 g. Las ratas producen el equivalente a 3 g y las cabras, 16 g al día. Los seres humanos hemos perdido la capacidad de fabricar vitamina C, afirma, y sufrimos las consecuencias en la edad avanzada.

Recomiendo una cantidad óptima de 3 g de vitamina C cuando está en los 40, 4 g en los 50, 5 g en los 60, etc., dividido en dos dosis diarias. Para la vitamina E, la fórmula mágica es de 100 UI por cada década. Por tanto, si tiene 60 años deberá tomar 600 UI (400 mg) diarios.

A por las buenas grasas

También vale la pena incrementar la ingesta de ácidos grasos esenciales, en especial los omega-3. Simplemente tomando tres raciones de pescado graso (arenque, salmón, bonito o atún) a la semana, reducirá a la mitad el riesgo de sufrir un ataque de corazón. Como hemos estado viendo, la enfermedad cardiovascular y la disminución de la memoria van íntimamente relacionadas. Los ácidos grasos omega-3 no sólo son unos agentes antiinflamatorios extremadamente poderosos, sino que participan también en las memorias codificadas. Una teoría sobre la memoria afirma que está codificada en lipoproteínas, formadas por grasas esenciales y fosfolípidos. Otra teoría señala que la memoria se codifica en el ARN, la molécula mensajera encargada de fabricar nuevas células. Puesto que las células del cerebro se sustituyen y construyen permanentemente, la memoria debe ser transmisible. Si esta teoría es correcta, el cinc es importante para la memoria ya, que es esencial para sintetizar ARN. El pescado no sólo es una buena fuente de ácidos grasos omega-3, sino que también es rico en ARN y cinc.

Como veremos en el próximo capítulo, se han conseguido resultados sorprendentes con el Alzheimer administrando suplementos de aceite de pescado con omega-3, y no hay razón para suponer que estos suplementos no puedan mejorar la mente y la memoria y evitar que se desarrolle la demencia. Cuando llegue a los 50, le recomendaría 1.000 mg de DHA/EPA al día. La mayoría de los suplementos proporcionan de 400 a 600 mg, lo que equivale a dos cápsulas de aceite de pescado al día.

La acetilcolina, la clave de la memoria

Tal como vimos en el capítulo 5, la acetilcolina es el neurotransmisor de la mente y de la memoria, que le ayuda a aprender nueva información. Está hecha de colina, cuya forma más utilizable es la CDP colina (conocida también como citicolina), seguida de la fosfatidilcolina. Estos fosfolípidos ayudan también a fabricar membranas cerebrales, y así protegen del declive en número y eficacia de las neuronas.

A medida que usted envejece, disminuye el número de neuronas y de sinapsis, con lo que la memoria y las emociones se desajustan. Sin embargo, no necesariamente tiene que suceder esto si puede aportarle al cerebro esos fosfolípidos y grasas esenciales.

Tal como puede ver en la figura de la página siguiente, lo que tiene que hacer es llevar fosfatidilcolina al cerebro. Aunque sería lógico pensar que un suplemento de esta sustancia sería la mejor manera de hacerlo, gran parte de ella se degrada en colina antes de llegar al cerebro. Pero eso no sucede con la citicolina. Esta resulta mucho más eficaz para aumentar la construcción de membranas en el cerebro. Puesto que los fosfolípidos literalmente chupan las grasas esenciales, combinando citicolina y fosfatidilcolina, además de ácidos grasos esenciales, se consiguen los mejores resultados. Esto puede mantenerle alerta durante toda la vida. Por tanto, también son los nutrientes esenciales después de un ataque.

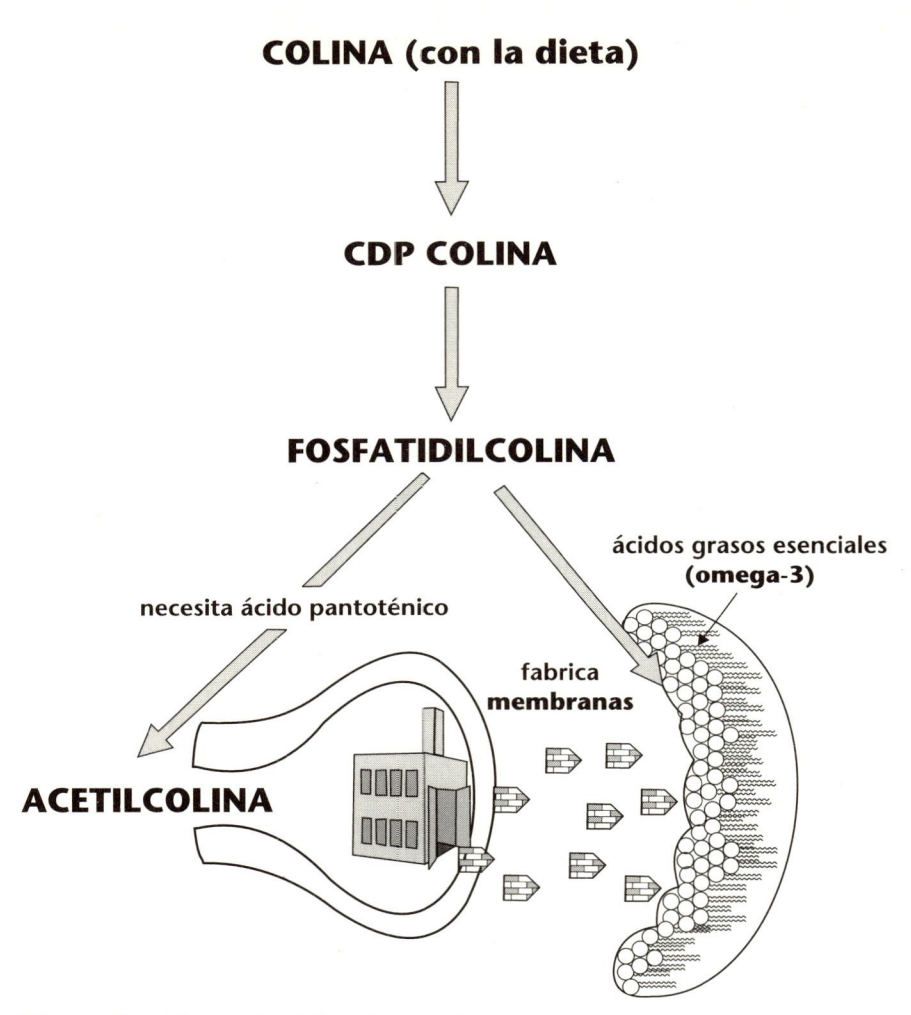

```
                    COLINA (con la dieta)
                              ↓
                         CDP COLINA
                              ↓
                      FOSFATIDILCOLINA

                                        ácidos grasos esenciales
                                              (omega-3)
          necesita ácido pantoténico
                                         fabrica
                                        membranas

          ACETILCOLINA
```

Figura 31. Producción de fosfolípidos en el cerebro.

Otro fosfolípido, la fosfatidilserina, también ha demostrado sus efectos estimulantes de la memoria. En un estudio realizado con animales, la fosfatidilserina resulta especialmente buena para invertir el declive de la memoria relacionado con la edad. Las investigaciones llevadas a cabo con ratas en el Yakult Central Institute for Microbiological Research, hallaron que 60 días de administración de suplementos de fosfatidilserina podían mejorar la función mental en ratas viejas con declive de la memoria relacionado con la edad, comparado con individuos jóvenes. Los estudios con seres humanos han mostrado también que la fosfatidilserina es eficaz para invertir el declive de la memoria (véase capítulo 13).

Otros ayudantes para la acetilcolina, como DMAE, piroglutamato y ácido pantoténico, son también útiles para tomarlos en suplementos diarios. A menudo se encuentran en formulaciones para la estimulación cerebral.

El ginkgo mejora la circulación

Otro estimulador demostrado del cerebro, especialmente para edades avanzadas, es el ginkgo biloba. Estudios realizados con personas más jóvenes han demostrado que es beneficioso siempre, y en personas ancianas, en particular las que presentan problemas circulatorios, ha dado resultados muy positivos. Una revisión de diez estudios que analizaban los resultados de ginkgo en gente con problemas circulatorios realizada en la Universidad de Limburg, en los Países Bajos, encontró una mejoría significativa de la memoria, la capacidad de concentración y el estado de ánimo. Un ensayo de doble ciego más amplio controlado mediante placebo, llevado a cabo en Francia, halló una mejoría considerable en la velocidad de procesamiento cognitivo en personas de 60 a 80 años, casi comparable con la de gente joven y sana, cuando se les administraban 320 mg diarios. El ginkgo biloba puede ser también útil en las depresiones seniles, pues se ha demostrado que aumenta los lugares receptores de serotonina en ratas viejas, pero no en las jóvenes, lo que indica que puede bloquear una pérdida de receptores de esta sustancia relacionada con la edad. El ginkgo contiene dos sustancias fitoquímicas llamadas ginkgoflavona glucósidos y terpeno lactonas, que le confieren unas notables propiedades curativas. El ginkgo suele encontrarse en forma de cápsulas; deberá buscar una marca que muestre la concentración de flavonoides, para conocer su fuerza. La concentración recomendada es del 24 por ciento, y habrá que tomar de 30 a 50 mg hasta 3 veces al día. El ginkgo se incluye a veces también en las formulaciones de nutrientes para el cerebro.

Tranquilo, úselo o déjelo y manténgase en forma

El estrés tiene también un enorme impacto sobre nuestra memoria. Una dosis suave puede realmente estimularla, tanto a ella como a la agudeza mental, pero el estrés a largo plazo es malo: pone en circulación un exceso de la hormona cortisol, que literalmente daña el cerebro. Se han relacionado los niveles elevados de esta hormona con falta de memoria y la reducción del centro que se encarga de clasificarla en el cerebro. Después de sólo dos semanas de niveles de cortisol altos, los «brazos» de las células cerebrales que conectan unas con otras comienzan a encogerse, según indican las investigaciones realizadas en la Universidad de Stanford, en California, por Robert Sapolsky, profesor de ciencias neuronales. La buena noticia es que esos daños no son permanentes. Deteniendo el estrés, las dendritas vuelven a crecer. Una manera de reducir sus niveles de estrés es disminuyendo la ingesta de azúcar y estimulantes. Cuanto más dependa de estos últimos, tantas más probabilidades tiene de reaccionar con estrés a los inevitables retos de la vida.

Con la nutrición correcta y una actitud adecuada, no tiene por qué perder usted memoria con la edad. Puede construir nuevas células cerebrales a cualquier edad. Las investigaciones demuestran con claridad que las personas sanas y con un buen nivel educativo no presentan declive en las funciones cerebrales hasta su muerte, y que no se produce necesariamente una reducción del cerebro después de los 65 años. Es la situación de «usarlo o tirarlo».

Lo único que necesita su cerebro es ejercicio. El ejercicio físico tiene un efecto directo sobre las facultades mentales, probablemente al mejorar la circulación. Una investigación publicada en el *Journal of Internal Medicine* encontró que pasear con regularidad mejora la memoria y reduce los signos de demencia. El umbral para conseguir este efecto positivo son unos 1.000 pasos, poco más de 1,5 kilómetros diarios.

Los pasos que tiene que tomar para mantenerse en forma son, en esencia, los mismos que hacen falta para maximizar su memoria y su alerta mental a una edad más temprana. Por tanto, tenga bien 20 o 60 años, ahora es el momento de actuar. Sin embargo, si tiene más de 50 vale la pena aumentar las cantidades de los nutrientes favorables para el cerebro.

En resumen, para contrarrestar el declive de la memoria relacionado con la edad:

- Coma pescado graso tres veces por semana.
- Consuma gran cantidad de frutas y verduras, ricas en antioxidantes.
- Tome suplementos multivitamínicos y minerales.
- Tome un suplemento de entre 3 y 8 g de vitamina C al día, aumentando las tomas con la edad.
- Tome un suplemento de 100 UI de vitamina E al día por cada década de vida.
- Tome un suplemento de 2 cápsulas de aceite de pescado que proporcionen 1.000 mg de EPA/DHA.
- Tome un suplemento de fosfolípidos (fosfatidilcolina, citicolina y serina).
- Tome un suplemento de una formulación de nutrientes para el cerebro que contenga fosfolípidos, piroglutamato, DMAE, ácido pantotémico, ginkgo biloba y/o vinpocetina.
- Manténgase en forma.

- Aprenda nuevas cosas continuamente.
- Reduzca el estrés en su vida.

Si hace todo esto, no hay motivo para que su memoria y sus facultades mentales disminuyan con la edad. Según afirmaba en 1960 Leonard Larson, presidente de la American Medical Association: «No hay enfermedades de la vejez, sino simplemente enfermedades entre los viejos.»

Capítulo 36
DIGA NO AL ALZHEIMER

Los problemas comenzaron en el trabajo. Sólo poca cosa: falló en un proyecto, olvidó el nombre de alguien en la oficina. Después olvidó el camino hacia la cafetería. Su supervisor le sugirió que quizás era el momento de que se retirara. A partir de entonces las cosas comenzaron a empeorar. Su médico atribuyó las quejas a los síntomas del proceso normal de envejecimiento. Pero no fue hasta que Joan se fue de paseo una nevada tarde de invierno, vistiendo un traje de verano, cuando su familia se dio cuenta de que algo malo estaba pasando.

Este caso, recogido por el neurólogo doctor Jay Lombard y el nutricionista Carl Germano, autores de *Brain Wellness Plan*, es típico. ¿Qué puede haber peor que perder la mente mientras que el cuerpo sigue funcionando durante años? Es esto precisamente lo que le sucede a una de cada diez personas de más de 65 años y a uno de cada dos de más de 85 años. En la actualidad, hay medio millón de personas que sufren Alzheimer en Gran Bretaña, lo que cuesta al servicio nacional de salud 21.000 millones de euros al año. Con una población que va envejeciendo, la predicción es que en 2030 el 20 por ciento de las personas de más de 65 años padezcan Alzheimer. El estrés que eso supone para el paciente y para su familia es inmenso. Para muchas personas que comienzan a padecerlo, los primeros signos son depresión, irritabilidad, confusión y olvidos.

La buena noticia es que a menudo el Alzheimer puede detenerse y que en algunos casos, incluso, es posible invertirlo mediante un enfoque apropiado que recurra a una nutrición óptima y ciertos medicamentos que se tratan en el próximo capítulo. Tom Warren es un buen ejemplo. Hace quince años, a Tom le diagnosticaron la enfermedad y su médico le dijo que le quedaban siete años de vida y que no había nada que pudiera hacerse. Hoy, Tom está completamente curado de la demencia. Ha escrito un libro sobre su recuperación y está trabajando en otro. Una de las razones por la que esto es posible es que constantemente se están fabricando nuevas células en el cerebro y que, en condiciones apropiadas, puede estimularse ese crecimiento.

Las raíces del Alzheimer

El Alzheimer es una enfermedad compleja sin una única causa, pero con muchos factores contribuyentes. Numerosos investigadores coinciden hoy en la idea de que es una enfermedad degenerativa que se desarrolla en buena medida debido a las consecuencias, a largo plazo, de una mala nutrición y la exposición a antinutrientes, de manera muy parecida a como sucede con las enfermedades cardiovasculares, y que la solución a largo plazo, debe suponer un cambio fundamental en la dieta de la persona. Entre los factores que contribuyen se encuentran:

- Predisposición genética.
- Mala nutrición.
- Problemas digestivos y de desintoxicación.
- Problemas circulatorios.
- Infecciones víricas.
- Acumulación de tóxicos en el cerebro.
- Daños causados por oxidantes.
- Inflamación.
- Estrés y cortisol.

Cada uno de ellos, con la excepción de la predisposición genética, puede prevenirse. Incluso en el caso de poseer los genes que lo favorecen, eso no es suficiente para causar la enfermedad. El gen en cuestión se llama apolipoproteína E, o ApoE abreviadamente. Ayuda a transportar el colesterol y construye membranas sanas para las neuronas cerebrales. Las personas que heredan un tipo especial de este gen, el llamado ApoE4, tienen el doble de riesgo de desarrollar Alzheimer. La presencia de este gen defectuoso se usa hoy como marcador para predecir el riesgo.

Pero incluso este riesgo puede que no se haga nunca realidad salvo que prevalezcan otras circunstancias, tales como una infección vírica o una mala nutrición. Una de ellas es la infección con el virus del herpes simplex, según los estudios realizados en el laboratorio de neurobiología molecular de Manchester y que se describieron en *Lancet* en 1997. Demuestran que los virus pueden dañar los genes y modificar el mensaje que proporcionan a las células del cerebro, provocando un daño celular. La cuestión, es entonces: ¿qué protege a los genes? La respuesta, de nuevo, es: una nutrición óptima.

La vitamina E para la prevención y el tratamiento

Se ha demostrado que la vitamina E y el selenio impiden que los virus modifiquen el mensaje genético, por lo que puede ser que sólo aquellos deficientes en estos nutrientes que hayan sido infectados por ciertos virus tengan una mayor susceptibilidad al Alzheimer. Esto explicaría, en parte, por qué quienes reciben un suplemento de vitamina E tienen un riesgo menor. Un estudio reciente realizado en los Estados Unidos administró a 633 personas de más de 65 años y libres de la enfermedad unas cantidades grandes de vitamina E o vitamina C. Por las leyes de la probabilidad, habría que esperar que un pequeño número de cada grupo desarrollara los síntomas del Alzheimer cinco años después. Ninguno los presentó. Otro estudio, publicado en el *Journal of the American Medical Association* encontró que el riesgo de desarrollar la enfermedad era un 67 por ciento inferior en las personas que tenían una ingesta alta de vitamina E con la dieta que en las de una ingesta baja.

La vitamina E no sólo desempeña un papel clave en la prevención temprana, sino que también ralentiza el avance de la enfermedad. En un histórico estudio publicado en 1997 en el *New England Journal of Medicine*, se administró a un grupo de pacientes 2.000 UI de vitamina E, el fármaco selegiline o un placebo. Se demostró que la vitamina E reduce de manera muy significativa el avance, aliviando así el sufrimiento del paciente y de su familia. El doctor Leon Thal, de la Universidad de California, uno de los que dirigió este estudio, afirmaba: «Los resultados de este estudio se utilizarán para cambiar las prácticas de prescripción en los Estados Unidos y, probablemente, en muchas otras partes del mundo.» Ahora, al menos en los Estados Unidos, la American Psychiatric Association recomienda los suplementos de vitaminia E para los pacientes de Alzheimer.

Otros antioxidantes, que incluyen vitamina C, betacaroteno, cisteína, ácido lipoico, glutation, antocianidinas y coenzima Q10, son también importantes. Se tratan en el capítulo 8 y deberán incluirse en una estrategia nutricional completa para hacer máxima la recuperación de la enfermedad.

El Alzheimer es una enfermedad inflamatoria

Es muy probable que las enfermedades cardiovasculares y el Alzheimer sean el resultado del mismo proceso o de uno muy similar. No sólo la existencia de una enfermedad cardiovascular puede aumentar notablemente las probabilidades de padecer Alzheimer, en especial si se tiene el gen ApoE4, sino que muchas de las mismas causas, incluidos el exceso de oxidantes y la falta de antioxidantes, son aplicables a ambas afecciones. Cuando aparece una enfermedad cardiovascular, los bloqueos de las arterias pueden dar lugar a un mal suministro de nutrientes clave al cerebro. Sin un buen aporte de antioxidantes, por ejemplo, las células cerebrales se vuelven más vulnerables al daño causado por los radicales libres.

La enfermedad cardiovascular está íntimamente ligada a la falta de antioxidantes y a la excesiva exposición a los oxidantes, por ejemplo a los procedentes de los fritos o del tabaco. Los nutrientes antioxidantes como las vitaminas C y E, que está demostrado que ayudan en ambas enfermedades, no sólo eliminan estos contaminantes, sino que reducen también la inflamación.

La prueba diagnóstica del Alzheimer, distinta a otras formas de demencia, es la presencia en el cerebro de placas de células muertas y otros materiales residuales. En el núcleo de estas placas se ha encontrado una sustancia llamada «beta-amiloide». Es una proteína anormal que también se encuentra en las placas de depósitos arteriales. El beta-amiloide es un invasor tóxico que aparece cuando el cuerpo se encuentra en «estado de emergencia», que da como resultado una inflamación cuando el sistema inmunológico se vuelve hiperreactivo. Es también lo que sucede cuando la sobrecarga medioambiental total de una persona excede su capacidad genética de adaptación. Visto de esta manera, la presencia del gen ApoE4 significa sencillamente una menor capacidad de adaptación frente a las agresiones de la dieta y el modo de vida actuales, mientras que una nutrición óptima significa una mayor capacidad adaptativa que le ofrece al cerebro y al cuerpo un entorno químico menos tóxico. La inflamación, en este modelo, es la campana de aviso.

En efecto, las investigaciones han demostrado que la toma de fármacos antiinflamatorios ofrece cierta protección frente al Alzheimer, lo cual es consecuente con la hipótesis de que el daño provocado a las células del cerebro es parte de una reacción inflamatoria global. Significa también que los nutrientes antiinflamatorios naturales podrían ser importantes en las estrategias preventivas, en particular porque los que se basan en cortisona podrían empeorar las cosas (véase más adelante).

Si la inflamación es la clave, la manera de prevenir e invertir el daño en el cerebro causado por el Alzheimer es reducir las causas de esa inflamación y aumentar los nutrientes antiinflamatorios naturales, tales como los antioxidantes y los ácidos grasos omega-3. La inflamación pueden causarla el exceso de oxidantes, demasiada homocisteína, problemas digestivos que provocan una mala desintoxicación hepática y un exceso de estrés.

El estrés, el cortisol y la pérdida de memoria

Bajo un estrés prolongado, el cuerpo produce la hormona cortisol. En el capítulo 1 mencionamos los trabajos del profesor Robert Sapolsky, de la Universidad de Stanford. Sus investigaciones han demostrado que, aunque el cortisol sea una poderosa hormona antiinflamatoria, en niveles elevados puede dañar al cerebro. En sus estudios con ratas encontró que dos semanas de estrés inducido, que provocan niveles elevados de cortisol, hacen que las dendritas, que son las conexiones entre las células del cerebro, se encojan. Cree que la pérdida de células cerebrales con el envejecimiento y el Alzheimer puede deberse, en parte, a los elevados niveles de cortisol, y recomienda no utilizar los fármacos que lo contengan en los enfermos de Alzheimer para luchar contra otras afecciones como el asma o la artritis. Este estudio señala que la capacidad de crear un estilo de vida que evite un estrés continuo es también importante para reducir el riesgo de sufrir Alzheimer.

El agotamiento adrenal puede conducir asimismo a una falta de cortisol, que aumenta la inflamación. Se trata, pues, de una cuestión de equilibrio. Hay algunas pruebas de que la DHEA, una hormona adrenal que se trata en el siguiente capítulo, puede resultar de utilidad para restaurar el equilibrio de hormonas adrenales de los enfermos de Alzheimer que presenten signos de agotamiento adrenal.

Digestión y desintoxicación

Aunque sin explorar todavía en buena medida, es muy probable que los problemas digestivos que provocan una mala desintoxicación en el hígado y que conducen a un aumento de la carga tóxica en el cerebro, sean parte de la situación que genera la inflamación. Se cree hoy que intervienen en el cuadro del Parkinson (véase la página 360) y que, con gran probabilidad, desempeñarán un papel significativo en la lucha contra la enfermedad. La conexión es también probable porque una mala nutrición y una mala absorción, que son características de los enfermos de Alzheimer, significan una mala desintoxicación. Ya que el cerebro es incapaz de lidiar con las toxinas, su presencia dispara la inflamación, que es la reacción natural del cuerpo a una agresión. Esto significa también que muchos nutrientes que mejoran la digestión, la absorción y la desintoxicación pueden ayudar a los afectados de Alzheimer. Entre ellos se incluyen los aminoácidos l-glutamina, cisteína y glutation.

¿Cómo está de homocisteína?

La homocisteína es un ejemplo de toxina frente a la cual el cerebro no puede protegerse. Se fabrica en el cuerpo a partir de un aminoácido beneficioso, la metionina, cuando una persona es deficiente en vitamina B_6 o en ácido fólico.

La teoría de que la homocisteína podría estar detrás de la arterioesclerosis y de las cardiopatías fue propuesta por vez primera por el doctor Kilmer McCully en 1969, aunque nunca se tomó en serio. Fue así hasta que el Grupo Europeo de Acción Concertada, un consorcio de médicos e investigadores de 19 centros médicos de 9 países europeos, estudió a 750 personas de menos de 60 años que padecían arteriosclerosis, comparándolas con otras 800 libres de esta enfermedad cardiovascular. Encontraron que tener un nivel alto de homocisteína en la sangre era un factor de riesgo de enfermedad cardiovascular tan grande como el tabaco o los niveles de colesterol en sangre elevados. Los pertenecientes a la quinta parte con un nivel más alto de esta sustancia presentaban doble riesgo de padecer la enfermedad. Dicho con otras palabras, el 20 por ciento de las personas tiene el doble de riesgo de padecer problemas cardiovasculares debido a sus niveles elevados de homocisteína.

Encontraron también que los que tomaban suplementos vitamínicos reducían su riesgo a un tercio de los que no los tomaban. Cuando compararon los niveles en sangre de la vitamina B_6 y el ácido fólico, encontraron que existía una relación directa entre un aumento en los niveles de homocisteína y un descenso de ácido fólico y vitamina B_6, siendo la asociación más estrecha la de la vitamina.

Pero, se preguntará, ¿qué tiene que ver todo esto con el Alzheimer? El doctor Matsu Toshifumi y sus colaboradores de la Universidad de Tohoku, en Japón, se preguntaron si la homocisteína también estaba dañando al cerebro. Para comprobarlo, escanearon el cerebro de 153 ancianos y lo cotejaron con el nivel de esta sustancia en cada individuo. La evidencia era clara: cuanto más homocisteína, mayor era el daño en el cerebro. Confirmaron también que los niveles altos de homocisteína guardaban una estrecha correlación con los niveles bajos de ácido fólico. Otros investigadores han hallado asimismo que los ancianos con niveles bajos de ácido fólico tienen mayor riesgo de desarrollar Alzheimer, y el doctor David Snowdon, de la Universidad de Kentucky, ha confirmado en autopsias que cuanto más bajos son los niveles de ácido fólico en suero, mayor es el daño neurológico que sufre la persona.

Un estudio publicado recientemente en el *New England Journal of Medicine* presentaba un gráfico de 1.092 ancianos sin demencia, que medía sus niveles de homocisteína. Ocho años después, a 111 se les diagnosticó demencia, de los cuales 83 eran de Alzheimer. Los que tenían niveles elevados de homocisteína en sangre (más de 14 µmol/l) tenían el doble de riesgo de Alzheimer. Esto indica con claridad que la nutrición óptima, al menos, reduce a la mitad el riesgo de desarrollar la enfermedad en años posteriores al disminuir la homocisteína.

Las vitaminas B: los mejores amigos de su cerebro

Aunque la conexión con la homocisteína se encuentre en las etapas iniciales de investigación, lo que sí confirma es la importancia de tener una ingesta óptima de B_6 y ácido fólico para las personas mayores, lo que significa 100 mg y 1.000 mcg diarios respectivamente. Estas vitaminas ayudan al cuerpo a hacer un uso adecuado del benéfico aminoácido metionina, que contiene azufre, en lugar de producir la homocisteína tóxica.

Las vitaminas B hacen para el cerebro mucho más que reducir los niveles de homocisteína. El oxígeno, el nutriente más crítico y peligroso de todos, depende de la vitamina B_{12}, el ácido fólico, la niacina y los ácidos grasos esenciales para ser transportado y utilizado por el cerebro. Se sabe desde hace mucho tiempo que la deficiencia en vitamina B_1 provoca daños cerebrales. Uno de los problemas más peligrosos del consumo excesivo de alcohol es la deficiencia inducida de B_1. Se conoce como síndrome de Wernicke-Korsakof. Entre sus síntomas están la ansiedad y la depresión, los pensamientos obsesivos, confusión, falta de memoria (en especial de los sucesos recientes) y distorsión temporal, lo que lo hace no tan distinto del Alzheimer.

La vitamina B_3 (niacina) es crucial para la utilización del oxígeno. Se incorpora al coenzima NAD (nicotinamida-adenosina-dinucleótido), y muchas de las reacciones en las que interviene el oxígeno necesitan NAD. Sin ella pueden producirse pelagra y senilidad. Por estas razones, la ingesta óptima de vitaminas B es una parte importante en el plan de prevención del Alzheimer.

Aluminio, mercurio y otros

Otra toxina cerebral que se encuentra en las placas de los enfermos de Alzheimer es el aluminio. Aunque numerosísimos estudios han mostrado que un incremento de la acumulación de este elemento, lo que no está claro, es si es la causa o la consecuencia de la enfermedad. La probabilidad es que haya de ambas cosas y que contribuya de manera significativa a los problemas de memoria. En un estudio realizado en la década de 1980 entre 647 mineros canadienses dedicados a la búsqueda de oro, que habían inhalado aluminio de manera rutinaria desde los años cuarenta (se utilizó habitualmente, pues se pensaba que se evitaba así la intoxicación con sílice), todos dieron resultados «desfavorables» en las funciones cognitivas, lo que indica una clara relación entre el aluminio y la pérdida de memoria.

El aluminio nos rodea por todas partes: en la aspirina, antiácidos, fármacos antidiarreicos, bizcochos, harina tratada para bollería, quesos procesados, levadura para pan, agua potable, leche, polvos de talco, humo del tabaco, latas de bebidas, utensilios de cocina, contaminantes atmosféricos y papel de aluminio. El cuerpo lo absorbe poco, salvo que usted tenga deficiencia de cinc, algo que le sucede a la mitad de la población. Se vuelve también mucho más absorbible en condiciones ácidas. Así, por ejemplo, si hierve té que contiene ácido tánico, o ruibarbo, que contiene ácido oxálico, en un recipiente viejo de aluminio, el elemento puede pasar de ahí a la bebida. Es fácil medir el nivel de aluminio mediante un análisis de los minerales del cabello. Si es alto, es importante que encuentre la fuente potencial de este elemento en su dieta y su estilo de vida y que lo reduzca. He visto muy a menudo, por ejemplo, unos niveles elevados en chicas que asaban alimentos a la parrilla directamente sobre papel de aluminio. El mercurio es otra causa de preocupación. Las autopsias realizadas en cerebros de pacientes de Alzheimer, comparados con los de control de la misma edad, han mostrado niveles elevados de mercurio. Investigadores de la Universidad de Basilea, en Suiza, han encontrado también niveles de mercurio en sangre altos, en más del doble que en el grupo de control, en pacientes de Alzheimer, siendo aquellos en los que la enfermedad se inició antes los que presentaban valores más altos de todos. Cantidades vestigiales de este elemento pueden causar el tipo de lesiones nerviosas características del Alzheimer, según un reciente estudio de la facultad de medicina de Calgary, que indicaba que las pequeñas cantidades a las que nos encontramos expuestos, por ejemplo de los empastes de odontología, pueden contribuir a la pérdida de memoria. Aunque la investigación sobre la conexión entre el mercurio y el Alzheimer se encuentra en pañales, es prudente reducir la exposición a este metal tan tóxico. En el capítulo 10 se explica cómo analizar y reducir la carga tóxica de aluminio, mercurio y otros contaminantes del cerebro.

Sólo hay que conectar: acetilcolina y memoria

Cualquiera que sea la causa que contribuye al daño cerebral observado en el Alzheimer, una vez que este órgano se lesiona se produce una pérdida de memoria. Comprender el modo en que esto sucede abre vías de tratamiento.

Un recuerdo no reside en una, sino en varias células cerebrales unidas entre sí en una red. Se cree que la memoria en sí misma se almacena gracias al neurotransisor acetilcolina, y que se produce alterando la estructura del ARN dentro de las células cerebrales. El sistema límbico, que está situado inmediatamente debajo de la corteza cerebral, ha de decidir si vale la pena guardar el recuerdo. Las amígdalas cerebrales, que son parte del sistema límbico, deciden sobre los recuerdos emocionales, mientras que el hipocampo decide sobre otros. En el Alzheimer, el hipocampo pierde su capacidad de guardar recuerdos, con el agravante de la incapacidad de crear otros nuevos. La gente con esta enfermedad muestra también notables deficiencias de acetilcolina, sin duda porque las células cerebrales que la producen han resultado dañadas o destruidas.

Incluso si la memoria está intacta, si no tiene usted suficiente acetilcolina, no podrá conectar una parte de la memoria con las otras. Por ejemplo, reconoce el rostro pero no puede recordar el nombre.

Estimular las moléculas de la memoria

De manera muy parecida al Prozac, que detiene la degradación del neurotransmisor serotonina (cuya deficiencia va ligada a la depresión), los fármacos actuales para tratar el Alzheimer bloquean la degradación de la acetilcolina. Estos medicamentos provocan efectos secundarios desagradables, y la alternativa es administrar suplementos con los nutrientes que el cerebro usa para fabricar acetilcolina. Se trata de fosfatidilcolina, CDO colina y ácido pantoténico (vitamina B_5).

Los estudios que utilizan piracetam, un fármaco basado en el aminoácido piroglutamato, han demostrado obtener claras mejorías en la memoria, el estado de ánimo y las capacidades cognitivas tanto en animales como en seres humanos. Un estudio publicado en 1988 por los doctores H. Pilch y W.E. Muller, encontró que los ratones a los que se había administrado piracetam durante dos semanas tenían entre un 30 y un 40 por ciento más de receptores de acetilcolina que antes. Esto indica que las moléculas del tipo del piroglutamato pueden tener también un efecto regenerador sobre el sistema nervioso (véase el siguiente capítulo para más detalles). Valdría la pena que para los afectados de Alzheimer se tuviera en cuenta este fármaco que es similar a los nutrientes. Los efectos de incrementar las prestaciones mentales mediante ciertos suplementos de «nutrientes inteligentes» como fosfatidil y citicolina, fosfatidilserina, ácido pantoténico, DMAE y piroglutamato son probablemente mucho mayores cuando se toman combinados, en lugar de hacerlo de modo individual. Esto ya se ha tratado en el anterior capítulo y en los capítulos 5 y 13, y vale la pena administrarlos en suplementos a estos enfermos.

Aunque la acetilcolina desempeñe un papel preponderante en lo que concierne a la memoria, hay implicados también otros neurotransmisores. Algunos estimulan los procesos mentales, mientras que otros tranquilizan cuando hay sobrecarga de información. Lo que se necesita es el equilibrio. Por ejemplo, el neurotransmisor estimulante glutamato ayuda a crear enlaces entre las distintas memorias, pero su exceso puede sobreexcitar las neuronas y provocar su muerte. Este es el modo en que el MSG (glutamato monosódico) incrementa el sabor de los alimentos, pero que en exceso puede ser perjudicial. GABA, un pariente cercano del glutamato, calma el sistema nervioso. El correcto equilibrio de estos neurotransmisores es importante. El suplemento de 5 g de glutamina diarios, un aminoácido a partir del cual el cerebro puede producir estos neurotransmisores, puede favorecer también la memoria.

En resumen

El nivel ideal de nutrientes para prevenir el Alzheimer o ayudar a mitigarlo se muestra a continuación. Vale la pena tener en cuenta ciertos fármacos y hormonas inteligentes, que se explican en el siguiente capítulo.

Plan de prevención e inversión del Alzheimer

Nutrientes	Dosis de prevención	Dosis de intervención
Vitaminas y minerales (se encuentran en fórmulas multivitamínicas y minerales)		
Vitamina A (beta-caroteno)	15.000 UI	15.000 - 20.000 UI
Tiamina (vitamina B)	50 mg	250 mg
Niacina (vitamina B)	100 mg	500 - 1.000 mg
Ácido pantoténico (vitamina B)	100 mg	300 mg
Vitamina B	50 mg	100 mg
Ácido fólico	400 mcg	1.200 mcg
Cianocobalamina (vitamina B)	10 mcg	100 mcg
Antioxidantes (se encuentran en fórmulas antioxidantes)		
Vitamina C	2.000 mg	4.000 mg
Vitamina E	400 UI	1.000 UI
Cinc	15 mg	30 mg
Selenio	200 mcg	400 mcg
Ácido lipoico	200 mg	200 mg
NAC (n-acetil-cisteína)	500 mg	1.000 mg
Glutation	100 mg	300 mg
Co-enzima Q10	30 mg	100 mg
Antocianidinas	100 mg	300 mg
Fosfolípidos (se encuentran en complejos de fosfolípidos y lecitina)		
Fosfatidilserina	100 mg	300 mg
Fosfatidilcolina	500 mg	1.000 mg
Citicolina	250 mg	500 mg
Nutrientes inteligentes (se encuentran en fórmulas de «nutrientes para el cerebro»)		
L-glutamina	1.000 mg	5.000 mg
Ginkgo biloba	150 mg	300 mg
Piroglutamato	250 mg	750 mg
DMAE	100 mg	500 mg
Ácidos grasos esenciales (se encuentran en suplementos de semillas y aceites de pescado)		
GLA (omega-6)	150 mg	300 mg
EPA (omega-3)	600 mg	1.200 mg
DHA (omega-3)	400 mg	800 mg

La moraleja de esta historia es que el Alzheimer no es inevitable, que casi con total seguridad es la consecuencia de una dieta y un modo de vida, que puede prevenirse y que en cierta medida es reversible con una nutrición óptima. Los pasos clave son:

- Consuma una dieta rica en nutrientes antioxidantes y tome suplementos con cantidades altas de nutrientes antioxidantes tales como vitaminas A, C y E, selenio y cinc, así como un complejo multivitamínico que contenga vitaminas B, en especial ácido fólico.
- Asegúrese una ingesta óptima de grasas para el cerebro, en especial ácidos grasos omega-3 de pescado y semillas de lino o aceites de pescado y fosfolípidos.
- Reduzca su carga de cortisol reduciendo su nivel de estrés y ansiedad.
- Reduzca su exposición al aluminio y el mercurio.
- Tome suplementos de nutrientes que favorezcan la acetilcolina tales como fosfatidilcolina, fosfatidilserina, DMAE y piroglutamato.

Capítulo 37
LOS FÁRMACOS Y HORMONAS INTELIGENTES

Soy un purista. Creo que los nutrientes son parte de nuestro diseño evolutivo y que se han probado y ensayado a lo largo de miles de años, pero ¿qué pasa si hubiera fármacos u hormonas que fueran seguros y que aumentaran el rendimiento mental o ayudaran a restaurarlo o mantenerlo? ¿Qué pasa si hubiera fármacos y hormonas que pudieran invertir el declive mental más allá de los efectos positivos de los nutrientes? La verdad es que existen y que, especialmente en situaciones de pérdida de la memoria en edades avanzadas, vale la pena tenerlos en cuenta.

¿Qué son los fármacos inteligentes?

Ya se han desarrollado más de un centenar de fármacos inteligentes y, una vez que el declive de la memoria relacionado con la edad se ha convertido en una enfermedad clasificada, no hay duda que la sociedad pronto hará un amplio uso de estos medicamentos. Algunos de ellos han demostrado que elevan las capacidades mentales de los que no tienen diagnosticados problemas de memoria. Esto plantea la importante cuestión de si algunos de estos fármacos caen en la categoría de «reforzadores naturales», en el sentido de mejorar la capacidad mental sin tener una caída después, o de si su uso debería limitarse a los que padezcan problemas cognitivos.

La ventaja de estos medicamentos para la industria farmacéutica es que no son nutrientes, sino que en la mayoría de los casos son sustancias artificiales, es decir, que los pueden patentar y obtener así más beneficios. La desventaja es que las sustancias químicas artificiales de este tipo son extrañas al cuerpo humano. Puede que no se «acoplen perfectamente» a los sistemas enzimáticos y que, aunque produzcan a corto plazo, los efectos deseados, a largo plazo podrían provocar un desequilibrio en la química del cerebro. En cualquier caso, con muchos de estos nuevos fármacos inteligentes se desconocen todavía los efectos a largo plazo por lo que es mejor actuar con precaución.

Los fármacos inteligentes caen dentro de estas tres categorías:

- Fármacos que bloquean la degradación de los neurotransmisores, que mantienen en circulación una mayor cantidad de estas moléculas de la información. Entre ellos se incluyen Deprenyl (selegiline), Aricept y Huperzie A.
- Fármacos que simulan o mejoran la acción de los neurotransmisores. Incluyen piracetam, Hydergine y Dilantin.
- Hormonas que influyen sobre el funcionamiento del cerebro. Se incluyen DHEA, pregnenolona, progesterona y melatonia.

No son desde luego las únicas, pero sí las más interesantes, investigadas y consumidas más ampliamente, con un historial de relativa seguridad. Por consiguiente, poseen un papel potencial en la restauración de la memoria activa y de la mente, o incluso la incrementan.

Más kilometraje para sus neurotransmisores

Deprenyl, llamado también selegiline, es parte de un grupo de fármacos llamados inhibidores de la monoamino oxidasa, o MAOI. Actúan como antidepresivos el evitar que los neurotransmisores se degraden. Sin embargo, la mayoría de estos fármacos son inhibidores de MAO-A, y como tales aparecen asociados a efectos secundarios potencialmente peligrosos. Deprenyl, por otro lado, no causa efectos secundarios puesto que es un inhibidor de MAO-B.

Deprenyl resulta particularmente eficaz a la hora de detener la degradación de la dopamina, cuya deficiencia va asociada al Parkinson. Se receta principalmente para el tratamiento del Parkinson y del Alzheimer. Algunas personas recomiendan tomarlo para prevenir estas enfermedades y como estimulante general para las funciones mentales, aunque no existan síntomas. En los animales se ha observado también una vida más larga. Deprenyl tiene un historial, en términos de efectos tóxicos, mejor que muchos fármacos MAOI, que pueden desarrollar efectos secundarios desagradables.

Las investigaciones del Instituto nacional de la Salud de los Estados Unidos han demostrado que 10 mg de Deprenyl mejoran significativamente la memoria, la atención y el aprendizaje en enfermos de Alzheimer. El grado de estos efectos en personas normales es objeto de controversias. Si quiere experimentar, comience con 1 o 2 mg y vaya aumentado hasta 5 mg. Si empieza a tener insomnio, reduzca la dosis. Eldepryl se obtiene mediante receta.

Aricept (donepezil) es un medicamento muy recetado para personas con Alzheimer. Funciona inhibiendo la enzima acetilcolinesterasa, que degrada la acetilcolina y así pone en circulación una mayor cantidad de este importante neurotransmisor. Existen otros fármacos que también lo hacen como Cognex (tacrina), pero la mayoría de ellos tienen unos efectos secundarios muy desagradables. Aricept es, quizás, el mejor fármaco de esta clase, pero no carece de efectos secundarios ni es recomendable para aquellos que no sufren problemas serios de memoria. Una mejor apuesta es el producto vegetal *Huperzia serrata.*

Huperzia serrata, musgo usado desde hace siglos en China, contiene un alcaloide llamado huperzina, que es un poderoso y selectivo inhibidor de la acetilcolinesterasa; funciona como el fármaco anti Alzheimer Aricept, es decir, mantiene en circulación más cantidad de acetilcolina. Se ha descrito de *Huperzia serrata* que tiene menos efectos secundarios que estos fármacos y que funciona de una manera más natural. Protege también frente a los efectos tóxicos del glutamato (como el MSG). La dosis diaria recomendada es de 200 mcg.

¿Son los nootrópicos los mejores amigos de su cerebro?

Piracetam es uno de los numerosos fármacos nuevos llamados «nootrópicos», relacionados con el aminoácido piroglutamato. Se han publicado más de 150 estudios sobre piracetam que demuestran que posee un amplio efecto de estimulación del rendimiento mental. Numerosos estudios han señalado mejoras en la memoria, la concentración, la coordinación y el tiempo de reacción. El medicamento se ha utilizado también con un éxito razonable en el tratamiento del Alzheimer, aunque es más eficaz en las etapas tempranas del declive de la memoria.

Uno de estos estudios probó los efectos del piracetam en 18 personas de 50 o más años que solicitaban empleo, que tenían CI superiores a la media y que se encontraban totalmente en forma excepto algunos problemas de memoria. Se analizaron ampliamente sus funciones cognitivas y se les asignó a un grupo que recibía piracetam y a otro de placebo, sin que ellos ni los investigadores conocieran cuál era cada uno. Al volver a someter a pruebas a los que tomaron piracetam, habían mejorado de manera significativa en muchos de los tests cognitivos. A estas personas se les administró entonces el placebo y a aquellas otras que lo habían tomado se les dio ahora piracetam. De nuevo, el grupo que recibía el medicamento mejoró de forma considerable, lo que no sucedió con el grupo del placebo. Otro ensayo de doble ciego con placebo incluyó a 162 franceses de 55 o más años de edad con declive de la memoria debido a la edad, y que habían buscado ayuda médica. El grupo que tomaba piracetam demostró mejorar después de seis semanas. Estos son un par de varios convincentes estudios que han hecho que el piracetam se recete ampliamente.

¿Entonces, cómo funciona piracetam? Parece ser que favorece la retención de la memoria, mejora la transmisión y recepción de acetilcolina, reduce los efectos del estrés y acelera el tiempo de reacción. Parte del modo de acción es que mejora las comunicaciones a través del cuerpo calloso, que conecta los dos hemisferios cerebrales, con lo que mejora la conexión entre nuestros procesos de pensamiento analítico y relacional, que son los más útiles para almacenar y encontrar los recuerdos memorizados.

Piracetam es muy seguro y no tiene efectos secundarios en dosis eficaces. Generalmente viene en cápsulas de 800 mg y la dosis recomendada es de 3 a 6 cápsulas al día (2.400 a 4.800 mg). Puesto que es posible que los efectos positivos sólo se produzcan a dosis altas, recomiendo comenzar con 4.800 mg durante dos semanas, reduciéndolo después a 2.400 mg o hasta donde el nivel siga siendo eficaz. Piracetam es mucho más efectivo si se administra con colina.

Hydergina es el fármaco de receta más ampliamente usado y más ensayado para mejorar la función cerebral. Es mesilato de codergocrina, un extracto del cornezuelo del centeno descubierto en la década de 1950 por Albert Hoffman, más conocido por su descubrimiento de otra droga basada en este hongo, el LSD. Funciona mejorando la circulación hacia el cerebro y protegiéndolo frente a los daños causados por los oxidantes. Parece que también mejora la producción de neurotransmisores, en especial dopamina, noradrenalina y acetilcolina, y estabiliza el metabolismo de la glucosa en el cerebro. En 1994, investigadores de la Universidad de California revisaron los resultados de 47 ensayos que analizaban los efectos de Hydergina sobre la inversión de la pérdida de memoria en los pacientes con demencia. La mayoría de estos estudios demostraron que era eficaz, aunque servía de poco con el Alzheimer.

Hay también algunas pruebas de que la Hydergina mejora la memoria en personas sanas. En un estudio realizado en el Reino Unido, 12 voluntarios sin problemas cognitivos fueron sometidos a test de inteligencia antes y después de que se les administraran 12 mg de Hydergina durante dos semanas. Los resultados mostraron una mejora significativa en el estado de alerta y en sus capacidades cognitivas. La dosis habitual de Hydergina es de 9 mg, administrada a razón de 3 mg tres veces al día. Parece que no es tóxica aunque algunos informes hablan de náuseas y dolores de cabeza, que no se producen a dosis más bajas.

Dilantin (fenitoína), que se hizo popular como fármaco para combatir los ataques, ha resultado ser eficaz para mejorar la concentración, el tiempo de respuesta, el rendimiento mental y el estado de ánimo. Parece que normaliza la actividad eléctrica del cerebro y puede resultar particularmente útil para quienes tienen dificultades de concentrarse en algo. Lo popularizó el magnate de la bolsa Jack Dreyfus, conocido como «el león de Wall Street».

En una etapa posterior de su vida, Dreyfus sufrió ansiedad y depresiones y describía su cerebro como «un manojo de ramas secas». Los pensamientos de miedo o de ira encendían las ramas, según decía, y no se podían evitar estos pensamientos negativos que se extendían como un incendio incontrolado. Descubrió entonces Dilantin, al que describió como «una suave lluvia» que mantenía bajo control sus pensamientos excesivos. Financió investigaciones que demostraron que Dilantin puede ser muy útil para las personas descentradas, que se distraen con facilidad, tranquilos durante poco tiempo, impulsivos y obsesivos. Se lleva utilizando desde hace años y no ha presentado efectos secundarios, al menos a dosis bajas, no es adictivo y no tiene los efectos sedantes de los tranquilizantes. La dosis recomendada es de 100 mg, de una a tres veces al día. Se obtiene con receta.

Una hormona inteligente

Un paso más próximo a la naturaleza es el uso de «hormonas inteligentes». Son hormonas naturales que actúan sobre el rendimiento. Dentro de esta categoría están la melatonina, la pregnenolona y la DHEA. En los Estados Unidos se venden sin receta para tratar desde el llamado *jetlag* causado en los viajes transoceánicos hasta para ampliar la longevidad. En el Reino Unido y la mayoría de los restantes países se venden sólo con receta.

La **DHEA** y la **pregnenolona** son hormonas naturales, pero eso no las hace inofensivas. Como puede ver en la figura 32, si hace falta pueden convertirse en estrógeno y testosterona. La pregnenolona puede transformarse también en progesterona y hormonas adrenales. Por tanto, pueden tener un efecto poderoso sobre el equilibrio de las hormonas sexuales, así como en las hormonas adrenales implicadas en la respuesta al estrés. Los bajos niveles de estrógeno, progesterona y hormonas adrenales van asociados también a un declive de la memoria.

Los niveles de DHEA y pregnenolona tienden a disminuir con la edad, y una idea simplista es que administrarlas como suplementos detendría los procesos de envejecimiento. El problema está en que tener más de lo que uno necesita obliga al cuerpo a trabajar duro para deshacerse de ello. Con estas hormonas, más no significa necesariamente mejor. Aunque son potencialmente útiles para aquellos con agotamiento adrenal, problemas de azúcar en sangre y desequilibrios hormonales, no se recomienda que se suplementen excepto bajo la guía de un nutricionista. Deberán hacerse análisis antes y después para determinar si hay o no una deficiencia, en cuyo caso la corrección probablemente mejorará las funciones mentales. Cuanto mayor sea su edad, tanto más probable es que tenga niveles bajos de DHEA y pregnenolona. Por esta razón, muchos ancianos reciben en los Estados Unidos suplementos de 25 mg de esta sustancia o 15 mg de DHEA al día. No es conveniente una cantidad mayor sin hacer los análisis pertinentes. DHEA y pregnenolona deberán tomarse por la mañana, antes del desayuno.

La **melatonina** se hizo famosa como respuesta al *jetlag*. Es una hormona producida por la glándula pineal, la que regula el sistema endocrino, que dirige el conjunto de las otras glándulas productoras de hormonas que controlan los niveles de azúcar en sangre, las reacciones de estrés, las hormonas sexuales, el equilibrio del calcio y otros procesos críticos del cuerpo.

La glándula pineal actúa también como reloj biológico, secretando melatonina durante la noche. Los viajes a grandes distancias desequilibran este sistema y pueden producir los síntomas del *jetlag*: fatiga, pensamiento borroso, insomnio y dolor de cabeza. Tomando melatonina por la noche en la nueva zona horaria mucha gente experimenta una notable reducción de estos síntomas. Más controvertida es la recomendación de tomar melatonina para la depresión, para reforzar la memoria o para alcanzar una mayor longevidad. Si se toma a una hora equivocada durante el día puede empeorar las funciones mentales, creando el equivalente a un *jetlag*. Si se toma por la noche, tiende a facilitar la calma y el sueño. Sin embargo, parece que

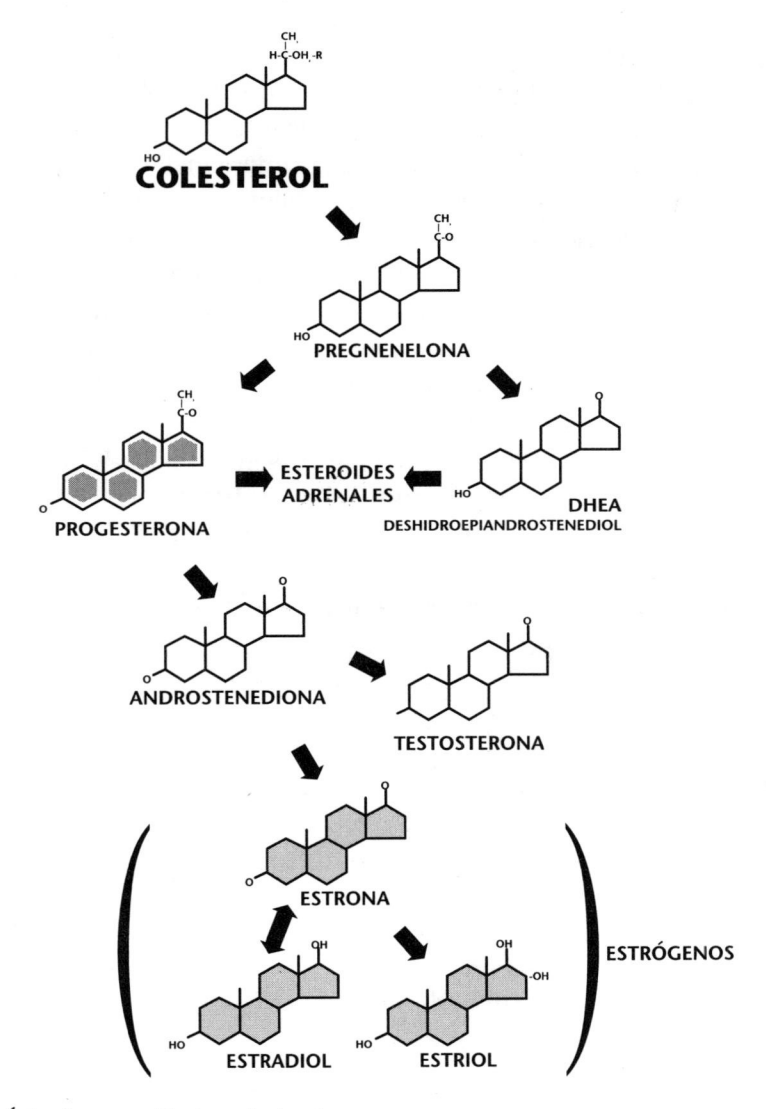

Figura 32. Árbol genealógico de las hormonas.

sólo funciona si usted tiene niveles bajos de melatonina. De todas las hormonas inteligentes, la melatonina es la que recomiendo tomar con más precauciones, excepto para la depresión estacional y a corto plazo para corregir el *jetlag*. En estas situaciones, puede valer la pena probar con 1,5 a 3 mg por la noche, auque bajo control médico. Algunas personas toman suplementos de 25 mg de melatonina diarios, por las noches, y señalan que les sienta bien, aunque desde luego no es adecuado para todo el mundo y yo recomendaría mucha precaución.

Pero ¿los necesita?

Por muy atractivos que puedan parecer los medicamentos y hormonas inteligentes, mi recomendación es no tomarlos, al menos en primera instancia. En muchos casos, la combinación de nutrientes estimulantes de la mente y de la memoria son suficientes, tal como se ha indicado en anteriores capítulos. Si estos pasos no producen los efectos esperados y sufre usted de los síntomas que se indican a continuación, puede que quiera probar con los siguientes fármacos y hormonas inteligentes. Le recomiendo que lo haga guiado por su médico o un naturista cualificado.

Mi recomendación bajo cualquier circunstancia es comenzar con no más de un fármaco u hormona y en las dosis más bajas (con excepción del piracetam), aumentándolo después de modo gradual, observando la respuesta y deteniéndose en la dosis que le dé los mejores resultados. Añada después otros, según haga falta. Consulte con el médico antes de tomar cualquier medicamento inteligente.

Recomendaciones para tomar fármacos y hormonas inteligentes

Síntomas	Fármaco/hormona inteligente	Dosis diarias
Mala memoria	Piracetam	2.400 - 4.800 mg
	Hydergina	3 - 6 mg
	Pregnenolona	25 mg
	DHEA	15 mg
Mala concentración, pensamientos obsesivos y excesivos	Dilantin	100 - 300 mg
Falta de energía cerebral, ralentización mental	Deprenyl	1 - 10 mg
	Pregnenolona	25 mg
	DHEA	15 mg
Pérdida de memoria pronunciada, demencia	*Huperzia serrata*	200 mcg
	Hydergina	9 mg
	Piracetam	4.800 mg
	Pregnenolona	25 mg
	DHEA	15 mg
Alzheimer	Deprenyl	10 mg
	Huperzia serrata	200 mg
	Piracetam	4.800 mg
	Pregnenolona	25 mg
	DHEA	15 mg

Parte 8

Plan de acción para la salud mental

Capítulo 38
BUSCAR AYUDA

La máxima que aparece a lo largo de todo este libro es «Tratar la causa, no los síntomas». La mayoría de los tratamientos farmacológicos no lo hacen. Los principales tranquilizantes pueden sedar a una persona hasta el punto de dejar de ser un problema para ellos mismos o para los demás, pero sin abordar la causa. Lo mismo puede decirse de los antidepresivos. Si está deprimido porque sus niveles de serotonina son bajos, entonces hay que buscar la causa de que eso se produzca.

Tratar la causa, no los síntomas, resulta más fácil de decir que de hacer, en especial en el área de la salud mental. A menudo hay muchas causas. Muchas veces hay una sutil interrelación entre problemas psicológicos y problemas físicos/químicos. Un problema psicológico puede alterar nuestro comportamiento en cuanto al modo de nutrirnos, o hacer un mal uso de sustancias que alteran nuestra mente, lo que conduce a un desequilibrio químico en el cerebro que empeora el problema psicológico.

No deja de sorprenderme la conexión cuerpo-mente, lo que el cuerpo dice sobre nuestra mente. La persona con dolores de espalda que necesita mantenerse erguida. La persona con problemas sinusíticos que no puede respirar y necesita hacer espacio en su vida. La persona con problemas digestivos que se alimenta de su vida y su trabajo. Cavar un poco más profundo es el objetivo de este libro, saber cómo nuestra nutrición y los desequilibrios bioquímicos afectan al modo en que pensamos y sentimos. La depresión, la ansiedad y los problemas de memoria están relacionados con lo que comemos. Pero, desde luego, esa conexión no es evidente. A menudo, sólo después de muchos años de una nutrición errónea aparecen los síntomas de una mala salud mental.

Esta es la razón por la que recomiendo encarecidamente que cualquiera que se enfrente a cuestiones de salud mental acuda a un nutricionista o a un médico especializado en este campo, que puedan encontrar las causas fisicoquímicas subyacentes, y a un psicoterapeuta profesional que pueda ahondar en las cuestiones psicológicas que posiblemente están relacionadas con el modo en que usted piensa y siente. Rara vez una misma persona puede dominar ambas áreas. Si sufre un problema de salud mental más serio, deberá acudir a un médico o un psiquiatra. Este es el equipo que le podrá ayudar a recuperar su ritmo, y como ha visto en estas líneas, hay miles de personas con una amplia variedad de afecciones que así lo han hecho.

La búsqueda de un nutricionista

La buena noticia es que la ayuda está disponible por toda Europa y otros muchos países. Los nutricionistas clínicos, bien cualificados para determinar las zonas de desequilibrio, están presentes en la mayoría de las ciudades. Desde 1984, en el Institute for Optimum Nutrition hemos estado entrenando a todo un ejército de nutricionistas que pueden ayudarle a afinar su cuerpo y su cerebro para que usted experimente todo su potencial. No todos los nutricionistas tienen experiencia en el difícil campo de la salud mental y la nutrición, así que vale la pena preguntarles primero si le pueden ayudar.

La búsqueda de un psicoterapeuta

Los psicoterapeutas y consejeros están también ampliamente distribuidos por toda Europa y otros países. La formación para ser lo primero dura más tiempo que para lo segundo. Esto quiere decir, que hay un gran número de buenos consejeros bien cualificados. También aquí vale la pena preguntarles primero si creen que podrán ayudarle con su problema. Algunos tienen más experiencia que otros con los temas más profundos de la salud mental. Hay diferentes tipos de psicoterapia. Tres que se brindan a menudo son la terapia cognitivo-conductual, que ayuda a cambiar el modo de pensar y por tanto de alimentarse, la terapia interpersonal, que trabaja sobre la comunicación en las relaciones, y la terapia de resolución de problemas, que trata las cuestiones subyacentes que pueden contribuir a sus problemas. Después está el enfoque «transpersonal». Es una aproximación conceptual a las cuestiones psicológicas que incluye lo espiritual y, por consiguiente, que considera los aspectos de «significado» más profundo que están por detrás de la depresión crónica, la ansiedad y la esquizofrenia. Con frecuencia las degradaciones son, a cierto nivel, crisis espirituales, y es bueno trabajar con un psicoterapeuta o un consejero que tengan este nivel de comprensión. Al buscar el psicoterapeuta pregúntele si sigue la línea transpersonal.

Clínicas y hospitales

Si necesita más seriamente una ayuda, puede que le hospitalicen a corto plazo y más tarde le envíen a una clínica.

Los hospitales rara vez siguen las directrices de los nutricionistas. Con frecuencia, la mejor estrategia para un programa de nutrición óptima es tener los suplementos diarios envasados en saquitos individuales y administrarlos cada día. A veces hay resistencia a hacerlo, por lo que el nutricionista debe trabajar con su psiquiatra para proporcionarle el mejor tratamiento posible. Además, las dietas de los hospitales suelen incluir trigo, azúcar, productos lácteos y grandes cantidades de té y café, ninguna de las cuales ayudan a la recuperación.

Por desgracia, necesitamos alternativas adecuadas a la hospitalización. Las disponibles van desde clínicas al tratamiento en nuestra propia casa bajo el control de un cuidador y un nutricionista. Los padres o los parientes también pueden ayudar siguiendo una estrategia de nutrición óptima.

De momento hay pocas alternativas a las clínicas. La buena noticia es que en algunos lugares hay iniciativas para construir clínicas de este tipo.

Una clínica en la línea de la nutrición óptima tarda muchos años en establecerse. El número de pacientes suele variar entre 6 y 20. Hay que hacer programas para dar los alimentos correctos, una vivienda no alérgica, el cuidado y los ejercicios diarios adecuados y el modo de dar de alta a los pacientes. Deberá organizarse como una unidad sin ánimo de lucro y recibir ayudas de instituciones oficiales o donaciones anuales de benefactores. Las compañías de seguros deberían pagar por estos cuidados lo mismo que hacen con los hospitales, en especial porque este enfoque es mucho más barato a largo plazo, puesto que ayuda a la gente a regresar a su comunidad. Puede recurrirse a voluntarios para aligerar la enorme carga financiera.

Creo que la atención a la salud mental mejorará en el futuro si los médicos colaboran con los nutricionistas y los psicoterapeutas, y si las clínicas de esta filosofía ofrecen una oportunidad a las personas para volver a equilibrar su psique, su cuerpo y su mente mediante una dieta sana, ejercicio y apoyo psicológico. Una vez conseguido, la mayoría de la gente volverá a encontrar su camino en el mundo y llevará una existencia llena de sentido.

Capítulo 39
RESUMEN DE UNA DIETA SANA PARA EL CEREBRO

El punto de partida para sanar su cerebro es seguir una dieta de nutrición óptima y tomar suplementos vitamínicos y minerales diarios. Incluso aunque no padezca problemas mentales como tales, este régimen aumentará su energía mental, mejorará su estado de ánimo y agudizará su mente. Estas son las diez reglas de oro que hay que seguir para asegurarse de que su dieta está maximizando su salud mental:

- Coma alimentos integrales (cereales integrales, lentejas, judías, nueces, semillas, fruta y hortalizas frescas) y evite los alimentos refinados, blancos y demasiado cocidos.
- Tome cinco o más raciones de fruta y hortalizas cada día. Elija hortalizas de hoja y de raíz tales como berro, zanahoria, batatas (boniatos), brécol, coles de Bruselas, espinacas, judías verdes o pimientos, crudos o ligeramente hervidos. Elija fruta fresca como manzanas, peras, bayas, melones o cítricos. Coma plátanos con moderación. Diluya los zumos de fruta y consuma fruta seca sólo de modo ocasional en pequeñas cantidades y preferentemente remojada.

- Tome cuatro o más raciones diarias de cereales integrales tales como arroz, mijo, centeno, avena, trigo, maíz o quinoa en forma de cereales, pan y pasta.
- Evite cualquier forma de azúcar y los alimentos que la lleven añadida.
- Combine los alimentos de proteínas con los carbohidratos comiendo cereales y fruta con nueces o semillas, y asegúrese de consumir alimentos de fécula (patata, pan, pasta o arroz) junto con pescado, lentejas, judías o tofu.
- Coma pescado de especies carnívoras de agua fría. Una ración de arenques, caballa, salmón o atún fresco dos o tres veces a la semana proporciona una buena fuente de ácidos grasos omega-3, o buenas fuentes de proteína vegetal tal como lentejas, judías, quinoa, tofu (soja) y hortalizas de semilla. Si toma proteínas de origen animal elija carne de lomo o preferentemente pescado, orgánicos a ser posible.
- Tome huevos, preferentemente de granja, orgánicos y altos en ácidos grasos omega-3.
- Coma semillas y nueces. Las mejores semillas son las de lino, cáñamo, calabaza, girasol y sésamo. Las aprovechará mejor moliéndolas primero y esparciéndolas sobre cereales, sopas y ensaladas.
- Use aceites de semillas prensados en frío. Elija una mezcla que contenga aceite de lino o cáñamo para aliñar ensaladas y para usos en frío, tales como aliño de la verdura en lugar de mantequilla.
- Minimice su ingesta de alimentos fritos, alimentos procesados y grasas saturadas procedentes de la carne y los productos lácteos.

Capítulo 40
SUPLEMENTOS BUENOS PARA EL CEREBRO

El cerebro utiliza aproximadamente un tercio de todos los nutrientes ingeridos con la comida. Si sigue la dieta descrita en el último capítulo, maximizará la ingesta de nutrientes procedentes de su comida. Además, es muy beneficioso si se toman los siguientes suplementos diariamente para garantizar una nutrición óptima de la mente.

- Suplemento de multivitaminas y minerales que le proporcione al menos 25 mg de las vitaminas B, 10 mg de B_{12}, 100 mcg de ácido fólico, 200 mg de magnesio, 3 mg de manganeso y 10 mg de cinc.
- Suplemento de aceite de pescado para ácidos grasos omega-3, y aceite de estrella de Belén o de primavera para los ácidos grasos omega-6.
- Suplemento de una fórmula de nutrientes para el cerebro que proporcione fosfatidilcolina y fosfatidilserina, además de otros nutrientes adecuados tales como DMAE y piroglutamato.
- Añada cada día a sus cereales una cucharada de gránulos de lecitina o una cucharadita colmada de lecitina-hiPC (fosfatidilcolina).

- Considere tomar algunos aminoácidos de forma libre o aminoácidos aislados si tiene algún problema de salud mental relacionado con ellos.

Además, usted podrá añadir los suplementos recomendados en los capítulos cuyo contenido se aplique específicamente a su caso. Asegúrese que estas cantidades recomendadas de nutrientes específicos se incluyen en su programa diario de suplementos. Si es posible, recomendamos consultar a un médico cualificado que pueda hacer las pruebas pertinentes en lugar de automedicarse.

EPÍLOGO

Este libro trata de una idea cuyo tiempo ha llegado. Estas ideas tienden a pasar por tres etapas. Primero, los poderes que afirman que no es verdad y que no es importante. Esta negación de la nutrición óptima para la mente fue característica de la década de 1980 y comenzó a tambalearse con la llegada de nuestros estudios sobre las vitaminas y el CI.

Durante la etapa dos, nos dicen que es verdad pero que no es importante. Es donde nos encontramos ahora. Nadie en sus cabales puede negar la evidencia abrumadora presentada en este libro de que optimizando su ingesta de nutrientes se pueden evitar e invertir los problemas de salud mental, así como mejorar el rendimiento mental y el equilibrio emocional.

Por último nos dirán que es verdad y que es importante, pero que no es nuevo. No puedo esperar a ese día en que a los niños con THDA se les trate primero por vía nutricional y con apoyo psicológico, antes de administrar cualquier fármaco estimulante. O al día en que las escuelas apoyen el desarrollo de los niños con una comida sana. Celebraré el día en que se explique que la dieta sencilla, los suplementos y los cambios en el estilo de vida que ya conocemos son como mínimo, si no más, tan eficaces y desde luego menos peligrosos que los fármacos antidepresivos usados hasta la fecha. Sé que llegará el día en que a las personas a las que se ha diagnosticado esquizofrenia se las investigue en profundidad en busca de desequilibrios bioquímicos, y que se las trate mediante una nutrición personalizada y con apoyo psicológico para volver a su vida, en lugar de encerrarlas en el corsé químico de los tranquilizantes. También preveo el día en que el papel de la nutrición en la salud mental aparezca en los planes de estudio de cualquier facultad de medicina y en todas las escuelas de psicoterapia.

La humanidad en su conjunto está pasando una época dura adaptándose a este periodo extraordinario de cambios. El futuro se nos está aproximando a todos como un tren de mercancías. Tiempo para entender que las demandas están creciendo. Nos están llevando hasta los límites de nuestra especie. Todos necesitamos ayuda para lograrlo. La nutrición óptima no es un lujo. Es una necesidad, si quiere mantenerse sano y feliz y conservar íntegra su mente en el siglo XXI.

Deseándole la mejor salud.

Patrick Holford

DIRECCIONES ÚTILES

Se indican a continuación las direcciones y páginas web de algunas de las asociaciones o instituciones de los países de habla hispana que se ocupan de los principales problemas tratados en la presente obra. Han de servir sólo de orientación y ejemplo para la propia búsqueda del lector, sin que suponga valoración alguna la presencia o no de dichas asociaciones en estas páginas.

Algunas asociaciones creadas para ocuparse de problemas de salud mental

Asociación de Familiares de Niños Hiperactivos es una asociación española sin ánimo de lucro que integra a padres y familiares de niños y de adolescentes afectados de hiperactividad, que pretende dar a conocer esta problemática, promover actividades de formación y apoyar labores de investigación en este campo. Su página web es: http.//www.tda-h.com/afhip.html.

ASPACE es la Confederación española de federaciones y asociaciones de atención a personas con parálisis cerebral y afines. Su página web es: http.//www.aspace.org.

La Asociación de lucha contra la distonia en España (ALDE) es una asociación sin ánimo de lucro que pretende ayudar a las personas que padecen depresión y a sus familiares. Su página web es: http.//www.distonia.org.

Algunas de las asociaciones que se ocupan de los enfermos afectados del síndrome de Down

La Asociación Síndrome de Down de la República Argentina (ASDRA) es una organización sin ánimo de lucro que agrupa a familiares de las personas afectadas. Su página web es: http.//www.asdra.com.ar.

La Federación Española de Síndrome de Down es una organización que aglutina a numerosas asociaciones de todo el país relacionadas con esta enfermedad. Su dirección es: c/Bravo Murillo 79, 28003 Madrid, el teléfono es 91 533 7138 y su página web: http.//www.sindromedown.net.

El autismo centra su actividad en las siguientesasociaciones

La Confederación de Autismo España agrupa a las numerosas asociaciones que tratan los problemas del autismo. Su dirección es: c./ Guadiana 38, 28224 Pozuelo de Alarcón (Madrid), el teléfono 91 351 5420 y su página web: http.//www.autismoespana.com.

La Asociación Argentina de Padres de Autistas (APdeA) agrupa a los familiares de los afectados por la enfermedad. Su página web: http.//www.apadea.org.

La Sociedad Mexicana de Autismo. A.C. es una institución sin ánimo de lucro que pretende poner en contacto a los profesionales que tratan esta enfermedad y los familiares de las personas que lo padecen. Su teléfono es (525)524-4786 y su dirección de correo electrónico: jgf@writeme.com.

Asociaciones de enfermos y familiares de afectados por el Alzheimer

Confederación Española de Familiares de Alzheimer y otras Demencias, que puede consultarse en la dirección de Internet: http.//www.imsersomayores.csic.es/senidir/alzheimer.

Fundación Alzheimer de España, una organización sin ánimo de lucro de ámbito estatal con la web: http.//www.funsdacionalzheimeresp.org.

AMAES Asociación Mexicana de Alzheimer y Enfermedades Similares, que cuenta con su página web: http.//www.amaes.mx.

Alzheimer Argentina, con la web: http.//www.alzheimer.com.arg.

A.L.M.A. Argentina, con su página web: http.//www.alma-alzheimer.org.ar.

Corporación Chilena de la Enfermedad de Alzheimer y Afecciones Similares, que puede encontrarse en la página web: http.//www.gerontologia.uchile.al/docs/alzhei.htm.

Fundación Alzheimer de Venezuela, que posee la página web: http.//www.mujereslegendarias.org.ve/alzheimer.htm.

Asociaciones que se ocupan de alergias y trastornos alimentarios

Federación Española de Asociaciones de Ayuda contra la Anorexia y la Bulimia que asesora sobre estos problemas en el teléfono 902-116-986 o en su página web: http.//www.acab.org.

Grupo de Apoyo en Anorexia (GRAPA), es otra organización que se ocupa en España de este problema y que dispone de una página web:
http.//www.nodo50.org/grapa.
En la dirección de Internet:
http.//www.webs.ono.com/usr021/anorexia/enlaces.html
pueden encontrarse los teléfonos de contactos de los grupos dedicados a esta enfermedad en toda España.

APTA, Asociación Argentina para la Prevención de los Trastornos de la Conducta Alimentaria mantiene una página web para informar sobre este problema: http.//www.iacn.com.ar.

La Asociación Española de Alérgicos a Alimentos y Latex (AEPNAA) es una entidad privada sin ánimo de lucro que informa sobre estos problemas, busca ayuda mutua entre los afectados, defiende sus derechos, participa en reuniones y realiza otras actividades relacionadas con este tipo de alergias. Su página web es: http.//www.aepnaa.org.

Las numerosas adicciones existentes, que afectan a tantos millones de personas, encuentran eco en numerosos foros, entre ellos los siguientes

Alcohólicos Anónimos es una comunidad implantada en todo el mundo, destinada a que las personas adictas al alcohol se ayuden mutuamente para solucionar sus problemas con la bebida. En España se les encuentra en la página web siguiente: http.//www.alcoholicos-anonimos.org.
Su oficina de servicios generales está en la Avda. de Alemania nº 9, 3º izda. Avilés, Asturias, con el teléfono 985-566-345 y el fax 985-566-543.
En México su página web es: http.//www.aa.org.mx,
en Argentina: http.//www.sinectis.com.ar/u/aa.org,
y en Chile: http.//www.alcoholicosanonimoschile.cl.

Narcóticos Anónimos es una asociación, representada en más de 70 países, destinada a ayudar a las personas que sufren cualquier tipo de adicción a drogas, medicamentos, etc. La página web de la sección en España es: http.//www.na-esp.org,
en Argentina: http.//www.geocities.com/nashville/2396/,
y en México: http.//www.namexico.org.mx.

La Asociación Vida Sin Tabaco es una organización española que ayuda a los fumadores a abandonar el tabaco. Su página web es: .

Asociación de Afectados por el Tabaquismo y para la Defensa de los No Fumadores (AFECTA) es otra organización que aborda el problema del tabaco y que tiene la siguiente página web: http.//www.vidasintabaco.org.

BIBLIOGRAFÍA

Benton, D., *Food for Thought*, Penguin, 1996.
Block, M. *No More ADHD*, Block Books, 2001.
Braverman, E. R. *et al.*, *The Healing Nutrients Within,* Keats Publishing, 1997.
Brown, M. y Robinson, J., *When Your Body Gets the Blues,* Rodale Press, 2002.
Carruthers, M., *The Testosterne Revolution,* Thorsons, 2001.
Cass, H. y McNally, T., *Kava –Nature's Answer to Stress, Anxiety, Insomnia*, Prime Health, 1998.
Cass, H., *St John's Wort –Nature's Blues Buster,* Avery Publishing, 1998.
Colgan, M., *La salud hormonal,* Editorial Sirio, Málaga, 1997.
Dean, W. y Morgenthaler, J. *Smart Drugs and Nutrients*, B&J Publications, 1990.
Dean, W., Morgenthaler, J. y Fowkes, S. W. *Smart Drugs II – The Next Generation*, Health Freedon Publications, 1993.
Dryden, W. y Gordon, J., *Think Your Way to Happiness – How to Help Yourself with Cognitive Therapy,* Sheldon Press, 1990.
Gillberg, C. y Coleman, M. *El autismo: bases biológicas*, Ediciones Martínez Roca, Barceloa, 1989.
Hoffer, A., *Smart Nutrients -A Guide to Nutrients That Can Prevent and Reverse Senility,* Avery Publishing, 1994.

Hoffer, A., *Vitamin B-3, Schizophrenia, Discovery, Recover,* Quarry Health Books, 2000.
Holford, P. *Bat and Fatigue,* Piatkus Books, 1999.
Holford, P. y Cass, H., *Natural Highs,* Piatkus, 2001.
Holford, P., *La biblia de la nutrición óptima,* Ediciones Robinbook, Barcelona, 1999.
Horrobin, D., *The Madness oi Adam and Eve -How Sc, Humanity,* Bantam Press, 2001
Khalsa, D. S. y Stauth, C., *Brain Longevity,* Warner Books, 1997.
Lawson, V., *Inside Out,* 2001.
Leader, G. y Leader, L. *Parkinson's Disease – The Way Forwar*, Denor Press, 1999.
Lee, J., *Wath Your Doctor Didn't Tell You About Menopause,* Warner Books, 1996.
Lombard, J. y Germano, C., *The Brain Wellness Plan,* Kensington Books, 1997.
McCandless, J. *Children with Ttarving Brains*, Bramble Books, 2002.
Pfeiffer, C. C., *Mental and Elemental Nutrients,* Keats Publishing, 1975.
Popolos, D. y Popolos, M. *The Bipolar Child*, Broadway Books, 2000.
Ross, J., *The Mood Cure,* Thorsons, 2003.
Schmidt, M. A., *Smart Fats,* Frog Ltd, 1997.
Stoll, A. L. *The Omega-3 Connection,* Simon and Schuster, 2002.
Warren, T., *Beating Alzheimer's,* Avery, 1991.
Weintrub, S. *Natural Treatments for ADD and Hyperactiviti*, Woodland Publishing, 1997.
Werbach, M., *Nutritional Influences on Mental Illness,* Third Line Press, 1991.
Woodman, M. *The Owl was a Baker's Daughter – Obesity, anorexia Nervosa and the Repressed Femenin*, Inner City Books, 1980.

ÍNDICE ALFABÉTICO

A
aceites de semillas, 54
acetilcolina, 64, 132, 136, 369, 383
acetil-l-carnitina, 137
ácido alfa-linoleico, 48, 246
— alfalinolénico, 50, 54
— alfa-linolénico, 50
— alfalipoico, 137
— araquidónico, 52
— docosahexaenoico, 48
— eicosapentaenoico, 48
— fólico, 76, 152, 154, 208, 230, 232, 266, 348, 381
— gamma-aminobutírico, 172
— gammalinoleico, 51
— glutámico, 291, 352
— graso omega-3, 44-45, 52, 84, 126, 155, 157, 213, 232, 245
— graso omega-6, 45, 51-52
— láctico, 176
— lipoico, 87
— oleico, 49
— pantoténico, 76, 133, 139-140
ácidos grasos, 48, 126, 155, 209
— grasos del cerebro, 126
— grasos esenciales, 287
— grasos esenciales, problemas con, 259
adenosina, 95
adicción, 330-333, 336-337
adicciones, 329
aditivos alimentarios, 108
aditivos químicos, 97, 108, 206, 291, 324
adrenalina, 26, 64, 93, 95, 146, 153-154, 166, 170-172, 208, 212, 264
AGE, 287, 289
agotamiento, 95
— adrenal, 166
ALC, 137
alcohol, 81, 83, 87-88, 170, 195, 205, 283, 329-330, 333
— y embarazo, 88
alergias, 111, 114-115, 117-119, 206, 227, 241, 243, 270, 290, 301, 333, 352
alimentos, 114
— antisociales, 324
— buenos, 37
— del cerebro, 26
— inteligentes, 31
— malos, 37
— refinados, 34
alprazolam, 218
aluminio, 103, 382
Alzheimer, 43, 57, 85, 87, 89, 93, 129, 195, 213, 355, 365, 375-376, 378, 383, 389
—, asociaciones, 408
—, prevención, 384
aminoácidos, 30, 63, 68, 249, 351

andropausia, 161, 165
anfetaminas, 195, 205
ánimo, estado de, 231, 243, 245, 320
anorexia, 339-342, 409
ansiedad, 169-170
antidepresivo SSRI, 21, 152
antidepresivos, 215
antienvejecimiento, 90
antinutrientes, 99-100, 333
antioxidantes, 85, 260, 367
antipsicóticos, 220
antocianidinas, 87
ApoE, 376
ApoE4, 377-378
apolipoproteína E, 376
apoplejías, 85
Aricept, 388-389
ARN, 131, 383
arsénico, 106-107
arteriosclerosis, 380
— cerebral, 138
asma, 118
aspartamo, 40
ataques de pánico, 347
Ativan, 170
autismo, 9, 297-298, 307-308
azúcar, 35, 81, 91, 127, 182, 204, 227, 292, 320-321, 332, 337
— , sucedáneos, 40
azufre, 107

B

bebidas alcohólicas, 19, 170
bebidas con cafeína, 19, 205, 337
— de cola, 19, 97
— energéticas, 97
Benadryl, 220
benzodiazepina, 170, 218
beta-amiloide, 378
beta-caroteno, 87
bipolar, 243
buen humor, 157
bulimia, 339-341, 345, 409

C

cacao, 96-97
cadmio, 85, 99, 103, 105-106, 209, 320
café, 96, 330, 337
cafeína, 19, 94-96, 171, 195, 205, 329-330, 332
calambres musculares, 78
calcio, 78, 107, 184
calorías, falta de, 331
cambios de humor, 100 , 159, 163-164, 206, 241
— de humor menopáusicos, 164
carbohidratos, 68, 91, 278, 292
carnitina, 137, 308
cereales integrales, 184, 348, 401

cerebro, 25-26, 31, 33, 43, 57, 59, 63, 73-74, 77, 81, 83, 85, 87, 92, 99, 106, 111, 123, 126, 132, 134, 136, 139, 279-280, 366, 381, 389, 401, 403
chocolate, 19, 96-97, 337
CI (Coeficiente Intelectual), 101
cinc, 79, 85, 139, 267, 269, 340-342, 349
clonazapine, 218
clordiazepóxido, 218
clorpromazina, 221
cobre, 104, 175
cocaína, 195, 205, 329
coeficiente intelectual, 121, 123
coenzima Q, 87
colesterol, 58
cólico infantil, 118
colina, 60, 315
colorantes, 97
convulsiones, 347
cortisol, 93, 166, 171, 379
crack, 205
criminalidad, 319

D

defenidramina, 220
deficiencias de nutrientes, 299
— nutricionales, 322
delicuencia, 319, 326
demencia, 365
Deprenyl, 388
depresión, 143-144, 149, 164-165, 225, 227, 235
depresión maniaca, 199, 225, 241-242
— y mujeres, 148
desequilibrio adrenal, 212
— hormonal, 159, 241
— bioquímico, 200, 204
desintoxicación, 303, 337, 379
DHEA, 90, 159, 166, 391-392
diazepam, 218, 329
digestión, 379
Dilantin, 391
dislexia, 275-276
dispraxia, 275-276
DMAE, 134, 140
donepezil, 389
dopamina, 26, 64, 95, 146, 208, 212, 359, 363
drogas, 283
drogodependencia, 205

E

eccema, 118
efectos secundarios, 335
embarazo, 88
enfermedad mental, 198
epilepsia, 347
equilibrio, conseguir el, 243
esquizofrenia, 9, 43, 199, 225, 235, 253, 257
estado de ánimo, 121, 231́, 245
estimulantes, 81, 91, 93, 182, 205, 217

ÍNDICE ALFABÉTICO

estimulantes, adicción a, 337
estrés, 81, 83, 89, 172, 182, 241, 347, 379
estrógenos, 159, 162
éxtasis, 205

F
falta de ánimo, 145
— de atención, 283
— de sueño, 181
fármacos antipsicóticos, 221
— inteligentes, 387
—, problemas de uso, 222
fenitoína, 391
flor de la pasión, 174, 185
flufenazina, 220
fosfatidilcolina, 132, 140
fosfatidilserina, 60, 135
fosfolípidos, 30, 57-59, 63, 351
fumar, 85

G
GABA, 64, 170, 172
genes, 192, 331
gingko biloba, 137, 371
glucosa, 28, 92
glutamina, 136
glutatión, 87
grasas, 28, 47-48, 231, 279
— buenas, 45, 368
—, deficiencia, 45
— esenciales, 46, 54
— inteligentes, 43
— malas, 45

H
hábitos, 96
Haldol, 220
haloperidol, 220
heroína, 205, 329, 335
hidratos de carbono, 33
5-hidroxitriptófano, 68, 151, 212, 228, 249, 344
hierbas para dormir, 185
— útiles, 250
hígado, 174, 360
hiperactividad, 283
hipérico, 185, 228
histadélico, 234s, 236
histamina, 175, 211, 232
homocisteína, 380
hormona adrenal, 90
— inteligente, 391
hormonas, 159
hormonas inteligentes, 387
5-HTP, 21, 68, 151-152, 162, 164, 183, 212, 232, 344
huevos, 58
humor, 157, 241
Huperzia serrata, 389
hydergina, 390

I
indigestión, 119
insomnio, 179, 182
inteligencia, 123, 125
intestino, 31, 302
intolerancias, 206
isoleucina, 343

K
kava, 172, 174, 185
Klonopini, 218

L
lácteos, productos, 303
Largactil, 221
L-dopa, 363
leche, 270
lecitina, 59
Librium, 170, 218
litio, 244, 247
lúpulo, 174, 185
luz, 156

M
magnesio, 78, 175, 184, 247, 287, 349
manganeso, 79, 349
MAO-A, 388
MAO-B, 388
MAOI, 388
marihuana, 205
marihuna, 170
medio ambiente, 192
melanotonina, 183
melatonina, 160, 391-392
memoria, 57, 60, 121, 130-132, 383
—, pérdida de, 129, 365
menopausia, 161
mente, 20, 94, 114, 132
mercurio, 104, 107, 382
metadona, 329
metales pesados, 105, 107, 209, 322
metalotioneína, 305
metilación, 231
minerales, 184
— tóxicos, 81

N
neurona, 44
neurotransmisores, 63-64, 388
niacina, 208, 261-262, 264, 266
nicotina, 171, 329
niños bipolares, 293
nootrópicos, 389
noradrenalina, 64, 146, 153-154, 166, 208, 212, 264
nutrición óptima, 22
nutricionista, búsqueda de un, 398
nutrientes, 125, 132, 313
— inteligentes, 73
—, deficiencias de, 299

O

omega-3, 52
omega-6, 52
oxidantes, 81, 83, 260, 360

P

Parkinson, 355, 357, 389
pérdida de memoria, 365, 379
pescado, 53
piracetam, 315, 389
piridoxina, 208
piroglutamato, 135, 140
piroluria, 210, 268
pirolúrico, 267
plantas medicinales, 177
plomo, 99-100, 105-106, 320
porfiria, 210
pregnenolona, 391-392
productos lácteos, 303
— químicos, intolerancias, 206
progesterona, 159, 162
Prolixin, 220
prostaglandinas, 49
proteínas, 40, 67
psicoterapeuta, búsqueda de un, 398
psicoterapia, 22

R

relajantes naturales, 169, 171
reserpina, 220
Restoril, 218
Ritalin, 134, 199, 215, 217, 275, 284, 294

S

s-adenilmetionina (SAMe), 314
s-adenosilmetionina, 154
salud mental, problemas, 201
SAMe, 154, 232, 314
sangre, 35, 127
SCASO, 321
selegiline, 388
selenio, 87, 107
semillas, 53
senilidad, 365
serotonina, 64, 146, 151, 155, 183, 208, 212
síndrome de Down, 192, 311
— de la deficiencia de recompensa, 294
— premenstrual, 161-162
sucedáneos del azúcar, 40
sueño, 250

sueño, falta de, 181
suicidio, 235
suplementos de aminoácidos, 68

T

tabaco, 83, 329-330, 336-337
tartrazina, 206, 291
taurina, 172, 308
té, 96-97, 330, 337
temazepam, 218, 329
testosterona, 159, 165
tetrazina, 108
THDA, 9, 283, 287, 289-290, 294
Thorazine, 221
tiamina, 75
tiroides, 207, 236
tirosina, 153, 232
tiroxina, 160
TMG, 154, 232
toxinas cerebrales, 360
tranquilizantes, 78, 170, 218, 329
trastorno hiperactivo, 276
tratamiento megavitamínico, 312
trigo, 303
—, alergia al, 270
trimetilglicina, 154
triptaminas, 64
triptófano, 149, 151, 162, 164, 314, 343

V

vacuna triple vírica, 306
valeriana, 173, 185
valina, 343
Valium, 170, 173, 185, 215, 218, 329
vigilia, 250
vinpocetina, 138
vitamina A, deficiencia, 300
— B, 139, 381
— B$_1$, 75
— B$_{12}$, 76, 266
— B$_3$, 76
— B$_5$, 76
— B$_6$, 76, 287
— C, 77, 87, 106
— E, 87, 377
vitaminas, 366
— del complejo B, 74, 208, 348

X

Xanax, 218

ÍNDICE

Advertencia importante... 7
Prólogo 9
Agradecimientos 13

Parte 1. Alimentos para pensar

1. Usted piensa tal como come 17
    El alto precio de vivir... 18
    La mente y el cuerpo no están separados 20
    Una nutrición óptima con psicoterapia funcionan de maravilla 22
        Necesitamos un enfoque radicalmente nuevo basado en la ciencia 22

**2. Los cinco elementos esenciales que dan fuerza a su cerebro:
hágase usted mismo un chequeo** 25
    Control de los alimentos del cerebro 26
        Control de la glucosa... 28
        Control de las grasas 28

      Control de los fosfolípidos 30
      Control de aminoácidos 30
      Control de alimentos inteligentes 31
      La conexión entre intestino y cerebro 31

3. Los hidratos de carbono complejos, el mejor alimento para el cerebro . 33
    Alimentos como combustible 34
      Por qué son malos los alimentos refinados 34
      Los alimentos que mantienen estable el nivel de azúcar en sangre 35
      Los buenos y los malos alimentos 37
      La conexión con las proteínas 40
      Evite los sucedáneos del azúcar 40

4. Las grasas inteligentes, arquitectos de la inteligencia superior 43
    Grasas buenas y grasas malas 45
      ¿Tiene usted deficiencia en grasas? 45
      El test de las grasas esenciales 46
      Las grasas en cifras 47
    Unas grasas fantásticas: los ácidos grasos esenciales omega 48
      Los ácidos grasos omega-3 48
      Los ácidos grasos omega-6 51
      ¿Dónde se encuentran los ácidos grasos omega-3 y omega-6? 52

5. Los fosfolípidos, los mejores amigos de su memoria 57
    La verdad sobre los fosfolípidos 58
      Por qué son buenos los huevos 58
      La lecitina es una fuente directa de fosfolípidos 59
      La colina: con ella se fabrica la memoria 60
      PS: no se olvide de la fosfatidilserina 60

6. Los aminoácidos, alfabeto de la mente y del estado de ánimo 63
    Así funcionan los neurotransmisores 64
    El poder de las proteínas 67
    Los suplementos de aminoácidos 68

7. Los nutrientes inteligentes, maestros para afinar el cerebro 73
    Los primeros pasos del cerebro 74
    Las vitaminas del grupo B 74

Vitamina B$_1$ (tiamina)	75
Vitamina B$_3$ (niacina)	76
Vitamina B$_5$ (ácido pantoténico)	76
Las vitaminas B$_6$, B$_{12}$ y ácido fólico	76
Lo mejor de los restantes nutrientes	77
Vitamina C	77
Calcio y magnesio, los tranquilizantes de la naturaleza	78
Manganeso, el mineral olvidado	79
Pensemos en el cinc	79

Parte 2. Proteger el cerebro

8. Los envejecedores del cerebro: oxidantes, alcohol y estrés ... 83

Oxidantes: aumentan con el tabaco	83
No fría su cerebro	83
Fumar como locos	85
Los antioxidantes protegen su cerebro	85
El alcohol pone su cerebro en adobo	87
Alcohol y embarazo: una mala mezcla	88
¿Por qué le vuelve a uno olvidadizo el estrés?	89
DHEA: la hormona adrenal antienvejecimiento	90

9. El azúcar y los estimulantes nos atontan ... 91

No demasiado dulce	91
La glucosa daña el cerebro	92
¿Es usted adicto a los estimulantes?	93
La cafeína embota la mente	94
Cambiar los hábitos	96

10. Evitar la contaminación del cerebro ... 99

Anatomía de los antinutrientes	100
El plomo: un enorme dolor de cabeza	100
Cadmio: el peligro al inhalado	103
Aluminio: un intruso venenoso	103
Mercurio: cuando los sombrereros se volvieron locos	104
La controversia del cobre	104
La manera de tratar con los metales pesados	105

El análisis de los minerales del cabello:
su banda de «heavy metal» 105
Desintoxicación del cerebro 106
Evite los aditivos alimentarios 108

11. Alergias del cerebro 111
Todo sobre las alergias 114
La manera en que las alergias a los alimentos
afectan a la mente 114
¿Qué es una alergia? 115
Las diez principales alergias 117
Las pruebas de alergia 118
¿Alergia o indigestión? 119

Parte 3. Cómo mejorar el coeficiente intelectual, la memoria y el estado de ánimo

12. Cómo aumentar la inteligencia 123
¿Cómo estimulan la inteligencia los nutrientes? 125
Los ácidos grasos del cerebro 126
Equilibrar el azúcar en sangre 127

13. Reforzar la memoria 129
¿Cuál es el estado de su memoria? 130
Cómo funciona la memoria 131
Potenciadores naturales de la memoria y de la mente 132
Los cinco nutrientes principales 132
Las hierbas de la memoria 137
Y no se olvide de las vitaminas B y del cinc 139
El efecto sinérgico 140

14. Vencer la depresión 143
¿Cuál es su estado de ánimo? 144
La depresión: ¿rabia sin energía? 144
Anatomía de la falta de ánimo y de motivación 145
La química de la melancolía 146
Mujeres y depresión 148

Sustancias que eliminan la tristeza 149
¿Es la depresión una deficiencia de triptófano? 149
La controversia en torno al triptófano 151
Otra fuente de serotonina: el 5-HTP 151
¿Es la apatía una deficiencia de tirosina? 153
SAMe y TMG: los armonizadores del sistema 154
Ácidos grasos potenciadores del buen humor 155
Hágase la luz 156
Alimentos y suplementos para conservar el buen humor 157

15. Buscando el equilibrio que las hormonas nos roban 159
Acabar con el síndrome premenstrual 161
¿Demasiados estrógenos? 162
Prevención de los cambios de humor menopáusicos y de la depresión 164
La andropausia y la depresión en el hombre 165
Deficiencia de DHEA y agotamiento adrenal 166

16. Eliminar la ansiedad con relajantes naturales 169
GABA: el antídoto de la ansiedad 170
1,5 millones de británicos son adictos a los tranquilizantes 170
Relajantes naturales 171
GABA, el antídoto del estrés 172
Taurina, el mejor amigo del GABA 172
Kava kava, una planta pacífica 172
La valeriana es el Valium de la naturaleza 173
El lúpulo y la flor de la pasión, favorita de los aztecas 174
El magnesio relaja la mente y la musculatura 175
¡Basta ya de culpables! 175
La conexión entre la histamina y el cobre 175
El ácido láctico aprieta el botón del pánico 176
Lo que mejor funciona es una combinación
de plantas medicinales y nutrientes 177

17. Solución para los problemas de insomnio 179
La importancia de soñar 180
¿Tiene falta de sueño? 181
Los seis pasos para el supersueño 181
El estrés, el azúcar y los estimulantes favorecen el insomnio 182

Sobre cómo la serotonina y la melanotonina ayudan a dormir 183
Minerales que calman 184
Las hierbas para dormir 185

Parte 4. ¿Qué es la enfermedad mental?

18. La comprensión de la enfermedad mental 189
El cuerpo y la mente: una jungla que se organiza a sí misma 190
Un problema común y en aumento 194

19. El diagnóstico correcto 195
El problema de los diagnósticos 196
¿Está realmente enfermo? 197
¿Qué separa el comportamiento anormal de la enfermedad mental? 198
El diagnóstico de la depresión maniaca y de la esquizofrenia 199
Indicadores de desequilibrios bioquímicos 200
Una nueva clasificación de los problemas de salud mental 201

20. ¿Cuál es su problema? 203
Desequilibrios bioquímicos: 13 causas comunes de problemas
de salud mental 204
Problemas con el azúcar en sangre 204
Dependencia de los estimulantes y drogodependencia 205
Alergias e intolerancias a los alimentos y los productos químicos 206
Exceso y defecto de actividad del tiroides 207
Deficiencia en niacina, piridoxina, ácido fólico o B_{12} 208
Deficiencias o desequilibrios en ácidos grasos esenciales 209
Toxicidad por metales pesados 209
Piroluria y porfiria 210
Desequilibrio de histamina 211
Desequilibrio de serotonina 212
Desequilibrio adrenal 212
Sobrecarga de desintoxicación e inflamación 213

21. Los peligros de los fármacos y cómo librarse de ellos 215
Recetas peligrosas 215
Antidepresivos: funcionan, pero los efectos secundarios son depresivos 215

Estimulantes: hay 10 millones de niños tomando Ritalin 217
Tranquilizantes: la falsa calma 218
Fármacos antipsicóticos: una camisa de fuerza química 220
Los problemas con el uso de los fármacos múltiples 222

Parte 5. Resolver la depresión, la depresión maniaca y la esquizofrenia

22. Vencer la depresión 227
    Los métodos naturales para alejar los nubarrones 228
        Hipérico, la hierba de la felicidad 228
        Aumente su ácido fólico 230
        Las grasas adecuadas para mantenerle a uno feliz 231
    La relación con la histamina 232
        ¿Es usted histadélico? 234
        La conexión con la depresión, el suicidio y la esquizofrenia 235
        La nutrición óptima para los histadélicos 236
    ¿Qué tal va de tiroides? 236
    Crear un estilo de vida feliz 237

23. Los cambios de humor y la depresión maniaca 241
    Comprender la depresión maniaca 242
    Tres maneras de conseguir el equilibrio 243
        El estado de ánimo, la comida y las alergias 243
        ¿Es esencial el litio? 244
        Los ácidos grasos omega-3: milagrosos para el estado de ánimo 245
        Magnesio: buscar el propio equilibrio 247
        Más minerales y también más vitaminas 247
        Aminoácidos: hay que usarlos con precaución 249
        Hierbas útiles 250
        El sueño y la vigilia 250

24. Desmitificar la esquizofrenia 253
    ¿Qué tipo de problema es? 254
    ¿Crisis espiritual o despertar? 255
    El camino hacia la curación 256

25. **La esquizofrenia se puede curar** 257
    Los problemas con los ácidos grasos esenciales................... 259
        Exceso de oxidantes y falta de antioxidantes 260
    La conexión de la niacina...................................... 261
        ¿Por qué perdió interés el tratamiento con niacina?.......... 262
        Cinco razones por las que la niacina funciona 264
        Una dosis segura y eficaz 265
        La combinación de niacina, ácido fólico y B_{12} da mejores resultados ... 266
    ¿Es usted pirolúrico? La conexión del cinc 267
        Signos y síntomas de la piroluria 268
        ¿Sólo una deficiencia en cinc? 269
    ¿Alérgico al trigo o a la leche? 270
        ¿Por qué hay gente que no lo tolera? 271
    ¿Y qué más?.. 271

Parte 6. La salud mental en la juventud

26. **Dificultades en el aprendizaje, dislexia y dispraxia** 275
    Donde la nutrición interviene en el aprendizaje 277
    Las grasas son esenciales para el desarrollo del cerebro 279
    La contaminación del cerebro 280

27. **El desastre de la falta de atención** 283
    El ascenso del Ritalin... 284
    Comer para calmarse.. 286
        B_6 y magnesio 287
        Los ácidos grasos esenciales 287
    Los otros culpables que hay detrás del THDA 290
        Los tóxicos 290
        ¿Sólo una alergia?.. 290
        Los problemas con el azúcar 292
    Los niños bipolares 293
    El síndrome de la deficiencia de recompensa...................... 294

28. **Respuestas para el autismo** 297
    Desenmarañando el autismo 298
        Las deficiencias de nutrientes 299

La relación con la alergia 301
El debate sobre la vacuna triple vírica 306
Abordar el autismo con naturalidad 307

29. La salida del síndrome de Down 311
El tratamiento megavitamínico 312
Planificación de los nutrientes correctos 313
Los problemas con el SAMe y el triptófano 314
Piracetam y colina 315
Ayudar con una nutrición óptima 316

30. Dieta, criminalidad y delincuencia 319
¿Que hay detrás de los delitos? 321
El despilfarro de azúcar 321
Los metales pesados 322
Deficiencias nutricionales 322
Alimentos antisociales 324
¿Qué hacer con los delincuentes, alimentarles o castigarles? 326

31. Vencer las adicciones 329
Una de cada cuatro personas es adicta 330
¿Por qué la adicción? 331
¿Está en los genes? 331
La falta de calorías conduce a la adicción 331
Así se produce la adicción 332
El papel del azúcar 332
¿Alergia o adicción? 333
El alcohol: el mayor de todos los antinutrientes 333
Cómo dejarlo 335
Dejar de beber sin efectos secundarios 335
Una manera más sencilla de retirarse de la heroína 335
Abandono del tabaco 336
El abandono de la adicción a los medicamentos 336
¿Es usted adicto a los estimulantes? 337
Por qué no son lo mismo la retirada y la desintoxicación 337

32. Vencer los trastornos alimentarios 339
La conexión con el cinc 340

      Confirmada la hipótesis del cinc 341
      El cinc: ¿qué fue primero, el huevo o la gallina? 342
      Poco triptófano: el controlador del apetito 343
  ¿Qué sucede con el desenfreno al comer? 345

33. Ataques, convulsiones y epilepsia 347
  En busca de ayuda 348
      Las vitaminas del complejo B 348
      Magnesio, manganeso y cinc 349
      Absolutamente esenciales: las grasas adecuadas 351
      Aminoácidos y fosfolípidos 351
  Análisis de alergias 352

Parte 7. La salud mental en la vejez

34. Poner freno al Parkinson 357
  Los múltiples caminos que conducen a la deficiencia en dopamina 359
  Las toxinas cerebrales, los oxidantes y el hígado 360
  Una nutrición personalizada da mejores resultados 361
      Trabajar con la medicación: lo que hay que comer y cuándo comerlo ... 362

35. Prevenir la pérdida de memoria relacionada con la edad 365
  Un estímulo para el cerebro que envejece 366
      Vitalidad propulsada mediante vitaminas 366
      A por las buenas grasas 368
      La acetilcolina, la clave de la memoria 369
      El ginkgo mejora la circulación 371
      Tranquilo, úselo o déjelo y manténgase en forma 371

36. Diga no al Alzheimer 375
  Las raíces del Alzheimer 376
      La vitamina E para la prevención y el tratamiento 377
      El Alzheimer es una enfermedad inflamatoria 378
      El estrés, el cortisol y la pérdida de memoria 379
      Digestión y desintoxicación 379
      ¿Cómo está de homocisteína? 380
      Las vitaminas B: los mejores amigos de su cerebro 381

      Aluminio, mercurio y otros 382
      Sólo hay que conectar: acetilcolina y memoria 383
  En resumen 384

37. Los fármacos y hormonas inteligentes 387
  ¿Qué son los fármacos inteligentes? 387
      Más kilometraje para sus neurotransmisores 388
      ¿Son los nootrópicos los mejores amigos de su cerebro? 389
      Una hormona inteligente 391
  Pero ¿los necesita? 394

Parte 8. Plan de acción para la salud mental

38. Buscar ayuda 397
  La búsqueda de un nutricionista 398
  La búsqueda de un psicoterapeuta 398
  Clínicas y hospitales 399

39. Resumen de una dieta sana para el cerebro 401

40. Suplementos buenos para el cerebro 403

Epílogo 405
Direcciones útiles 407
Bibliografía 411
Índice alfabético 413

ALTERNATIVAS

Esta obra es la guía más completa, sencilla y actualizada referida a la nutrición y alimentación sanas.

Patrick Holford
LA BIBLIA DE LA NUTRICION OPTIMA

La nutrición óptima está conduciendo ya a una revolución en la atención sanitaria. Sin desdeñar la sabiduría popular en cuestiones de alimentación, las últimas investigaciones en materia de nutrición y salud nos ofrecen ya la posibilidad de proporcionarle a nuestro organismo los medios para conseguir un estado óptimo de salud física y mental. De una manera a la vez práctica y rigurosa, este libro pone a nuestro alcance las claves para alcanzar una vida más sana, feliz y longeva.

- Qué es realmente una dieta equilibrada.
- Cómo aumentar los niveles de energía, inteligencia y memoria a partir de un adecuado programa de nutrición.
- Cómo reforzar y mejorar el sistema inmunológico del cuerpo humano.

Ilustrado
ISBN: 84-7927-338-0

Está ampliamente demostrado que las carencias de alimentación conducen a un deterioro de todas las funciones físicas, pero también nuestra mente sufre directamente las consecuencias de los déficits nutritivos: se producen así fenómenos de apatía generalizada, depresión, incapacidad para la concentración y, más adelante, pérdida del autodominio e irritabilidad excesiva. Una combinación equilibrada de nutrientes es esencial para ajustar todas las funciones del cuerpo y la mente y asi maximizar todo su potencial intelectual.

- Los elementos fundamentales de un buen régimen alimenticio.
- Cuáles son los estimulantes naturales del pensamiento.

ISBN: 84-7927-194-9

EL PODER ENERGETICO DE LOS ALIMENTOS
Redacción de "Conseils pratiques pour votre santé"
La extraordinaria influencia de los alimentos sobre nuestra mente
Cómo debemos nutrir nuestro cerebro para ser más creativos y alcanzar el bienestar

Descubra el extraordinario poder de los alimentos sobre nuestro cerebro.

ALTERNATIVAS

ALTERNATIVAS

De qué manera lo que usted come influye en su salud, su bienestar y su calidad de vida.

Annemarie Colbin

EL PODER CURATIVO DE LOS ALIMENTOS

NUTRICIÓN, AUTOCURACIÓN Y BIENESTAR

ROBIN BOOK — Todo lo que hay que saber sobre una alimentación sana y completa

Para todo aquel que se pregunte por qué, en esta era de medicina avanzada, aún sufrimos tantas enfermedades graves, la lectura de este libro resultará imprescindible. Un libro que analiza de forma clara los pros y contras de todas las dietas, además de la vital importancia de la alimentación para alcanzar el bienestar físico, emocional y mental.

- Cómo influyen en nuestro humor y ánimo los alimentos.
- Qué cualidades curativas poseen.
- Cuál es el papel de la dieta en la prevención de la enfermedad.
- Cómo elaborar un programa dietético idóneo para cada persona.
- Qué relación existe entre la cantidad y la calidad de un alimento.

ISBN: 84-7927-066-7

Cala H. Cervera es la pionera en España de esta revolucionaria terapia, la nutrición ortomolecular, basada en un principio fundamental muy sencillo: somos lo que comemos, lo que absorbemos y cómo hacemos uso de ello. Este libro explica de forma sencilla y amena cómo utilizar la nueva medicina del siglo XXI para obtener una salud óptima, y en él aprenderás:

- Cómo contribuye una inadecuada alimentación al desarrollo de enfermedades y desequilibrios físicos y mentales.
- Cómo reacciona el cuerpo y la mente a los alimentos que ingerimos.
- Qué tipo de alimentación y suplementos nutricionales se necesitan para recuperar o potenciar la salud.

ISBN: 84-7927-668-1

LA NUTRICIÓN ORTOMOLECULAR

Revoluciona tu salud con la medicina del siglo XXI

Nueva Edición ampliada y revisada

Cala H. Cervera
nutricionista ortomolecular

ROBIN BOOK

Una guía revolucionaria de la salud a través del nuevo enfoque de la nutrición ortomolecular.

ALTERNATIVAS

VIDA NATURAL

Recetas y consejos para tener más energía y prevenir y curar las dolencias más comunes.

Caroline Wheater
ZUMOS PARA UNA VIDA SANA
Recetas y consejos para tener más energía y prevenir y curar las dolencias más comunes

ROBIN BOOK — Vida Natural

A menudo recurrimos a los fármacos para añadir a nuestra dieta un suplemento extra de vitaminas y minerales. Sin embargo, la propia naturaleza ha puesto a tu alcance una forma mucho más apetecible de cuidar tu salud: los zumos frescos de frutas y verduras. Unos cuantos vasos al día suponen un aporte inestimable de nutrientes esenciales que te ayudarán a desintoxicar y equilibrar el organismo. Este libro no sólo te propone incorporar a tu rutina diaria la preparación de zumos frescos, sino también te enseñará a elegir los más adecuados para cada ocasión.

- Cómo reconocer los valores vitamínicos y minerales de los diferentes tipos de frutas y verduras.
- Como preparar combinados especiales para aliviar determinados problemas de salud.

ISBN: 84-7927-612-6

Actualmente los dietistas recomiendan reducir el consumo de grasas de origen animal y sobre todo aumentar el de frutas y hortalizas frescas. A ello, los investigadores más pioneros y avanzados, como los autores de este libro, añaden los beneficios adicionales de una dieta basada en la correcta combinación de alimentos cuyas bases son no consumir proteínas y féculas en una misma comida, tomar más alimentos alcalinos que ácidos e ingerir la fruta sola o con otros alimentos compatibles.

- Cómo conservarse joven, enérgico, dinámico y vital a cualquier edad.
- Cómo perder peso sin esfuerzo alguno.
- Cómo evitar determinadas enfermedades e incluso reducir el riego de padecer cáncer o trastornos cardiovasculares.

ISBN: 84-7927-610-X

Tim Spong y Vicki Peterson
LA COMBINACIÓN DE LOS ALIMENTOS
Cómo combinar los alimentos para perder peso y mantenerse en forma toda la vida

ROBIN BOOK — Vida Natural

Cómo combinar los alimentos para perder peso y mantenerse en forma toda la vida.

VIDA NATURAL

DISCARD